MARIUPOL

MARIUPOL

Reflexionen zur russischen Invasion gegen die Ukraine

Herausgegeben von Karol Sauerland und Detlef Krell

Neisse
Verlag

Karol Sauerland, Detlef Krell (Hg.)

Mariupol
Reflexionen zur russischen Invasion gegen die Ukraine

Neisse Verlag, Dresden 2022

ISBN 978-3-86276-358-0

Neisse Verlag | Detlef Krell | 01169 Dresden | Ginsterstraße 10
www.neisseverlag.de

Gestaltung und Satz: Detlef Krell
Druck und Verarbeitung: CPI Druckdienstleistungen GmbH
Ferdinand-Jühlke-Straße 7 | 99095 Erfurt

dem ukrainischen Volk,
das für Europas Freiheit kämpft

Inhalt

Vorwort der Herausgeber (Karol Sauerland, Detlef Krell) 9
Wort des Verlegers (Detlef Krell) 15

I

Kazimierz Orłoś
„Wir verhängen keine Flugverbotszone über eurem Territorium."
Das lautet wie „Wir werden nicht für Danzig sterben." 21

Piotr Semka
Mitleid, Bewunderung, Stolz der Gemeinschaft.
Polnische Assoziationen zur Belagerung Mariupols
und zum Warschauer Aufstand 24

Anna Schor-Tschudnowskaja
Keine Erschütterung, keine Trauer, keine Reue?
Verständnis und Unverständnis für den konsolidierten
postsowjetischen Autoritarismus in Russland
und für seinen Ukrainekrieg 30

Oleg Kaz
Der lange Krieg 49

II

Werner Benecke
Über das 16. Jahrhundert im 21.
Verhängnisvolle Traditionen russischer Politik 63

Kai Hendrik Patri
Traurige Reime, trotzige Reime.
Der finnisch-sowjetische Winterkrieg 1939/40
und der russische Überfall auf die Ukraine 2022 76

Hieronim Grala
„Spezialoperation Klio".
Wladimir Putin und die Geschichtswissenschaft 112

Tadeusz Klimowicz
In Russland nichts Neues 144

Karol Sauerland
Erlebte Ostpolitik 180

Wolfgang Stephan Kissel
Taras Ševčenko und Aleksandr Puškin als Gedächtnisorte.
Der Ukraine-Krieg 2022 und die Verflechtungsgeschichte
zweier Dichterkulte 201

Karol Sauerland
Zwei Essays mit Oksana Sabuschko im Hintergrund
(Tschernobyl / Brodsky, Puschkin und Putin) 220

Gabriela Brudzyńska-Němec
Ein Widerhall. Polen 1830/31 und die Ukraine 2022 243

III

Pilgerfahrt in den sehr nahen Osten *(Wiesława Sajdek)* 265
Ukrainer in Allenstein/Olsztyn *(A. J.)* 273
Ukrainerinnen und Ukrainer in Stolp/Słupsk *(Angelika Szuran-Karpiej)* 279
Was könnte ich tun? *(J. F.)* 281
Ständige Unsicherheit, Unentschiedenheit und Heinweh –
meine Erfahrungen mit einer Familie aus der Ukraine *(A. Jezierska)* . . . 284
Mutter und Sohn *(G. Strzelecka)* 290
Zwei Ärztinnen *(Donata Daniluk)* 296
Olga und ihre Familie *(Winfried Trebitz)* 299
Pani Hania *(K. S.)* 304

Personenregister 307
Biogramme 315

Vorwort der Herausgeber

An der Jahreswende 2021/22 alarmierte Washington, dass Russland plane, in Kürze in die Ukraine einzumarschieren, und am Ende verkündete Joe Biden, die Invasion erfolge am Mittwoch, dem 16. Februar. Europa glaubte es nicht. Groß war die Freude, dass es nicht dazu gekommen war. Doch dann stellte sich heraus, dass sich Xi Jingping seine Olympia-Show nicht hatte verderben lassen wollen. Acht Tage später, an einem Donnerstag, kam der Schrecken. Moskau hatte es sogar auf Kyiv abgesehen.

Der vorliegende Band trägt den Untertitel: *Reflexionen zur russischen Invasion gegen die Ukraine*. Dementsprechend werden im I. Kapitel aus ukrainischer und polnischer Perspektive aktuellere Bezüge zum Verlauf des Krieges hergestellt und im II. sechs Jahrhunderte russische Geschichte mit Assoziationen zum Überfall auf die Ukraine reflektiert. Im III. Kapitel berichten polnische und deutsche Gastgeber über ihre Begegnungen mit Menschen aus der Ukraine, die der russische Krieg aus ihrem Heimatland vertrieben hat. Diese persönlichen Erinnerungen sind Dokumente über Familienschicksale, Gastfreundschaft und interkulturelle Begegnungen. Eröffnet wird dieser Block durch den Bericht über eine Pilgerfahrt von Stalowa Wola im Südosten Polens ins ukrainische Lviv im Sommer 2001.

Der Warschauer Schriftsteller und Publizist Kazimierz Orłoś erinnerte sich wenige Tage nach Kriegsbeginn, als noch über eine Flugverbotszone über der Ukraine diskutiert wurde, an die berühmten Worte Churchills nach Chamberlains Rückkehr aus München 1938: „Die Regierung musste zwischen Krieg und Schande entscheiden. Sie wählte die Schande. Den Krieg wird sie ebenfalls bekommen." Erinnerungen führen den 1935 geborenen Autor auch in die Tage des Warschauer Aufstands, als er zusammen mit seiner Mutter von russischen SS-Angehörigen an die Wand gestellt und in letzter Sekunde doch nicht erschossen wurde.

Assoziationen zum Warschauer Aufstand angesichts der Verteidigung Mariupols folgt der in Warschau lebende Historiker, Schriftsteller und Publizist Piotr Semka. Als Deutschland noch zögerte, hatte man an der Weichsel auch mit Blick auf die eigene Geschichte „den tiefen Sinn von Waffenlieferungen an jene, die um ihre Freiheit kämpfen", verstanden. Die Ukrainer schätzten „weniger die Deklarationen voller Empörung über das bestialische Vorgehen des Kremls, umso mehr erwarteten sie schnelle und effektive Waffenlieferungen".

Die in Kyiv gebürtige Soziologin und Politikwissenschaftlerin Anna Schor-Tschudnowskaja blickt nach Russland und reflektiert angesichts des russischen Alltags die Wirkungen der Propaganda und Lügen des Putin-Regimes. „Dass der am 24. Februar 2022 begonnene russische Angriffskrieg auf die gesamte Ukraine wieder einmal für viele so ein Schock war, zeugt davon, wie wenig die russische Opposition wie auch die europäischen Politiker 2014 verstanden haben und wie wenig sie seitdem bereit waren, etwas zu unternehmen." Dieses „intellektuelle und politische Scheitern" betreffe nicht nur den Krieg, sondern auch die Evolution der innerpolitischen Verhältnisse in Russland, die Usurpation der Staatsmacht durch eine kleptokratische Clique um Putin.

Die Anfänge des heutigen Krieges reichen zurück bis 1991, zum Zerfall der Sowjetunion, erinnert der in Lemberg gebürtige und in Kyjiv / Kiew lebende Ingenieur Oleg Kaz. Schon damals habe Russlands Präsident Jelzin seinen ukrainischen Amtskollegen gewarnt, dass Moskau den Verlust der Ukraine niemals akzeptieren würde. Wie sich das russisch-ukrainische Verhältnis in den Folgejahren entwickelte, legt der Autor aus seiner Sicht als damaliger Mitarbeiter der ukrainischen Atomenergiebehörde dar.

„Verhängnisvolle Traditionen russischer Politik" zwischen dem 16. und dem 21. Jahrhundert erkennt der in Frankfurt/Oder lehrende Historiker Werner Benecke. Der historische Bogen führt zu Iwan IV., dem Schrecklichen, der seine Herrschaft als intellektuell anspruchsvoller Reformer angetreten hatte, zur Festigung der Orthodoxie im Dienst des Staates und zu den Annexionen an der Wolga, in deren Ergebnis die Wolga erstmals von der Quelle bis zur Mündung ein russischer Strom wurde, Russland ein Vielvölkerstaat. Der Autor analysiert Iwans IV. widersprüchliches Verhältnis zum Westen und das Terrorregime der Opritschnina. Was heute in Russland geschehe, sei keine einfache Wiederholung der Umbrüche des 16. Jahrhunderts, dennoch „existieren auffällige Parallelen in der politischen und militärischen Praxis sowie in der Selbstverortung Russlands".

Geschichte wiederholt sich nicht. Aber, wie es im treffenden, wenngleich nicht gesichert autorisierten Bonmot heißt, sie reimt sich. Mit dem finnisch-sowjetischen Winterkrieg 1939/40 befasst sich der Kasseler Finnland-Experte Kai-Hendrik Patri, und er erkennt traurige und trotzige Reime im heutigen russischen Überfall auf die Ukraine. Es gebe eine „reiche Zahl an augenfälligen, mitunter beklemmenden, mitunter vielleicht auch wieder ermutigenden Gleichklängen, Parallelen und Analogien", denen der Autor nachgeht. Abschließend zitiert er aus einem Essay von Constantin Seibt: „Generationen haben für die Demokratien gekämpft, in denen wir aufgewachsen sind. Nun ist die Reihe an uns."

Unmittelbar bevor Putin den Angriffsbefehl gegen die Ukraine erteilte, reüssierte er nicht zum ersten Mal als Historiker, jedenfalls in den russischen Staatsmedien. Mit dem besonderen Platz der Geschichtswissenschaft in Ideologie und Praxis des Kremls befasst sich der polnische Historiker Hieronim Grala, der in den Nullerjahren in Sankt Petersburg und Moskau als Direktor des Polnischen Instituts tätig war. Auch er hat für seinen Exkurs einen passenden Aphorismus zur Hand, den des russischen Satirikers Michail Sadornow: „Russland ist ein riesiges Land mit einer unabsehbaren Vergangenheit."

„Ich bin Pessimist", gesteht der Breslauer Slawist Tadeusz Klimowicz, einer der namhaften Russlandkenner in Polen. Der Autor schildert sein kurzes Tauwetter, das er bezüglich Russlands an der Wende der 1980/90er Jahre „mit der halben Menschheit" teilte und warum in eben dieser Zeit der *homo (neo)sovieticus* geboren worden ist. Als der KGB-Bond im zu weiten Anzug das Amt übernahm, ging dieser sogleich daran, „konsequent die Träume der Millionen seiner Landsleute von der Rückkehr zum Russland der Zaren und Generalsekretäre zu realisieren". Flucht vor der Freiheit. Klimowicz – im Sound zwischen Wehmut und Sarkasmus –, erkennt die UdSSR im Hochglanz des Präsidentenkörpers, jubelnd im Luschniki-Stadion, flüsternd unter Dienstwohnungsdecken, denunzierend in Schule und Kirche, brüllend in Verhörstuben, buckelnd in den Ergebenheitsadressen russischer Rektorenkonferenzen und hetzend in den Schlachtgesängen eines Punks mit Parteibuch. „Früher dachte ich, die Russen würden sich ändern. Jetzt weiß ich, dass ich falsch gedacht habe."

Der Germanist Karol Sauerland lässt die deutsche Ostpolitik seit 1970, wie er sie aus Warschauer Perspektive erlebte, an seinen Augen vorbeiziehen, wobei er immer wieder aus seinem Tagebuch zitiert. Ein Resümee hieraus wäre, dass deutsche Politik nicht sehen wollte, was sich im Osten wirklich abspielt, dass es sich um Befreiungsbewegungen handelt, die der Ordnung von Jalta entgegen standen.

Der Bremer Slawist Wolfgang Stephan Kissel beleuchtet das Schicksal zweier „Gedächtnisorte", zweier Nationaldichter, des Ukrainers Taras Schewtschenko und des Russen Alexander Puschkin, wie sie, d.h. ihre Denkmäler, aufs engste mit dem Ukrainekrieg verflochten sind. Zwei Dynamiken wirken hier:

„Der Nationalstaatsbildungsprozess in der Ukraine" und die russische „Entscheidung für den Krieg, für militärische Gewalt, für die Rückholung der historischen Stätten auf eine imperiale Restauration". Da das Putin-Regime „über keine international ausstrahlende Ideologie mehr verfügt wie die Sowjetunion bis in die fünfziger und sechziger Jahre", setzt es „an deren Stelle einen geschichtsrevisionistischen Synkretismus, der es erlaubt, nach Belieben auf Elemente einer angeblich tausendjährigen Kontinuität zurückzugreifen". Daraus ergeben sich zwei recht unterschiedliche Dynamiken.

Seine Erinnerungen an die nukleare Katastrophe in Tschernobyl 1986 und einen Exkurs über die Ignoranz russischer Intellektueller gegenüber der ukrainischen Kultur verbindet Karol Sauerland in zwei Essays mit dem Werk der ukrainischen Schriftstellerin Oksana Sabuschko. Exemplarisch beleuchtet er Christa Wolfs Erzählung *Störfall* und die Reaktionen auf die Reaktorexplosion in der DDR und in Volkspolen sowie Schmähgedichte von Joseph Brodsky und Alexander Puschkin.

Historische Vergleiche angesichts des russischen Krieges sind auch das Thema der in Ústí nad Labem und Dresden wirkenden Germanistin Gabriela Brudzyńska-Němec. In der heutigen Rede über den Krieg und in den Sympathiebekundungen für die Ukraine erkennt sie das Echo der Polenbegeisterung in den 1830er Jahren. Damals richtete sich der polnische Unabhängigkeitskampf gegen die imperialen Ambitionen Russlands, wie heute der Kampf der Ukrainer. Damals erfuhren die polnischen Freiheitskämpfer europäische, nicht zuletzt deutsche, insbesondere südwestdeutsche Solidarität, die Puschkin zu seinen unflätigen Versen *An Russlands Lästerer* veranlasste. „Entsprang nicht", fragt die Autorin, aus jener Solidarität „die große Hilfsbereitschaft in Polen im Frühjahr 2022?" Mit Blick auf das aktuelle Handeln der europäischen Staaten und Regierungen gibt sie zu bedenken, dass der Preis der Freiheit nicht mit alltäglicher Normalität beglichen werden kann.

Die Herausgeber bedanken sich bei den Autorinnen und Autoren für ihre Beiträge, die sie für dieses Buch kurzfristig verfasst haben, sowie bei den Übersetzern. Die von den Verfassern individuell gewählten formalen Grundsätze wurden weitgehend beibehalten, das betrifft vor allem die Schreibweise ukrainischer und russischer Namen. Auf eine durchgehende wissenschaftliche Transliteration wurde verzichtet, nicht zuletzt auch aus Zeitgründen, da dieses Buch noch im Jahr des Beginns der russischen Invasion erscheinen soll.

Den Friedenspreis des Deutschen Buchhandels 2022 erhielt der ukrainische Schriftsteller und Musiker Serhij Zhadan (geb. 1974) sowohl für sein künstlerisches Werk als auch für seine humanitäre Haltung. Er unterstützt im umkämpften Charkiw die Evakuierung der Vororte von Kindern und alten Leuten, er verteilt Lebensmittel, koordiniert Lieferungen an das Militär, gibt in Feuerpausen kleine Konzerte. Am Tag nach der Preisverleihung beklagte der Soziologe Harald Welzer auf dem Internationalen Literaturfest lit.Cologne in Köln, in Deutschland würden sich „alle permanent" aufgefordert fühlen, die Perspektive der angegriffenen Ukrainerinnen und Ukrainer zu übernehmen. Der prominente deutsche Journalist und Buchautor Franz Alt skandalisiert in seinem Blog „Sonnenseite" Zhadan als „Völkerhasser", der nicht zwischen einem Kriegsverbrecher Putin und dem russischen Volk unterscheiden könne. Alts Unmut wird durch das Kriegstagebuch „Himmel über Charkiw" erregt, worin Serhij Zhadans Notizen versammelt sind, die dieser in sozialen Netzwerken hinterlassen hat, während der russischen Bombardements auf seine Stadt und seines lebensgefährlichen Einsatzes für deren Bewohner. Ein Zitat aus diesem bei Suhrkamp erschienenen Buch soll den Abschluss unseres Vorwortes bilden, ein Ukrainer das letzte Wort behalten: „Freunde, vergesst nicht: Dies ist ein Vernichtungskrieg und wir haben nicht das Recht, ihn zu verlieren. Wir müssen ihn gewinnen."

Karol Sauerland, Detlef Krell
Warschau / Dresden im November 2022

Wort des Verlegers

Während der abschließenden Arbeiten an diesem Buch dauert die russische Invasion gegen die Ukraine bereits länger als acht Monate. Das ukrainische Volk verteidigt sich erfolgreich gegen den Aggressor. In seiner Rede vor der UNO-Vollversammlung am 21. September 2022 hat der ukrainische Präsident Wolodymyr Selenskyj seine „Formel für den Frieden" erläutert und darin fünf Bedingungen benannt: Bestrafung des Aggressors, Schutz des Lebens, Wiederherstellung von Sicherheit und territorialer Integrität, Sicherheitsgarantien und letztlich Entschlossenheit, diese Bedingungen umzusetzen. Nur an dieser Formel lässt sich die Ernsthaftigkeit russischer Verlautbarungen über mögliche Verhandlungen messen. Vor den G 20 am 15. November in Bali brachte Selenskyj die Voraussetzung für Frieden noch einmal auf den Punkt: Der aggressive russische Krieg müsse „gerecht" enden „auf Grundlage der Charta der Vereinten Nationen und des internationalen Rechts".

Die Idee zu dem vorliegenden Buch entstand bei Telefongesprächen mit Prof. Karol Sauerland wenige Tage nach Kriegsbeginn. Wir haben uns kennengelernt bei der Arbeit an seinem Tagebuch der 1980er bis Anfang 1990er Jahre, das 2021 im Neisse Verlag erschienen ist, und sind darüber hinaus im Gespräch geblieben. Beide hatten wir angesichts der Nachrichtenlage die russische Invasion erwartet, sachlich nüchtern; die Emotionen dabei sollen hier nicht geschildert werden. Es ist selbstverständlich, dass ein Buch nicht das geeignete Medium ist, begleitend den Verlauf des Krieges zu dokumentieren und zu kommentieren. Auch aktuelle Analysen der Ereignisse und Hintergründe sind nicht unser Anliegen. Dafür gibt es in Deutschland ein breites Angebot von Qualitätsmedien und, trotz mancher Ausreißer, noch immer ein hohes Niveau demokratischer Debattenkultur, das wir nutzen, bewahren und verteidigen müssen. Wir wollen unter dem symbolischen Titel *Mariupol* gemeinsam mit unseren ukrainischen, polnischen und deutschen Autoren in diesen Debatten sowohl eine historisch und kulturell distanziertere Sicht einnehmen, der Geschichte vor diesem Krieg nachgehen, als auch, im letzten Teil des Buches, authentisch persönliche Erfahrung mit Ukrainern in Polen und Deutschland dokumentieren.

Mit distanzierter Sicht auf die Geschichte ist der historisch gegebene Standort des Analytikers als Zeitzeuge der russischen Invasion gemeint, explizit nicht jenes relativierende Abwägen russischer und ukrainischer Interessen, als ob beide Seiten jeweils auf ihre Weise zum „Ukrainekonflikt" beigetragen hätten, nicht das Addieren einer während der „Vorgeschichte" des Einmarsches auf Seiten des politischen Westens und der NATO mutmaßlich kumulierten „Schuld" oder „Verantwortung" – verschwurbelt als „Vervollständigung des Gesamtbildes", wie sie einmal mehr am 14. Oktober 2022 in der Volkshochschule Reutlingen durch die als „Russlandkennerin" konservierte einstige ARD-Korrespondentin in Moskau (das war sie bis 1991!), Gabriele Krone-Schmalz, vorgetragen wurde.

Zwar erklärte die sich in einem „Meinungskorridor" wähnende Bestsellerautorin, deren Vortrag bisher mehr als 1 Million Mal aufgerufen wurde, es gehe ihr in keiner Weise darum, „diesen Krieg" zu rechtfertigen – von russischer Invasion und russischen Kriegsverbrechen bei ihr kein Wort –, doch resultiere Russlands aggressives Verhalten aus dessen „strategischer Defensive". Auch Russland habe ein Recht auf seine Sicherheit – als ob dies seit 1990 jemals bestritten worden wäre. Kein Wort zur Charta von Paris für ein neues Europa von 1990, das auch von der Sowjetunion unterzeichnet wurde und die Spaltung Europas für beendet erklärt sowie die Demokratie als einzige legitime Regierungsform anerkennt, zum Budapester Memorandum von 1994, worin Russland, die USA und Großbritannien den einstigen Sowjetrepubliken, so auch der Ukraine, Sicherheitsgarantien geben im Austausch mit der Beseitigung der Nuklearwaffen von deren Territorien, kein Wort zur NATO-Russland-Grundakte von 1997, einer Absichtserklärung über die gegenseitigen Beziehungen, die Zusammenarbeit und Sicherheit zwischen den beiden Mächten.

Deutschland müsse seine Politik daran ausrichten, dass „wir" – nämlich Deutschland und Russland – „als Nachbarn aufeinander angewiesen sind". Damit ist die Referentin nicht die erste, die Deutschlands und Russlands Nachbarn Polen, Ukraine, Belarus und das Baltikum nicht etwa nicht zur Kenntnis nimmt – mangelndes Wissen kann Prof. (für TV und Journalistik an einer privaten Fachhochschule, bis 2016) Krone-Schmalz niemand vorwerfen – sondern bewusst aus ihren politischen Koordinaten entsorgt hat. Die nicht nur von ihr behauptete „Nachbarschaft" Deutschlands und Russlands kann nicht als eine vielleicht etwas zu großzügig, zu emotional geratene Metapher für die unbestrittene jahrhundertelange Nähe, Verflechtung und wechselseitige Bereicherung der beiden Nationen/Staaten schöngeredet werden, denn sie ignoriert die Länder dazwischen als Kulturen, Geschichte, Völker, als Staaten mit legitimen Sicherheitsinteressen.

Den Polen und Balten ist das in die Gene bzw. Geschichte der letzten Jahrhunderte eingeschrieben; den Deutschen, die hier nicht an den Hitler-Stalin-Pakt denken, könnte Unwissenheit zugutegeschrieben werden, ginge es um die Rezension eines Heimatfilms. Es geht aber um die Bewertung eines Vernichtungskrieges, um den „totalen Krieg" (Sergej Medwedew) des Putin-Regimes, der als Bedrohung der Nachbarn Russlands, als Angriff auf die Freiheit in Europa verstanden werden muss. Es geht um den Bahnhof von Kramatorsk (Raketenangriff am 8. April 2022; mehr als 50 Tote, Raketentrümmer mit der russischen Aufschrift „für die Kinder"), um die für den ukrainischen Widerstand symbolisch gewordene südukrainische Hafenstadt Mariupol, um die Bombardierung des Theaters von Mariupol am 16. März 2022 (unbekannte Zahl von Opfern, am Theater war aus der Luft sichtbar das russische Wort für „Kinder" zu lesen), um die Massaker an den Bürgern von Butscha, Irpin und Cherson, um die systematische Zerstörung ukrainischer Infrastruktur, um die Deportation von mindestens 11.000 ukrainischen Kindern nach Russland mit dem Ziel, ihr Gedächtnis auszulöschen. Es geht um die „Kinderrechtskommissarin" der Russischen Föderation, Maria Lvova-Belova, die gemeinsam mit Generaloberst Ramsan Kadyrow dafür sorgt, dass „schwierige Teenager" aus dem Donbass nach Tschetschenien deportiert werden, wo sie eine „militärisch-patriotische Ausbildung" erhalten sollen.

Putin, so der im vorliegenden Buch mehrfach zitierte russische Historiker und Soziologe Sergej Medwedew, gehe es mit diesem Krieg darum, „die Welt zu beherrschen". Es gehört übrigens zu den Absurditäten unserer Zeit, dass der Moskauer Kreml, diese Planungs- und Kommandozentrale für Kriegsverbrechen, Lüge, Terror und Repression, noch immer als Weltkulturerbe gilt.

Krone-Schmalz postuliert die „Furcht und Unsicherheit" Russlands und nimmt die amerikanischen Interessen ins Visier, die „zwangsläufig andere" seien als die europäischen. Moskau versuche, aus der „Position der Schwäche heraus seine Verteidigungsfähigkeit wieder herzustellen". An dieser Front führt sie den Philosophen der Aufklärung, Montesquieu, ins Feld, der „den Kern des Problems" sinngemäß so beschrieben habe: „Man dürfe in Sachen des Krieges nicht die offensichtlichen Ursachen mit den tieferen Ursachen verwechseln, und man dürfe diejenigen, die den Krieg ausgelöst haben, nicht mit denjenigen verwechseln, die ihn unvermeidlich gemacht haben."

Demnach wurde Russland zum „unvermeidlichen" Krieg gedrängt, weil „der Westen" dem selbstbestimmten ukrainischen Volk nicht verwehrte, was ihm völkerrechtlich zusteht, eben auch die Freiheit und Lebensqualität der europäischen Union und die strategische Partnerschaft mit Partnern ihrer Wahl, letztlich die Mitgliedschaft im Verteidigungsbündnis Nato. Eine demagogische Schuldumkehr.

Die Geopolitik-Expertin Jessica Berlin mahnt im Interview mit der Berliner Zeitung (28.10.22) lösungsorientierte Debatten an. Statt darüber zu sprechen, „wie wir die Russen stoppen", würde „immer am Problem herumdefiniert und herumdiskutiert und so getan, als sei unklar, wer überhaupt der Feind ist". Ein strategisch proaktiver Lösungsansatz wäre, ein Datum zu nennen, „ab dem die Ukraine Nato-Sicherheitsgarantien bekäme – mit voller Wirkung von Artikel 5". Bis dahin hätte Putin dann Zeit, seine Truppen vom ukrainischen Territorium zurückzuziehen.

Die Ukraine kämpft opferreich gegen die russischen Invasoren, für die Befreiung ihres Territoriums und darüber hinaus für die Freiheit Europas, und sie wird dabei von den USA, der Europäischen Union und Großbritannien unterstützt. Niemand weiß, wie lange dieser Krieg dauern und wieviel Opfer er fordern wird. Ukrainerinnen und Ukrainer geben für den Frieden tagtäglich ihr Leben. Das gebietet den konkreten Beistand, aber auch die Ehrfurcht und den Respekt der zivilisierten Welt vor allem in Europa, die zwar ihrerseits noch im Frieden lebt, aber bereits jetzt mit den Zukunftschancen und der Lebensfreude von Generationen zahlen muss – und mit natürlichen Ressourcen. Der russische Invasionskrieg ist auch eine der größten Klimabedrohungen der Gegenwart, das ist offenbar in der Debatte noch nicht überall angekommen.

Vor diesem aktuellen Hintergrund legen wir hiermit die Reflexionen unserer Autorinnen und Autoren aus der Ukraine, aus Polen und Deutschland vor, die zu unterschiedlichen Zeiten während des Krieges für dieses Buch niedergeschrieben wurden. Der Verlag bedankt sich für die engagierte und honorarfreie Mitarbeit, die es uns ermöglicht, einen Teil des Erlöses an deutsche und polnische zivilgesellschaftliche Bürgerinitiativen zu spenden, die sich vor Ort in der Ukraine engagieren.

Detlef Krell
Dresden im November 2022

I

Kazimierz Orłoś

„Wir verhängen keine Flugverbotszone über eurem Territorium."

Das lautet wie „Wir werden nicht für Danzig sterben"

Erinnern wir uns an die berühmten Worte Churchills nach Chamberlains Rückkehr aus München 1938: „Die Regierung musste zwischen Krieg und Schande entscheiden. Sie wählte die Schande. Den Krieg wird sie ebenfalls bekommen." Beim Anblick dessen, wie Putin heute – im Jahr 2022 – die Ukraine ermordet, kann man nicht umhin zu denken, dass sich die Geschichte wiederholt. Und dass der Westen wieder die Schande wählen wird. Wiederholt sich denn nicht 1939, wenn wir, der Westen, aus sicherer Entfernung zuschauen, wie die ukrainischen Städte zerbombt werden, Zivilbevölkerung getötet wird, Feuer lodert und Blut fließt? Auch wenn wir Waffen liefern und den Flüchtlingen Schutz bieten? Eine Patientin des Entbindungskrankenhauses in Mariupol, das infolge eines Artilleriebeschusses am 9. März 2022 beschädigt wurde, musste es verlassen, obwohl sie schwanger war.

Wir sehen doch deutlich, wie im 21. Jahrhundert ein neuer Hitler seinen Plan einer neuen Einteilung Europas und der Welt in die Tat umsetzt. Und wie damals den Polen, so helfen auch den heutigen Ukrainern der westliche Zuspruch, Aufmunterung und Solidarität wenig, wenn sie gleichzeitig das hartnäckige: „Unsere Truppen werden nicht eingesetzt, wir verhängen keine Flugverbotszone über eurem Land" hören. Was für uns Polen klingt wie: „Pourquoi mourir pour Dantzig?" Reicht denn das alles, was wir zu sehen bekommen, nicht aus, um endlich auf den Tisch zu hauen? Und zu sagen: basta!

„Die Endlösung der ukrainischen Frage"?

Schon seit Jahren wiederholen alle Russland-Kenner und Putin-Experten, dass ihn allein der Argument der Stärke beeindrucken kann. Heute tut es mit Sicherheit nur das entschiedene „Basta!" Wenn der Westen es nicht sagt, dann werden russische Bomben in einigen Jahren mit Sicherheit auch auf uns fallen. Von Illusionen muss man Abschied nehmen.

Gleichzeitig hören wir seit Jahren, wie mächtig das NATO-Bündnis sei. Wie hoch seine Kräfte und Möglichkeiten denen, über welche Putin verfügt, überlegen seien. Umso mehr heute, nach Wochen des Krieges, den Russland verliert. Und heute wissen wir schon, dass er allein mit Bomben und Raketen die Ukraine verwüstet und die Bevölkerung mordet. Putin führt einen Vernichtungskrieg. Sieht das der Westen nicht? Wie lange noch kann man sich der Illusion hingeben, er mache kehrt, marschiere zurück, seinen Plan der „Endlösung der ukrainischen Frage" wolle er nicht bis zum Ende realisieren.

1938 gab sich Chamberlaine ähnlichen Illusionen hin und hoffte darauf, dass Hitler einen Rückzieher macht. Diese Illusionen wurden mit Millionen Todesopfern bezahlt: mit Holocaust, Katyn, Gulag-Lagern und der Teilung Europas. Heute möchte man fragen: was soll die ganze eifrige Telefoniererei des heutigen Chamberlain, des Präsidenten Macron, mit Putin? Kennt er denn die Geschichte nicht?

Der Westen blickt wieder aus der Ferne zu.

Ich gehöre zur Generation derer, die sich an den Zweiten Weltkrieg erinnern. Vor meinen Augen stehen Bilder des 1939 bombardierten Warschau. Ich begleitete die Mama inmitten der brennenden Häuser auf dem Weg aus dem Ochota-Viertel in die Innenstadt. Wir folgten der Anweisung der Behörden der Hauptstadt, die von den Truppen Hitlers eingeschlossen war.

Der Warschauer Aufstand von 1944 lebt in meiner Erinnerung nach. Ich erinnere mich daran, wie die RONA-Schergen[1] die Ochota ‚befriedeten', uns an die Mauer stellten – uns, die Einwohner des Bürgerhauses Nr. 69 in der ul. Filtrowa. In den letzten Sekunden vor der Erschießung wurde der Befehl zurückgenommen. Ich war acht Jahre jung und stand ahnungslos neben der Mutter. Die Gesichter der Mörder, die uns gegenüber auf den Tellermagazinen der Maschinengewehre saßen, prägten sich mir fest ins Gedächtnis.

Später sah ich deutsche Stukas, wie sie die Innenstadt bombardierten, indem uns, die Einwohner des besagten Hauses, die RONA-Männer durch Pola Mokotowskie trieben. Ich sah brennende Häuser in der ul. Filtrowa und Leichen auf den Bürgersteigen. Und Staubwolken über den Dächern von Warschau nach den Einschlägen der deutschen Bomben. Ich dachte nicht, dass ich Tage erlebe, an denen ich solche Bilder, Tag für Tag, wieder sehen werde.

---

1 RONA, Russkaja Oswoboditelnaja Narodnaja Armija (Russische Nationale Befreiungsarmee), bestand aus russischen Freiwilligen und war als Waffen-Grenadierdivision der SS an der Niederschlagung des Warschauer Aufstands beteiligt. Verantwortlich für die Massaker von Wola und Ochota. (Anm. d. Hg.)

Ich schreibe diese Zeilen nicht nieder als ein Mensch, der sich leicht den Emotionen hingibt. Ich halte dies fest als einer von denen, die sich erinnern. Auch als einer von denen, die sich an die Nachkriegsgespräche erinnern. Und an all das, was unsere Eltern nach dem Krieg sprachen.

Ich erinnere mich an die Gespräche mit dem Vater. 1939 war er an der Front. 1944 nahm er am Warschauer Aufstand teil. In diesen Gesprächen kehrten immer wieder die Fragen: Würden wir denn nicht in einem freien Land leben, wenn 1939 England und Frankreich uns zu Hilfe geeilt wären? Und Hitler vom Westen her angegriffen hätten? Hätte die Weltgeschichte einen anderen Lauf genommen? Wäre nicht Millionen von Menschen das Leben gerettet worden? Der Holocaust wäre nicht geschehen?

Damals schaute der Westen aus der Weite zu. Heute tut er es auch. Damals war die effektive Hilfe nicht eingetroffen. Kommt sie heute?

Morgen kann es zu spät sein.

Warschau, im März/April 2022

Aus dem Polnischen von Marek Zybura

PIOTR SEMKA

Mitleid, Bewunderung, Stolz der Gemeinschaft.
Polnische Assoziationen zur Belagerung Mariupols und zum Warschauer Aufstand

Es kommt selten vor, dass man ein tragisches Ereignis, ein traumatisches Geschichtssymbol, im eignen Land so stark mit dem in einem anderen assoziiert. In Polen trat dies recht schnell nach der Invasion des Putinschen Russlands in der unabhängigen Ukraine ein. Es fokussierte sich in dem anrührenden Mitleid der Polen für das Schicksal des zerstörten Mariupol.

Auf höchster Staatsebene zog Präsident Duda am 22. März, als er sich mit dem Präsidenten Bulgariens, Rumen Radew, in Sofia traf – es ging um die Vorbereitung der diplomatischen Offensive vor dem NATO-Gipfeltreffen –, den folgenden Vergleich:

> Das, was wir in der Ukraine beobachten, erinnert uns an den Zweiten Weltkrieg, wenn wir Polen auf Mariupol schauen, reagieren wir mit Tränen in den Augen, um Gottes willen, Mariupol sieht so aus wie Warschau 1944, als die nationalsozialistischen Deutschen die Wohnhäuser brutal bombardierten, Menschen, die zivile Bevölkerung erbarmungslos ermordeten. Die russische Armee tut Gleiches.

Die Vergleiche zwischen dem Heldentum Polens im September 1939 und der Ukraine im Februar/März 2022 lassen uns an die ähnlichen Reaktionen der an der Spitze stehenden Verteidiger, des Warschauer Präsidenten Stefan Starzyński und Wolodymyr Zelenskij denken. Sie waren ähnlich entschlossen. Als man Starzyński vorschlug, zusammen mit der Regierungskolonne Warschau in Richtung der polnischen Ostgebiete zu verlassen, ließ er sich darauf in keiner Weise ein. Er schlug sogar ein Treffen mit dem Offizier aus, der ihn zu überzeugen gesucht hätte, auf den Vorschlag einzugehen. Er sagte einem seiner Beamten: „Lassen sie den Herrn wissen, dass ich kein Deserteur werde." In Polen wurde diese Aussage mit der stolzen Erwiderung des ukrainischen Staatsoberhaupts Wolodymyr Zelenskij auf die amerikanischen Vorschläge verglichen, ihm das Verlassen Kyivs zu ermöglichen, mit den Woren: „Ich brauche Munition, keine Mitfahrgelegenheit."

In der *Gazeta Wyborcza* schrieb Sebastian Pawlina, dass Krieg immer eine Überraschung darstelle, durch seinen Verlauf, den Grad an Grausamkeit, aber auch dadurch, dass er überhaupt begonnen hat. Wenn man auf die Bilder und Äußerungen aus den Tagen vor der russischen Aggression in die Ukraine schaut, entdeckt man kaum Äußerungen von Angst vor dem Grauen, das da drohte. Der erleuchtete Kiewer Chreschtschatyk sah bis zuletzt wie das Zentrum einer beliebig anderen europäischen Stadt aus. Im Sommer 1939 war die Situation in Warschau die gleiche. Seine Einwohner erinnerten sich: „Es war uns allen klar, dass der Krieg droht und doch schlug er wie ein Blitz ein." Jemand anderes, der es zu ahnen schien, schrieb im August: „Gott gebe, dass mein Urlaub vom 4. bis zum 17. September nicht irgendwie misslingt. Fast habe ich Angst, dass es mir zu gut geht, dass unser idyllisches Leben ein Ende haben wird."

Die furchtbaren kurzen Filmaufnahmen aus der Ukraine kommentierte eine der bekanntesten polnischen Sängerinnen, die achtundachtzigjährige Irena Santor, dass dieser von Russland ausgelöste Krieg ihre traumatischen Erinnerungen aus dem Zweiten Weltkrieg wachgerufen hätte: „Ich kenne dieses Gefühl, diese Angst. Ich bin an und für sich sehr gefasst, aber als die Invasion in die Ukraine begann, kam ich in den ersten Tagen nicht zu mir. Das Trauma kehrte zurück, obwohl es so lange her war. Man kann davor nicht fliehen." Sie verglich ihre eigenen damaligen Erlebnisse mit denen der ukrainischen Kinder jetzt: „Diese Kinder werden das Trauma so wie ich bis zum Ende ihrer Tage mit sich schleppen. Das ist furchtbar. Mit welchem Recht kommt jemand in ein ihm fremdes Haus und will das mitnehmen, was ihm nicht gehört. Kein Wort, auch nicht das schlimmste, gibt das wieder, was ich über Putin denke."

Der Überfall erfolgte in den Tagen, als am 29. März im Berliner Pilecki-Institut, dessen Aufgabe es ist, den polnischen Befreiungskampf dem Publikum nahezubringen, die Ausstellung über die Pfadfinderpost im Warschauer Aufstand eröffnet wurde. Wie die Institutsleiterin Anna Radziejowska erklärte, habe diese Ausstellung angesichts des dramatischen Geschehens an unserer Ostgrenze einen neuen Sinn bekommen. Aus der Perspektive der russischen Invasion in der Ukraine stellen sich die Fragen nach dem Sinn von Freiheit und Souveränität, dem von Patriotismus und der Nation klarer als zuvor. Der heldenhafte Kampf unseres Nachbarn gegen den russischen Imperialismus beweist, dass liberale und patriotische Werte einander brauchen. Der Schock, den die Aggression hervorgerufen hat, lässt uns sogleich an das Schicksal von Warschau und Mariupol denken. Mariupol ist gegenwärtig, erklärte Radziejowska, sie ist eine der tapfersten Städte in der Welt. Da sie sich nicht ergeben wollte, beschlossen die russischen Machthaber, sie dem Erdboden gleich zu machen. Bei den russischen Attacken sind über 22.000 Zivilpersonen getötet, 80 Prozent der Gebäude vernichtet worden. Doch der wirklichen Kraft der Stadt liegt etwas anderes zugrunde.

Wie die Polnische Presseagentur in der Vorführung, die im Pilecki-Institut stattfand, zeigte, bildet sich eine neue Geschichte heraus. Anhand der untereinander ausgetauschten intimen Tweets und Posts, die im Grunde genommen von der menschlichen Zerbrechlichkeit zeugen, erfährt man zugleich vieles über die innere Kraft der Ukrainer. Die Texte wurden ins Deutsche übersetzt und von einer ukrainischen Schauspielerin vorgelesen. Im Hintergrund sah man Filmaufnahmen der Stadt Mariupol. Den Bildern aus der von den Russen zerstörten Stadt wurden Filmsequenzen vom Warschauer Aufstand gegenübergestellt. Man las auch Briefe und Postkarten, die Zivilisten im August und September 1944 in der kämpfenden polnischen Hauptstadt verfasst hatten. Der polnisch-katholische Publizist Jacek Borkowicz schrieb:

> Wir alle kennen diese Sequenzen. Die verschmierten Uniformierten, blutige Armbinden. Gleichzeitig direkter Blick in die Kamera. Schriftsteller pflegen ihn einen klaren zu nennen, besser kann man es nicht sagen. Man assoziiert es mit Heiterkeit, nicht mit Fröhlichkeit. Auf den Gesichtern der Asowstal-Verteidiger, die sich nach fast dreimonatigem heroischem Widerstand den russischen Invasoren ergaben, sieht man solches nicht. Worüber soll man sich freuen, wenn man sich 86 Tage lang – so lange dauerte der Aufstand – ununterbrochen in Todesnähe befand und nun sich dem Feind ergeben? Das drückt der Ernst auf ihren Gesichtern, ihre Gefasstheit aus. Andererseits drücken sie sichtbare Ruhe und Heiterkeit aus, eben das, was für sie das wichtigste war: wir haben das getan, was notwendig war. Nur so viel oder mehr als viel. Deswegen sieht man in dem von dem Kameramann der feindlichen Armee eingefangenen Blick keinen Hass, nicht einmal Unwillen. Ihr habt das getan, was ihr zu tun hattet, wir das unsere. Wenn ich mir die Bilder und Filme der letzten Tage der Verteidigung von Mariupol anschaue, habe ich einen déja-vu-Eindruck, irgendwie kenne ich diese Gestalten, Gesichter, Blicke. Es sind die

ersten Oktobertage 1944, als die Landesarmee die Ruinen Warschaus verließ. Eine andere Epoche, eine andere Armee, doch die gleiche Situation, die gleiche Erzählung. Und, was das wichtigste ist, es gibt sie immer noch trotz der Ankündigungen kluger selbsternannter Propheten, dass wir die Ära einer neuen Moralvorstellung erreicht hätten.

Anerkennung hat seine Konsequenzen

Heute wissen wir, dass die Entscheidung der polnischen Regierung, 260 Panzer aus den militärischen Reserven der Ukraine zu übergeben, wahrscheinlich in der Zeit der Einkesselung von Mariupol fiel. Für die Regierung war das ein selbstverständlicher Entschluss, und wir werden erst nach einer gewissen Zeit erfahren, in welchem Grad sie geholfen hat, den ersten heftigen russischen Angriff aufzuhalten. Doch, was das wichtigste ist, diese riskante Schwächung des polnischen Militärpotentials im Namen des Überlebens des kämpfenden Nachbarn rief in Polen keinerlei Kontroversen hervor. Sogar die Opposition, die mit der regierenden Partei so häufig im Streit steht, hatte diese außerordentliche Maßnahme nicht in Frage gestellt.

Ganz anders dachte man hierüber in den vergangen Jahren in der Bundesrepublik Deutschland. Ich erinnere mich, wie der Vorsitzende des Verteidigungsausschusses im Bundestag 2015, als er Polen besuchte, über die Fragen der polnischen Journalisten zur ablehnenden Haltung Deutschlands, der Ukraine Waffen zu liefern, höchst verwundert war. Der deutsche Politiker vertrat den Standpunkt, dass Waffenlieferungen nicht ethisch seien, denn sie würden zur Intensivierung des Konflikts beitragen. Dieser müsse auf diplomatischem Weg und nicht mit militärischen Mitteln gelöst werden.

Diese Denkart dominierte noch in den ersten Wochen nach dem 24. Februar 2022. Man berief sich ebenfalls auf den Beschluss, dass in militärische Konfliktzonen keine Waffen geliefert werden dürfen. In Polen reagierte man mit Unverständnis, schließlich sind sie jenen absolut notwendig, die sich gegen eine unverschuldete Aggression wehren.

An der Weichsel verstand man dagegen den tiefen Sinn von Waffenlieferung an jene, die um ihre Freiheit kämpfen. Waffen geben den Opfern der Aggression ein Gefühl der Würde und stärken ihren Glauben an einen Sieg über den Aggressor. So hob jeder Abwurf von Waffen durch Royal Air Force und US Air Force den Optimismus der Warschauer Aufständischen. Die Bundesrepublik hat zwar nach einer gewissen Zeit ihre Haltung zur Waffenlieferung an die Ukraine geändert, aber Berlins Politik verläuft in dieser Frage nach wie vor zickzackförmig und inkonsequent.

Es ist kein Zufall, dass der ukrainische Botschafter in Warschau, Andrej Deszczyna, den ukrainischen Dichter Serhij Zhadan in der Debatte um die Waffenlieferungen bat, ihm Zbigniew Jasińskis Gedicht aus dem Warschauer Aufstand zu übersetzen, das mit den Worten endet: „Hallo! Hier ist das Herz Polens! Hier spricht Warschau. Werft die Trauerlieder aus den Sendungen heraus! Der Elan reicht für uns und euch aus! Beifall ist nicht nötig! Wir fordern Munition!"

Worauf beruhte die schreckenserregende Aktualität des Gedichts des Warschauer Aufständischen? Während des Aufstands stellte der BBC die wichtigste westliche Informationsquelle dar. Die Sendungen begannen mit Kornel Ujejskis bedrückendem Choral, der von einer unheimlichen Untergangsstimmung durchdrungen war. Die polnischen Aufständischen waren irritiert, denn sie kämpften in der Überzeugung, dass sie siegen werden. Daher erwarteten sie nicht Deklarationen der Anerkennung für ihren Kampf – ihre Zahl war groß –, sondern erfolgreiche Waffenlieferungen, die durch Abwurf über das brennende Warschau erfolgten. So waren auch die Ukrainer in den ersten Monaten der russischen Aggression eingestellt. Sie schätzten weniger die Deklarationen voller Empörung über das bestialische Vorgehen des Kremls, umso mehr erwarteten sie schnelle und effektive Waffentransporte für die ukrainischen Kämpfer. Es war, wie Serhij Zhadan in Verbindung mit der Übersetzung von Jasińskis Gedicht erklärt hatte: „Wir lassen es von Schauspielern rezitieren. Vielleicht mit musikalischer Begleitung. Der Elan reicht wahrhaft für uns und euch aus! Wir brauchen keine rituelle Friedensappelle, keine Mitleidsbezeugungen über das Schicksal der Ukraine. Wir brauchen Munition, Waffen!"

Ritterschlag

Die Ukraine wurde in Polen mit einem Land voller Stolz assoziiert, das zugleich Furcht einflößte. Einerseits wusste man den Kampfesmut und die Geschicklichkeit der Kosaken zu schätzen, ohne die so manche Schlacht mit den Feinden der Polnischen Adelsrepublik im 16. und 17. Jahrhundert nicht so erfolgreich ausgegangen wäre, andererseits blickte man auf sie wie auf eine Bombe, die in den Händen der Polen explodieren kann. Sie erschienen als ein Element, das in einem gewissen Augenblick von den Feinden Polens, den Russen, im Rahmen des gemeinsamen orthodoxen Glaubens zwischen einem

Teil der Kosaken und dem Moskauer Reich ausgenutzt werden konnte. Man erkannte ihre Opferbereitschaft, aber nicht ihr hochgradiges, auf heroische Tugenden basierendes Gemeinschaftsbewusstsein. Die Vorurteile den Ukrainern gegenüber wurden durch die historischen Romane von Henryk Sienkiewicz recht populär, so dass die Polen die Auseinandersetzungen um die westukrainische Volksrepublik in den Jahren 1918–1920 als eine weitere Kosakenrebellion ansahen. Nur zu einem geringen Teil veränderte sich diese Einschätzung während des Kiewer Feldzugs Józef Piłsudskis und Semen Petluras im Mai 1920. Danach dominierten die schlechten Erfahrungen mit der galizischen UPA, deren Höhepunkt das Gemetzel in Wolhynien war.

Man kann die These riskieren, dass die alten Klischees erst mit dem 24. Februar 2022 ein Ende fanden. Die Polen erkannten nun in den Ukrainern jene, die den Mut aufbringen, ihre Freiheit zu verteidigen. Und der Vergleich mit dem Warschauer Aufstand nobilitiert die Ukrainer in den Augen der Polen. Ohne diese Wertschätzung hätte es keine solch große Mobilisierung der polnischen Gesellschaft zugunsten der drei Millionen Flüchtlinge aus den Kriegsgebieten in der Ukraine gegeben. In dieser Hinsicht hat der Vergleich zwischen dem Warschauer Aufstand und der Verteidigung von Mariupol 2022 das Wunder einer neuen sich abzeichnenden polnisch-ukrainischen Freundschaft entstehen lassen. In geistiger Hinsicht ist es eine der wichtigsten polnischen und ukrainischen Erfahrungen der letzten siebzig Jahre.

Anna Schor-Tschudnowskaja

Keine Erschütterung, keine Trauer, keine Reue?
Verständnis und Unverständnis für den konsolidierten
postsowjetischen Autoritarismus
in Russland und für seinen Ukrainekrieg

I

Der bekannte russische, seit über 20 Jahren in der Schweiz lebende Schriftsteller Michail Schischkin gab 2015 in einem Interview zu: „Das Gefühl, dass ich in der [Moskauer] U-Bahn von Menschen umgeben bin, die glücklich sind, weil die Krim ihnen gehört, ist für mich unerträglich".[1] Unerträglich unter Menschen zu sein, die sich über einen Raub und einen Völkerrechtsbruch freuen, freilich ohne zu verstehen, dass es sich dabei um diese handelt.

Die Annexion der ukrainischen Halbinsel Krim durch Russland Anfang 2014 und die unmittelbar davor auf den Kiewer Hauptplatz Maidan Nezaleschnosti sich ereignete „Revolution der Würde" stellen eine Zäsur in den postsowjetischen ukrainisch-russischen Beziehungen dar. Danach war nur noch Krieg, der Krieg Russlands gegen die Ukraine. Einen solchen Krieg konnten sich die meisten Menschen in Russland in den Jahren zuvor nicht vorstellen, obwohl es inzwischen viele Anzeichen gibt, dass er von der Führung des Landes konsequent vorbereitet und durchdacht war. Massive Propaganda und viele Lügen über lange Zeit waren notwendig, um ihn legitimieren zu können.

---

1 Mia Gustafsson: Russkij pisatel Schischkin: „Rossijane priwykli ko lshi – kazdyj snajet, tschto na Ukraine est rossijskije wojska" [Der russische Schriftsteller Schischkin: „Menschen in Russland haben sich an Lügen gewöhnt – jeder weiß, dass es in der Ukraine russische Truppen gibt"], ein Interview mit Michail Schischkin, 31.05.2015, https://yle.fi/novosti/3-8013439 (Zugang: 17.09.2022).

Der Überfall auf die Ukraine 2014 begann mit einer perfiden Inszenierung: In der Nacht auf den 27. Februar besetzten russische Soldaten ohne militärische Erkennungszeichen Regierungsgebäude auf der Krim. Den Journalisten der regierungskritischen *Novaja Gaseta* zufolge fungierten eigens auf die Krim gebrachte russische Zivilpersonen als einheimische Zivilbevölkerung, um die russische Armee bei der Besetzung strategischer Objekte zu unterstützten. Die internationale Gemeinschaft stand der Annexion und dem sich daran anschließenden Krieg in der Ostukraine auch deshalb hilflos gegenüber, weil Russland beides beharrlich abstritt: Für Russland gab es keine Annexion, nur eine Wiedervereinigung, und es gab keine russische Invasion im Osten, sondern nur den ukrainischen Separatismus. Wenn ich heute an die Zeit damals denke, so denke ich vor allem, wie ohnmächtig die russischen wie auch europäischen intellektuellen und politischen Eliten angesichts der Annexion und den sie umgebenden Lügen waren und wie aus dieser Ohnmacht mehr und mehr Gleichgültigkeit erwuchs. In einer gemeinsam mit Martin Malek verfassten Buchrezension hielt ich damals fest:

Zwar liefert die äußerst ‚gekonnte' Informationspolitik (um nicht zu sagen: Propaganda) Russlands konsequent ein falsches Bild der Ereignisse in der Ukraine, doch beruht die demonstrative Zurückhaltung (um nicht zu sagen: der Unwille) der EU, sich – auch und gerade gestützt auf die eigenen Werte – verstärkt einzubringen und zu engagieren, auch auf genuin europäischen Un- und Missverständnissen der Bedeutung der Entwicklungen im Südwesten der früheren Sowjetunion. Besonders bemerkenswert ist der Umstand, dass den ‚alten' europäischen Demokratien kaum – oder jedenfalls nicht in ausreichendem Ausmaß – bewusst ist, dass diese Entwicklungen im postsowjetischen Teil Europas ihr politisches Schicksal unmittelbar tangieren.[2]

Aus dem Jahr 2022 zurückblickend halte ich die damaligen Beobachtungen nach wie vor für treffend. Dass der am 24. Februar 2022 begonnene russische Angriffskrieg auf die gesamte Ukraine wieder einmal für so viele ein Schock war, zeugt davon, wie wenig die russische Opposition wie auch die

---

2 Anna Schor-Tschudnowskaja, Martin Malek: Testfall Ukraine – europäische Werte auf dem Prüfstand (Rezension auf den 2015 erschienenen Sammelband „Testfall Ukraine. Europa und seine Werte"). In: Europäische Rundschau, 1/2017, Jahrgang 45, S. 123–128.

europäischen Politiker 2014 verstanden haben und wie wenig sie seitdem bereit waren, etwas zu unternehmen. Doch dieses intellektuelle und politische Scheitern betrifft nicht nur den Krieg, sondern auch die Evolution der innerpolitischen Verhältnisse in Russland in Richtung einer immer stärkeren Usurpation der Staatsmacht durch eine kleptokratische Clique um Wladimir Putin. Das heute dominierende Gefühl unter russländischen Intellektuellen, die gegen diesen Krieg sind, ist Staunen. Viele oppositionell gesinnte Menschen in Russland (wie auch jene, die das Land inzwischen verlassen haben) denken nostalgisch an die Zeit vor dem 24. Februar zurück. Sie sehnen sich nach dem alten Leben zurück – und die Einsicht, dass genau dieses Leben den umfassenden zerstörerischen Krieg erst ermöglichte, ja, ihn systematisch Schritt für Schritt vorbereitet hat, ruft bei ihnen eine starke – wohl verständliche – Abwehrhaltung hervor.

Die damaligen bitteren Worte von Schischkin beschreiben nicht nur treffend die Moskauer Atmosphäre, sondern auch seine Resignation angesichts der subtilen, aber immer bedrohlicher werdenden Gewaltbereitschaft des Putinschen Regimes – und der breiten Unterstützung, die das Leben gerade unter Putin in der Bevölkerung Russlands genießt. Schischkins Worte zeugen aber auch von einer bemerkenswerten Sensibilität ihres Autors: Die Atmosphäre von Ressentiment und Lügen sowie von Billigung der Gewalt als auch einer spezifischen moralischen wie politischen Blindheit dieser Gewalt gegenüber nimmt Schischkin bereits 2015 wahr, in einer Stadt voller Cafés, Restaurants und Geschäfte, einer Stadt mit pulsierendem Business-, Kultur- und Nachtleben, einer Stadt, die viele Touristen anzieht und Unterhaltung und Konsum viel ernster nimmt und großzügiger lebt als manche westeuropäische Hauptstädte.

2022 gab ein weiterer russischer Autor, der nach dem 24. Februar Russland verließ, bekannt:

> Ich habe vor allem deswegen Moskau verlassen, ich konnte es körperlich nicht mehr ertragen, in Russland zu sein, auf diesen Straßen laufen zu müssen, zu sehen, wie Menschen zur Arbeit fahren, ins Theater gehen, zu sehen, wie Kinos und Restaurants geöffnet sind, wie das Leben weiter geht vor dem Hintergrund jener Hölle, jenes Abgrundes, der sich in der Ukraine aufgetan hat.[3]

---

3 Wojna kak moralnaja katastrofa [Der Krieg als moralische Katastrophe], online-Diskussion, https://www.youtube.com/watch?v=v8iD3i0A6hQ (Zugang: 16.09.2022).

Der Journalist und Politikexperte Sergej Medwedew erklärt damit gerade die Normalität des Alltags im heutigen Moskau für unerträglich, er spricht von „einer anthropologischen Katastrophe", einer „zugefrorenen, völlig atomisierten, teilweise gleichgültigen, teilweise den Krieg unterstützenden Bevölkerung [Russlands], die so tut, als ob nichts passiere".[4] Unerträglich für Medwedew wäre nicht nur die offene Unterstützung oder Freude über den Krieg, sondern unerträglich ist bereits die Gleichgültigkeit, das stumpfe Ignorieren des Krieges und des von ihm gebrachten Leids: Wenn der rege Tumult des Alltagslebens in den russischen Städten einfach weitergeht, als ob nichts geschehen wäre, während in der Ukraine täglich Dutzende oder auch Hunderte Menschen getötet werden.

Der bekannte russische Schauspieler Anatolij Belyj hat ebenfalls Russland verlassen, weil er „nicht mehr in einem Land bleiben kann, das einen gemeinen, ungerechten, blutigen Krieg führt". Er schrieb:

> Ich kann nicht mehr so tun, als würde nichts geschehen, ich kann nicht lachende Menschen sehen, die in Sommercafés sitzen, kann nicht die lustige Musik hören, die aus den offenen Türen kommt. Kann nicht mehr schweigen … Wahrscheinlich kann man mich einen Verlierer nennen. In der Tat denke ich, dass wir diese Schlacht verloren haben. Mit ‚wir' meine ich die Kultur, jene, die dachten und hofften, es wird eine demokratische Entwicklung [in Russland] geben. Wir sind sehr wenige. Man kann uns leicht von der Erdoberfläche und aus der Geschichte wegpusten. Russland braucht uns nicht. Das ist sehr bitter.[5]

---

4 Ebenda.

5 Irina Tumakowa: „Wse razumnoje i dobroje w tscheloweke smeteno odnim udarom bessosnatelnogo, swerinogo" [Alles Vernünftige und Gute im Menschen ist mit einem Schlag des Unbewussten, Tierischen weggezerrt worden], ein Interview mit Anatolij Belyj. In: Nowaja gaseta Ewropa, 23.07.2022, https://novaya gazeta.eu/articles/2022/07/23/vsio-razumnoe-i-dobroe-v-cheloveke-smeteno-od nim-udarom-bessoznatelnogo-zverinogo, (Zugang: 14.09.2022).

Im Einklang damit berichtet der bekannte russische Regisseur Witalij Manskij, ebenfalls kürzlich aus Russland ausgereist:

> Ich sah mir in Riga ein Stück von Hermanis[6] an [...], am Ende war Applaus verboten, und dies zwingt dich, die Tatsache anzunehmen, dass sich das Leben geändert hat. Aber in Moskau gibt es 50 Theater und im ganzen Land noch weitere 1500, jeden Abend gehen Schauspieler auf die Bühne und spielen etwas von Tschechow bis zu den noch nicht verbotenen gegenwärtigen Autoren: Varieté, Dramen, Komödien, Tragödien, was auch immer, jedenfalls es gibt keinen Krieg. Und wenn sie [damit] sagen ‚es gibt keinen Krieg', arbeiten sie für den Krieg.[7]

Wenigstens Schweigen, stille Betroffenheit, eine Atempause würden für Belyj oder Manskij eine adäquate Reaktion auf den Krieg bedeuten, ein Zeichen dagegen, ein Zeichen, welches sie vermissen. Wieder geht es um die schmerzende, unerträgliche Atmosphäre einer lebendigen Hauptstadt, die trotz eines blutigen Verbrechens, das von ihr ausgeht, die freudige Normalität ihres Alltages nicht aufgibt, nicht einmal etwas dämpft. Einige wenige, obwohl es sich um Tausende handelt, haben Russland deswegen verlassen. Es ist eine winzige Minderheit. Jenseits des repressiven Regimes lebend, können sie sich nun relativ frei äußern. Die Stimmung innerhalb Russlands bleibt ein Rätsel, zumindest ein Phänomen, das viele Fragen aufwirft.

II

Reflexionen über einen Krieg sind immer Reflexionen darüber, warum er überhaupt möglich wurde, wie es dazu kam. Für mich sind es aber auch Reflexionen darüber, warum sich viele Menschen im Gegensatz zu einigen wenigen wie Schischkin oder Belyj diese Frage gar nicht erst stellen. Stattdessen bil-

---

6 Alvis Hermanis, führender lettischer Theaterregisseur und Dramatiker mit internationalem Ruf, hat mehrmals in Russland bzw. mit russischen Schauspielern gearbeitet, nach dem 24. Februar 2022 hat er Russlands Krieg gegen die Ukraine scharf verurteilt.

7 Elena Fanajlowa: Sankt-Mariuburg, straschnyj son Masjani [Sankt Mariuburg, ein Alptraum von Masjanja], Interview mit Lew Gudkow und Witalij Manskij, Radio Swoboda, 14.07.2022, https://www.svoboda.org/a/sankt-mariuburg-straschnyy-son-masyani/31943559.html, (Zugang: 15.09.2022).

ligen sie, verschleiern oder gar verspotten sie den Krieg, – mit anderen Worten nehmen ihn an, lassen ihn geschehen; und während Wohnhäuser in Mariupol eins nach dem anderen zerstört werden und Millionen von Menschen in der Ukraine auf der Flucht sind, planen Millionen von Menschen in Russland einen Urlaub, besuchen eine Theaterpremiere oder sorgen sich um die Renovierung der Datscha. Freilich sind es nicht alle. Mit trauriger Neugier blicke ich nach Russland und versuche jenen kulturellen und gesellschaftlichen Kontext zu verstehen, in welchem sich die Meinung zum Krieg bildet.

Der Petersburger Journalist Andrej Okun' veröffentlichte am 24. Juni 2022 in seinem Telegram-Kanal unter der Überschrift „Zum Licht drängend" den folgenden Beitrag, den ich in einer nur leicht gekürzten Fassung wiedergeben möchte:

> Wer nach Moskauer Zeitzone lebt, hat bemerkt, dass ich immer häufiger erst tief in der Nacht oder am frühen Morgen schreibe. Zur anderen Tageszeit zu schreiben geht einfach nicht. Sobald die Stadt schläft, kann ich leichter atmen. Niemand kritzelt Nachrichten, Newsfeeds fliegen nicht vor meinen Augen. Niemand wird erobert, niemand ermordet. Die ungehobelten Stimmen der Beamten verstummen, stattdessen zwitschern Morgenvögel. Das ist die banale Charme eines friedlichen Lebens: die Nacht kommt wie eine Rettung vor. In solchen Augenblicken denke ich an die Erzählungen der Geflüchteten [von den Kriegshandlungen in der Ukraine] […]. Sie erzählten mir, dass sie jede Nacht wie ihre letzte empfangen. In die Ukraine […] bringt die Nacht Tod und Schmerz. Für mich bringt sie vor meinem Fenster die Stille. Ich bin in Russland geblieben, um diese Geschichte gemeinsam mit meinem Volk zu leben, um ehrlich [darüber] zu schreiben […]. Das Leben in Russland kommt mir nun wir ein langer trockener Weg vor. Jeden Tag gehen wir ihn weiter in der Hoffnung, irgendwo hinter der Horizontlinie Licht erblicken zu können. Die Nachrichten werden immer hysterischer, die [Staats]Macht immer archaischer. Und wir gehen weiter. Wenn es ganz schwer wird, kriechen wir weiter und streichen in Gedanken die Tage im Kalender durch. […] Noch vor kurzem klappte es ganz gut, mich umzuschalten, vom Ganzen zu abstrahieren, mich in die Arbeit zu vertiefen. Ich konnte mich mit kleinen Details befassen und nicht den Schmerz von anderen Menschen aufnehmen. Und dann haben mich die Kräfte verlassen […] Mein Willen reicht nur noch dazu aus, für Sie hier zu schreiben und irgendwie den anderen zu helfen. Ich bin doch nicht umsonst hier geblieben. […] Vielleicht laufen die Historiker der Zukunft auf dieser verbrannten Erde […] und schreiben wahrheitsgemäß

wie es war. Veröffentlichen ehrliche Bücher, in denen es keinen Betrug und keine Propaganda der Gewalt geben wird. Aber damit es diese Historiker der Zukunft überhaupt jemals geben kann, müssen wir heute zum Licht drängen.[8]

Dieser Telegram-Beitrag stellt eine der wenigen mir zugänglichen offenen schriftlichen Zeugnisse dar, wie es Menschen in Russland geht, abgesehen von einzelnen Ausnahmefällen, in welchen sehr bekannte Persönlichkeiten ihre Stimme gegen Krieg auch innerhalb Russlands erheben. Auch abgesehen von an mich gerichteten privaten Botschaften, in welchen meine Freunde aus Russland mir berichten, dass sie sich nach dem 24. Februar umgeben von Feinden wiedergefunden haben – von Menschen, die sie als Feinde wahrnehmen, weil meine Freunde gegen den Krieg sind. Ein solches Beziehen klarer Position ist heute sehr gefährlich geworden: Die gleich nach Kriegsbeginn drastisch verschärfte repressive Rechtslage sieht vor, dass man selbst für harmlose Proteste gegen Krieg bestraft werden oder im Gefängnis landen kann, auch wenn es sich um einen einfachen Pazifismus handelt: Die Meinung, dass der Krieg falsch sei, er rasch zu beenden wäre oder hätte vermieden werden können – all das gilt inzwischen als strafbar. Mehr noch: Selbst die Meinung, dass es sich um einen Krieg handelt, ist gesetzlich verboten, erlaubt ist einzig die Bezeichnung „militärische Spezialoperation". Zahlreiche Menschen wurden in verschiedenen Städten Russlands nur deswegen festgehalten, weil sie schweigend einen Zettel mit „Nein dem Krieg!" in den Händen hielten.

Die Verfolgung von Andersdenkenden bleibt zum Glück noch selektiv und willkürlich. Von den Festgehaltenen erhalten nicht alle eine Strafe, und von jenen, die bereits mehrmals bestraft wurden, kommen nicht alle vor Gericht. Auch soll angemerkt werden, dass unter Menschen, die wenigstens in Form eines Plakats, einer Inschrift oder auch einer Schleife in den Farben der ukrainischen Fahne ihren Protest gegen den Krieg öffentlich machen, bei weitem nicht alle gegen Putin sind oder ihn für verantwortlich für diesen Krieg halten. Die Formen des Protests können sehr subtil sein, die Menschen müssen sich gar nicht bewusst sein, dass sie in einer Art Dissenz öffentlich protestiert haben. Bei einigen bekannt gewordenen Verurteilungen handelte es sich z.B. lediglich um Emojis in den (noch in Russland zu-

---

8 https://web.telegram.org/k/#@okun_andrew.

gänglichen; Facebook und Twitter sind gesperrt) Social Media.[9] Besonders bekannt geworden ist der Fall des Moskauer Gemeindeabgeordneten Alexej Gorinow, der sich bei einer Sitzung des lokalen Abgeordnetenrates gegen einen geplanten Wettbewerb von Kinderzeichnungen ausgesprochen hat, weil er sie während eines Krieges für nicht angemessen hielt. Gorinow wurde vor Gericht gebracht und erhielt 7 Jahre Haft in einem Straflager. Seine Kollegin, eine andere Abgeordnete, die während der Sitzung Gorinow Recht gegeben hat, konnte sich noch rechtzeitig vor der Verhaftung ins Ausland retten; sie wurde von Russland auf die internationale Fahndungsliste gesetzt.[10] Viele der Verfolgten retten sich ins Ausland. Vielen, die bleiben, ist die Repressivität des Regimes gar nicht bewusst, solange sie selbst nicht betroffen sind, – was für sie dann nicht selten eine große Überraschung ist.

In dem bereits zitierten Interview sagte Belyj:

> Wir sehen doch diesen ganzen Schrecken, wie die Propaganda Menschen eroberte, was sie mit ihnen tat. Die Menschen sind blind geworden, es ist eine unbegreifliche Blindheit. Unbegreiflich. Ich kann es nicht fassen, wie es möglich ist. Aber wir sind Augenzeugen dessen geworden. […] Und ich weiß, das es in Moskau, in Russland eine riesige Zahl wunderbarer Menschen gibt. Talentierte, wunderbare, gute, kluge, gebildete Menschen, es waren aber zu wenig und sie konnten nichts machen.[11]

---

9 Sud w Barnaule oschtrafowal utschitelja sa „diskreditaziju" armii is-sa grustnogo emoji w „odnoklassnikach" [Ein Gericht in Barnaul hat einen Lehrer zu einer Strafe für die „Diskreditierung" der Armee wegen eines traurigen Emoji in „Odnoklassniki" verurteilt]. In: Nowaja Gaseta, 25.07.2022, https://novayagazeta.eu/articles/2022/07/25/sud-v-barnaule-oshtrafoval-uchitelia-za-diskreditatsiiu-armii-iz-za-grustnogo-emodzi-v-odnoklassnikakh-news (Zugang: 16.09.2022).

10 Andrej Karew: Sud w Moskwe prigoworil mundepa Alekseja Gorinowa k semi godam kolonii po delu o „diskreditazii" WS RF [Ein Gericht in Moskau hat den Abgeordneten des Stadtrates Gorinow für die „Diskreditierung" von Streitkräften der Russischen Föderation zu sieben Jahren Haft in einer Srafkolonie verurteilt]. In: Nowaja Gaseta, 08.07.2022, https://novayagazeta.eu/articles/2022/07/08/sud-v-moskve-prigovoril-mundepa-alekseia-gorinova-k-semi-godam-kolonii-po-delu-o-diskreditatsii-vs-rf-news (Zugang: 17.09.2022).

11 Irina Tumakowa: „Wse razumnoje i dobroje w tscheloweke smeteno odnim udarom bessosnatelnogo, swerinogo" [Alles Vernünftige und Gute im Menschen ist mit einem Schlag des Unbewussten, Tierischen weggezerrt worden], ein Interview mit Anatolij Belyj. In: Nowaja Gaseta Ewropa, 23.07.2022, https://novaya

Die von dem renommierten soziologischen Befragungsinstitut „Levada-Centre" gleich im März 2022 durchgeführte Befragung erfasste eine breite Unterstützung in der Bevölkerung, ohne dass man allerdings genau sagen kann, was genau sie unterstützt. Auf die Frage „Unterstützen Sie persönlich die Tätigkeit der Streitkräfte Russlands in der Ukraine?" gaben 53% der Befragten „bestimmt ja" und weitere 28% „eher ja" an (insgesamt 81%).[12] Die im Mai wiederholte Befragung brachte ähnliche Ergebnisse: nach wie vor waren es 77% der Befragten, die die „Tätigkeit der Streitkräfte Russlands in der Ukraine" bestimmt oder eher bestimmt unterstützen. 75% der Befragten zeigten sich überzeugt, dass der „militärische Spezialeinsatz" mit einem „Sieg Russlands" ausgehen wird.[13] Offen bleiben aber die wichtigsten Fragen: Welche „Tätigkeit" der russischen Streitkräfte steht überhaupt zur Debatte? Welcher „Sieg" bei dieser „Tätigkeit" wäre für die Befragten vorstellbar? Offen ist damit die Frage nach der inhaltlichen, argumentativen Ausrichtung der erhobenen Unterstützung, zumal die offiziellen politischen Narrative der Führung Russlands wie auch der von ihr kontrollierten Massenmedien nicht einheitlich sind und immer wieder neue Lesarten dessen bieten, was Russland eigentlich in der Ukraine tut und bezweckt.

Die Soziologin Natalja Saweljewa, Mitglied von PS Lab (Public Sociology Laboratory, einer Vereinigung von jungen Sozialwissenschaftlern, die Protestbewegungen in ehemaligen sowjetischen Ländern untersuchen, jenseits von Russland versteht sich), stellte im Sommer 2022 die ersten Ergebnisse einer qualitativen Befragung dar:

> Die allgemeine These [der Befragten] lautet: Dieser Krieg war unausweichlich. [...] Die einen sagen, dieser Krieg war notwendig, weil sonst Russland die geopolitische Schlacht verliert. Die anderen: Dieser Krieg war absolut unausweichlich, denn sonst hätte die Ukraine Russland überfallen oder die NATO hätte es überfallen, dass bereits eine Invasion in Vorbereitung war. Man sagt: ‚Wir mussten es tun, Russland hatte keine Wahl, es war gezwungen, die

---

gazeta.eu/articles/2022/07/23/vsio-razumnoe-i-dobroe-v-cheloveke-smeteno-odnim-udarom-bessoznatelnogo-zverinogo, (Zugang: 14.09.2022).

12 „Konflikt s Ukrainoj" [Konflikt mit der Ukraine], ein Presse-Bericht von Levada-Zentrum, https://www.levada.ru/2022/06/02/konflikt-s-ukrainoj-2/, (Zugang: 12.09.2022).

13 Ebenda.

Ukraine anzugreifen, es wurde in die Ecke getrieben' [...] – ein ganzes Spektrum an Meinungen.[14]

Bei diesem eher monotonen Spektrum an Meinungen fällt als erstes auf, dass es den Befragten ungeachtet der offiziellen Doktrin durchaus bewusst ist, dass es sich um einen Krieg handelt und dass der Angriff von Russland ausging! In den qualitativ erhobenen Antworten zeichnet sich ein Weltbild ab, wonach der Krieg in der Ukraine ein gerechter Verteidigungskrieg sei. Saweljewa zieht daraus die Schlussfolgerung, dass die Unterstützung des Krieges eher hoch bleiben wird, selbst wenn sich Menschen für seine Beendigung aussprechen, falls seine Kosten zu sehr spürbar bzw. zu hoch werden. Die Überzeugung, dass er richtig und notwendig gewesen sei, wird selbst dann bleiben.

Auch der bekannte russische Psychologe und Politiker Leonid Gosman beschreibt (von Russland aus) in einer ähnlichen Art das allgemeine Stimmungsbild: Jeder, der den Krieg heute unterstützt, ist davon überzeugt, dass Russland sich verteidigt, dass es keine Wahl hatte, dass es für eine gute und gerechte Sache kämpft: „Wir tragen das Gute in die Welt, und sie ist aber undankbar",[15] fasst Gosman die Meinung der Mehrheit zusammen. In einem bemerkenswerten Interview, das in der nun nur noch im Ausland tätigen oppositionellen *Nowaja Gaseta* unter dem Titel „Die Machthaber werden mit Maschinengewehren gegen die Aufklärung Widerstand leisten" erschienen ist, betont Gosman, dass eine solche Haltung der Mehrheit nicht verurteilt, sondern wie eine Art Drogenrausch zu verstehen sei. Die Vergiftung durch die Propaganda sei eine Krankheit, kein Laster, auch solchen Menschen müsse man mit Mitgefühl begegnen, so Gosman.[16]

---

14 Jurij Schigalkin: Ot otrizanija do tschuwstwa winy. Rossijane i wojna w Ukraine [Von der Verneinung zum Schuldgefühl. Menschen in Russland und der Krieg in der Ukraine]. In: Radio Swoboda, 23.07.2022, https://www.svoboda.org/a/ot-otricania-do-chuvstva-viny-rossiyane-i-voina-v-ukraine/31956343.html (Zugang: 17.09.2022).

15 Irina Tumakowa: „Prepjatstwowat proswechtscheniju wlast budet pulemjotami". Interview politika i psichologa Leonida Gosmana [„Die Machthaber werden die Aufklärung mit den Maschinengewehren verhindern". Interview mit dem Politiker und Psychologen Leonid Gosman]. In: Nowaja Gaseta, 18.07.2022, https://novayagazeta.eu/articles/2022/07/18/prepiatstvovat-prosveshcheniiu-liudei-vlast-budet-pulemiotami (Zugang: 17.09.2022).

16 Ebenda.

Es findet seit Kriegsbeginn ein eher zurückhaltender aber dennoch sehr bitterer Streit unter russischen Intellektuellen statt: Wie ist es zu verstehen, dass Millionen von Menschen in Russland bereit sind, an die offiziellen Rechtfertigungen für den Krieg, und das heißt an verschiedenste imperiale bzw. koloniale Fantasmen und Verschwörungstheorien zu glauben – und damit den brutalen und sinnlosen Krieg zu unterstützen. Die Meinungen reichen von „Drogenrausch" (Gosman) bis zur „freiwilligen Blindheit"[17], sie unterscheiden sich nur in einer Frage: Ist die Mehrheit der Bevölkerung als Opfer der schonungslosen und zynischen Propaganda zu betrachten? Oder sind so viele Menschen in Russland mehr oder weniger bewusst und freiwillig so leidenschaftlich empfänglich für Lügenhysterie und Verschwörungsdenken in den russischen Massenmedien geworden? Eine der Antwortmöglichkeiten könnte dem Vorschlag von Hannah Arendt folgen: „Es wäre viel gewonnen, wenn wir das verhängnisvolle Wort ‚Gehorsam' aus dem Vokabular unseres moralischen und politischen Denkens streichen könnten",[18] schrieb sie nach dem Zweiten Weltkrieg, denn Gehorsam bei mündigen Erwachsenen bedeutet immer auch Unterstützung.

III

Man kann sich des Eindrucks nicht erwehren, dass die dreiste Lüge und die schrankenlose Propaganda in den russischen Massenmedien für die Haltung der Mehrheit in Russland mit verantwortlich sind. Allerdings weist der wohl bekannteste russische Soziologe Lew Gudkow, der in Russland geblieben ist, darauf hin, dass selbst die propagandistische Hysterie der letzten Monate keine wirklich neuen Ideen oder Begründungen formuliert hat. Sie appelliere vielmehr an jene Schichten des kollektiven Bewusstseins, jene Akzente einer politischen Kultur, die auch in den Jahrzehnten davor wirksam waren.[19] Wir

---

17 Sergej Medwedew: „Eto dobrowolnaja slepota. Andrej Loschak ob otnoscheniji k wojne w Rossii [„Das ist eine freiwillige Blindheit". Andrej Loschak über die Einstellungen zum Krieg in Russland]. In: Radio Swoboda, 12.07.2022, https://www.svoboda.org/a/eto-dobrovoljnaya-slepota-andrey-loshak-ob-otnoshenii-k-voyne-v-rossii-/31937023.html (Zugang: 17.09.2022).

18 Hannah Arendt: Was heißt persönliche Verantwortung in einer Diktatur? München 2018, S. 52.

19 Lew Gudkow: Tri fasy adaptazii. Wojna s Ukrainoj w rossijskom obschetschstwennom mnenii [Drei Stadien der Adaptation. Die öffentliche Meinung

hätten es hier mit einer Reanimierung von alten imperialen Großmachtfantasien wie auch von sowjetischen Einstellungen einer geschlossenen, von lauter Feinden umgebenen Gesellschaft zu tun. Zentral für die politische Kultur seien daher die vielfältigen adaptiven Praktiken an autoritäre/repressive bzw. als falsch oder ungerecht wahrgenommene Verhältnisse, nicht ihre Veränderung. Putin werde mit dem Phänomen Staatsmacht an sich assoziiert, das einzig in der Lage sei, die Interessen der Menschen wenigstens auf einem minimalen Niveau zu schützen. Dieses Merkmal der politischen Kultur, das an sich für autoritäre und totalitäre Ordnungen sehr charakteristisch ist, sei in den 20 Jahren unter Putin immer ausgeprägter geworden.

Gudkow hält fest, dass die Fähigkeit, eine eigene Meinung zu bilden und über die Tätigkeit der Machthaber zu urteilen, derzeit, so wörtlich, paralysiert sei.[20] Tatsächlich berichten russländische Soziologen, dass es mehr um Glauben als um Denken und Urteilen geht: Die zahlreichen Konflikte in den Familien und unter Freunden erhitzen sich an der Frage, woran man jeweils glaubt, nicht so sehr, was man weiß oder für richtig hält. Selbst jene, die wissen könnten, dass die Geschehnisse in der Ukraine andere sind als im Fernsehen, keinen „Spezialeinsatz" darstellen, wollen dies nicht glauben. Zu den erwähnten adaptiven Taktiken gehören vor allen Rationalisierungen und Glaubenssätze, die die eigene passive oder gar die Machthaber unterstützende Haltung mitten im Krieg ermöglichen. Man kann aber auch rückblickend festhalten: So wie sehr viele in Russland bis heute nicht an den Ausmaß des Staatsterrors und Massenvernichtung der eigenen Bevölkerung unter Stalin glauben wollten, glaubten sie nicht an die Verbrechen der russländischen Armee in den beiden Tschetschenienkriegen, glaubten nicht, dass Russland 2014 einen Krieg im Osten der Ukraine begonnen hat, glaubten nicht, dass Alexej Navalnyj vergiftet wurde, glaubten nicht, dass oppositionelle Politiker und Journalisten aufrichtig gegen die herrschenden Verhältnisse und nicht von „westlichen Mächten gekauft" sind und glauben jetzt nicht, dass die russländische Armee ein souveränes Nachbarland überfallen hat. Kein einziges Verbrechen der Machthaber wurde bisher als solches öffentlich beim Namen genannt und verurteilt.

Russlands zum Krieg gegen die Ukraine]. Veröffentlicht in Livejournal von Andrej Illarionow, 04.07.2022, https://aillarionov.livejournal.com/1307983.html (Zugang: 17.09.2022).

20 Ebenda.

Selbst während der kurzen Perestrojka fand keine wirkliche Reflexion über die Prinzipien der Machtbeziehungen in der Sowjetunion statt. Die Rolle der staatlichen Gewalt und die Grenzen ihrer Willkür wurden nur ansatzweise reflektiert. In der Literatur und in einigen philosophischen, historischen und publizistischen Texten wurden wichtige, prinzipielle Fragen zur Natur des sowjetischen Staatsterrors bzw. des Stalinismus aufgeworfen, aber es kam zu keiner umfassenden öffentlichen Debatte, geschweige denn zu einer wesentlichen Veränderung der politischen Kultur. Die Debatten während der Perestrojka wollten nicht so sehr analysieren, warum der Große Terror passierte, sondern vor allem festhalten, dass er passierte. Selbst diese Aufgabe erwies sich als riskant und erforderte viel Mut. Rückblickend können wir sagen, dass sie nur ansatzweise gelang. Nach wie vor strahlt die Herrschaft von Stalin im russländischen historischen Bewusstsein etwas Geheimnisvolles aus. Die russländische Journalistin Anna Narinskaja hielt dazu vor wenigen Jahren treffend fest:

> Wir [d.h. die Bevölkerung Russlands] sind nicht nur nicht so weit, dass wir die Repressalien [Staatsterror] für etwas Böses halten, wir sind sogar noch nicht soweit, dass wir uns darin einig wären, dass es sie überhaupt gab![21]

Eine Analyse der Evolution der Geschichtslehrbücher für Schulen in den letzten 10 Jahren (d. h. vor allem nach den massiven Auftritten der Opposition in den Jahren 2010 bis 2012 und der „Revolution der Würde" in der Ukraine 2014) zeigt eindeutige Verschiebungen in der Darstellung der historischen Ereignisse in Richtung Rechtfertigung des Staates (selbst unter Stalin) und Glorifizierung der Staatsführung (vor allem der Putins).[22]

Anfang der 2000er Jahre wurde der Staatsterror unter Stalin noch relativ ausführlich und als etwas Negatives dargestellt, mittlerweile hat sich die Aufmerksamkeit dafür drastisch reduziert und ist zudem „ausgewogener"

---

21 Zit. nach: Sergej Medwedew: Wojny sa pamjat [Erinnerungskriege]. In: Radio Swoboda, 07.11.2018, https://www.svoboda.org/a/29585618.html (Zugang: 15.09.2022).

22 S. Julija Balachonowa: Lisch by byla wojna. Rasskas o tom, kak rossijskije wlasti gotowili detej k napadeniju na Ukrainu [Wenn es nur den Krieg gäbe. Bericht darüber, wie die russländischen Machthaber die Kinder auf den Angriff auf die Ukraine vorbereitet haben]. In: proekt, 18.03.2022, https://www.proekt.media/narrative/uchebniki-istorii-propaganda/ (Zugang: 15.09.2022).

geworden, womit nicht nur negative, sondern auch positive Aspekte der Regierung von Stalin hervorgehoben werden sollen. Unter anderem wird der Hitler-Stalin-Pakt als Zeichen von Pragmatismus der sowjetischen Diplomatie gelobt, wobei bei dieser Einschätzung Putin selbst und der Enkelsohn von Wjatscheslaw Molotow, dessen Unterschrift unter dem Pakt steht, Wjatscheslaw Nikonow, ein aktives Mitglied der Putin-Partei „Einheitliches Russland", zitiert werden.[23]

Ein besonderes Augenmerk in den Schulbüchern der letzten Jahre ist den jüngsten Ereignissen in der Ukraine gewidmet. So werden die politischen Entwicklungen dort als ein von Feinden Russlands geförderter Staatsumsturz deklariert, bei welchem „Nationalisten" an die Macht gekommen seien, die Einheiten der ukrainischen Armee werden als „Banden von Nationalisten" bezeichnet. Erklärt wird diese Entwicklung in der Ukraine mit der Schwäche Russlands. So steht in einem neueren Lehrbuch unter der Autorschaft von Wladimir Medinskij, dem ehemaligen Kultusminister:

Temporäre Schwächung Russlands rief eine Umorientierung einer Reihe osteuropäischer Länder und ehemaliger Republiken der Sowjetunion auf die Länder des Westens hervor. Begleitet wurde dies mit einem Wachstum von nationalistischen und antirussischen Stimmungen in diesen [osteuropäischen] Ländern.[24]

Damit wird die Lesart etabliert, wonach nur die [ökonomische und militärische] Stärke Russlands die Nachbarländer „prorussisch" und „nicht nationalistisch" stimmen würde und womit folglich jede nationale Souveränität der Nachbarländer bereits als „Nationalismus" (womit meistens eigentlich der Nationalsozialismus gemeint ist) verdächtig wird.

In solchen Darstellungen wird Russland zum einen als das eigentliche Opfer in der Geschichte deklariert, welches immer schon von Feinden umgeben und bedroht gewesen sei. Zum anderen wird das Deutungsmuster einer historisch verankerten, ja eigentlich absoluten Unfehlbarkeit der Machthaber etabliert, weil diese immer schon unter denkbar schwierigen Bedingungen tätig waren und sich gegen zahlreiche äußere und innere Feinde zu wehren hatten – und damit in allem, was sie taten, im Recht waren.

---

23 Ebenda.
24 Ebenda.

Dazu merkt der russische (in Russland gebliebene) Menschenrechtler Alexander Tscherkassow an, dass die Tradition der Straflosigkeit in Bezug auf die Institution des russischen Staates und seine Gewaltanwendung heute in der Ukraine lediglich fortgesetzt wird. Er vergleicht den aktuellen Krieg mit den beiden Tschetschenienkriegen:

> [...] bei dem Sturm auf [die tschetschenische Hauptstadt] Grozny im Winter 1994–1995 sind zwischen 25.000 und 29.000 Menschen getötet worden. Genauso viele wie in Mariupol, obwohl dort noch nicht alle Leichen gefunden worden sind. Diese beiden Städte sind vergleichbar groß, mit ursprünglich etwa 400.000 Einwohnern. Wenn jetzt von der Tragödie der Ukraine gesprochen wird, denken viele zu selten daran, dass einmal solche Taten unbenannt und unbestraft geblieben sind, gerade deswegen geht es derzeit wieder so weiter.[25]

Und so wie die tschetschenische Hauptstadt Grozny nach dem Zweiten Tschetschenienkrieg unter dem Statthalter Kremls, Diktator Ramzan Kadyrow, pompös wieder aufgebaut wurde, ohne dass man von den Kriegsverbrechen in Tschetschenien sprechen durfte, wird demnächst Mariupol wieder aufgebaut, sollte diese ukrainische Stadt in der russischen Hand bleiben. Und damit wird jenes Massengrab, welches diese zerstörte Stadt heute darstellt, für immer verschwinden, ohne dass jemals die Wahrheit über ihre Zerstörung und die Verantwortlichen dafür bekannt werden können.

An dieser Stelle sei die Anmerkung erlaubt, dass das dominierende Motiv der Bildungseliten, selbst wenn sie den Krieg nicht unterstützen, und der oppositionellen Politiker und Journalisten, die vieles riskieren, wenn sie sich öffentlich gegen den Krieg äußern, das dominierende Motiv nach dem 24. Februar Selbstmitleid ist, d.h. die Angst vor der Zukunft und die Resignation, dass die Bemühungen der Jahrzehnte nach der Perestrojka umsonst gewesen zu sein scheinen. Mit wenigen Ausnahmen (genannt seien neben

---

25 Majrbek Watschagajew: „Mir nedoozenil ugrozu". Aleksandr Tscherkasow – o paralleljach meschdu wojnami w Tschetschne i wojnoj w Ukraine [„Die Welt hat die Bedrohung unterschätzt". Alexander Tscherkassow über die Parallelen zwischen den Tschetschenienkriegen und dem Krieg in der Ukraine], ein Interview mit Alexander Tscherkassow. In: Radio Swoboda/Kawkas.realii, 19.07.2022, https://www.kavkazr.com/a/mir-nedootsenil-ugrozu-aleksandr-cherkasov-o-parallelyah-mezhdu-voynami-v-chechne-i-voynoy-v-ukraine/31949919.html (Zugang: 17.09.2022).

den bereits oben erwähnten Personen noch unbedingt die Schriftsteller Wiktor Schenderowitsch und Maxim Ossipow, stellvertretend für einige weitere) wird vorwiegend das eigene tragische Schicksal oder das tragische Schicksal von „Russland" besprochen – aber nicht das der Menschen in der Ukraine und nicht deren Zukunft! Selbst in den Äußerungen der kritisch gesinnten Intellektuellen kommt eher das Deutungsmuster „wir wurden angegriffen" (von dem repressiven Regime unter Putin) oder „wir sind Opfer" (der staatlichen Gewalt wie aber auch der absehbaren wirtschaftlichen Folgen des Krieges) vor und nicht die Einsicht, dass das eigentliche Opfer das ukrainische Volk ist. Die Selbstbezogenheit der (vielen, nicht allen) unter Schock stehenden Intellektuellen ist erstaunlich. Wieder einmal werden die eigentlichen Opfer ignoriert, verschwiegen, übersehen.

IV

Zum fundamentalen Prinzip der Unfehlbarkeit des Staates und zum im gesellschaftlichen Bewusstsein verankerten Recht auf weitgehende Willkür der Staatsgewalt mischt sich seit einigen Jahren auch ein rassistisch bzw. imperialistisch klingendes Motiv: Man strebe eine „russische Welt" an, die ein Reich darstellen soll, in welchem das Russische, ohne dass es klar definiert wäre, als etwas Besseres und Wertvolleres dominiert. Fest steht soweit, dass das Russische eine zivilisatorische Alternative für das „Westliche" (worunter aber auch viele Länder fallen, die gemeinhin nicht mit Westeuropa oder den USA assoziiert werden) darstellen und eine Mission erfüllen soll, den moralisch und politisch degradierten „Westen" zu besiegen. Es geht also vorrangig um die politische Größe des eigenen Landes und die richtige politische Ordnung, – und damit um die Gewaltwillkür der Machthaber. Logischerweise stellt das grassierende Verschwörungsdenken die andere Seite dieser Medaille dar. Dieses lässt seit Jahren jede politische Opposition (im Land selbst wie auch im Ausland) diskreditieren: Grundsätzlich könne es nämlich gar keine aufrichtig gemeinte Opposition unter den Bedingungen der so vielen Bedrohungen geben, daher ist jede oppositionelle Meinung oder gar Tätigkeit immer schon „bezahlt", „käuflich", „unmoralisch" und „feindlich". Diesem Deutungsmuster nach könne es auch keine Souveränität der unabhängigen Ukraine geben, welche umso stärker negiert wird, je unabhängiger die Ukraine sein will. Denn auch die ukrainische Unabhängigkeit – sprich Opposition – könne keine aufrichtig gewollte sein, sie könne ausschließlich von jemandem [„Feinden Russlands", „Neo-Nazis" etc.] „bezahlt" sein, so die Deutung, die russische Führung nicht nur propagiert, sondern von welcher sie selbst in ihrem Handeln geleitet wird.

Allerdings fußt auch die Ideologie der „russischen Welt" vorwiegend auf spezifischen Machtprinzipien! Es gilt das Recht des vermeintlich „Besseren" und Stärkeren, ja die politische (und finanzielle!) Willkür des Stärkeren, der mit sich selbst legitimierender Gewalt die Loyalität durchsetzen will mit dem Versprechen, dass nur so der richtige gesellschaftliche Frieden errichtet werden kann. Die Rhetorik der Staatsführung wie auch der anderen Etagen der Staatsbürokratie lässt seit Jahren große Bemühungen erkennen, diese ideologischen Setzungen gesellschaftlich dominant werden zu lassen. Seit dem 24. Februar 2022 befinden wir uns in der Situation, in der innerhalb Russlands kaum noch ein nennenswerter Widerstand gegen diese Ideologie geleistet werden kann.

Wenn Arendt von dem eigentlichen „Motor aller Ideologien" spricht, ist er für sie „jene Verachtung für Wirklichkeit und Tatsächlichkeit in ihrer unendlich variierenden und nie einheitlich zu fassenden reinen Gegebenheit, die eines der hervorstehenden Merkmale der totalitären fiktiven Welt bildet".[26] Gegenwärtig wird der Begriff der Politik mit Staatsmacht und Putin persönlich gleichgesetzt, „politisch sein" heißt kritisch gegen das herrschende Regime und Putin sein. Die bodenlose Willkür der korrupten Staatsspitze wird von der Beliebigkeit der Sprache unterstützt: Begriffe werden verdreht und profaniert, die Sprache verohnmachtet, so wie die Politik entsinnlicht. Was auch immer passiert, die Führungsriege um Putin wird es so bezeichnen, wie es ihr passt. Und was kann man einer Sprache entgegensetzen, die nur noch beliebig ist, in der semantische und logische Normen ausgesetzt werden? Das „innenpolitische Experiment der Transformation der Tatsächlichkeit in die Fiktion",[27] um wieder den treffenden Ausdruck von Arendt aus ihrem klassischen Totalitarismusbuch zu bemühen, ist Putin gekonnt gelungen. Zweiundzwanzig Jahre ist er mittlerweile an der Macht, kein einziges politisches Programm, keine einzige neue politische Idee, keine einzige Vision konnte er in dieser Zeit präsentieren. Er kann nur einen tröstenden und mit Stolz erfüllenden vollkommen verklärenden Rückblick auf die eigene Geschichte bieten, für welchen es in Russland sehr viele Abnehmer gibt.

---

26 Hannah Arendt: Elemente und Ursprünge totaler Herrschaft. München 2005, S. 939.

27 Ebenda, S. 821.

Dazu wieder Arendt:

Ich glaube, wir müssen zugestehen, dass es extreme Situationen gibt, in denen man Verantwortung für die Welt, die primär ein politisches Gebilde ist, nicht übernehmen kann, weil politische Verantwortung immer zumindest ein Minimum an politischer Macht voraussetzt. Ohnmacht und absolute Machtlosigkeit sind, so glaube ich, eine stichhaltige Entschuldigung. Dies stimmt umso mehr, als offenbar eine bestimmte moralische Eigenschaft erforderlich ist, um sich Machtlosigkeit überhaupt einzugestehen, nämlich der gute Wille und die gute Absicht, sich der Realität zu stellen und nicht in Illusionen zu leben. Überdies liegt genau in diesem Eingeständnis der eigenen Ohnmacht begründet, dass man sich sogar in verzweifelter Lage einen Rest von Stärke und selbst noch von Macht erhalten kann.[28]

Ist es vielleicht genau jene bestimmte moralische Eigenschaft, um die die russischen Intellektuellen streiten, wenn sie sich fragen, wie betäubt oder doch bei vollem Bewusstsein die Mehrheit der Bevölkerung den Krieg gegen die Ukraine unterstützt? Und kann es sein, dass sie gegenwärtig nicht so sehr in Russland, sondern in der erbittert kämpfenden Ukraine eher zu finden ist?

Denn heute wird immer offensichtlicher, was unter der mit Kriegsgewalt angestrebten „russischen Welt" und der umkämpften „Staatssouveränität Russlands" zu verstehen ist, und zwar entgegen dem Verständnis von Putin selbst und seinen Ideologen, – die ja allesamt gegenwärtig behaupten, in der Ukraine die Freiheit und Souveränität Russlands zu verteidigen und dort lediglich präventiv in einem Akt der Selbstverteidigung zu handeln. Darunter zu verstehen ist eine politische und gesellschaftliche Situation, in der die vollkommen intransparente Staatsführung die Machtwillkür genießt und über beinahe unbegrenzte Ressourcen verfügt, und diese auch mit allen denkbaren Mitteln verteidigt. Die Bevölkerung steht dagegen dem passiv und nicht unbedingt kritisch gegenüber und ist bereit, die verschiedensten Formen der Gewaltanwendung seitens der Staatsführung zu billigen und zu legitimieren, solange sie darin das Versprechen einer schmeichelhaften Identität und der Sicherheit des privaten Komforts zu erkennen glaubt.

---

28 Hannah Arendt: Was heißt persönliche Verantwortung in einer Diktatur? München 2018, S. 48.

Dieses politische Prinzip will Russland unter Putin innenpolitisch wie außenpolitisch durchsetzen und ist bereit, sich dafür mit China, Iran oder selbst Taliban zu verbünden – dies aber auch durchaus im Bewusstsein der Tatsache, dass das nicht-demokratische Regieren auf diesem Planeten deutlich dominiert. Im Krieg gegen die Ukraine kämpft die Kriegspartei Russland in der Tat um eine spezifische Souveränität, und zwar um die Souveränität der Staatsspitze und um ihre Machtwillkür bzw. die Nicht-Zulassung von Dezentrierung der Macht und um einen starken Paternalismus der Bevölkerung, d.h. um die Nicht-Entstehung einer souveränen Gesellschaft.

Man kann mit Gewissheit behaupten, dass der wesentliche Unterschied zwischen dem heutigen Russland und der heutigen Ukraine weder ethnischer noch sprachlicher, sondern politischer Natur ist: Die Menschen in der Ukraine, selbst wenn sie im Alltag Russisch sprechen, wollten diesem Machtprinzip nicht (mehr) folgen. Und zu dem Angriffskrieg gegen die Ukraine ist es vor allem deshalb gekommen, weil dieses Nachbarland eine Art politische Opposition statt politische Loyalität zeigte. In diesem Krieg geht es, wie auch innerhalb Russlands, vor allem um Loyalität, und zwar einzig und allein um die Loyalität gegenüber dem von Putin errichteten politischen System. Die Vision einer „russischen Welt" hat in Wirklichkeit weder mit der russischen Kultur noch mit der russischen Sprache etwas zu tun. Sie ist eine politische Vision von der Gewaltwillkür des Stärkeren. Und daher wird in diesem Krieg nicht nur über die Zukunft der unabhängigen Ukraine, sondern auch über die politische Zukunft des europäischen Kontinents entschieden.

Alle Übersetzungen aus dem Russischen stammen von der Autorin.

Oleg Kaz

Der lange Krieg

Wie vielen Menschen ist eigentlich bewusst, dass der Krieg Russlands gegen die Ukraine schon 1991 – als die Sowjetunion zerfiel – begann?

Der russische Präsident Boris Jelzin warnte seinen ukrainischen Amtskollegen Leonid Krawtschuk offen, dass Moskau den Verlust der Ukraine niemals akzeptieren würde.

Dann förderte Jelzin die Aneignung von Unternehmen in der Ukraine durch russisches Kapital – nach der Parole „Wir werden die Krim nicht erobern, sondern alles aufkaufen." Und das wurde systematisch durchgeführt. Einige erinnern sich noch an die russischen Boykotte von Wein und des Mineralwassers Borjomi aus Georgien (um dieses für seine „antirussische" Politik zu „bestrafen"), aber nur wenige haben mitbekommen, dass der damalige oberste Amtsarzt Russlands, der Kreml-Handlanger Gennadij Onischtschenko, erfolgreiche Razzien zur Übernahme von ukrainischen Käsefabriken durchführen ließ: Er hatte eine schlechte Qualität der Milch- und Käseprodukte aus der Nordukraine, die auf den Export nach Russland ausgerichtet waren, behauptet. Das brachte deren Herstellerbetriebe in eine schwierige Lage, wonach russische „Investoren" diese leicht ganz oder teilweise aufkaufen konnten. Dann startete Onischtschenko eine ähnliche Kampagne gegen Weinkellereien auf der damals noch von der Ukraine kontrollierten Halbinsel Krim. Er wurde aber vom Moskauer Bürgermeister Jurij Luschkow und dessen Ehefrau, der Milliardärin Elena Baturina, gestoppt, als sich nämlich herausstellte, dass diese Kellereien schon längst russisch übernommen worden waren.

Es gab auch noch andere, erheblich unerfreulichere Dinge. So erhielt im zeitlichen Umfeld des Zerfalls der UdSSR (1991) die Kiewer Filiale des Instituts Atomenergoproekt, das am Entwurf von Atomkraftwerken mitarbeitete, das vertraglich vereinbarte Honorar für die Planungsarbeiten am Kraftwerk Balakowo (Gebiet von Saratow, Russland), die Überwachung der Planung und die Prämie für die Inbetriebnahme eines Kraftwerksblocks einfach nicht. Zur gleichen Zeit fuhren Chefs und unbeteiligte Beamte in

Moskau schon in neuen Autos vom Typ Zhiguli umher. Solche und andere Vorgänge dürften systembedingt gewesen sein, und mit ihnen begann in der ganzen Volkswirtschaft eine Krise von Zahlungsausfällen, die dazu führte, dass die Löhne und Gehälter der Arbeitnehmer verzögert oder teilweise in ihren eigenen Produkten oder denen von Geschäftspartnern ausgezahlt wurden, um irgendwie das Gesicht zu wahren. Die Löhne wurden also in Form von Wurst, Zucker und Industriegütern entrichtet, die im Tausch zum Selbstkostenpreis erworben wurden. Mitarbeiter, die solche „Löhne" erhielten, trugen sie auf den Schwarzmarkt. Das ging etwa zwei Jahre lang so.

Ein Werk, das in Kyiv neue Technologien entwickelte (so wurde dort die thermische Verkleidung von Buran – des sowjetischen Gegenstücks zum US-amerikanischen wiederverwendbaren Raumfahrzeug, dem Space Shuttle – hergestellt, und Buran wurde vom riesigen, Ende Februar 2022 auf dem Flughafen von Hostomel nahe Kyiv von den russischen Invasoren am Anfang ihres „großen" Krieges gegen die Ukraine zerstörten Transportflugzeug Antonov An-225 Mriya stolz über Kyiv getragen), wurde verschrottet und die Teile ins Ausland verkauft. Russische Einflussagenten führten eine Kampagne zur Ausplünderung der ukrainischen Industrie durch, wobei sie auf die Gier der lokalen „kommunistischen Bourgeoisie", der sogenannten „roten Direktoren" (d.h. aus sowjetischer Zeit stammender Wirtschaftsmanager), setzten.

Dann kamen große Betriebe der Atomindustrie an die Reihe: sie wurden künstlich in den Bankrott getrieben und an russische Eigentümer verkauft. Dabei nutzte man die Angst der Deutschen nach der Reaktorkatastrophe im ukrainischen Atomkraftwerk Tschernobyl 1986 aus, die sie zur Schließung von Teilen ihrer Atomindustrie (die auch einige in der Ukraine hergestellte Ausrüstungen abgenommen hatte) zwang. Deutschland wurde weitgehend abhängig von Brennstofflieferungen aus Russland. Die unabhängigen Franzosen haben sich aber nicht unterkriegen lassen und sind heute dank ihrer zahlreichen Atomkraftwerke das einzige Land in Europa, das den Planeten nicht über Gebühr mit Abgasen aus der Verbrennung von fossilen Energieträgern verpestet.

Große ukrainische Unternehmen, die sich im Besitz von Oligarchen befanden, haben sich an allen diesen und anderen Aktionen beteiligt.

Die nach Tschernobyl verbreitete Angst vor der Atomenergie wurde auch in der am schlimmsten von der Reaktorkatastrophe betroffenen Ukraine ausgenutzt. Der Bau von Reaktorblöcken in den Kraftwerken Rivne und Chmelnizkij wurde gestoppt. Ich habe keine Beweise dafür, aber persönlich bin ich fest davon überzeugt, dass es nicht nur Angst war, welche die Aktivitäten der Atomkraftgegner befeuerte. Der Verlust belief sich nach unseren Schätzungen auf viele Milliarden Dollar, einschließlich der Kosten für die fehlende Energieproduktion (jeder Kraftwerksblock hätte 1 Million Dollar Nettogewinn pro Tag eingebracht).

Interessant ist auch, wie dieser geheime Krieg Moskaus für die Bevölkerung aussah. Die Staatsbank der UdSSR beraubte alle Unionsrepubliken, die (was für leichtgläubige Dummköpfe!) ihre Kassenbestände in der Bilanz auf Anfrage am Jahresende an das Moskauer Zentrum überwiesen (ich könnte mich in der Terminologie irren, bin ich doch kein Wirtschaftswissenschaftler). Danach verdoppelte das schon postsowjetische Russland – angeblich zur Bekämpfung der Inflation – direkt die Preise für Massenkonsumgüter und erhöhte die Löhne im Inland. Die Regale in den nördlichen Regionen der Ukraine leerten sich sofort: Nicht nur Grenzgänger, sondern auch Gierhälse aus der Region selbst kauften alles. Sie glaubten, dass dies ein gutes Geschäft sei und dass die Grenze zu Russland immer offen sein würde. In der Ukraine, die die Kornkammer der UdSSR gewesen war, führte man die Übergangswährung Karbowanez ein, um solche Quasi-Plünderungen irgendwie zu stoppen und den Mangel an Bargeld auszugleichen. 1996 wurde endgültig eine eigene postsowjetische ukrainische Währung, der Hrywna, etabliert. Und die Grenze ging sofort zu. Ich erinnere mich an eine Dienstreise zum Atomkraftwerk Balakowo: bei meiner Rückkehr in die Ukraine existierte bereits eine Zollkontrolle mit eilig mobilisierten Grenzsoldaten. Ein Kollege mit einer großen Familie kaufte zwei Kilogramm Butter und musste sie abgeben (eine Büffettiere rief: „Bringen Sie sie her, ich nehme sie", teilte sie in vier gewichtsmäßig erlaubte Portionen und gab uns je eine Tüte zurück. Zudem zögerte sie nicht, die frischgebackenen Zollbeamten unflätig zu beschimpfen.)

Mit den Bombenanschlägen auf russische Wohnhäuser im Sommer 1999 (die ca. 300 Menschenleben forderten), dem Aufstieg Wladimir Putins zur Macht im Kreml und dem Beginn des (zweiten) Tschetschenienkrieges unmittelbar danach war bereits alles klar. Im Sommer 2008 war Georgien dran.[1] Allerdings hatte es zuvor bereits zwei Versuche gegeben, die Krim für Russland zu stehlen – so 1994–1995 durch die Aktivitäten des ersten und einzi-

---

1 Russland marschierte damals militärisch ein und erkannte die beiden separatistischen Provinzen Abchasien und Südossetien als „unabhängige Staaten" an. Anm. d. Übers.

gen Präsidenten der Krim, Jurij Meschkow (den die Führung in Kyiv freilich rechtzeitig absetzen konnte), und 2003 den Bau eines Dammes von der russischen Halbinsel Taman aus in Richtung der Insel Tuzla, die administrativ zur Krim gehört (was Moskau nach ukrainischen Protesten und Gegenmaßnahmen einstellte).

Die Reaktionen, die Putin damals aus der Ukraine erhielt, entmutigten ihn zunächst einmal, und er lenkte seine Bemühungen auf Georgien (bis zu „besseren Zeiten"). Der ukrainische Präsident Leonid Kutschma (der 1994 bis 2005 amtierte) ließ eine landesweite Übung zur Generalmobilmachung abhalten, bei der ich (ein Unteroffizier der Reserve) als Leiter einer örtlichen Stelle arbeiten musste, und ich war dabei erstaunt, Leutnante und Majore zu kommandieren. Offenbar hatte das Militär meine Demobilisierungskarriere irgendwie verfolgt.

Mitte der 1990er Jahre traten radikale russische Nationalisten in die Fußstapfen der Moskauer und St. Petersburger Pamjat-Leute[2] und „weißer"[3] Kräfte". Ihnen folgten ukrainische Nationalisten. Beide spalteten sich sofort in verfeindete Gruppen. Die Skinheads in der Ukraine waren nur Teenager; nachdem man versucht hatte, sie zu zähmen, begannen die rechtsradikalen Boneheads, sie brutal zu verfolgen (was nicht funktionierte). Es gab noch verschiedene andere „seltsame" Leute, aber bei Wahlen bekamen alle extrem nationalistischen – und damit meist antirussischen – Randgruppen sogar „nach Tuzla" meist nur um die 5 Prozent (oder weniger).

Der Beginn der 1990er Jahre sah zwei für aufmerksame Menschen bemerkenswerte Ereignisse: die Sabotage des ukrainischen Duplikats der Patentsammlung der UdSSR und eine Brandstiftung in der Abteilung für seltene Bücher und Manuskripte der Bibliothek der Akademie der Wissenschaften der Ukraine. Die Täter blieben jeweils unbekannt. Manche Bücher haben überlebt, und ich konnte eine vollständige Ausgabe von Alexander Puschkins Literaturzeitschrift „Sovremennik" („Der Zeitgenosse") in den Händen halten und darin blättern. Aber viele andere Manuskripte waren verbrannt. Bei der Brandstiftung sollen Natrium und Phosphor auf dem Boden verstreut worden sein.

---

2 Pamjat war eine russisch-nationalistische Organisation, deren Anfänge bis in die Zeit um 1980 zurückreichten und die insbesondere unter KPdSU-Generalsekretär Michail Gorbatschow (1985–1991) von sich reden machte. Anm. d. Übers.

3 Gemeint: Rechtsradikale. Anm. d. Übers.

Kutschma baute eine Machtstruktur auf, indem er sich auf die „roten Direktoren" stützte. Da die eigenen Brennstoffressourcen der Ukraine begrenzt waren und geheime Daten über ihre Georessourcen nach Moskau gingen, versuchte Kutschma, die heimische Hightech-Produktion anzukurbeln; nachdem er die Atomwaffen der Ukraine aufgegeben und einen Friedenskurs erklärt hatte, wurde der ehemalige, auf dem Gebiet der Ukraine befindliche militärisch-industrielle Komplex der Sowjetunion quasi auf das Abstellgleis geschoben. Nur Energie und Metallurgie blieben eine Quelle von Mitteln für die Entwicklung. Kutschma erhielt zehn veraltete 100-Kilowatt-Windturbinen aus Gibraltar, kaufte die Unterlagen für weitere 100 und beauftragte seine geliebte Firma Yushmash (heute Produktionsvereinigung südlicher Maschinenbauwerke ‚A. M. Makarow') in Dnipro mit der Umsetzung des Projekts.

Das Konstruktionsbüro Chartron in Charkiw, der zweitgrößten Stadt der Ukraine, hatte u.a. das Steuerungssystem der sowjetischen Interkontinentalrakete Satan (SS-18) entwickelt. Im Rahmen von Ideen zur Konversion der ehemals sowjetischen Rüstungsindustrie bot Chartron dem Staatskomitee für die Atomwirtschaft (ukr. Derzhkomatom) der Ukraine ein Projekt zu sogenannten „automatisierten Leitsystemen für technologische Prozesse in Atomkraftwerken" an. Und das Staatskomitee schlug mir den Posten des Chefingenieurs des Projekts zur Modernisierung der bestehenden Systeme vor.

Irgendjemand in Moskau hat sich Sorgen gemacht und dafür gesorgt, dass für umgerechnet ca. 40 Millionen Dollar produzierte Sicherheitssysteme für den dritten Block des Atomkraftwerks Saporischschja nicht vom ukrainischen Staatskomitee für die Atomwirtschaft gekauft wurden. Um dies zu erreichen, musste „irgendjemand" die Leitung des Unternehmens wechseln: der mächtige Nikolaj S. Steinberg, der seit August 1991 amtiert hatte, wurde durch einen gewissen Kim, einen Vertrauten des Chefs der russischen Atombehörde Rosatom, ersetzt. Kim veränderte die Strukturen schnell und machte aus einem kleinen, effizienten Team eine schwerfällige, riesige Bürokratie. Die wissenschaftliche und technische Unterstützung für die ukrainische Kernenergie blieb in Moskau und Podolsk (einer Stadt bei Moskau und eines der Zentren der sowjetischen und postsowjetischen russischen Atomindustrie), während in der Ukraine langsam eine eigene Atomindustrie aufgebaut wurde.

In der Ukraine gibt es zwei große Projektinstitute (in Kyiv und in Charkiw), die eine Lizenz für die Planung von Kernkraftwerken (und die Rechte des Generalplaners, d.h. Organisationen, die eine umfassende Planung,

Arbeitsunterlagen und Kostenvoranschläge für den Bau und die Installation erstellen) besitzen. Sie haben für Chartron Grunddaten (Systembeschreibungen, Regelungsalgorithmen, Datenbanken, Informationen über die Qualifikationsanforderungen an die Ausrüstung usw.) vorbereitet. Das war eine sehr umfangreiche Aufgabe für alle Beteiligten, in die auch Inbetriebnahmeorganisationen involviert waren.

Die beiden ukrainischen Projektinstitute stagnierten aufgrund der Einstellung der Bautätigkeit an Atomkraftwerken und tun das bis heute. Der Chartron-Geraldirektor seit 1990, Jakow E. Eisenberg, wurde bei einem „seltsamen" Autounfall im Oktober 2000 schwer verletzt; Anfang 2002 trat er von seinem Posten zurück und emigrierte dann nach Israel.

Ein Institut für Betriebsunterstützung ist eine Organisation, die sich mit Statistiken, wissenschaftlicher Unterstützung und detaillierter operativer Dokumentation befasst. Diese Grundidee wurde in der Ukraine aber nie umgesetzt. Formal gab es einen Versuch, eine solche Organisation von Privatpersonen zu gründen, aber sie wurde nicht von den Kernkraftwerken beauftragt und blieb ohne Finanzierung. Allerdings wurde mit Hilfe der Westinghouse Electric Company (USA), des Argonne National Laboratory (eines der ältesten und größten Forschungsinstitute des Energieministeriums der USA) und anderen eine eigene „Schule" für wissenschaftliche und technische Unterstützung eingerichtet. Eine Gruppe von ukrainischen Fachleuten erhielt im Argonne-Laboratorium eine praktische Ausbildung in verschiedenen Software-Tools zur Durchführung von Berechnungen und Sicherheitsanalysen von Kernkraftwerken. Westinghouse hat in Zusammenarbeit mit ukrainischen Fachleuten alternative Brennstoffe für ukrainische Kernkraftwerke entwickelt und zertifiziert. Viele Fachleute lernten die Erfahrungen ihrer westlichen Kollegen kennen, und für die wechselseitigen Besuche wurde ein von der Europäischen Bank für Wiederaufbau und Entwicklung in London finanziertes Sonderprogramm aufgelegt. Dutzende von Personen aus der Ukraine absolvierten Einführungskurse in Unternehmen in England, Deutschland, Japan usw. Ich selbst war bei Siemens, lernte Messgeräte und Konstruktionsverfahren kennen, besichtigte ein in Betrieb befindliches Atomkraftwerk, ein Heizkraftwerk und eine einschlägig relevante Firma in Frankfurt am Main.

Der Brennstoff, der den ukrainischen Kernkraftwerken als Gegenleistung für die Überlassung des drittgrößten Atomwaffenpotenzials der Welt an Russland in den 1990er Jahren zur Verfügung gestellt worden war, ging zur Neige. Jene Länder, die (zusammen mit der Ukraine) das Budapester Memorandum von 1994 unterzeichneten (also Russland, die USA und das Vereinigte Königreich), gaben Kyiv im Austausch für seine Abrüstung (faktisch: Übergabe an Russland) der von der UdSSR übernommenen Kernwaffen „Sicherheitsgarantien" sowie Kernbrennstoff für seine Atomkraftwerke, der für fünf bis sieben Jahre Betrieb reichen sollte. Zudem wären diese drei Atommächte verpflichtet gewesen, eine Brennstoffanlage für das eigene ukrainische Uran zu bauen, wozu es aber nicht kam.

Es kristalisierte sich nur eine für die ukrainischen Kernkraftwerke gute Alternative heraus, nämlich zertifizierter Brennstoff. Die damit verbundenen Arbeiten dauerten ganze 20 Jahre und stießen auf den erbitterten (und nicht nur aus Wettbewerbsgründen erklärbaren) Widerstand des für Urananreicherung und Kernbrennstoff-Herstellung zuständigen russischen Unternehmens TVEL. Es gab sogar eindeutige Versuche, den Kernbrennstoff aus den USA zu verunglimpfen.

Gleichzeitig schlief die Privatwirtschaft nicht. Die Ukraine entwickelte neue, hochmoderne Ausrüstungen für das reaktorinterne Kontrollsystem mit eigenen Energiefreisetzungssensoren, Neutronenflusskontrollgeräten, digitalen Reaktorschutzsystemen und vielen anderen Innovationen (darunter Betriebssystem, Programmiersprache und -umgebung, Strahlungsüberwachung). Ich kann kaum alles aufzählen, was mir in Erinnerung geblieben ist …

Vor dem Beginn der Militäroperationen Moskaus gegen die Ukraine im Frühjahr 2014 kamen russische Kollegen, um sich über die ukrainischen Erfahrungen zu informieren, und waren – offen gesagt – durchaus neidisch. Die ukrainischen Errungenschaften wurden jedoch in der Politik generell ignoriert.

Zur gleichen Zeit wurde politische Geschichte geschrieben. Ich war nicht der einzige, der das Gefühl hatte, sich in einem Belagerungszustand zu befinden. Kutschma wehrte sich sichtlich nicht nachdrücklich genug gegen die (damals noch) „stille" Offensive von Putins „Russischer Welt". Das hatte Auswirkungen bis auf die private Ebene. Wir stoppten unsere Kajaktouren im russischen Norden, wo wir bereits mit offener Feindseligkeit konfrontiert waren. Diese wurde u. a. durch die in den russischen Medien verbreitete Lüge ausgelöst, dass die Ukrainer Erdgas aus über ihr Territorium führenden Pipelines zwischen Russland und der EU stehlen würden. Tatsächlich aber hatten einige Geschäftsleute eine „Vermittlergesellschaft" gegründet, die Manipulationen bei der Verteilung von Erdgas vornahm. Diese Leute hatten nichts mit dem ukrainischen Volk zu tun und zahlten, da sie unermesslich reich waren, ihren Tribut an Vermittlerfirmen, die mit Gas handelten, sowie an Politiker in der Ukraine wie in Russland. Einer der damals wichtigsten in diesem Bereich agierenden prorussischen Geschäftsleute aus der Ukraine war Dmytro Firtasch, der seit 2014 in Österreich gegen seine Auslieferung an die USA ankämpft. Überhaupt, die russische Propaganda: sie hat Putins Großangriff auf die Ukraine ab dem 24. Februar 2022 über Jahre hinweg massiv vorbereitet.

Die Blütezeit der Freiheit im postsowjetischen Russland wurde unter Putin sozusagen durch einen dumpfen Druck auf den Rest des russischen Gehirns ersetzt. Der Regen von Petrodollars wanderte in die „entsprechenden" Taschen. Gelder, die für Wissenschaft, Technologie und Bildung, für die Verbesserung und generell für die Entwicklung des riesigen Landes hätten verwendet werden können, flossen in die bodenlosen Geldbörsen von bestimmten Geschäftsleuten, denen zuweilen (so durch die Verhaftung des Magnaten Michail Chodorkowskij 2003 und seine nachfolgende Gefängnisstrafe) zu verstehen gegeben wurde, wer der Herr im Haus ist und wer jederzeit Karrieren ruinieren – und sich vor der ganzen Nation daran weiden – kann (nämlich Putin).

Der einzige Industriezweig Russlands, der nicht starb, war die Rüstung. Die ukrainische Wirtschaft hat sich leicht an die russische Vorgehensweise angepasst. Ukrainer und Russen sind ja doch verwandte Völker. Ein Dieb erkennt einen anderen Dieb aus großer Entfernung. Als diverse hohe Herren mit der Plünderung und dem Ausverkauf des Erbes der UdSSR fertig waren, hatten viele von ihnen zwar Geld, aber kein Geschäft mehr. Und sie griffen jedem Bürger der Ukraine freundschaftlich in die Taschen. Ein versteckter, aber sich intensivierender Kampf gegen Korruption und die Allmacht der Beamten begann. Kutschma witterte die Gefahr und versuchte 2004, den gierigen Viktor Janukowytsch aus Donezk an seine Stelle zu setzen. Der erste Maidan (Massenproteste auf dem Hauptplatz von Kyiv) brachte das zum Scheitern, und Oppositionsführer Viktor Juschtschenko wurde Präsident. Er war zwar mehr oder weniger anständig, aber kulturell beschränkt; und ihm fehlte ein bewusstes, zukunftsorientiertes technokratisches Programm. Es ist schwer, auf den höchsten Ebenen der Macht Anstand zu bewahren, aber es ist einfacher, untätig zuzusehen und allmählich in dem Unrat zu ertrinken, der einen umgibt. Als sein Stern im Sinken war, schaffte es Juschtschenko, die künstliche Fluktuation des Dollars auszunutzen (etwas, das er, der den Spitznamen „Buchhalter" trug, ziemlich gut konnte), verdiente ein wenig Geld und verließ 2010 den Posten des Präsidenten auf würdige Weise.

In einem Zustand allgemeiner Apathie wurde 2010 schließlich doch der Putin genehme Janukowytsch, das Oberhaupt einer Gaunerbande, zum Präsidenten gewählt, wenngleich wohl nicht ohne Betrug. Ich kann mich nicht an die genauen Zahlen erinnern, aber in meinem Umfeld – und ich habe mit Hunderten von Menschen aus verschiedenen Berufen gesprochen – hat außer dem verrückten Zhenya vom Markt für Elektrogeräte nicht eine einzige Person für Janukowytsch gestimmt. Der machte sich aber jedenfalls an die Arbeit, plünderte unverhohlen alle und alles aus, heuerte Berater und Öffentlichkeitsarbeiter an und verkündete einen Pseudokurs in Richtung EU, um damit diese und Putin gegeneinander auszuspielen. Letzterer allerdings zwang Janukowytsch im Herbst 2013, das geplante ukrainische Assoziationsabkommen mit der EU nicht zu unterzeichnen. Das löste einen weiteren Massenprotest auf dem Maidan aus – und zwar eines Volkes, das schon ein Vierteljahrhundert zuvor aufgehört hatte, Angst zu haben und dessen Wut und Widerstandskraft sich als erstaunlich erwiesen. Janukowitsch floh schließlich im Februar 2014 mit großen Mengen Diebesgut nach Russland, um dem Schicksal der Diktatoren Benito Mussolini und Nicolae Ceausescu (erschossen 1945 bzw. 1989) zu entgehen. Alle Versuche von Biertischpolitikern, Janukowytsch mit irgendeiner Art von Deal das Amt wenigstens für eine gewisse Zeit zu retten, waren zum Scheitern verurteilt gewesen; das hatte er wie ein in die Enge getriebenes Tier (nur mit Vorstrafenregister) gespürt, ohne jedoch konkrete Beweise zu haben.

2010 war es Janukowytsch gelungen, einen halben Zentner hochangereichertes Nuklearmaterial nach Russland bringen zu lassen, das ursprünglich als Brennstoff für zwei Forschungsreaktoren in Kiew und Charkiw hätte verwendet werden sollen. Zuvor war es von US-Spezialkräften bewacht worden. Aber anscheinend hielt man das nicht für ausreichend. Jemand hatte Angst vor einem nuklearen Zwischenfall. Damals schrieb ich eine Notiz mit dem Titel „Leb' wohl, Physik".

Als Errungenschaften Janukowytschs galten Vereinbarungen mit dem US-Präsidenten Barack Obama über die Ausfuhr waffenfähiger Plutoniumbestände nach Russland und eine Reduzierung der Preise für russisches Erdgas bei Gewährung eines russischen Darlehens zum Bau neuer Kernkraftwerke in der Ukraine. Das bedeutete aber eine neue Knechtschaft, aus der sich die Ukraine nur sehr schwer befreien kann: die Preise für alle Energieträger bzw. -quellen – Erdgas, Kernbrennstoffe, Strom – wurden diktiert, so dass sich eine massive Preisbarriere ergab, welche im Interesse Moskaus die Ukraine vom begehrten Europa trennen sollte.

Das waffenfähige Plutonium war Brennstoff für zwei Miniatur-Forschungsreaktoren in Kyiv und Charkiw, eine große Hoffnung der ukrainischen Schule für Kernphysik und die letzte experimentelle Basis der Strahlenmaterialwissenschaft, deren Fehlen die bereits relativ geringen Möglichkeiten zur Unterstützung der Verlängerung des ukrainischen KKW-Betriebs, der Entwicklung eines eigenen Kernbrennstoffs und anderer praktischer Anwendungen in vielen Bereichen, einschließlich der Medizin (darunter der praktischen Immunologie), zunichtemachte. In der Tat gibt es viele Anwendungen für kleine, kompakte Atomreaktoren. Die Ukraine mit ihren bedeutenden eigenen Uranlagerstätten verlor die Möglichkeit, ein eigenes Programm für Kernbrennstoff zu realisieren. Übrigens hat Obama hier die Interessen des US-Unternehmens Westinghouse, das an der Entwicklung des ukrainischen Kernbrennstoffs beteiligt war, teilweise geopfert.

Und all dies geschah nicht, um dem durchschnittlichen Ukrainer das Leben zu erleichtern. Denn wer sucht schon billiges Erdgas in großen Mengen? Ein Rentner mit seinen bescheidenen Bedürfnissen? Natürlich nicht. Das benötigen die Eigentümer der großen Metallurgie- und Chemieindustrie sowie verschiedene Unternehmen. Die Eigentümer von Gasverteilungsnetzen spekulieren auf dem Markt des Einzelhandelsverkaufs von in der Ukraine selbst produziertem Gas (das man sich in letzter Zeit zu vergessen bemüht und dessen tatsächlicher Umfang ein Staatsgeheimnis zu sein scheint). Wenn die erwähnten wirtschaftlichen Akteure Gas verlangen, gibt es eigentlich eine einfache Lösung aus der Brennstoff-Krise – sollen sie sich doch selbst über den Preis für den Kauf von Gas an der Grenze der Ukraine von wem auch immer verständigen und dem Eigentümer der Pipelines – d. h. (noch) dem ukrainischen Staat – einen fairen Preis für den Transport innerhalb des Landes zahlen, was sowohl die Modernisierung baufälliger Leitungen als auch die teilweise Übernahme der Last der sozialen Probleme ermöglichen würde. Allerdings könnten unter einem solchen Schema tatsächlich die Gewinne der Eisen- und Chemiemagnaten leiden. Das aber ist in Ordnung, die werden darüber hinwegkommen. Übrigens wird es für sie leichter sein, die Preise auszuhandeln, weil ein erheblicher Teil der Vermögenswerte in diesen Industrien in russischem Eigentum ist – jedenfalls die gesamte Nichteisenmetallindustrie und die Polymetalle. Nun, der Inder hat auch etwas genommen[4] und der wird auch zurechtkommen. Schließlich weigerte er sich, den

---

4 Anspielung auf den Kauf des Stahlwerks Kryvorizhstal durch die indische Mittal Steel Company im Jahr 2005. Lakshmi Mittal ist ein indischer Unternehmer und Milliardär. Anm. d. Übers.

„Dons"[5] exorbitante Summen für Koks und Kohle zu zahlen, und schloss ein Abkommen mit Kasachstan.

Als Petro Poroschenko 2014 zum Präsidenten der Ukraine gewählt wurde, ging er zunächst gegen Maidan-Aktivisten vor, beginnend mit dem Volkshelden Sashka Biloj, der damit bekannt geworden war, dass er korrupte Beamte mit einer (ungeladenen) Waffe aufsuchte und sie vor ihrer Verantwortung warnte. Zusammen mit Olexandr Turtschinow (Übergangspräsident der Ukraine zwischen Februar und Juni 2014), der nichts gegen die Übernahme der Krim durch Putins Militär unternommen hatte, stärkte Poroschenko unter dem Deckmantel rechtsnationalistischer Phrasen die Oligarchie, stahl und bereicherte sich vorsichtig, aber unerbittlich, kaufte heimlich über Strohmänner Immobilien und ließ sich auf alle möglichen Hinterzimmer-Deals mit Putin ein. Und bei der nächsten Wahl 2019 unternahm das Volk still und leise eine Wahlrevolution unter dem unausgesprochenen Motto: Egal wer, nur nicht Poroschenko: Die als Antisemiten verschrienen Ukrainer stimmten mit großer Mehrheit für den Juden Wolodymyr Selenskij, der – als Schauspieler und Komiker (warum er denn auch oft als „Clown" bezeichnet wurde) – politisch unerfahren sowie ohne Team und Programm, aber ehrlich und rücksichtslos war.

Ganz grundsätzlich ist die Ukraine ein Land, das immer wieder überrascht. Auch jetzt, wo der wahnsinnige Schurke, Dieb und Mörder Putin dieses Land unter den hilflos verurteilenden oder gleichgültigen Augen der Welt quält. Die russischen Geheimdienste haben es geschafft, die Arbeit von Energoatom, der ukrainischen Betreibergesellschaft für die Atomkraftwerke, zu stören und eine Koordinierung der Arbeit zu deren Schutz nicht zuzulassen. Doch mehr will ich hier über den derzeitigen Krieg nicht schreiben. Das tue ich auf meiner Seite auf Facebook.

31. Mai 2022

Aus dem Russischen von Martin Malek

---

5 Gemeint: Korrupte Wirtschaftskapitäne. Anm. d. Übers.

II

Werner Benecke

Über das 16. Jahrhundert im 21.

Verhängnisvolle Traditionen russischer Politik

Einleitung

Der am 24. Februar 2022 unternommene Überfall Russlands auf die Ukraine war bereits im weiteren Vorfeld von aufsehenerregenden, international rezipierten historischen Traktaten des russischen Präsidenten flankiert. Seit dem Beginn dessen, was in Russland offiziell nur als „Militärische Spezialoperation" bezeichnet werden darf, haben sich rasch weitere Assoziationsketten von wechselnder Halbwertszeit gebildet. Manche von ihnen sind gängig, manche – gelinde gesagt – recht speziell.

Zu Beginn attestierten zahllose militärische Sachkenner der ukrainischen Armee die komplette Chancenlosigkeit gegenüber der vermeintlich haushoch überlegenen russischen Offensivkraft. Offenbar rekurrierte man hier auf das Jahr 2014, als die Streitkräfte der Ukraine der Annexion der Krim nichts entgegenzusetzen hatten. Als diese Prophezeiung nicht eintrat, geriet der sowjetische Angriff auf Finnland im Winter 1939/40 zum neuen Vergleichsmaßstab; wie im Winterkrieg wehre sich die ukrainische Armee in beachtlicher Anstrengung gegen einen zahlenmäßig überlegenen Gegner, dessen schlechte Führung für unerwartet hohe eigene Verluste verantwortlich sei. Ebenso aber wie 1940 werde auch der ukrainische Widerstand früher oder später angesichts der russischen Massen einbrechen.

Die in Buča bei Kiev verübten Massaker und die gegenseitigen Vorwürfe bezüglich der Täterschaft spannten schnell den Bogen zu den grausigen Funden von Katyń, und die Versenkung des Flaggschiffes der russischen Schwarzmeerflotte am 14. April 2022 rief bei einigen Spezialisten die Analogie zum 13. April 1904 aufkommen, als das Flaggschiff der kaiserlich-russischen Pazifikflotte, das Linienschiff Petropavlovsk, einer japanischen Seemine zum Opfer fiel. Bekanntlich führte die fernöstliche Niederlage des Zarenreiches im Jahre 1905 zur ersten russischen Revolution im 20. Jahrhundert.

Groß ist das Bedürfnis, aus der Geschichte Russlands die nahe Zukunft des gegenwärtigen Krieges in der Ukraine abzuleiten, schnell – und oft berechtigt – ist aber auch der Vorwurf formuliert, das sichere Terrain des historischen Arbeitens verlassen zu haben und bisweilen nahe an die Grenze der Verschwörungstheorien gelangt zu sein. Vladimir Putin ist gewiss niemandes Reinkarnation, die Russische Föderation nicht das Großfürstentum Moskau, aber es ist auffällig, wie tief bestimmte politische, strategische und weltanschauliche Positionen und Dispositionen ebenso wie politische und militärische Praktiken der Gegenwart in der russischen Geschichte verwurzelt sind. Und manche uns bekannten Kunstgriffe – etwa die Legitimierung russischer Expansion mit dem selbstlosen Erfüllen einer Bitte um Hilfe für eine leidende und unterdrückte Minderheit im nahen Ausland – reichen weit vor die sowjetischen Traditionen zurück. Das 16. Jahrhundert erweist sich in dieser Perspektive als ein gehaltvoller Bezugspunkt.

Die zentrale russische Herrscherpersönlichkeit dieser Ära war Ivan IV. (1547–1584), der im mittel- und westeuropäischen Kontext den schon zu Lebzeiten geprägten Beinamen *der Schreckliche* trägt. Die russische Geschichtsschreibung nennt ihn hingegen *groznyj* (der Strenge und Drohende), was auf durchaus andere Konnotationen verweist. Er gilt landläufig als der Schöpfer des russischen Einheitsstaates, und so ist das Bild Ivans als eines durchaus erfolgreichen Reformers und Machtpolitikers auch im gegenwärtigen Russland weitaus stärker verbreitet als jenes eines Gewaltherrschers – am Ende war er tatsächlich beides.

Seine an Brüchen reiche Biographie beginnt mit einer erbärmlichen Kindheit und dem Aufwachsen als Waise in einer Umgebung, die den Minderjährigen in politischen Machtkonflikten stets zu instrumentalisieren versuchte. Als er 1547 gekrönt wurde, reklamierte er für sich zum ersten Mal den Zarentitel vom Beginn seiner Herrschaft an. Erst mit Ivan dem IV. ist diese Tradition in die russische Geschichte eingegangen.

Unter der Aufsicht eines außergewöhnlichen Intellektuellen, des Metropoliten Makarij von Moskau, wuchs Ivan zu einem aufgeschlossenen, ideenreichen, gebildeten, intelligenten und bisweilen unkonventionellen jungen Mann heran. Seine mit 17 Jahren geschlossene Ehe mit Anastasija Romanova entsprang echter Zuneigung und gab ihm Halt und Orientierung. Der junge Zar versammelte einen Kreis von Vertrauten um sich, der den Namen „Auserwählter Rat" bekam. Nicht hohe Abkunft und familiäre Traditionen kennzeichneten ihn, sondern die Kultur des freien Wortes von Männern, deren Urteil der junge Zar schätzte. In mehreren Konzilien und ständischen Landesversammlungen ließ der Herrscher über den Zustand seines Landes diskutieren, verschloss sich nicht dem Blick in die – bisweilen beklagenswerten – Lebenszustände in seinem Land und stieß ein umfangreiches und intellektuell anspruchsvolles Reformprogramm an. Ivan IV. gehört zu jenem Herrschertypus, dessen Leben die Geschichte in eine helle und eine finstere Periode einteilt. Es sind der plötzliche Verlust wichtiger Bezugspersonen und die unerwartete Erfahrung militärischer Niederlagen, die diese Grenze markieren.

Die Festigung der Orthodoxie im Dienst des Staates

Seit der Eroberung Konstantinopels durch die Osmanen im Jahre 1453 strebte die Orthodoxie in Russland nach Aufwertung und Anerkennung ihrer faktischen Unabhängigkeit – Ivan wuchs in jenes Denken hinein, das in Russland und nur in Russland den Hort der wahren Orthodoxie sah. Nur der Moskauer Großfürst (nunmehr also der Zar von Russland) war der rechtgläubige Herrscher über ein rechtgläubiges Großreich, alle anderen waren abtrünnig geworden oder lebten unter fremdgläubigen Herrschern. Das geflügelte Wort von Moskau als dem Dritten Rom (interessanterweise verbunden mit der Aussage, ein viertes Rom werde es niemals mehr geben) brachte dieses Bewusstsein von Russlands besonderer Mission zum Ausdruck. Eine solche Kirche verlangte nach eigenen, der nationalen Überlieferung verbundenen Heiligen. 1548 kanonisierte eine Ratsversammlung von Bischöfen 39 Wundertäter, deren Verdienste um den Ruhm Russlands künftig im ganzen Reich verehrt werden sollten. Zu Beginn der Herrschaft Ivans IV. also stand eine auf Russland fokussierte, in der Abgrenzung vom Rest Europas verankerte neue Kirchenordnung, deren wichtigster und berühmtester Vertreter Fürst Aleksandr von Novgorod war. Als Aleksandr Nevskij (jener vom Fluss Neva) ist er in die Geschichte eingegangen und steht bis auf den heutigen Tag für den großen Triumph, Russland vor dem Verderben bewahrt zu haben.

Dieses Verderben sah man im Vordringen der katholischen Mächte Schweden und des Deutschen Ordens, die zu Beginn der vierziger Jahre des 13. Jahrhunderts ihr Missions- und Eroberungswerk an der östlichen Ostsee auf russischen Boden vorantragen wollten. Aleksandr Nevskij wies sie in zwei legendären Schlachten in den Jahren 1240 und 1242 in die Schranken und verhinderte ihre weitere Expansion nach Russland. Der offiziell unter Ivan IV. etablierte national-religiöse Kult um diesen Heiligen prägte fortan die russische Geschichte tief. Selbst die Soldaten der Roten Armee wurden im Großen Vaterländischen Krieg aufgefordert, es Aleksandr Nevskij gleichzutun und die Heimat tapfer gegen die Deutschen zu verteidigen. Auch Vladimir Putin hat nicht die geringsten Probleme damit, die Taten dieses größten unter den russischen Nationalheiligen seiner am Kriegserfolg in der Ukraine zweifelnden Bevölkerung als leuchtendes Vorbild voranzustellen und Parallelen zwischen der Errettung Russlands vor den Anhängern des verderbten westlichen Glaubens in den Jahren 1240/1242 einerseits und den patriotischen und selbstlosen Kämpfern der „militärischen Spezialoperation" des Jahres 2022 andererseits zu ziehen. Der Feind, das war und das ist der diffuse, Russland fremde und feindliche Westen.

Ivans IV. Wirken für die kulturelle, von großer Staatsnähe geprägten Entwicklung der orthodoxen Kirche in Russland war noch weit bedeutender: Ein landesweites Konzil von 1551, die Hundertkapitelsynode genannt, nahm in überaus lebensnaher Weise den bedenklichen Zustand der Kirche im keineswegs Heiligen Russland zur Kenntnis und machte sich Gedanken um die systematische Effektivierung ihrer Arbeit und um die intensivere Verbreitung ihrer Lehre. Wichtige Ansätze zur Vereinheitlichung der Gottesdienste und zur geistlichen Bildung des Klerus fallen in diese Zeit. Mehr als das: Mit der Ära Ivans IV. beginnt in Russland die Kultur des Buchdrucks, wenngleich unter strenger Zensur und exklusiv auf kirchliche Bedürfnisse beschränkt. Wer sich Ivan IV. so nähert, der hat es mit einem Reformpolitiker und einem nationalbewussten Bewahrer russischer Eigenständigkeit zu tun – von einem schrecklichen Herrscher ist noch keine Spur.

Die Annexionen an der Wolga

Seit den vierziger Jahren des 13. Jahrhunderts hatten weite Teile Osteuropas unter der Macht der mongolischen Reiterstämme gestanden, deren direkte und indirekte Herrschaft mit dem konnotationsreichen Begriff des „Tatarenjochs" bezeichnet wurde und wird. Zwar war es dem Großfürstentum Moskau im Jahre 1480 gelungen, sich von der militärischen Bedrohung und von den Tributforderungen der Tataren zu befreien, ihre Präsenz an den damaligen russischen Grenzen war aber keineswegs beendet. Aus dem riesigen Herrschaftsgebiet der ehedem mongolischen Goldenen Horde waren drei kleinere Territorien hervorgegangen, die sich als legitime Nachfolger des berühmten Dschingis Chan definierten. So entstanden die drei islamisch geprägten Chanate Kazan', Astrachan und die Krim.

Lagen die Krim und die Nordküste des Schwarzen Meeres im 16. Jahrhundert noch in einem für Russland völlig unerreichbaren geographischen Raum, so bestanden doch intensive, bisweilen auch konflikträchtige Beziehungen mit den Chanaten Kazan' und Astrachan. Diese Territorien waren von erheblicher strategischer und wirtschaftlicher Bedeutung, übten doch beide Herrschaftsgebiete die Kontrolle über den Lauf der Wolga aus, die bei Astrachan in das Kaspische Meer mündet. Von dort aus war der persisch-vorderasiatische Wirtschaftsraum günstig zu erreichen.

Sowohl die beiden Chanate als auch das Großfürstentum Moskau hatten – mit unterschiedlichen kulturellen Voraussetzungen – die Nachfolge der zerfallenen Goldenen Horde angetreten. Die Traditionen der von den Tataren praktizierten Tributherrschaft waren in der politischen Kultur dieser Großregion noch überaus präsent.

Hierzu gehörte etwa die – vielfach nur noch symbolisch praktizierte – Forderung, der jeweils gegnerischen Seite Tributzahlungen zu leisten, und sie auf diese Weise zu nötigen, ein Machtgefälle anzuerkennen. Forderungen dieser Art erhoben sowohl Moskau als auch Kazan' und zeigten so, dass sie nicht bereit waren, die Souveränität des Nachbarn über sein Territorium konsequent zu achten. Nicht anders als heute bei der Vergabe von Pässen – und somit Staatsangehörigkeiten – an Angehörige nationaler Minderheiten im nahen Ausland, war dies ein Mittel, jederzeit auch territoriale Forderungen anzumelden und zu legitimieren. Es ging mithin um die Herstellung und Aufrechterhaltung eines strategisch-politischen Schwebezustandes und einer Atmosphäre stets möglicher Veränderungen.

In den monarchischen Strukturen des 16. Jahrhunderts boten offene Thronfolgefragen viel genutzte Optionen weiterer Einflussnahme. Die Besetzung einer Nachfolge auf dem Thron eines Chans konnte man in Moskau von der eigenen Zustimmung zu einem Kandidaten abhängig machen und für die Erteilung dieser Zustimmung Gegenleistungen verlangen. In der umgekehrten Richtung war das theoretisch natürlich auch möglich, angesichts der realen Kräfteverhältnisse aber kaum durchzusetzen. Modern gesprochen, ging es um Kampfkandidaturen und den Aufbau von Parteigängern des eigenen (Moskauer) Lagers, die zu gegebener Zeit daran zu denken hatten, wem sie ihre Stützung und ggf. ihren politischen Erfolg zu verdanken hatten.

Ein weiterer wichtiger Faktor war die ethnische und religiöse Heterogenität der Peripherie: orthodoxe Christen und Muslime lebten auf beiden Seiten der Grenze, und dieses Nebeneinander stellte *per se* keinen unlösbaren Konflikt dar. Es bot aber beiden Seiten auch die Option, sich unter bestimmten Bedingungen als Schutzmacht für die jeweilige Minderheit zu positionieren, tatsächliche oder auch vermeintliche Diskriminierungen der Christen im Chanat oder der Muslime in Russland anzuprangern, Glaubensflüchtlinge aufzunehmen oder Menschen auszuweisen und umzusiedeln. Stets stand hierbei auch die *ultima ratio* der Anwendung militärischer Gewalt zu Gebote. Auf der Kazan' nahegelegenen Wolgainsel Svijažsk ließ Ivan IV. im Jahre 1551 eine Art Anti-Kazan' errichten, eine orthodoxe Kirche, den Palast eines ihm genehmen Chans und Unterkünfte für eine große Garnison russischer Truppen. 1552 endlich erfolgte der großangelegte russische Angriff, der um den Preis der Zerstörung Kazan's – einer der größten und blühendsten Großstädte dieses Teils Osteuropas – Moskau in den Besitz des ganzen Chanates brachte. Vier Jahre später wiederholte Ivan IV. diese Strategie und annektierte 1556 auch das Chanat Astrachan. Damit war die Wolga zum ersten Mal in der Geschichte von der Quelle bis zur Mündung ein russischer Strom, und erst mit diesen Eroberungen wurde Russland zu einem Vielvölkerstaat. Die Integration der nichtslavischen muslimischen Bevölkerung wäre ein überaus spannendes Thema für sich, soll an dieser Stelle aber nicht weiter verfolgt werden. Nur so viel: Nach dem verlustreichen Brechen jeglichen Widerstandes durch den Einsatz des Militärs und durch Umsiedlungsaktionen, die die gewachsenen sozialen Netzwerke der potenziell widerspenstigen annektierten Bevölkerung zerreißen sollten, schwenkte Moskau bald auf den Kurs ein, den zur Loyalität bereiten Untertanen einen Platz im Sozialgefüge des russischen Staatsdienstes anzubieten. Viele nahmen dieses Angebot an, ging es doch einher mit der Versicherung, in die innere soziale Ordnung der annektierten Territorien nicht einzugreifen. Die staatsnahe orthodoxe Kirche, die 1552 lautstark den unversöhnlichen Kampf gegen die Ungläubigen gepredigt hatte, verstummte bald und unternahm bestenfalls symbolische Schritte zur Mission der angegliederten Gebiete. Auf lange Sicht gesehen funktionierte dieses Integrationsangebot nicht schlecht. Auch das gehört zum Erfahrungsschatz russischer Expansionspolitik.

Die Summe der politischen Mittel, die letztlich zu den russischen Erfolgen von 1552 und 1556 geführt hatten, hat der Osteuropahistoriker Andreas Kappeler als *Steppenpolitik* bezeichnet. Spätestens seit 2014 hat das Russland Vladimir Putins gegenüber der östlichen Ukraine eine modernisierte Variante spätmittelalterlicher Steppenpolitik betrieben.

Ivan ließ seinen Triumph in einem markanten und höchst eigenwilligen Denkmal abbilden, nämlich in der Basiliuskathedrale auf dem Roten Platz. Sie ist das große Symbol erfolgreicher russischer Expansionspolitik im

16. Jahrhundert. Dieses Siegesdenkmal ist integraler Bestandteil einer jeden militärischen Machtdemonstration, die seit den frühen Tagen der Sowjetherrschaft regelmäßig auf dem Roten Platz stattfindet.

Das widersprüchliche Verhältnis zum Westen

England

Im Jahre 1553 erreichten englische Kauffahrer erstmals die Küste des Weißen Meeres und betraten im äußersten Norden russischen Boden. Seereisen dieser Art waren höchst riskante Projekte; sie zu unternehmen wagte nur, wer sich die Entdeckung neuer Kommunikationswege im Welthandel und endlich großen materiellen Gewinn versprach. Aus diesem Holz geschnitzt war der Kapitän dieser Mission, Richard Chancellor, der die sich bietende Möglichkeit schnell ergriff und den Weg ins Innere des weitgehend unbekannten Russlands wagte. Er wurde nicht als ausländischer Agent festgenommen, sondern mit hohen Ehren von Ivan IV. empfangen – der junge Zar war an Kontakten zu Westeuropa interessiert. Das 16. Jahrhundert war eine Hochphase der von Europäern vorangetriebenen Entdeckung von Fernhandelsrouten, und Russland selbst war mit dem gewaltsam aufgestoßenen Weg in Richtung Persien dabei, sein eigenes Kapitel in der Geschichte der zeitgenössischen Globalisierung der Welt zu schreiben.

Was Chancellor in riskantem Wagnis gelungen war, ließ sich systematisch zu einem Handelskontakt entwickeln, von dem langfristig beide Seiten profitieren konnten. Russland hatte Interesse an dem riesigen Produktions-, Handels- und Transportpotenzial Englands, an den direkten Importmöglichkeiten für fortgeschrittene Technologien und bisher kaum erreichbaren westeuropäischen Waren. England benötigte eine Vielzahl von Rohmaterial für Bau und Ausrüstung seiner rasch wachsenden Flotten. Im Jahre 1555 wurde die fortan in London ansässige Muscovy Company gegründet, die in mehreren russischen Städten ihre exklusiven Niederlassungen errichten durfte. Das Gebäude der Moskauer Filiale, der Old English Court, ist bis heute erhalten. Ivan IV. gewährte seinen Handelspartnern umfangreiche Privilegien, darunter Landungsrechte am Weißen Meer, Zoll- und Abgabenfreiheit sowie Stapelrechte in Handelszentren auf dem Weg nach Moskau. Dem Warenaustausch folgte im Jahre 1556 die Entsendung des ersten russischen Botschafters an den englischen Hof. Der 26 Jahre alte Ivan IV. zeigte sich zu dieser Zeit als ein aufgeschlossener, moderner und erfolgreicher Herrscher über ein Land, das sich anschickte, einen neuen, größeren Platz in Europa zu beanspruchen. Dieses Streben sollte sich bald in einer verhängnisvollen Entwicklung niederschlagen, denn was in Kazan' und Astrachan gelungen war, das sollte Ivan nun auch in einem anderen Teil des europäischen Westens versuchen.

Livland

Die historische Landschaft Livland – nach heutigen geographischen Begriffen in etwa die Summe aus Lettland und Estland – war seit dem späten 13. Jahrhundert ein weit nach Nordosten vorgeschobener Besitz des Deutschen Ordens. Anders aber als das Ordensland Preußen war Livland nur in den Städten und beim Großgrundbesitz von deutscher Siedlung geprägt, die übergroße Mehrheit der Bevölkerung gehörte baltischen Ethnien an. Im 16. Jahrhundert war das Land von Streubesitz verschiedener Herrschaften gekennzeichnet und galt als ein eher uneinheitliches, insbesondere in der Großstadt Riga durchaus reiches, zur Verteidigung aber kaum bereites Gebilde. Aus russischer Perspektive war hier der direkte Weg zur Ostsee kurz und die Handelsoptionen weitaus günstiger als über den nördlichen Seeweg. Ivan IV. ließ einen russischen Anspruch auf die Zahlung einer historisch verbürgten symbolischen Pachtsumme, den Dorpater Zins, systematisch eskalieren und schuf so einen Vorwand für eine als kurz und begrenzt gedachte militärische Spezialoperation. 1558 eröffnete ein russischer Angriff den Livländischen Krieg. Ivan IV. hatte mit einem kurzen, handstreichartigen Krieg gegen einen stark unterlegenen Gegner gerechnet, und erste Anfangserfolge schienen ihm Recht zu geben. Dann aber erwies es sich als schwerwiegender strategischer Fehler, nur mit Livland, nicht aber mit Europa gerechnet zu haben. Im Westen und im Nordwesten grenzte das Zartum Russland an zwei Großmächte, die der vom eigenen Erfolg geblendete Ivan IV. nicht in seine Kalkulation einbezogen hatte: Polen und Schweden. Diese griffen nun in eigenem Expansionsinteresse in den Krieg ein: Polen hegte Ansprüche auf Kurland und Livland, Schweden auf Estland. Ivan fand keinen Weg mehr aus dem Krieg heraus, der Konflikt eskalierte und wurde mit großer Brutalität, aber ohne entscheidende russische Erfolge in die Länge gezogen. Hierbei blieb Russland, das sich vor dem Beginn des Krieges keines Verbündeten versichert hatte, in verhängnisvoller Isolation.

Zur russischen Taktik zählte nicht zuletzt der Einsatz von im Westen legendär gefürchteten tatarischen Reitersoldaten, denen die Fama geradezu unbegrenzter Gewalttätigkeit voraneilte. Plünderungen und Zwangsumsiedlungen gehörten zum Repertoire des Krieges, der sich am Ende 25 Jahre lang zog und das Land schrecklich verheerte.

Die Mitte des 16. Jahrhunderts war von einer medialen Revolution gekennzeichnet, der Einführung des Buchdrucks mit beweglichen Lettern. Informationen, natürlich auch propagandistische, konnten nun in kürzester Zeit und in hohen Auflagen zu Papier gebracht und kolportiert werden. Dieser Aufgabe widmeten sich vor allem in Süddeutschland ansässige Druckereien, die in einer wahren Flut von Flugblättern in deutscher Sprache das Leiden der gequälten Zivilbevölkerung und das Wüten der russischen Truppen zum zeitgenössischen Allgemeingut machten. Hier entstand die Legende vom Zaren Ivan dem Schrecklichen und der in seinem Namen verübten Greueltaten – sie ist nie wieder verstummt und prägte auch die Wahrnehmung anderer europäischer Beobachter.

Ivan war von der Entwicklung der Katastrophe überrascht und fand hierauf nur eine Antwort: Die Welt um ihn herum habe sich entschlossen, ihn und sein Werk zu verraten. Viele politische Weggefährten aus dem Auserwählten Rat hatten vom Angriff auf Livland abgeraten, nun schickte er sie zur Strafe an die Front, wo sie umkamen oder desertierten. Es traf den immer stärker isolierten Zaren besonders, dass einer seiner engsten Vertrauten, der Fürst Andrej Kurbskij, nach Polen floh. Ausgerechnet nach Polen, in jenes Land, das im Zeitalter des Livländischen Krieges den Zenit seiner Umgestaltung zu einer vom Adel dominierten Republik erreichte. Polen war nicht nur ein zäher und höchst ernstzunehmender militärischer Gegner, das Land war nachgerade der provokante politische Gegenentwurf zu der von Ivan praktizierten Autokratie. Dem polnischen Adel war es über zwei Jahrhunderte hinweg gelungen, eine in Europa einzigartige Fülle materieller und politischer Privilegien auszuhandeln und so die Macht des noch immer amtierenden Königs wirksam zu beschränken. Mehr noch: Im Jahre 1573, also mitten im Krieg, ließ sich der polnische Adel das Privileg verbürgen, künftig den König in freier Wahl zu bestimmen und – sollte er in den Augen des Adels seinen Verpflichtungen nicht nachkommen – ihn auch wieder absetzen zu können.

Polen, Russlands unmittelbarer Nachbar, zeigte sich Ivan als ein ihm zutiefst fremdes und abstoßendes Muster republikanischer Libertinage, ein in seinen Augen im schlimmsten aller Sinne verwestlichtes Gegenbild zu seinem Russland, dessen militärischer Stern durch Verrat und nur durch Verrat im Sinken begriffen sei. An keinem anderen Land des europäischen Westens hat sich Ivan so abgearbeitet wie an Polen, an kein Land solche Vorwürfe gerichtet, keine politische Kultur so scharf kritisiert wie die in Polen herrschende. Seine im Krieg geführte, erhaltene Korrespondenz mit seinem ehemaligen Vertrauten Kurbskij legt hiervon Zeugnis ab.

1582 hatte sich der Zar am Ende den machtpolitischen Realitäten des Krieges zu stellen und den Sieg der Polen und Schweden hinzunehmen. Russland war nun weiter von der Ostseeküste entfernt als je zuvor in seiner Geschichte. Ivan hatte die Kräfte seines Landes verschlissen und das Gegenteil von dem erreicht, was er erstrebt hatte.

Der Terror

Der misslingende Krieg in Livland führte Ivan zu einer verhängnisvollen Reaktion, die Russland in seiner inneren Entwicklung verheerend traf. Fest überzeugt davon, von Verrätern umgeben zu sein, etablierte der Zar im Jahre 1565 ein Terrorregime, das mit dem Namen „opričnina" in die Geschichte eingegangen ist. Der Begriff bedeutet im ursprünglichen Sinn das Abgetrennte. Tatsächlich trennte Ivan ein großes Territorium aus dem Reich heraus und unterstellte es seiner persönlichen Gewalt. Für dieses Gebiet ließ er eine besondere, auf ihn eingeschworene Truppe von Kämpfern aufstellen, die ebenfalls den Namen „opričnina" erhielt. Die in ihrer Stärke zwischen 1000 und 6000 Soldaten schwankende opričnina war einem Orden ähnlich organisiert, und die Soldaten dieser Sondereinheit traten furchterregend auf: In schwarzes Leinen gehüllt, führten sie Köcher mit, aus denen Besen herausragten. Sie sollten das Symbol für ihren Auftrag sein, Russland von den Widersachern des Zaren mit aller Härte zu reinigen.

Ivan hatte sich die opričnina in einer eigenartig anmutenden Zeremonie vom Volke legitimieren lassen: Er war im Jahre 1564 demonstrativ aus der Hauptstadt ausgezogen und ließ erklären, seine adligen Feinde trachteten nach seinem Leben. Der Zar begab sich in ein Jagdgebiet bei Moskau, in die Aleksandrovskaja Sloboda und – so hatte es den Eindruck – überließ die Hauptstadt sich selbst. Das Volk reagierte bald mit großen Bittprozessionen, die in die Sloboda pilgerten, um den Herrscher zur Rückkehr zu bewegen. Letztlich gewährte Ivan diese Bitte, verlangte aber, künftig allein nach seinem Dafürhalten auf direkte Weise regieren und seine Feinde vernichten zu dürfen. Auf diese Weise vom Volk akklamiert, nahm die opričnina ihr zerstörerisches Werk auf.

Dort, wo Ivan den Feind vermutete, gingen die Soldaten seiner Sondereinheit mit großer Gewalt zu Werke. Vermeintlich oder tatsächlich Abtrünnige wurden mitsamt ihren Familien von ihrem Besitz vertrieben, Tausende hierbei unter Anwendung ausgewählter Folter- und Tötungsmethoden ums Leben gebracht. Ihr Besitz wurde eingezogen, was viele opričniki hoffen ließ, hiervon bald selbst materiellen Gewinn ziehen zu können. Der Zar sollte diese Hoffnungen indes nie erfüllen.

Dass wir heute relativ viele Details dieser Terrorphase kennen, ist dem Umstand geschuldet, dass neben abhängigen russischen Dienstadligen eine erhebliche Zahl von Deutschen in der Truppe der opričniki ihr Glück suchte. Kriegsgefangene und Gestrandete des Livländischen Krieges, marodierende Abenteurer befanden sich unter Ivans Soldaten und hinterließen überaus lebendige, indes nicht immer quellensichere Aufzeichnungen aus Augenzeugenperspektive.

Mit besonderem Furor richtete sich die opričnina gegen die Stadt Novgorod im Nordwesten des Reiches. Nicht zum ersten Mal wurde der grenznahen und im Handel mit Europa reich gewordenen Stadt unterstellt, mit dem westlichen Gegner zu paktieren und Russlands Anstrengungen im Livländischen Krieg zu hintertreiben. In zwei Wellen in den Jahren 1570 und 1575 suchten die opričniki gemeinsam mit ihrem obersten Kriegsherrn die Stadt heim und verwüsteten sie brutal. Allein die Hälfte der auf etwa 4000 Personen geschätzten Todesopfer der opričnina waren Bürger Novgorods. Wer nicht getötet wurde, verfiel den systematischen Umsiedlungen, die längst als probates Mittel innerer Herrschaftssicherung galten. Nach dem Verwüstungsfuror war die Stadt – einst Russlands mächtiges und reiches Tor zum Westen – zu einem bedeutungslosen Provinzort abgesunken. Hiervon hat sich Novgorod nie mehr erholt.

In all diesem Schrecken erhob der Metropolit Filipp von Moskau beherzt seine Stimme, klagte Ivan an und verweigerte ihm den Segen der Kirche zu seinem mörderischen Tun. Der Zar ließ ihn durch die Hand eines besonders ruchlosen unter seinen willigen Helfern im Jahre 1569 ermorden.

Drei Jahre später hatte sich die Gewalt totgelaufen. Ivan beendete die opričnina weitaus unspektakulärer als er sie begonnen hatte: Er verfügte das Verbot, die Bezeichnung „opričnina" auszusprechen. Was man nicht benennen konnte, das sollte es auch nicht gegeben haben.

2022

Im Oktober 2016 wurde in der Stadt Orel ein Reiterdenkmal Ivans des IV. eingeweiht, ein völliges Novum in der Geschichte Russlands. Die russische Staatsmacht legte großen Wert darauf, das Denkmal in ihrer Lesart zu interpretieren: Ivan sei schon zu seinen Lebzeiten von westlichen Berichterstattern und späteren Historikern zu Unrecht großer Brutalität geziehen worden, in besonders negativer Weise habe sich hierbei die katholische Kirche hervorgetan. Nun sei die Zeit gekommen, auch diesem Zaren den ihm gebührenden Platz in der Heldenerzählung der Geschichte Russlands demonstrativ zuzuweisen. Das 16. Jahrhundert war in der Geschichtspolitik der Ära Putin angekommen. Auch die Haltung zu Ivan IV. sollte nun den russischen Patrioten vom kritiklosen Nachbeter falscher Informationen aus dem Westen scheiden.

Was gegenwärtig in Russland passiert, ist keine einfache Wiederholung der Umbrüche des 16. Jahrhunderts, und Vladimir Putin ebenso wenig ein Nachfolger Ivans IV. wie ein Erbe Peters des Großen. Dennoch existieren auffällige Parallelen in der politischen und militärischen Praxis sowie in der Selbstverortung Russlands, die stark an das 16. Jahrhundert erinnern.

Das Verordnen sprachlicher Tabus, wie das Verbot, ein Terrorregime bei seinem Namen zu nennen, ist mit dem Euphemismus der „Militärischen Spezialoperation" wieder zurückgekehrt. Das mag eine augenfällige, nicht aber die wichtigste Parallele sein. Wichtiger erscheint die modernisierte Variante der Steppenpolitik, nämlich die über einen längeren Zeitraum angelegte systematische Destabilisierung eines Gegners, das öffentliche Zurschautragen vermeintlich berechtigter Zweifel an dessen Souveränität und Existenzberechtigung, die unverhohlene Übernahme der Patronage über Menschen, die des russischen Schutzes bedürften und nach ihm verlangten. Ausgegebene russische Pässe gehören ebenso hierzu wie die über Jahre hinweg von Europa akzeptierte Sichtweise, die Ukraine sei im Osten ihres Staatsgebietes eben nur bedingt souverän und müsse Gegenstand einer internationalen Abstimmung sein, in der Moskau das entscheidende Wort sprechen dürfe. Wie 1551 auf der Insel Svijažsk, so 2022 über belorussisch-russische Großmanöver war diese Politik stets untermauert mit der Drohung, militärische Gewalt einsetzen zu können und es am Ende auch zu tun.

1558 war sich Ivan seiner livländischen Sache so sicher, dass er sich um keinen Verbündeten bemühte, sondern Russland isoliert in einen völlig unterschätzten Konflikt hineinziehen ließ. Auch der Ukrainekrieg wird als ein Konflikt in die Geschichte eingehen, den zu gewinnen Moskau sich allein für stark genug hielt. Wer wie der gegenwärtige russische Präsident so oft die militärischen Qualitäten und die epochalen Erfolge Russlands in der Geschichte rühmt, ist gut beraten, bei Russlands Siegen stets die Rolle seiner Alliierten zu bedenken.

Eine weitere Auffälligkeit ist das diffuse und widersprüchliche Bild des Westens in beiden Fällen: Ivan war fasziniert von den wirtschaftlichen Optionen des Handels mit England und öffnete sein Herrschaftsgebiet mit wohlkalkulierter Großzügigkeit den *merchant adventurers*. Mehr als das: Während der opričnina erörterte Ivan dem englischen Botschafter gegenüber ernsthaft die Möglichkeit, notfalls englisches Asyl in Anspruch nehmen zu wollen und Russland zu verlassen. Ein ganz anderes Verhältnis zum Westen offenbarte sich in der livländischen Frage, in der das Bild des schrecklichen, destruktiven Zaren entstand. Hier war der Westen der Hort vermeintlichen Verrates, bedrohlich und aggressiv – nicht anders, als man es von den Feinden Russlands schon zu Aleksandr Nevskijs Zeiten erfahren hatte. Freilich ist der Streit um die sinnvolle oder verderbliche Orientierung Russlands auf den Westen – abgebildet in der großen Kontroverse zwischen Slavophilen und Westlern im 19. Jahrhundert – nicht allein auf das 16. Jahrhundert zurückzuführen, aber schon hier zeigt sich die große Widersprüchlichkeit, mit der das zeitgenössische Russland sich selbst zum Westen positionierte.

Zwischen dem Widerspruch, sich einerseits vom Westen demonstrativ, rhetorisch täglich aggressiver abzugrenzen und andererseits den Westen als Maßstab faktisch akzeptiert und verinnerlicht zu haben, ist auch die Gegenwart gekennzeichnet. Der Westen sei ideen- und kraftlos, moralisch verkommen, dem Kult der Individualität verfallen und dem Untergang geweiht. Und dennoch existiert die Faszination für Cambridge und Harvard, die Mitgliedschaft in der vom Westen dominierten globalen Kommunikationskultur, das zur inneren Machtkonsolidierung so wichtige Konsumversprechen, die Sicherheit, die die Schweiz ebenso zu bieten hat wie Immobilien in exklusiven Londoner Lagen. In Archangelsk und Kaliningrad liegen sie nicht vor Anker, die Yachten derjenigen, die reich und/oder politisch mächtig geworden sind. Auf russischen Werften werden sie auch nicht gebaut.

Ivan war ein Herrscher, der im Umgang mit dem Westen das Gegenteil dessen erreichte, was er beabsichtigt hatte. Die Ära Putin beinhaltet dieses Potenzial zweifellos auch. Ob das eine tröstliche Botschaft ist, wird die nahe Zukunft zeigen.

KAI HENDRIK PATRI

Traurige Reime, trotzige Reime.
Der finnisch-sowjetische Winterkrieg 1939/40
und der russische Überfall auf die Ukraine 2022

Wer am Morgen des 24. Februar 2022 nach dem Aufstehen seinen Computer eingeschaltet und die Nachrichten gelesen hat, wird möglicherweise – nach einem ersten „sie haben es tatsächlich getan", nicht eigentlich überrascht, aber doch irgendwie ungläubig oder zumindest nicht glauben wollend – von ähnlichen deprimierenden Gedanken erfüllt worden sein wie der Verfasser dieses Textes: vom Eindruck einer Rückkehr der dunkelsten Jahrzehnte in der jüngeren Geschichte unseres Kontinents, der 1930er und 1940er Jahre; von der Furcht, dass unsere Kinder in einer Welt aufwachsen werden, die wieder durch das zumindest für Europa überwunden gehoffte schrankenlose Recht des Stärkeren und Skrupelloseren geprägt ist.

Vor diesem Hintergrund ist es nicht verwunderlich, dass für den russischen Überfall auf die Ukraine und/oder die damit verbundene weltpolitische Lage reichlich Vergleiche mit der ersten Hälfte des 20. Jahrhunderts angestellt worden sind. Einer dieser Referenzpunkte ist der sowjetische Überfall auf Finnland Ende November 1939 und der damit beginnende sog. Winterkrieg[1] (finnisch *talvisota*). Auf den kaum zu bestreitenden Gemeinplatz, wonach sich Geschichte im strengen Sinne nicht „wiederholt", weil die auf konkrete Konstellationen, Prozesse und Resultate einwirkenden Parameter schlichtweg zu vielfältig sind, muss hier nicht näher eingegangen werden.

---

1 Einen guten knappen Überblick auf Deutsch über den Winterkrieg und dessen Vorgeschichte sowie den sog. Fortsetzungskrieg 1941–44 enthält das Buch von Osmo Jussila, Seppo Hentilä und Jukka Nevakivi: Politische Geschichte Finnlands seit 1809. Vom Großfürstentum zur Europäischen Union. Berlin Verlag Arno Spitz GmbH. Berlin 1999, S. 198–235 (dieser Teil von Seppo Hentilä).

Ebenso wahr ist freilich das – mutmaßlich unzutreffenderweise[2] – Mark Twain zugeschriebene Aperçu, dass sich Geschichte zwar nicht wiederhole, sich aber doch „reime", also eine reiche Zahl an augenfälligen, mitunter beklemmenden, mitunter vielleicht auch wieder ermutigenden Gleichklängen, Parallelen und Analogien produziere. In diesem Beitrag sollen einige Gemeinsamkeiten (und Unterschiede) zwischen dem finnisch-sowjetischen Winterkrieg 1939/40 und dem heutigen Krieg in der Ukraine angesprochen werden, wobei es mindestens ebenso um die mediale Wahrnehmung der Parallelen in den Online-Ausgaben finnischer und anderer europäischer Zeitungen gehen wird wie um die Parallelen als solche. Der vorangestellte Abriss der damaligen Ereignisse beschränkt sich auf das für das Verständnis der hier darzustellenden Gedankengänge notwendige Mindestmaß.

Der Winterkrieg: Vorgeschichte, Verlauf, Ergebnis

Das Ende 1917 mit dem Zusammenbruch des Zarenreichs unabhängig gewordene Finnland blieb trotz widriger Umstände – einem erbitterten Bürgerkrieg 1918, bei dem sich die bürgerlichen „Weißen" gegen die sozialistischen (nicht per se bolschewistischen) „Roten" durchsetzten, und der innenpolitischen Reaktualisierung dieser Bürgerkriegserinnerungen in den Jahren der rechtsextremen Lapuabewegung 1929–32 – in den folgenden zwei Jahrzehnten ein demokratisch regiertes Land, anders als fast alle anderen im Gefolge des Ersten Weltkriegs neu oder wieder entstandenen Staaten. Die erste Regierungskoalition über die Kluft des Bürgerkriegs hinweg, die 1937 gebildete sog. Punamulta-Koalition („Rote Erde") aus Sozialdemokraten, Bauernpartei und liberaler Fortschrittspartei unter Ministerpräsident A. K. Cajander, bedeutete einen entscheidenden Schritt in Richtung nationaler Integration.[3]

---

2 Quote Investigator: History Does Not Repeat Itself, But It Rhymes. Mark Twain? Theodor Reik? John Robert Colombo? James Eayrs? Anonymous? Veröffentlicht 12.01.2014, aktualisiert 16.03.2022, https://quoteinvestigator.com/2014/01/12/history-rhymes/ (Zugang: 19.08.2022).

3 Siehe dazu v.a. Timo Soikkanen: Kansallinen eheytyminen [Nationale Integration]. In: Jari Leskinen / Antti Juutilainen (Hg.): Talvisodan pikkujättiläinen. Werner Söderström Osakeyhtiö, Porvoo / Helsinki / Juva 1999, S. 47–64. Soikkanen bringt hier seine früheren Publikationen zu diesem Thema (insbesondere das 1984 erschienene Buch „Kansallinen eheytyminen – myytti vai todellisuus") noch einmal auf den Punkt.

Seit Frühjahr/Sommer 1938 trat die Sowjetunion wiederholt mit dem Ansinnen an Finnland heran, bestimmte strategisch wichtige Punkte (wie die Insel Suursaari im Finnischen Meerbusen) zu befestigen, zu pachten oder im Tausch gegen andere Gebiete zu erwerben. Eine Initiative zur gemeinsamen Verteidigung der Ålandinseln durch Finnland und Schweden blockierte die UdSSR hingegen.

Nach Unterzeichnung des Ribbentrop-Molotow-Pakts mit seinem geheimen Zusatzprotokoll über die Interessensphären der beiden Großmächte und dem Überfall auf Polen verschärfte die Sowjetunion ihre Gangart auch gegenüber Finnland. Nun sollte Finnland, so die Mitte Oktober 1939 verkündeten Forderungen, neben der Verpachtung der Halbinsel Hanko die Inseln im Finnischen Meerbusen, einen Teil der Karelischen Landenge sowie des Petsamo-Gebiets am Eismeer komplett abtreten, im Tausch gegen ein größeres Gebiet im Nordosten Kareliens. Als die finnische Regierung diese Eingriffe in die Souveränität und territoriale Unverletzlichkeit ihres Landes ablehnte, beschuldigte die Sowjetunion die Finnen eines Artillerieangriffs auf ihr Territorium (die angeblichen „Schüsse auf Mainila" am 26. November 1939) und kündigte den 1932 unterzeichneten Nichtangriffsvertrag zwischen beiden Ländern auf. Am Morgen des 30. November begann der sowjetische Angriff auf Finnland, u.a. mit einer Bombardierung der Hauptstadt Helsinki.

Die Einschätzung der sowjetischen Führung, den finnischen Widerstand innerhalb von etwa zwei Wochen brechen zu können,[4] erwies sich als falsch. Trotz der großen zahlenmäßigen und materiellen Unterlegenheit konnten die finnischen Truppen ihre Position auf der Karelischen Landenge stabilisieren, nördlich des Ladogasees und in Nordostkarelien sogar einige Gegenangriffe starten und spektakuläre Erfolge erzielen. Der einmütige und entschlossene Widerstand der finnischen Bevölkerung, inklusive der Arbeiterschaft, überraschte den Aggressor (und partiell auch die Beobachterinnen und Beobachter in Finnland selbst, wie die gängigen Formulierungen vom „Geist"[5] und vom „Wunder" des Winterkriegs, *talvisodan henki* und *talvisodan ihme*, nahelegen). Die Proklamation einer Marionettenregierung, der „Volksregierung der

---

4 Jussila / Hentilä / Nevakivi (wie Anm. 1), S. 207.

5 Timo Soikkanen: Talvisodan henki [Der Geist des Winterkriegs]. In: Talvisodan pikkujättiläinen (vgl. Anm. 3), S. 235–251.

Demokratischen Republik Finnland" unter Otto Ville Kuusinen – einem der wenigen führenden finnischen Exilkommunisten, die den Terror der stalinschen ‚Säuberungen' überlebt hatten – im Grenzort Terijoki am 1. Dezember 1939 erwies sich als zusätzlich kontraproduktiv für die Sowjets.

Insbesondere aus Schweden nahmen zahlreiche Freiwillige auf finnischer Seite am Winterkrieg teil,[6] einen direkten militärischen Beistand lehnte die schwedische Regierung jedoch ebenso ab wie Transitrechte für eine eventuelle Interventionstruppe Frankreichs und Großbritanniens. Um die letztgenannte Option entspann sich bis zum Ende des Winterkrieges ein Auf und Ab, wobei sich Finnland schließlich gegen das von den Westalliierten zur Bedingung gestellte offizielle Hilfsersuchen entschied.[7] Da Helsinki um die Priorität der alliierten Eigeninteressen in Norwegen und Nordschweden wusste, konnte man – von der Transitfrage ganz abgesehen – nicht mit dem rechtzeitigen Eingreifen nennenswerter Verstärkungen rechnen.[8]

---

6 Antti Juutilainen: Talvisodan ulkomaalaiset vapaaehtoiset [Die ausländischen Freiwilligen des Winterkriegs]. In: Talvisodan pikkujättiläinen (vgl. Anm. 3), S. 770–776. Insgesamt kamen mehr als 12.000 ausländische Freiwillige nach Finnland; auch wenn nur ein Teil von ihnen in den Frontkämpfen mitwirkte, bezeichnet Juutilainen den Anteil der Schweden an der Verteidigung Lapplands als „bedeutsam" (S. 776). Die schwedischen Freiwilligen bildeten (unter Einschluss von Norwegern) zwei eigene Bataillone; im Ausbildungslager von Lapua wiederum waren Freiwillige aus über 20 Nationen vereint, deren Abteilung bezeichnenderweise nach der sprichwörtlichen finnischen Tugend *sisu* ‚Zähigkeit, Ausdauer' benannt wurde (S. 775).

7 Den Titel seines 1972 erschienenen Buches zu diesem Thema: *Apu jota ei pyydetty* (wörtlich übersetzt „Die Hilfe, die nicht erbeten wurde"; Titel der englischen Ausgabe von 1976: *The Appeal That was Never Made*), änderte Jukka Nevakivi für eine neue Publikation ein Vierteljahrhundert später in „Apu jota ei annettu" um: Jukka Nevakivi: Apu jota ei annettu. Länsivallat ja Suomen talvisota 1939–1940 [Die Hilfe, die nicht gewährt wurde. Die Westmächte und Finnlands Winterkrieg 1939–1940]. Werner Söderström Osakeyhtiö, Porvoo / Helsinki / Juva 2000. Die Umbenennung, so der Autor, ergab sich vor allem aus der auf der Grundlage neuer Archivquellen erfolgten Einbeziehung der Rolle der USA; Nevakivi kam zu dem Schluss, dass die Vereinigten Staaten bei der Rettung Finnlands eine „entscheidende Rolle" hätten spielen können, wenn die Roosevelt-Administration nicht zu große Rücksicht auf die isolationistische Strömung im eigenen Land genommen hätte (S. 10, 302, 322 und passim).

8 Jussila / Hentilä / Nevakivi (wie Anm. 1), S. 207 und 209 f.; Sampo Ahto: Mannerheim ja talvisota [Mannerheim und der Winterkrieg]. In: Talvisodan pikkujättiläinen (vgl. Anm. 3), S. 181–200, hier S. 198. Nevakivi (Apu jota ei annettu,

Die Rote Armee hatte Anfang Februar einen neuen Großangriff auf der Karelischen Landenge gestartet, dem die Verteidiger nicht mehr standhalten konnten. Da die militärische Lage zunehmend aussichtslos wurde, entschied sich die finnische Regierung Ende Februar für die Aufnahme von Friedensverhandlungen. Im Friedensvertrag von Moskau vom 12./13. März 1940 verlor Finnland die Karelische Landenge mit der Stadt Viipuri (Wiborg) – damals die viertgrößte Stadt des Landes –, das West- und Nordufer des Ladogasees, die östlichen Teile der nordfinnischen Gemeinden Kuusamo und Salla, den im Frieden von Dorpat 1920 erworbenen Teil der Fischerhalbinsel im Petsamo-Gebiet (Barents-See) sowie die vier äußeren Inseln des Finnischen Meerbusens. Die südwestlich von Helsinki gelegene Stadt Hanko mit der dazugehörigen Halbinsel musste für 30 Jahre als Militärstützpunkt an die Sowjetunion verpachtet werden. Seine staatliche Unabhängigkeit und sein demokratisches System hatte Finnland immerhin erfolgreich verteidigt; von der Terijoki-‚Regierung' war in der Friedensvereinbarung nicht mehr die Rede. Finnland hatte im Winterkrieg ungefähr 24.000 Gefallene, 44.000 Verwundete und knapp 1000 zivile Todesopfer zu beklagen; mehr als 400.000 Menschen mussten aus den verlorenen Gebieten evakuiert werden.[9] Nach den Archivquellen zu urteilen fielen im Winterkrieg knapp 64.000 Rotarmisten, mehr als 200.000 wurden verwundet; eine Forschungsgruppe in den frühen 1990er Jahren kam sogar auf noch deutlich höhere Zahlen.[10]

Das Bestreben, die 1940 mit Waffengewalt geraubten Gebiete zurückzuerlangen, sollte Finnland ein Jahr später als „Mitkriegführenden" – wenn auch, wie man stets betonte, nicht als Verbündeten[11] – des nationalsoziali-

---

S. 9) nennt neben der Vagheit und Langsamkeit der Interventionspläne sowie der ablehnenden Haltung Norwegens und Schwedens auch die Angst vor einer deutschen Reaktion als Grund für die Entscheidung.

9 Jussila / Hentilä / Nevakivi (wie Anm. 1), S. 214.

10 Juri Kilin: Puna-armeija Stalinin tahdon toteuttajana [Die Rote Armee als Ausführende von Stalins Willen]. In: Talvisodan pikkujättiläinen (vgl. Anm. 3), S. 356–384, hier S. 381. In der ersten oben genannten Zahl sind Verschollene oder später an ihren Verwundungen Verstorbene eingerechnet, in der zweiten Erfrierungen.

11 Zu den Diskrepanzen zwischen dieser finnischen „Separatkriegsthese" und der Realität des Fortsetzungskrieges (aber auch zum partiell eigenständigen Charakter des finnischen Kampfes) siehe ausführlich: Markku Jokisipilä: Aseveljiä

stischen Deutschland in den sog. Fortsetzungskrieg (finnisch *jatkosota*, 1941–44) führen.

Parallelen und Unterschiede

Manche Gemeinsamkeiten zwischen den Ereignissen in Finnland 1939/40 und der Ukraine 2022 dürften aus dieser kurzen Darstellung schon unmittelbar evident geworden sein: die Konstellation zwischen einer aggressiven, auf ihre „Interessensphäre" pochenden und ohne Bedenken zum Einsatz militärischer Gewalt bereiten Großmacht einerseits, einem der Aggression unerwartet entschlossen und auch unerwartet geschlossen entgegentretenden ‚kleineren' (zumal im Falle der Ukraine natürlich nicht wirklich kleinen) Nachbarstaat andererseits; der Aspekt der Selbstbehauptung eines in seiner jeweiligen jüngeren Vorgeschichte zwar nicht ‚musterhaften', aber zum Zeitpunkt der Aggression auch um seiner freiheitlich-demokratischen Errungenschaften willen von den eigenen Staatsbürgerinnen und -bürgern verteidigten Gemeinwesens; überhaupt der schlaglichtartig vor den Augen der internationalen Öffentlichkeit ausgetragene Systemkonflikt zwischen Demokratie und Diktatur (sei letztere nun als Paradies der Werktätigen verbrämt oder mit cäsaristisch-bonapartistischen Anklängen plebiszitär kaschiert[12]); die weitgehend enttäuschte Hoffnung des Aggressors auf eine nennenswerte ‚fünfte Kolonne', gespeist aus der Annahme, die soziale (Arbeiterklasse versus Bourgeoisie) respektive muttersprachliche Zugehörigkeit werde im angegriffenen Land schon irgendwie als Spaltpilz dienen; das ganz offenkundig von Stalin

---

vai liittolaisia? Suomi, Hitlerin Saksan liittosopimusvaatimukset ja Rytin-Ribbentropin sopimus [Waffenbrüder oder Verbündete? Finnland, Hitler-Deutschlands Bündnisvertragsforderungen und der Ryti-Ribbentrop-Vertrag]. Bibliotheca Historica Bd. 84. Suomalaisen Kirjallisuuden Seura, Helsinki 2004, mit einer längeren deutschen Zusammenfassung (S. 450–465).

12 Das ‚Fass' eines Versuchs, die Herrschaftsweise Putins adäquat zu charakterisieren (oder auch nur die Debatte darüber halbwegs erschöpfend zusammenzufassen), kann und soll im Rahmen dieses Aufsatzes nicht aufgemacht werden. Die in ihrem Entwicklungskontext sicherlich auch nicht unproblematischen Begriffe Cäsarismus und Bonapartismus seien hier nur näherungsweise in den Raum geworfen, für ein im Kern autokratisches und repressives, gleichzeitig – u.a. mittels Feindbildern und dem Nachweis außenpolitischer ‚Glorie' – um plebiszitäre Legitimation bemühtes Regime.

und Putin, aber auch von vielen internationalen Beobachtern so nicht einkalkulierte Scheitern eines auf schnelle Kriegsentscheidung angelegten initialen Angriffsschlags, mit der späteren Fähigkeit des Angegriffenen zu Gegenschlägen; die – je nach Perspektive mehr oder weniger große – Diskrepanz zwischen dem Ausmaß an internationaler Sympathie für das angegriffene Land und der Bereitschaft zu konkreter Waffenhilfe (von einer direkten Intervention ganz zu schweigen).

Auf die genannten Punkte soll nun noch detaillierter eingegangen und die Liste der Gemeinsamkeiten um einige weitere Aspekte ergänzt werden.

Eine auffällige Übereinstimmung zeigt sich schon in der zentralen Begründung der beiden Angriffe (bei gleichzeitiger Flankierung durch andere mehr oder minder absurde ‚Gründe', von den Schüssen einer nicht vorhandenen finnischen Artilleriestellung bis zur angeblich notwendigen „Entnazifizierung" der Ukraine): Grundlage der sowjetischen Darstellungen über den Kriegsausbruch – bis in die Historiographie der späten Sowjetzeit hinein – war Molotows Radioansprache vom 29. November 1939, derzufolge die Verhandlungen über die Sicherheit Leningrads daran gescheitert waren, dass Finnland „zum Gefallen der ausländischen Imperialisten" eine strikt feindselige Haltung eingenommen habe.[13] Das in der Chruschtschow-Ära publizierte Monumentalwerk über den Großen Vaterländischen Krieg, dessen erster Band 1960 erschien, behauptete dementsprechend, die Sowjetunion sei jederzeit um eine friedliche Lösung bemüht gewesen, während Finnland „an der Leine der imperialistischen Staaten" gegangen sei.[14] Das einzige Bestreben der UdSSR sei es gewesen, aus Finnland keinen Stützpunkt für einen gegen sie gerichteten Angriff werden zu lassen. Dies hatte Molotow in einer Rede vor dem Obersten Sowjet am 29. März 1940 betont, in der er die Rolle der Westmächte bei der Entstehung des Krieges hervorhob.[15] Auf den Flugblättern „An das finnische Volk", die sowjetische Bomber in den ersten Kriegstagen über Helsinki abwarfen, hieß es, Ministerpräsident Cajander und Co. hätten die Verhandlungen mit der UdSSR „auf Befehl der Imperia-

---

13 Timo Vihavainen: Talvisota neuvostohistoriankirjoituksessa [Der Winterkrieg in der sowjetischen Geschichtsschreibung]. In: Talvisodan pikkujättiläinen (vgl. Anm. 3), S. 893–911, Zitat S. 893.

14 Ebenda S. 896.

15 Ebenda S. 895.

listen" abgebrochen.[16] Bei den Friedensverhandlungen im März 1940 warf Molotow der finnischen Seite vor, ihre Politik sei diejenige der „aggressivsten Kreise" in England und Frankreich, „dieselbe wie die der Times und Le Temps".[17]

Eine analoge Interpretationslinie, was das Verhältnis der Ukraine zu Russland und zum bösen ‚Westen' anbetrifft, findet sich schon im unter Wladimir Putins Namen publizierten Aufsatz *Über die historische Einheit der Russen und Ukrainer* vom Juli 2021. Hellsichtige Beobachter wie der Osteuropahistoriker Andreas Kappeler hoben gleich nach Erscheinen des Textes die beunruhigende Botschaft des Textes hervor: „Putins Beschuldigungen an die Adresse der USA und der Europäischen Union […], die Ukrainer gegen Russland aufzuhetzen", einen „von langer Hand" geplanten Versuch zu unternehmen, „die Ukraine unter ihre Kontrolle zu bringen, sie aus den traditionellen engen Bindungen mit Russland zu lösen und damit Russland zu schwächen" oder, nun in Putins eigenen Worten (oder denen seiner Ghostwriter), „die Ukraine in ein gefährliches geopolitisches Spiel" zu ziehen, „dessen Ziel es ist, die Ukraine in einen Puffer zwischen Europa und Russland, in ein Aufmarschgebiet gegen Russland zu verwandeln". Dabei beruft sich Putin vor allem auf die Maidan-Proteste 2013/14, durch die die Ukraine zur „Geisel eines fremden geopolitischen Willens" geworden sei.[18] Putins Fazit, er sei „überzeugt, dass die Ukraine echte Souveränität nur in Partnerschaft mit Russland erreichen kann",[19] klingt wie ein Echo der Formulierung in Molotows oben zitierter Radioansprache, er glaube, „die Lösung der Sache sei dazu geeignet, die Freundschaft zwischen der Sowjetunion und Finnland zu festigen".[20] Kappelers Mahnung, die entlang dieser Argumentationslinie

---

16 Ohto Manninen: Neuvostoliiton tavoitteet ennen talvisotaa ja sen aikana [Die Ziele der Sowjetunion vor und während des Winterkriegs]. In: Talvisodan pikkujättiläinen (vgl. Anm. 3), S. 141–148, Zitat S. 146.

17 Martti Häikiö: Dramaattinen ulkopolitiikka [Dramatische Außenpolitik]. In: Talvisodan pikkujättiläinen (vgl. Anm. 3), S. 219–234, Zitat S. 232.

18 Andreas Kappeler: Revisionismus und Drohungen. Vladimir Putins Text zur Einheit von Russen und Ukrainern. Osteuropa, 71. Jg., 7/2021, S. 67–76, online verfügbar unter https://zeitschrift-osteuropa.de/site/assets/files/37313/oe 210706.pdf (Zugang: 20.08.2022), Zitate S. 72–74.

19 Ebenda S. 75.

20 Wiedergegeben nach der finnischen Übersetzung bei Timo Vihavainen, Talvisota neuvostohistoriankirjoituksessa (wie Anm. 13), S. 895.

aufgebauten Drohungen Putins seien „ernst zu nehmen",[21] bewahrheitete sich im Februar 2022, als der russische Präsident den gerade erfolgten Überfall auf die Ukraine mit derselben Argumentation rechtfertigte.[22]

Eine zusätzliche Pointe ergibt sich aus der Tatsache, dass auch Molotow gegenüber dem Völkerbund – unter Hinweis auf die Regierung von Terijoki und die im „Freundschafts- und Beistandsvertrag" mit ihr versprochene Überlassung Ostkareliens – behauptete, die Sowjetunion befinde sich „nicht im Krieg mit Finnland". Vielmehr betreibe man eine „finnlandfreundliche" Politik, deren Ziel die Sicherung der finnischen Unabhängigkeit sei.[23] Leicht sarkastisch zugespitzt, auch das Finnland des Jahres 1939 war aus Moskauer Sicht ein entgegen seiner ‚wahren' Interessen von westlichen Kriegstreibern ‚irregeleitetes' Land, das nur noch mit einer militärischen Spezialoperation auf den rechten Weg zurückzuführen war. Dass Molotow in Reaktion auf eine Mahnung Roosevelts auch die Bombardierung ziviler Ziele in Finnland leugnete,[24] wie wir das trotz aller gegenteiligen Beweise von Wladimir Putin und seiner Entourage kennen, erstaunt kaum.

Timo Vihavainen stellt mit gutem Grund die rhetorische Frage, ob die sowjetische Propaganda im Winterkrieg, und zwar selbst die nach Finnland verbreitete, überhaupt ernsthaft die Absicht verfolgte, eine nennenswerte Wirkung auf die Finnen auszuüben, oder nicht vielmehr einfach das im eigenen Land verbreitete Narrativ – und damit das ideologische Selbstbild des totalitären Regimes – spiegelte.[25] Dieselbe Frage ließe sich wohl auf den Newspeak der heutigen russischen Staatsführung und -medien applizieren, in dem das Nachbarland unter freundlicher Mitwirkung der Wagner-Gruppe

---

21 Kappeler, Revisionismus und Drohungen (wie Anm. 18), S. 76.

22 Siehe u.a.: Kriegserklärung. Die Ansprache des russländischen Präsidenten am Morgen des 24.2.2022, übersetzt von Volker Weichsel und Olga Radetzkaja, https://zeitschrift-osteuropa.de/blog/vladimir-putin-ansprache-am-fruehen-morgen-des-24.2.2022/ (Zugang: 23.08.2022).

23 Vihavainen, Talvisota neuvostohistoriankirjoituksessa (wie Anm. 13), S. 895.

24 Timo Vihavainen: Marssi Helsinkiin. Suomen talvisota neuvostolehdistössä [Der Marsch nach Helsinki. Der finnische Winterkrieg in der sowjetischen Presse]. *Kustannusosakeyhtiö Tammi*. Helsinki 1990, S. 79; Nevakivi, Apu jota ei annettu (wie Anm. 7), S. 304: „Die sowjetrussischen Flieger bombardieren keine Städte, sondern militärische Ziele wie Flughäfen."

25 Vihavainen, Marssi Helsinkiin (wie Anm. 24), S. 140 f.

„entnazifiziert" wird und ein nunmehr schon ein halbes Jahr währender Krieg (die Kampfhandlungen im Donbass seit 2014 gar nicht eingerechnet) nicht „Krieg" heißen darf. Der von Martti Häikiö zitierte Angriffsbefehl des Leningrader Militärbezirks im Winterkrieg, „Wir gehen nicht als Eroberer nach Finnland, sondern als Freunde und Befreier des finnischen Volkes vom Joch der Gutsbesitzer und Kapitalisten",[26] ist eine ähnliche Perle der sich selbst entlarvenden Neusprech-Rhetorik wie der Satz in Putins Fernsehansprache vom 24. Februar: „Wir werden niemandem irgendetwas mit Gewalt aufzwingen"[27] – Krieg ist Frieden, Freiheit ist Sklaverei, Unwissenheit ist Stärke.

Da wir nun schon beim Thema der Propaganda angelangt sind, können wir unsere Blicke wieder der angegriffenen Seite zuwenden – denn das, was Lasse Lehtinen für den Winterkrieg konstatiert hat, lässt sich vermutlich auch jetzt schon für den russisch-ukrainischen Krieg sagen:

Erstens, dass es sich beim Winterkrieg um einen „beispiellosen Medienkrieg" (*mediasota vailla vertaa*) gehandelt habe – und um einen der ersten Medienkriege überhaupt,[28] während der Krieg in der Ukraine der erste große Twitter-Krieg sein dürfte, mit Posts von einzelnen Augenzeugen ebenso wie von ukrainischen Ministerien oder den regelmäßigen „Intelligence Updates" des britischen Militärgeheimdienstes.

Zweitens, dass die überfallene Seite „den Propagandakrieg gewonnen"[29] hat – in beiden Fällen, so wie Lehtinen für Finnland schreibt, mit der Konstellation von David gegen Goliath, aber auch noch mit weiteren Gemeinsamkeiten. Bei allen nötigen Einschränkungen, dass diese Einschätzung hin-

---

26 Häikiö, Dramaattinen ulkopolitiikka (wie Anm. 17), S. 221.

27 Vgl. oben Fußnote 22.

28 Lasse Lehtinen: Sodankäyntiä sanoin ja kuvin. Suomalainen sotapropaganda 1939–44 [Kriegführung mit Worten und Bildern. Die finnische Kriegspropaganda 1939–44]. WSOY, Porvoo 2006, S. 28 f.

29 Ebd., S. 29. Vgl. die Einschätzung von Ivo Mijnssen in der NZZ: „Propaganda machen dabei beide Seiten – die Ukrainer wirken aber professioneller." Und: „Die Ukrainer richten sich dabei an ein deutlich breiteres ausländisches Publikum als die Russen, die nicht von der schablonenhaften Darstellung des Nachbarlands als Hort von Nationalsozialisten und amerikanischen Marionetten abweichen." Ivo Mijnssen: Ukraine-Krieg in Echtzeit: eintauchen in die Parallelwelten von Telegram. Neue Zürcher Zeitung 04.03.2022, https://www.nzz.ch/international/krieg-gegen-die-ukraine/ukraine-krieg-in-echtzeit-parallelwelten-auf-telegram-ld.1672768 (Zugang: 24.08.2022).

sichtlich des Ukraine-Kriegs vorrangig für die Öffentlichkeit freier, pluralistisch verfasster Gesellschaften zu gelten scheint und nicht unbedingt für repressiver organisierte und/oder unter gänzlich anderen Voraussetzungen auf Europa blickende Länder des sog. Globalen Südens (von China mit seiner engmaschigen staatlichen Medienkontrolle gar nicht zu reden), gibt es doch gute Gründe, die Selbstdarstellung der ukrainischen Seite für ungleich gelungener zu halten als die der russischen. Ikonische Bilder wie die von ukrainischen Traktoren abgeschleppten russischen Panzer, der mittlerweile auf Briefmarken verewigte Verteidiger der Schlangeninsel mit ausgestrecktem Mittelfinger („Russisches Kriegsschiff, fick dich!") oder Präsident Wolodymyr Selenskyj mit Dreitagebart und olivgrünem Shirt im Luftschutzbunker, bei seinen Videobotschaften an die eigene Nation, die Weltöffentlichkeit und, mit sorgfältig angepassten Adressatenbezügen, an die Parlamente unterschiedlicher Länder,[30] erscheinen nicht nur eingängig – das allein wäre das von Putin- und Großrussland-Sympathisanten auch in Westeuropa aufgegriffene Z-Symbol ja auf seine Weise ebenfalls –, sondern erzählen Geschichten, enthalten Humor, machen Mut,[31] spiegeln bestimmte Haltungen. In manchen dieser Bilder und Geschichten liegen auch die oben angesprochenen konkreten Gemeinsamkeiten: etwa zwischen den Fotos, die die von finnischer Seite in der Schlacht an der Straße von Raate Anfang Januar 1940 erbeuteten und zerstörten sowjetischen Panzer und Transportfahrzeuge zeigen,[32] und den Videos russischer Panzerwracks nach dem

---

30 Stellvertretend für viele ähnliche Einschätzungen: Thorsten Fuchs: Wolodymyr Selenskyj: der wirkmächtigste Influencer der Welt. Göttinger Tageblatt 03.06.2022, https://www.goettinger-tageblatt.de/kultur/wolodymyr-selenskyj-der-wirkmaechtigste-influencer-der-welt-454R5ZYI3RAF5MJYDOX6TZ2CYM.html (zuletzt abgerufen am 24.08.2022); Fabian Urech: „Wenn wir heute schweigen, sind wir morgen verschwunden" – der ukrainische Präsident lässt Russland im Informationskrieg schlecht aussehen. Neue Zürcher Zeitung 28.02.2022, https://www.nzz.ch/international/selenski-laesst-russland-im-informationskrieg-schlecht-aussehen-ld.1671994 (Zugang: 24.08.2022).

31 Über die auf gänzlich andere Weise und noch in ungleich stärkerem Maße im Gedächtnis haftenden, ohnmächtige Wut und Trauer weckenden Bilder von getöteten Kindern und von Schwangeren mit blutüberströmten Gesichtern wäre zu vieles zu sagen – oder zu schweigen.

32 Siehe dazu Soikkanen, Talvisodan henki (wie Anm. 5), S. 241. Wie Soikkanen schreibt, wurde dieser Sieg, bei dem eine motorisierte Eliteeinheit mit

gestoppten Vorrücken auf Kyiv – beide die Botschaft transportierend, dass die Armee des Aggressors übermächtig, aber nicht unschlagbar ist. Bei allen erheblichen Unterschieden zwischen den beiden prominentesten und medial präsentesten Symbolfiguren des finnischen bzw. ukrainischen Widerstands – in Alter, professionellem Hintergrund und Habitus, auch in den vor Kriegsbeginn an sie gehegten Erwartungen – fällt doch auf, dass der finnische Oberbefehlshaber Feldmarschall Carl Gustaf Emil Mannerheim und der ukrainische Präsident Wolodymyr Selenskyj für ihre öffentlichen Auftritte der Kriegszeit mit ähnlichen Tugenden assoziiert werden: Ruhe[33], Entschlossenheit und dem Gestus, einen ihnen und ihrem Land aufgezwungenen Krieg ohne Begeisterung, aber der Würde ihres Amtes entsprechend zu tragen.[34] Für lakonische, mit dem Potential geflügelter Worte versehene Aussprüche waren bzw. sind beide gut; Selenskyjs berühmter Replik, er brauche „Munition, keine Mitfahrgelegenheit", sei hier etwa Mannerheims erster Tagesbefehl im Winterkrieg mit den Worten „Ihr kennt mich und ich kenne euch"[35] an die Seite gestellt. Die (mindestens partielle) Anerkennung ihrer Leistung auch durch frühere politische Gegner, das beiden Persönlichkeiten attestierte Charisma und das eher kontraproduktive Sich-Einschießen der

---

einfachen Mitteln (wörtlich „korpisotureiden keinoin", mit den Mitteln von Wildniskriegern) aufgerieben wurde, „schon in seiner Zeit zu einer Legende". – Die sowjetische 44. motorisierte Schützendivision, die in dieser Schlacht so schwere Verluste erlitt, bestand überwiegend aus Ukrainern; zu den Erinnerungen dieser Veteranen an die Gefechte siehe Pasi Tuunainen: Raatteen tien taistelu ukrainalaisveteraanien kokemana [Die Schlacht an der Straße von Raate, wie ukrainische Veteranen sie erlebten]. In: Kari Alenius / Olavi K. Fält (Hg.): Talvisota kokemuksena [Der Winterkrieg als Erfahrung]. Studia Historica Septentrionalia 63. Tornion kirjapaino. Tornio 2011, S. 227–243.

33 Die gerade geführte Debatte, ob Selenskyj mit seiner demonstrativen Gelassenheit in den Tagen unmittelbar vor Kriegsbeginn sein Volk „getäuscht", die Lage selbst falsch eingeschätzt oder vielmehr aus staatsmännischer Verantwortung eine Panik zu vermeiden versucht habe, ist noch zu frisch, um ihre möglichen Auswirkungen auf die ukrainische Innenpolitik (oder gar die Wertschätzung Selenskyjs im Ausland) beurteilen zu können. Es sei jedenfalls erwähnt, dass Finnlands zivile Führung im Herbst/Winter 1939 nicht an einen sowjetischen Angriff glauben mochte: siehe Jussila / Hentilä / Nevakivi (wie Anm. 1), S. 204.

34 Ahto, Mannerheim ja talvisota (wie Anm. 8), bes. S. 181, 183 und 196.

35 Ebenda S. 184.

sowjetischen bzw. russischen Propaganda auf sie wären als analoge Wirkungen zu nennen.

Über die prominenten Repräsentanten hinaus liegt eine wesentliche Gemeinsamkeit der Außenwirkung des finnischen und ukrainischen Abwehrkampfes im begründeten Anspruch, nicht nur für eine gerechte Sache, sondern auch stellvertretend für andere Länder zu kämpfen. Der Appell des finnischen Parlaments an die Völker der Welt vom 10. Dezember 1939 enthielt die Sätze „*Länsimäisen sivistyksen etuvartijana kansallemme on oikeus odottaa aktiivista apua muilta sivistyskansoilta.*"[36] [Als Vorposten der westlichen Zivilisation hat unser Volk das Recht, die aktive Unterstützung der übrigen zivilisierten Völker zu erwarten] – man ersetze die in ihrer Verwendung als Autostereotyp problematische Formulierung „westliche Zivilisation" durch Ausdrücke wie etwa „das Selbstbestimmungsrecht aller freien Völker Europas"[37] in Berthold Kohlers FAZ-Kommentar vom 23. August 2022, dann hat man den entsprechenden Hilfsappell und -anspruch der Ukrainerinnen und Ukrainer. Dass auf solche Appelle nicht mit bloßen Lippenbekenntnissen reagiert werden sollte, thematisierte die internationale Presse schon anlässlich des Winterkrieges; die im Handbuch *Talvisodan pikkujättiläinen* abgebildete amerikanische Karikatur mit der Sprechblase „Fan mail doesn't stop bullets"[38] könnte heute wieder abgedruckt werden.

An dieser Stelle soll nur noch aufzählungsartig auf einige weitere Parallelen eingegangen werden, bevor (nach einem Blick auf die wichtigsten Unterschiede) im folgenden Abschnitt die mediale Gegenüberstellung beider Kriege im Vordergrund stehen wird. Solche Punkte, die man in einer breiteren Darstellung weiter ausführen könnte, wären etwa die mit der Annahme einer schnellen Kriegsentscheidung verbundene Arroganz (Molotow am 4. November zur sowjetischen Gesandten in Stockholm, Alexandra Kollontai: „Unsere Truppen werden in drei Tagen in Helsinki sein"[39]), umgekehrt die wach-

---

36 Häikiö, Dramaattinen ulkopolitiikka (wie Anm. 17), S. 222.

37 Berthold Kohler: Und wie steht es um die deutsche Kampfmoral? Frankfurter Allgemeine Zeitung vom 23.08.2022, https://www.faz.net/aktuell/politik/ukraine-krieg-wie-steht-es-um-die-deutsche-kampfmoral-18263952.html (zuletzt abgerufen am 24.08.2022).

38 Häikiö, Dramaattinen ulkopolitiikka (wie Anm. 17), S. 229.

39 Manninen, Neuvostoliiton tavoitteet ennen talvisotaa ja sen aikana (wie Anm. 16), S. 145.

sende oder zumindest zeitweise vorhandene Hoffnung, das Regime des Aggressors werde selbst über die Folgen seines verbrecherischen Krieges stolpern,[40] und die allmähliche Verwendung des Wortes „Sieg" auf Seiten des Angegriffenen – verstanden in erster Linie als Verhinderung eines Sieges des Aggressors;[41] die heikle Frage, ob die zu Kriegsbeginn weitgehend vorhandene nationale Einmütigkeit im Falle von späteren Rissen lieber durch Vertrauen oder durch eine *yhtenäistämispolitiikka* (Vereinheitlichungspolitik) garantiert werden sollte;[42] Details der politischen Sprache wie die Bezeichnung der „Volksrepubliken" Donezk und Luhansk, die nicht nur an die Sowjetzeit generell, sondern mit Blick auf den Winterkrieg auch an die „Volksregierung" Otto Ville Kuusinens in Terijoki denken lässt; schließlich die Rolle von geschichtlichen Bezügen im Denken und Argumentieren der Protagonisten (Stalins Verweis auf die Errungenschaften Peters des Großen, wenn es um Finnland ging,[43] und entsprechende Bezüge von Putins Verständnis der „Russischen Welt" zur Zarenzeit[44]).

Ein wesentlicher Unterschied zwischen beiden Kriegen liegt natürlich in den weltpolitischen Rahmenbedingungen: Die Sprengkraft, die sich für die europäischen Staatengrenzen aus dem Aufstieg des nationalsozialistischen Deutschland als eines zweiten, noch aggressiveren Destabilisators ergab, ist mit der ambivalenten Rolle der zweiten anti-demokratischen Großmacht China in ihrer Einstellung zum Ukrainekrieg 2022 schon allein aus geopolitischen Gründen nicht vergleichbar. Die USA zeigen unter Joe Biden eine gänzlich andere Haltung zu den Vorgängen in Europa als unter der von Jukka Nevakivi mit bissigen Worten bedachten Roosevelt-Administration[45] – wie

---

40 Ahto, Mannerheim ja talvisota (wie Anm. 8), S. 192.

41 Ebenda S. 194.

42 Soikkanen, Kansallinen eheytyminen (wie Anm. 3), S. 63.

43 Manninen, Neuvostoliiton tavoitteet ennen talvisotaa ja sen aikana (wie Anm. 16), S. 143.

44 Vgl. u.a. Kappeler, Revisionismus und Drohungen (wie Anm. 18), S. 70.

45 Siehe oben Fußnote 7. Nevakivi attestiert der US-amerikanischen Haltung zum Winterkrieg eine „überraschende Doppelmoral" (Apu jota ei annettu, S. 302) und spricht im Zusammenhang mit der weitgehenden handelspolitischen Gleichbehandlung Finnlands und der Sowjetunion von einer „Jesuiittamaiselta vaikuttava puolueettomuustulkinta" (S. 305), einer „jesuitisch anmutenden Interpretation von Unparteilichkeit" – eine Formulierung, die einem heutzutage etwa

die Reaktion der Vereinigten Staaten auf die von Putin angeordnete Invasion in einer zweiten Amtszeit Donald Trumps ausgesehen hätte, mag man sich hingegen lieber nicht vorstellen. Umgekehrt liegt der Gedanke einer direkten militärischen Intervention zugunsten der Ukraine den Entscheidungsträgern in der NATO deutlich ferner als diejenige zugunsten Finnlands in der Regierung Daladier[46] – der Begriff „Atommacht" stand damals eben noch nicht in den Wörterbüchern.

Für die tatsächliche (Separatistengebiete) oder vermeintliche pro-russische Irredenta im Donbass gab es im Finnland des Jahres 1939 keinerlei Entsprechung, hier wäre der Vergleich von Putins Politik mit Hitlers Vorgehen im Sudetenland und wenig später gegenüber der Rest-Tschechoslowakei der naheliegendste. Wie weiter oben schon angedeutet, könnte man allerdings hinzufügen, dass der von der sowjetischen Propaganda bemühte Topos von der ‚unerlösten', unter dem „Joch" der Bourgeoisie ihres Landes[47] stehenden finnischen Arbeiterklasse durchaus genau mit der Wortbedeutung der *terre irredente* im späten 19. und frühen 20. Jahrhundert koinzidiert – sozusagen eine klassenpolitische Entsprechung des ethnischen Irredenta-Konzepts.

Was die Kriegführung betrifft, liegt ein wesentlicher Unterschied im Zahlenverhältnis von gefallenen Soldaten zu zivilen Opfern: mit einem Verhältnis von etwa 24:1 bei den finnischen Verlusten des Winterkriegs (siehe oben), während das UN-Hochkommissariat für Menschenrechte bis zum 22. August von mindestens 5.587 Todesopfern in der ukrainischen Zivilbevölkerung ausgeht, darunter 362 Kindern – und das sind, wie das Hochkommissariat betont, nur die bereits verifizierten Fälle, so dass die tatsächliche Zahl weit höher liegen muss.[48] Unabhängig davon, welche der stark diver-

---

für die Weigerung einfiele, ukrainische Verwundete in Schweizer Krankenhäusern zu behandeln. Insgesamt kommt Nevakivi zu dem Fazit, der Winter 1939/40 sei eine „weniger schmeichelhafte Phase in Roosevelts Politik" gewesen (S. 322; alle Übersetzungen aus dem Finnischen, wie überhaupt im vorliegenden Aufsatz, KHP).

46 Martti Turtola: Kansainvälinen kehitys Euroopassa ja Suomessa 1930-luvulla [Die internationale Entwicklung in Europa und Finnland in den 1930er Jahren]. In: Talvisodan pikkujättiläinen (wie Anm. 3), S. 13–46, hier S. 30, weist darauf hin, dass die Perspektive der von Daladier forcierten Hilfsexpedition im März 1940 wesentlich zu Stalins Bereitschaft zum Friedensschluss beitrug.

47 Siehe oben Fußnote 26.

48 statista: Ukraine-Krieg: Opfer in der ukrainischen Zivilbevölkerung laut Zählungen der UN (Stand: 22. August 2022). Veröffentlicht von Statista Research

gierenden Angaben für die militärischen Verluste der ukrainischen Seite der Wahrheit am nächsten kommt, ist der Anteil der zivilen Opfer an den ukrainischen Kriegstoten damit um ein Vielfaches größer als im finnischen Fall.

Mediale Wahrnehmung

Die ‚Reime' der Geschichte werden erst dann zu Reimen, wenn sie – um im Bildkomplex zu bleiben – in Gedichte und Gedichtanthologien aufgenommen werden, also in der einen oder anderen Form identifiziert und medial verarbeitet. Der dritte und letzte große Abschnitt dieses Aufsatzes widmet sich daher Presseartikeln (in einem Fall auch einem in Reaktion darauf geposteten Forumsbeitrag) in Online-Ausgaben finnischer, deutschsprachiger und skandinavischer Zeitungen – dies ausdrücklich ohne Bemühen um Vollständigkeit. Dabei sollen, auch wenn es Überlappungen gibt, zum Zweck der Gliederung folgende Fälle unterschieden werden: 1) Artikel, die sich grundsätzlich mit der Tauglichkeit des Winterkrieges (und/oder anderer Bezugspunkte) als historische Parallelen zum Krieg in der Ukraine auseinandersetzen, 2) Artikel, die einzelne Phänomene in beiden Kriegen miteinander vergleichen, 3) Artikel, die aus dem Winterkrieg Prognosen oder Handlungsanweisungen für den aktuellen Krieg ableiten, 4) Artikel, die – auf einer zusätzlichen Ebene – von anderen Akteuren gezogene Parallelen oder Kontinuitäten thematisieren. Eine weitere Gruppe, bei der die Erfahrungen des Winterkriegs allerdings nicht unbedingt explizit angesprochen werden müssen, wären Texte zur Bedeutung des russischen Überfalls auf die Ukraine für Finnland, d.h. konkret natürlich die Motivation zum NATO-Beitrittsantrag.

Einen „historischen Vergleich" zwischen Winterkrieg und Ukraine-Krieg zieht Joachim Käppner in seinem Artikel *Weißer Tod* in der *Süddeutschen Zeitung* vom 2. April 2022.[49] Der Teaser lautet: „Das falsche Kalkül eines Despoten, ein unterschätzter Gegner, die Welt in Aufruhr: Vieles an Putins Angriff

---

Department, 23.08.2022, https://de.statista.com/statistik/daten/studie/1297855/umfrage/anzahl-der-zivilen-opfer-durch-ukraine-krieg/ (Zugang: 23.08.2022).

49 Joachim Käppner: Weißer Tod. Süddeutsche Zeitung 02.04.2022, https://www.sueddeutsche.de/leben/russland-krieg-ukraine-finnland-sowjetunion-winterkrieg-1.5558385 (Zugang: 24.08.2022, kostenpflichtig). Der Titel spielt auf den Namen an, den die Rotarmisten den finnischen Gegnern (insbesondere Scharfschützen wie dem berühmten Simo Häyhä) in ihren vom Schnee schwer unterscheidbaren Tarnanzügen gaben.

auf die Ukraine erinnert an den ‚Winterkrieg' der Sowjetunion gegen das kleine Finnland 1939/40." Der obligate Hinweis „Nein, Geschichte wiederholt sich nicht einfach" darf natürlich auch bei Käppner nicht fehlen, die Parallelen seien aber „dennoch verblüffend, bis in viele Details hinein". Käppner verweist auf den Stalin von seinen Generälen suggerierten „Spaziergang" und die sich „zäh" verteidigenden Finnen; das Gesamtbild fasst er in die eindrücklichen Sätze, „Ein Tyrann beherrscht den Kreml, gefangen in seiner eigenen Welt aus Wahn, Wut und Weltanschauung; ein übermächtiger Aggressor greift einen viel kleineren demokratischen Staat an, mit herbeigelogenen Rechtfertigungen; er unterschätzt den Gegner, die Invasionstruppen erleiden horrende Verluste; der Widerstand wird weltweit bewundert, andere Mächte liefern den Verteidigern Waffen. Und der Konflikt in der Ukraine könnte, wenn diese Verteidiger Glück haben sollten, ähnlich enden wie jener in Schnee und Eis ein Menschenalter zuvor." Wichtig erscheint auch sein Hinweis darauf, dass Stalins Verhalten ähnlich von den Erfahrungen des russischen Bürgerkriegs geprägt war wie dasjenige Putins durch den Zerfall des Sowjetimperiums. Käppner ergänzt seine Darstellung um die „devote und ängstliche Umgebung" der Diktatoren, die eine realistische Lageeinschätzung verhindert, die überraschende Sorglosigkeit der sowjetischen bzw. russischen Truppen und die Gleichgültigkeit ihrer Führungen gegenüber eigenen Verlusten. Die Doppelrolle des Westens als „Zuschauer und Helfer" der Angegriffenen spricht Käppner in einer Überleitung an. Insgesamt kommt Käppner also zu einer durchweg zustimmenden Einschätzung der Tragfähigkeit dieses historischen Vergleichs, in einem auch stilistisch und strukturell überzeugenden Artikel.

Der Historiker Sönke Neitzel antwortet in einem Interview mit dem *Spiegel*, publiziert am 21. April 2022, auf die vor dem Hintergrund der aktuellen „Hochkonjunktur" historischer Vergleiche zum Ukrainekrieg gestellte Frage, welche geschichtliche Kriegssituation denn seiner Ansicht nach „am passendsten mit dem aktuellen Status quo der russischen Großoffensive gegen die Ukraine vergleichbar" sei, mit den Sätzen: „Jeder Krieg hat seine eigene Logik, identische Kriege gibt es nicht. Aber natürlich ähnliche Konstellationen: Im 20. Jahrhundert ist für mich vor allem der sowjetisch-finnische Winterkrieg vergleichbar."[50] Dies bezieht Neitzel sowohl auf den

---

50 Danny Kringiel: „Bei Putin gibt es keine Gewissheiten mehr, das macht die Welt unsicherer". Interview mit Sönke Neitzel. Der Spiegel 21.04.2022,

Kriegsverlauf und die „Underperformance des Angreifers" als auch auf das Agieren der westlichen Staaten. Er fügt allerdings hinzu, die Parallelen hätten „natürlich ihre Grenzen". Den wichtigsten Unterschied sieht Neitzel darin, dass es der Sowjetunion 1939 „nicht darum" gegangen sei, „Finnland als Staat aufzulösen, der Angriff war einfach eine imperiale Expansion mäßiger Priorität. Finnland war nie im primären Fokus Moskaus von 1939 bis 1944, was man daran sehen kann, dass Finnland die einzige Macht war, die gegen die Sowjets gekämpft hat, aber nicht besetzt wurde – anders als etwa Ungarn oder Rumänien. Die Ukraine hingegen hat eine eminente Bedeutung für Moskau."

Pekka Hakala konstatiert am 3. April 2022 in der führenden finnischen Tageszeitung *Helsingin Sanomat*, „*Tulevaisuutta voi yrittää ennustaa menneisyyden perusteella ja talvisotavertauksia on tehty usein, muuallakin kuin Suomessa.*" [Man kann versuchen, die Zukunft auf der Grundlage der Vergangenheit vorherzusagen, und Vergleiche mit dem Winterkrieg sind oft angestellt worden, auch andernorts als in Finnland.] Die Welt sei freilich heute eine andere als 1939, und die Ukraine in Relation zu Russland viel stärker als Finnland damals im Vergleich zur Sowjetunion.[51] Da es Hakala trotz dieser allgemeinen Bemerkungen primär um die Frage unterschiedlicher Prognosen geht, wird auf seinen Artikel an späterer Stelle noch einmal eingegangen werden.

Heikki Aittokoski, ebenfalls in den *Helsingin Sanomat*, drückt die zentrale Aussage seines Artikels vom 2./3. Juli 2022 bereits in dessen Titel und Untertitel aus: „*Historian rinnastuksissa on syytä olla varovainen. Ukrainan urheaa puolustustaistelua verrataan usein talvisotaan, mutta mikään analogia ei ole ongelmaton.*"[52] [Bei historischen Parallelen gibt es Grund vorsichtig zu sein. Der mutige Verteidigungskampf der Ukraine wird oft mit dem Winterkrieg

---

https://www.spiegel.de/geschichte/historiker-soenke-neitzel-zum-ukraine-krieg-wladimir-putin-macht-die-welt-unsicherer-a-d02fc829-b68c-48fb-a4ca-acf69f1e871f (Zugang: 19.08.2022, kostenpflichtig).

51 Pekka Hakala: Hajottaako järjetön sota Venäjän? [Wird der sinnlose Krieg zur Auflösung Russlands führen?] Helsingin Sanomat 03.04.2022, https://www.hs.fi/ulkomaat/art-2000008711772.html (Zugang: 19.08.2022).

52 Heikki Aittokoski: Historian rinnastuksissa on syytä olla varovainen. Helsingin Sanomat 02.07.2022, https://www.hs.fi/ulkomaat/art-2000008909082.html (Zugang: 19.08.2022). Aittokoski kommt in seinem Artikel auch auf die oben schon angesprochene Rolle Peters des Großen für Putins Selbstbild zu sprechen.

verglichen, aber keine Analogie ist unproblematisch.] Aittokoski verweist zunächst auf Christopher Clarks berechtigte Zurückweisung von Parallelisierungen des Ukraine-Kriegs mit der Situation beim Ausbruch des Ersten Weltkriegs 1914;[53] an späterer Stelle leitet er dann vom Fazit, ein Krieg zwischen den Großmächten werde zumindest nicht aufgrund ähnlicher Mechanismen beginnen wie damals, zum Winterkrieg über: „Der tapfere und berechtigte Verteidigungskampf der Ukraine hat zum Glück auch positivere Analogien hervorgebracht. Eine der häufigsten ist der Vergleich mit Finnlands Winterkrieg." Diese Analogie müsse man den Finnen nicht erst erklären, „und auch international ist die Konstellation leicht zu verstehen: David gegen Goliath. [...] Der Angreifer war in beiden Fällen dieselbe aggressive Großmacht. Der Name hat sich geändert, die Handlungsweisen nicht."

Die Winterkriegs-Analogie sei gleichwohl nicht unproblematisch: „Erstens, Finnland hat den Krieg leider am Ende verloren. Der Ukraine wird es hoffentlich besser ergehen." Zweitens verweist Aittokoski darauf, dass Finnland 1939/40 stärker auf sich allein gestellt war als die Ukraine heute – letztere kämpfe zwar allein, mit unsagbaren Opfern, wisse aber grundsätzlich eine *„ennennäkemättömän voimakas rintama"*, eine „auf nie dagewesene Weise starke Front" hinter sich.

Zu den Artikeln, die weitgehend auf einzelne Vergleichsaspekte – Kriegführung, Führungspersonal, Haltungen usw. – fokussieren und diese gegebenenfalls ausführlicher beleuchten, zählt Antti Halonens Artikel in den *Ilta-Sanomat* vom 30. März 2022,[54] der auf einen Beitrag des Norwegischen

---

53 Siehe dazu auch: Louisa Schaefer: Was der Erste Weltkrieg mit Putins Angriffskrieg gemein hat. Interview mit Christopher Clark. Deutsche Welle 22.5.2022, https://www.dw.com/de/erster-weltkrieg-ukraine-parallelen/a-61882072 (Zugang: 19.08.2022) – der nur auf die Gemeinsamkeiten fokussierende Titel ist verglichen mit Clarks Aussagen im Interview etwas irreführend –; Christopher Clark: Zar Putin der Große. Süddeutsche Zeitung 01.07.2022, https://www.sueddeutsche.de/projekte/artikel/kultur/exklusiv-historiker-christopher-clark-ueber-den-krieg-in-der-ukraine-e905289/ (Zugang: 24.08.2022, kostenpflichtig), mit sehr wertvollen grundsätzlichen Überlegungen zum Nutzen und Schaden historischer Vergleiche.

54 Antti Halonen: Norjan yleisradio vertaa ylistäen Ukrainan kriisiä talvisotaan – tiedätkö Molotovin cocktailin taustatarinan? [Norwegischer Rundfunk vergleicht die Ukraine-Krise rühmend mit dem Winterkrieg – kennst du die Hinter-

Rundfunks vom 28. März rekurriert.[55] Letzterer beginnt zunächst mit der allgemeinen Bemerkung, „Viele haben Parallelen zwischen dem russischen Angriff auf die Ukraine und dem sowjetischen Überfall auf Finnland am 30. November 1939 gezogen. In beiden Fällen hat Moskau behauptet, dies sei etwas, das man zur Sicherung russischer Interessen habe tun müssen. Beide Länder wurden außerdem beschuldigt, von faschistischen Kräften regiert zu werden."[56] Anschließend konzentriert sich der Beitrag auf den finnischen und ukrainischen Widerstand, insbesondere auf die von Hauptmann Eero Kuittinen erstmals in systematischer Form gegen sowjetische Panzer eingesetzten und bald sarkastisch „Molotowcocktails" getauften Wurfbrandsätze. Morten Jentoft verweist dabei auch auf den hohen Symbolcharakter dieser Waffe, im Finnland des Winterkrieges ebenso wie bei den ukrainischen Zivilisten und Zivilistinnen, die Molotowcocktails für die Verteidigung ihrer Städte gegen russische Sturmangriffe vorbereiteten. Antti Halonen nimmt den von ihm referierten norwegischen Beitrag als Beleg dafür, dass inzwischen nicht nur in Finnland Gemeinsamkeiten zwischen beiden Kriegen gesehen und Vergleiche zwischen ihnen angestellt werden.

Nicht nur die finnische / ukrainische, sondern auch die sowjetische / russische Kriegführung ist einzelnen Vergleichen unterzogen worden. So verweist beispielsweise Generalmajor a. D. Pekka Toveri in einem Interview mit den *Ilta-Sanomat* auf die hohen Verluste unter jungen russischen Offizieren unterer und mittlerer Dienstgrade, die mit Blick auf entsprechende Zahlen im Winter- und Fortsetzungskrieg – und denselben Grund, nämlich die Notwendigkeit, sich bei nicht auf Eigeninitiative geschulten Truppen an die vorderste Front zu begeben – nicht erstaunlich seien.[57] Die Überheblichkeit in

---

grundgeschichte des Molotowcocktails?] Iltalehti 30.03.2022, https://www.iltalehti.fi/ulkomaat/a/69603ea6-264d-4c43-9543-8b9453e568db (Zugang: 19.08.2022).

55 Morten Jentoft: Molotovcocktail: Fra finsk vinterkrig til Ukraina. NRK [Norsk rikskringkasting] 28.03.2022, https://www.nrk.no/urix/molotovcocktail_-fra-finsk-vinterkrig-til-ukraina-1.15906916 (Zugang: 26.08.2022).

56 Jentoft (wie Anm. 55), Übersetzung KHP.

57 Antti Virolainen: Pekka Toverin karu arvio Venäjän nuorten upseerien suurista tappiosta [sic!]: „Iso suoneniskur, mutta ihan tyypillistä" [Pekka Toveris harte Einschätzung der großen Verluste unter Russlands jungen Offizieren: „Ein großer Aderlass, aber ganz typisch"]. Ilta-Sanomat 03.06.2022, https://www.is.fi/ulkomaat/art-2000008861411.html (Zugang: 19.08.2022).

den sowjetischen bzw. russischen Fehleinschätzungen zu Kriegsbeginn[58] wird von Nina Järvenkylä im Iltalehti vom 9. April 2022 hervorgehoben;[59] hierbei vergleicht („Teen vertauksen") sie die Annahme, Kyiv werde, „wie man so sagt, ein *piece of cake* sein", mit den schon erwähnten Kampfhandlungen an der Straße von Raate bzw. generell in der Gegend von Suomussalmi im Dezember 1939/Januar 1940. Unter der von der geschlagenen 44. Division[60] zurückgelassenen Ausrüstung wurden nämlich auch Musikinstrumente für eine Siegesparade gefunden; die Aufgabe der Truppen an diesem Frontabschnitt hätte es sein sollen, in die Stadt Oulu am Bottnischen Meerbusen vorzustoßen und Finnland so in zwei Hälften zu zerschneiden. Daraus wurde nichts, wie Järvenkylä mit dem mehrfach wiederholten Satz „Toisin kävi" [wörtlich: Es kam anders] lakonisch kommentiert, aus der Siegesfeier mit Marschmusik in Oulu oder Helsinki ebensowenig wie der in Kyiv, für die sich nach dem gescheiterten Angriff ebenfalls Zubehör und Uniformen in den Hinterlassenschaften der russischen Truppen befanden.

Im Zusammenhang mit dem finnischen NATO-Mitgliedsantrag kommen Anknüpfungspunkte an den Winterkrieg manchmal eher indirekt zum Tragen, wie etwa dann, wenn der frühere finnische Ministerpräsident Alexander Stubb in einem *Spiegel*-Interview die schwedischen Freiwilligen erwähnt („Im Zweiten Weltkrieg war Schweden neutral, doch Tausende Schweden kamen an die finnische Grenze, um zu kämpfen.").[61] Bei einem Blick auf die

---

58 Christian Schmidt-Häuers SZ-Artikel zum Thema der Hybris von übermächtigen Aggressoren geht auf den Winterkrieg nicht ein (Wenn eine Großmacht scheitert. Süddeutsche Zeitung 26.06.2022, https://www.sueddeutsche.de/leben/napoleon-wehrmacht-afghanistan-vietnam-ukraine-krieg-putin-1.5608019; Zugang: 26.08.2022, kostenpflichtig), aber der geneigte Leser oder die geneigte Leserin bekommt zwischen zwei Absätzen auch den Link zu Käppners „Weißer Tod" angeboten.

59 Niina Järvenkylä: Perutaanko paraati? Voitonpäivänä ei Venäjällä juhlita ainakaan voittoa [Wird die Parade abgesagt? Am Tag des Sieges wird in Russland zumindest kein Sieg gefeiert]. Iltalehti 09.04.2022, https://www.iltalehti.fi/ulkomaat/a/1ef61301-205b-4c5f-9462-149b7ff83557 (Zugang: 19.08.2022).

60 Auch Järvenkylä verweist auf den Umstand, dass diese Division hauptsächlich aus ukrainischen Soldaten bestand.

61 Francesco Collini: Früherer finnischer Ministerpräsident über den Nato-Beitritt seines Landes: „Wer Schwäche zeigt, wird überfallen". Interview mit Alexander Stubb. Der Spiegel 18.04.2022, https://www.spiegel.de/ausland/finn-

longue durée der psychologischen Motivation für den finnischen NATO-Beitritt heißt es im Titel und Untertitel von Anu Nousiainens Artikel für die Monatsbeilage der *Helsingin Sanomat*: „*Pelko pois. Vuosisatojen ajan Suomeen on hyökätty idästä, mutta nyt toivomme, että kohta ei enää tarvitse pelätä.*" [Fort mit der Angst. Jahrhundertelang wurde Finnland aus dem Osten angegriffen, aber jetzt hoffen wir, dass man bald keine Angst mehr zu haben braucht.][62]

Nousiainens lange Liste dieser Angriffe, beginnend weit vor der Herausbildung ‚nationaler' Identitäten mit einem Kriegszug des Fürsten von Nowgorod gegen die Bewohner der Landschaft Häme 1123, beschließt als bislang letzter eben der Winterkrieg. Über das *Spiegel*-Interview mit dem Helsinkier Historiker Juhana Aunesluoma zum geplanten NATO-Beitritt ist ein Foto von finnischen Soldaten im Winterkrieg mit ihren Tarnanzügen und Skiern gesetzt, und Aunesluoma sagt an einer Stelle des Gesprächs: „Die finnische Politik scheiterte spektakulär, als sich die Sowjetunion und Hitlerdeutschland 1939 auf den Molotow-Ribbentrop-Pakt einigten und die kleinen Länder Osteuropas im Grunde in Einflussgebiete aufteilten. Finnland gehörte zum Bereich der Sowjets. Als die Rote Armee angriff, war die Neutralität nutzlos."[63]

---

land-ex-premier-alexander-stubb-ueber-den-nato-beitritt-und-das-verhaeltnis-zu-russland-a-56c202f9-d85e-4381-9303-d343ed74d848 (Zugang: 19.08.2022, kostenpflichtig). – Im Hinblick auf die ausländischen freiwilligen Kämpfer in der Ukraine ist natürlich auch der Spanische Bürgerkrieg als historische Parallele herangezogen worden, siehe etwa: Michael Kister: „Die Freiwilligen in der Ukraine und im Spanischen Bürgerkrieg sind sich sehr ähnlich". Interview mit Giles Tremlett. Der Spiegel 19.04.2022, https://www.spiegel.de/geschichte/internationale-brigaden-was-freiwillige-in-der-ukraine-und-im-spanischen-buergerkrieg-verbindet-a-15ac20ee-9e8b-49b2-941e-5599a9da59b9 (Zugang: 19.08.2022, kostenpflichtig).

62 Anu Nousiainen: Pelko pois. Vuosisatojen ajan Suomeen on hyökätty idästä, mutta nyt toivomme, että kohta ei enää tarvitse pelätä. Helsingin Sanomat 04./06.06.2022, https://www.hs.fi/kuukausiliite/art-2000008831218.html (Zugang: 19.08.2022). Zur Stimmung in Finnland vor dem NATO-Beitrittsgesuch siehe auch: Jan Petter: Nach Putins Angriff auf die Ukraine: Wie Finnland im Eiltempo in die Nato strebt. Der Spiegel 06.05.2022, https://www.spiegel.de/ausland/wie-finnland-jetzt-im-eiltempo-in-die-nato-strebt-a-1413270f-6c39-488d-82ec-be4593 7360fa (Zugang: 19.08.2022, kostenpflichtig). Der Winterkrieg wird dort zwar nicht in Analogie zum Überfall auf die Ukraine gesetzt, aber doch angesprochen: „Denn nachdem das Land 1917 unabhängig wurde, entging es im Zweiten Weltkrieg nur durch erbitterten Widerstand einer Besetzung durch Stalins Truppen."

63 Martin Pfaffenzeller: Historiker zum geplanten Nato-Beitritt: „Finnland ist schon seit 30 Jahren nicht mehr neutral". Interview mit Juhana Aunesluoma. Der

Oliver Trenkamp bindet in seinem *Spiegel*-‚Lagebericht' vom 12. Mai 2022 die aktuellen Geschehnisse und die von 1939/40 tatsächlich in einer Passage zusammen, wenn er schreibt: „Der Präsident und die Regierungschefin Finnlands haben sich heute für einen ‚unverzüglichen' Nato-Beitritt ausgesprochen. Das kommt einerseits nicht überraschend, nachdem Russland die Ukraine überfallen hat und die Finnen fürchten, sie könnten die Nächsten sein. Andererseits ist es ein großer, ja, ein historischer Schritt nach fast 80 Jahren Neutralität. Dass diese Neutralität nicht freiwillig war, sondern auf Druck Russlands zustande kam, wird schnell mal vergessen. Nachdem Finnland 1917 unabhängig wurde, entging es im Zweiten Weltkrieg nur durch erbitterten Widerstand einer Besetzung durch Stalins Truppen, eine nationale Nahtoderfahrung."[64] Auch Steffen Trumpf verknüpft den Ukraine-Krieg, den Winterkrieg und den NATO-Beitritt zu einem kohärenten Argumentationszusammenhang: „Eine längere Grenze zu Russland hat in Europa nur die Ukraine: Das wesentlich kleinere Finnland musste deshalb lernen, sich mit dem übergroßen Nachbarn zu arrangieren. Das lange vergleichsweise stabile Arrangement mit Russland kommt allerdings gerade heftig ins Wanken. [...] Dann griff Russland die Ukraine an, was einen rapiden Meinungsumschwung unter den Finnen auslöste – und plötzlich steht das nördlichste Land der EU kurz davor, eine NATO-Mitgliedschaft zu beantragen. Denn wenn ein übermächtiger Nachbar auf einmal zur akuten Gefahr wird, dann muss man handeln. Die Finnen kennen das aus ihrer eigenen Geschichte: Zweimal kämpften sie im vergangenen Jahrhundert gegen die Russen, erst im Winterkrieg 1939, dann an der Seite Nazideutschlands noch einmal."[65]

Spiegel 18.05.2022, https://www.spiegel.de/geschichte/finnland-und-der-geplante-beitritt-zur-nato-interview-mit-dem-historiker-juhana-aunesluoma-a-f9ea5103-8cee-4d2a-9179-e2faae5a52eb (Zugang: 19.08.2022, kostenpflichtig).

64 Oliver Trenkamp: Finnlands Nahtod-Erfahrung, Finnlands Nato-Hoffnung. Der Spiegel 12.05.2022, https://www.spiegel.de/politik/deutschland/news-finnland-will-in-die-nato-erweiterung-uwe-tellkamp-scheitert-am-turmfortsatz-a-28820dfb-de3c-4b66-9ce2-c486de02371c (Zugang: 19.08.2022).

65 Steffen Trumpf: Bald nur noch auf einem Bein? Finnlands Spagat zwischen Russland und NATO. ntv 08./10.05.2022, https://www.n-tv.de/politik/Finnland-im-Spagat-zwischen-Russland-und-NATO-Kippt-die-Balance-article23317466.html (Zugang: 19.08.2022).

Auf die zahlreichen Texte, die sich mit Gemeinsamkeiten zwischen Putin und Stalin[66] beschäftigen, soll hier nicht näher eingegangen werden – da sie, anders als der zu Beginn dieses Abschnitts zusammengefasste Artikel von Joachim Käppner, in der Regel nicht speziell auf den Winterkrieg bezogen sind. In diesem Zusammenhang ist es vielleicht bezeichnend zu erwähnen, dass in einem (ansonsten in jeder Hinsicht schlüssigen) *Spiegel*-Essay von Christian Neef über die russische Kriegspropaganda und deren „erschreckende Parallelen zum totalitären Denken Stalins"[67] an Finnland zunächst überhaupt nicht gedacht wurde; dem Text sind die Zeilen hinzugefügt, „Anmerkung der Redaktion: In einer früheren Version dieses Textes hieß es, Stalin habe keinen Krieg begonnen. Im November 1939 griff jedoch die Sowjetunion unter Stalins Führung Finnland an."[68]

Einen speziellen Fall bildet der *Helsingin-Sanomat*-Artikel über ein Gespräch mit dem ehemaligen litauischen Staatsoberhaupt Vytautas Landsbergis, insofern als hier sowohl die Kontinuitäten von Stalin zu Putin betont, das Erbe des Winterkrieges für die jüngere Zeit hervorgehoben als auch Handlungsanweisungen für die Gegenwart formuliert werden.[69] Eine Gemeinsamkeit

---

66 Zu Gemeinsamkeiten zwischen Putin und Hitler siehe u. a. die Äußerungen des finnischen Historikers Oula Silvennoinen, die Rasmus Ekström in einem Presseartikel wiedergibt: Rasmus Ekström: Putinia on verrattu toistuvasti Hitleriin – asiantuntijat: tämä miehiä yhdistää [Putin wird wiederholt mit Hitler verglichen – Experten: das vereint die beiden Männer]. Ilta-Sanomat 05.04.2022, https://www.is.fi/kotimaa/art-2000008730140.html (Zugang: 19.08.2022).

67 Christian Neef: Putins Kriegsrhetorik: Im künftigen Russland wird kein Platz mehr für andere Meinungen sein. Der Spiegel 25.03.2022, https://www.spiegel.de/ausland/putins-rhetorik-im-kuenftigen-russland-wird-kein-platz-mehr-fuer-andere-meinungen-sein-a-b25827bc-ffbd-4c19-9bcd-817f067088f0 (Zugang: 19.08.2022, kostenpflichtig).

68 Offenbar an der entsprechenden Stelle steht in der aktuellen Version des Artikels der Satz „Und im selben Jahr [wie die Beteiligung an der Besetzung Polens, KHP] griff er Finnland an, begründet mit unerfüllten Sicherheitsforderungen für die Stadt Leningrad."

69 Pekka Mykkänen: „Putin on täynnä pelkoa, ja siksi hän vihaa kaikkea ympärillään" – Liettuan itsenäisyyden isähahmo Vytautas Landsbergis, 89, ei keksi Venäjästä mitään hyvää sanottavaa [„Putin ist voller Angst, und deswegen hasst er alles um sich herum". Die Vatergestalt der litauischen Unabhängigkeit Vytautas

zwischen Stalin und Putin sieht er vor allem in ihrer Überzeugung, dass unabhängige Nachbarländer keine Freunde Russlands sein könnten, sondern automatisch eine Bedrohung darstellten. Den finnischen Widerstand gegen Stalin im Winterkrieg, so Landsbergis, habe er in seiner Kindheit voller Bewunderung beobachtet: „Er war für uns eine große Inspirationsquelle." Mit zornigen Worten, so Pekka Mykkänen, plädiere Landsbergis für eine völlige Isolierung Russlands: „Wir müssen lernen, ohne Russland zu leben. Es ist schwer zu erkennen, dass Russland besser, kooperativ, hilfsbereit, positiv würde."

Eine ähnliche Verbindung aus Parallelenziehung und Bewertung der Gegenwart findet sich in Jari Tervos Kolumne in den Helsingin Sanomat vom 12. Juni 2022.[70] Er konstatiert zunächst: „Der Winterkrieg dauerte 105 Tage. Diese hat man mit gutem Grund als Tage der Ehre bezeichnet. Finnland kämpfte für seine Existenz. Der russische Angriffskrieg gegen die Ukraine dauert nun schon länger als der Winterkrieg. Diese schweren Tage gereichen der Ukraine zur Ehre. Für Russland sind sie Tage der tiefen Schande. Davon ist auch für andere genug da. Dieser Krieg wird nicht in einer Generation vergessen sein." Bald wird klar, dass Tervo die Überschrift „Tage der Schande" potenziell auch auf den deutschen Bundeskanzler und den französischen Präsidenten beziehbar sieht – letzteren mit seiner Bemerkung, man dürfe „Russland nicht demütigen", sprich man solle Putin ermöglichen, sein Gesicht zu wahren; ersteren, weil er „den ganzen Krieg über die Lieferung schwerer Waffen an die Ukrainer blockiert hat".

Eine „Normalisierung" der Beziehungen zu Russland lehnt auch die estnische Premierministerin Kaja Kallas ab. In einem Interview mit den *Helsingin Sanomat* sagt sie: „Man darf nicht vergessen, dass ein möglicher Friedensvertrag und die Überlassung von Gebieten nicht freiwillig geschehen, sondern aufgrund des russischen Überfalls. Gebietsabtretungen und Neutralität als Gegenleistung für Frieden würden beängstigend stark nach dem End-

---

Landsbergis, 86, hat über Russland nichts Gutes zu sagen]. Helsingin Sanomat 01.05.2022, https://www.hs.fi/ulkomaat/art-2000008748995.html (Zugang: 19.08.2022).

70 Häpeän päivät. Olaf Scholzille ja Emmanuel Macronille on Ukrainan sodassa tarjolla vätyksen ja narrin kaapua [Tage der Schande. Für Olaf Scholz und Emmanuel Macron ist im Ukraine-Krieg das Gewand eines Schurken und eines Narren im Angebot]. Helsingin Sanomat 12.06.2022, https://www.hs.fi/sunnuntai/art-2000008854705.html (Zugang: 19.08.2022).

ergebnis des Winterkrieges klingen."⁷¹ Der Verfasser des Artikels, Vesa Sirén, wirft an dieser Stelle den Ausruf ein: „Wieder der Winterkrieg! Dieser Vergleich ist oft benutzt worden, sowohl in Finnland wie auch in den internationalen Medien."⁷² Kallas kontrastiert die damalige finnische – und die heutige ukrainische – Entscheidung mit derjenigen der politischen Führer Estlands 1939/40: Diese hätten geglaubt, man rette Menschenleben, „wenn man nicht gegen die Russen kämpfe". In Wirklichkeit hätten dadurch aber die Greueltaten an den Esten erst angefangen. Ihre Schlussfolgerung lautet entsprechend: „Es ist wichtig, dass wir die Ukraine zu keinerlei Verträgen drängen, die sie nicht eingehen wollen."

Dass auch der ukrainische Präsident Wolodymyr Selenskyj in seiner Videoansprache vor dem finnischen Parlament am 8. April 2022 einen Hinweis auf den Winterkrieg mit der Forderung nach weiteren Sanktionen und verstärkter Waffenhilfe verknüpfte,⁷³ ist nicht verwunderlich. Dabei argumentiert Selenskyj dreischrittig: Russland hat die Ukraine angegriffen, wie es damals

---

71 Vesa Sirén: Viron pääministeri varoittaa Venäjä-suhteiden normalisoimisen riskeistä: „Emme saa enää toistaa virhettä" [Estlands Premierministerin warnt vor den Risiken einer Normalisierung der Beziehungen zu Russland: „Wir dürfen den Fehler nicht mehr wiederholen"]. Helsingin Sanomat 01.04.2022, https://www.hs.fi/ulkomaat/art-2000008714723.html (Zugang: 19.08.2022, kostenpflichtig).

72 Ohnehin lässt Sirén stellenweise seine Distanz zu Kallas' Positionen erkennen; als Kallas konstatiert, „Die meisten Ukrainer denken, dass sie dabei sind, den Krieg zu gewinnen", ergänzt er: „Das haben allerdings auch die Finnen im Winterkrieg geglaubt, aber die Entscheidungsträger wussten es anders."

73 Minna Nalbantoglu / Saara Aholainen: Venäjä toimisi teidän maassanne samalla tavalla kuin Ukrainassa, sanoi presidentti Zelenskyi eduskunnalle – historiallinen puhe katsottavissa nyt suomeksi tulkattuna [Russland würde in Ihrem Land auf dieselbe Weise vorgehen wie in der Ukraine, sagte Präsident Selenskyj dem finnischen Parlament – die historische Rede jetzt mit finnischer Übersetzung zu sehen]. Helsingin Sanomat 07./08.04.2022, https://www.hs.fi/politiikka/art-2000008735495.html (Zugang: 19.08.2022). Auch die norwegische Zeitung Verdens Gang berichtet ausführlich, verbunden mit Erläuterungen zum Winterkrieg: Kristoffer Solberg: Zelenskyj til den finske Riksdagen: – Dere har sett Russland invadere før [Selenskyj zum finnischen Parlament: Sie haben Russland schon einmal einmarschieren sehen]. Verdens Gang 08.04.2022, https://www.vg.no/nyheter/utenriks/i/G3AR16/zelenskyj-til-den-finske-riksdagen-dere-har-sett-russland-invadere-foer (Zugang: 19.08.2022).

Finnland angegriffen hat, und es kann Finnland jederzeit wieder angreifen, so wie es jetzt die Ukraine angreift. „Sie haben in Ihrer Geschichte die Grausamkeit und Absurdität der russischen Invasion schon gesehen. Lassen Sie uns ehrlich sein: Die Bedrohung bleibt. Es muss alles getan werden, um zu verhindern, dass das wieder passiert. Russlands Krieg gegen die Ukraine entscheidet jetzt nicht nur über das Schicksal unseres Staates. Nicht nur über das Schicksal unseres Volkes. Sondern über das Schicksal aller, die eine gemeinsame Grenze mit Russland haben. Wie Sie vor 83 Jahren, hat die Ukraine den Mut, sich gegen den Feind zu wehren, dessen Kräfte die eigenen weit übersteigen." Immerhin habe die demokratische Welt, anders als vor dem Zweiten Weltkrieg, die Gefahr nun erkannt. „Aber leider ist dieses Verständnis verbreiteter unter den Bevölkerungen als unter manchen sehr einflussreichen Politikern; unter den kleinen Staaten verbreiteter als unter manchen führenden Staaten." Finnland lobte Selenskyj als „einen der moralischen Anführer[74] unserer Anti-Kriegs-Koalition". Er konnte sich auch die Anspielung nicht verkneifen, dass man nun einen „Sanktionscocktail" brauche, an den man sich ebenso erinnern werde wie an die Molotowcocktails. Ein weiteres Beispiel für seine sorgfältig ausgewählten Adressatenbezüge war der Hinweis auf Finnlands international anerkannte Vorbildrolle im Bildungsbereich, von der er den Bogen zu den in den ersten anderthalb Kriegsmonaten zerstörten ukrainischen Kindergärten, Schulen und Universitäten spannte.

Keine Handlungsempfehlung, aber eine Prognose auf der Basis der Winterkriegs-Parallele enthält ein Beitrag der *Times*, den das finnische *Iltalehti* am 22. März 2022 zusammengefasst hat.[75] Russland könne ähnlich wie sein-

---

74 Jussi Pullinen, Ressortleiter der *Helsingin Sanomat* für Wirtschaft und Politik, kommentierte, dass diese Worte „im Kopf der finnischen Nation widerhallen werden", lobte seinerseits Wolodymyr Selenskyj dafür, dass er „das Gewissen der Welt" geworden sei und über die Beziehungen zu Russland Dinge ausspreche, von denen andere lieber schweigen. „Geht die moralische Anführerschaft weiter, wenn die Fragen schwieriger werden? Sind wir bereit, auch starke Abstriche von unserem Lebensstandard zu machen, damit der Krieg aufhört?" Jussi Pullinen: Presidentti Zelenskyin liikuttava puhe kertoi, miten paljon „moraalinen johtaja" Suomi on muuttunut [Präsident Selenskyjs bewegende Rede zeugt davon, wie sehr sich der „moralische Anführer" Finnland verändert hat]. Helsingin Sanomat 08.04.2022, https://www.hs.fi/politiikka/art-2000008738548.html (Zugang: 19.08.2022).

75 Magnus Brunnsberg: Brittilehti nostaa Suomen esiin analyysissään: käykö Ukrainalle kuin Suomelle talvisodassa? [Britische Zeitung hebt Finnland in seiner

erzeit Stalin seine größeren Reserven nutzen, um in einem Abnutzungskrieg seine Friedensbedingungen durchzusetzen. „Finnland gelang es, trotz der Gebietsverluste seine Souveränität zu bewahren. Die britische Zeitung äußerte die Einschätzung, dass dies vielleicht auch für die Ukraine nicht das schlimmstmögliche Szenario wäre." Der bereits an früherer Stelle erwähnte Artikel von Pekka Hakala[76] malt aus, was passieren würde, wenn man den Finnland-Vergleich (unter Einschluss des Fortsetzungskrieges) auch auf den Kriegsausgang anwendete: Der Ukraine-Krieg würde dann im Jahre 2027 mit einem Friedensvertrag enden, in dem die Ukraine die Oblaste Donezk und Luhansk komplett verlöre; diese wären dann das Pendant zum „abgetretenen Karelien". Außerdem müsste sich die Ukraine nach diesem Modell zur Neutralität und zu strengen Rüstungsbegrenzungen verpflichten und schlösse mit Russland einen „Freundschafts- und Beistandsvertrag". Hakala fügt jedoch hinzu, dass diese Version zwar aus Sicht des Weltfriedens „nett klingen" möge, derzeit aber in der Ukraine keinerlei Zuspruch finde – und es sehr fraglich sei, ob sie Putin genügen würde. „Putins von Tag zu Tag wahnsinniger werdende Außen- und Innenpolitik lässt darauf schließen, dass das nicht der Fall ist." Es sei stattdessen auch möglich, dass der Ukraine-Krieg einen Zerfall des Russischen Reiches mit sich bringen werde.

Finnlands Rolle im Zweiten Weltkrieg als Teil der Propaganda Putins, Medwedews und der kremlnahen russischen Medien behandeln zwei Artikel von Arja Paananen in den *Ilta-Sanomat*, ein Artikel von Lauri Nurmi im *Iltalehti*[77] und ein Artikel von Christoph Gunkel im *Spiegel*. Kurzgefasst, so Paananen, sei Finnland demnach ein „den Nazi-Sympathisanten Mannerheim bewundernder Staat, der sich des Völkermords an sowjetischen Zivilisten

---

Analyse hervor: Wird es der Ukraine so ergehen wie Finnland im Winterkrieg?] Iltalehti 22.03.2022, https://www.iltalehti.fi/ulkomaat/a/005cb299-d6c8-4d99-95a5-92131c40784f (zuletzt abgerufen am 19.08.2022). Der Link zum entsprechenden Times-Artikel: https://www.thetimes.co.uk/article/tale-of-finnish-tenacity-hints-at-possible-ending-to-ukraine-war-mqzffqxgk (kostenpflichtig).

76 Pekka Hakala: Hajottaako järjetön sota Venäjän? (wie Anm. 51).

77 Dieser bezieht sich auf die Internierungslager und die angebliche Ermordung russischer Kriegsgefangener in Ostkarelien während des Fortsetzungskriegs: Lauri Nurmi: Putin virittää ansaa, jossa suomalaiset leimataan kaasukammioita käyttäneiksi natseiksi [Putin stellt eine Falle, in der die Finnen als Nazis dargestellt werden, die Gaskammern benutzt hätten]. Iltalehti 24.03.2022, https://www.iltalehti.fi/politiikka/a/308e263c-5f30-40c1-9474-8d2fedec5adf (Zugang: 19.08.2022).

schuldig gemacht habe".[78] Der mehr als absurde Vorwurf gegenüber Mannerheim (um den in Finnland heute noch ein „Personenkult" herrsche) wird natürlich vor allem mit dem finnisch-deutschen Zusammengehen im Fortsetzungskrieg begründet, aber die Behauptung der *Svobodnaja pressa*, Finnland wolle mit einem NATO-Beitritt wieder als „Sprungbrett für einen Angriff auf Russland dienen", erinnert auch an die oben dargestellten Rechtfertigungen des sowjetischen Angriffs Ende 1939. Die in Paananens zweitem Artikel[79] thematisierten Aussagen Dmitri Medwedews beziehen sich konkret auf den Winterkrieg. Die Bedeutung einer neben einem Bunker auf der Karelischen Landenge angebrachten Gedenktafel für die Gefallenen des „sinnlosen Krieges" 1939/40 – den die Sowjetunion, wie Paananen anmerkt, ja sonst eher aus ihrem historischen Gedächtnis verschwinden oder nur im Licht des Fortsetzungskrieges erscheinen ließ – verkehrte Medwedew in einem Interview in ihr genaues Gegenteil. Er interpretierte die Tafel so, als bedauerten die Finnen die für die Befestigungsanlagen der sog. Mannerheim-Linie „verschwendeten" Gelder und ihren eigenen „unnötigen" Kampf im Winterkrieg überhaupt. Dabei, so der Initiator der 1991 angebrachten Gedenktafel, der Petersburger Militärhistoriker Jevgeni Balashov, sei die Aufschrift in erster Linie auf die Rote Armee gemünzt. Mit seiner Umdeutung des Textes wolle Medwedew den Finnen sagen, dass ihre künftigen Verteidigungsanstrengungen im Rahmen der NATO sich als ebenso „unwirksam" erweisen würden wie die Mannerheim-Linie (was diese, wie Paananens Artikel ausführt, ja keineswegs war) und dass Finnland 1939 ebenso hätte nachgeben sollen wie die baltischen Staaten, um ein Blutvergießen zu vermeiden.

Christoph Gunkels Artikel über die an die Adresse von Polen, Balten und Finnen gerichteten Vorwürfe der russischen Geschichtspropaganda[80] bezieht

---

78 Arja Paananen: 7 rankkaa väitettä, joilla Venäjä mustamaalaa nyt Suomea [7 grobe Behauptungen, mit denen Russland Finnland nun zu verunglimpfen versucht]. Ilta-Sanomat 03.05.2022, https://www.is.fi/ulkomaat/art-2000008780256.html (Zugang: 19.08.2022).

79 Arja Paananen: Medvedev laukoi erikoisia kommentteja talvisodasta – „Hän käänsi kaiken päälaelleen" [Medwedew ließ spezielle Bemerkungen über den Winterkrieg los – „Er hat alles auf den Kopf gestellt"]. Ilta-Sanomat 01.07.2022, https://www.is.fi/ulkomaat/art-2000008913271.html (Zugang: 19.08.2022).

80 Christoph Gunkel: Wie Russland Geschichte als Waffe missbraucht: Polen, Esten, Finnen, ihr Antisemiten, Nazis und Kriegsverbrecher! Der Spiegel

sich im finnischen Fall auch auf den Winterkrieg, der für das Land trotz der Gebietsabtretungen „ein nationaler Triumph, für die Sowjetunion eine gefühlte Niederlage" war. Nun verbreite „eine staatsnahe Website die abenteuerliche These, Finnland habe ‚mit starker Unterstützung von Deutschland' den Winterkrieg provoziert; damit habe Deutschland die Schlagkraft der sowjetischen Streitkräfte ‚testen' wollen."

In ihrer Artikelserie *Kirjeitä Venäjältä* (Briefe aus Russland) veröffentlichten die *Helsingin Sanomat*[81] am 8. Juni 2022, dem 105. Tag des russischen Angriffs auf die Ukraine, einen Text zum nach 105 Tagen beendeten Winterkrieg. Der Vergleich zwischen beiden Kriegen „ist für die Finnen offensichtlich" – oder zumindest sei dies so gewesen –, in Russland hingegen wüssten viele buchstäblich gar nichts über den Winterkrieg. Auch hier wird auf die Geschichtspolitik der Sowjetzeit hingewiesen, die den Winterkrieg aus dem kollektiven Gedächtnis weitgehend verschwinden ließ. Der 2002 vom Petersburger Journalisten Kirill Nabutov produzierte Dokumentarfilm „Die Geheimnisse des Winterkrieges", „ein echter Enthüllungsfilm, der zumindest in Petersburg breit diskutiert wurde", konnte seinerzeit auf einem staatlichen Fernsehkanal gezeigt werden – inzwischen, so Nabutov Mitte der 2010er Jahre, wäre dies nicht mehr vorstellbar. Kurz nach dem Überfall auf die Ukraine äußerte er sich gegen den Krieg und musste Russland verlassen. In den letzten Jahren, führt der Artikel weiter aus, waren in fast allen russischen TV-Kanälen gelegentlich Beiträge über den Winter- oder Fortsetzungskrieg zu sehen, meist um den 30. November (also den Beginn des Winterkrieges) herum. Der Tenor: Die UdSSR habe keine andere Wahl gehabt, um die Verteidigung Leningrads zu stärken, und die Finnen hätten

---

05.05.2022, https://www.spiegel.de/geschichte/putins-geschichtsdeutung-polen-esten-finnen-ihr-antisemiten-nazis-und-kriegsverbrecher-a-c7927aad-f9f7-4d90-af56-aec047220221 (Zugang: 19.08.2022, kostenpflichtig).

81 Kirjeitä Venäjältä: Mikä sota? Neuvostoaikana historiaa kätkettiin, ja osa menneisyydestä unohtuikin kätköön [Welcher Krieg? In der Sowjetzeit wurde die Geschichte versteckt, und ein Teil der Vergangenheit geriet im Versteck tatsächlich in Vergessenheit]. Helsingin Sanomat 08.06.2022, https://www.hs.fi/ulkomaat/art-2000008860825.html (zugang: 19.08.2022, kostenpflichtig). Die Autoren sind zwei Korrespondenten in Petersburg bzw. Moskau, deren Klarnamen aus Sicherheitsgründen nicht genannt werden.

tunlichst den vorgeschlagenen, für sie „vorteilhaften" Gebietstausch annehmen sollen.

Die vier im folgenden vorzustellenden Artikel der finnischen Presse zeigen die ukrainische Perspektive auf die Winterkriegs-Parallele. In einem Artikel von Petteri Tuohinen am 1. April 2022 über die Stimmung in Odessa[82] erfährt die finnische Leserschaft, dass „viele Menschen in Odessa den finnischen Winterkrieg und die Gemeinsamkeiten mit dem russischen Großangriff in der Ukraine kennen". Ein Rentner, der auch etwas Finnisch spricht, wird mit den Worten zitiert, „natürlich" kenne er Mannerheim, und Selenskyj sei verglichen mit Mannerheims Leistungen ein „kleiner Junge". Er meint, er selbst befürchte keine Niederlage der Ukraine im Krieg, und dies sei in Odessa die vorherrschende Einschätzung. Auch die Lehrerin Oksana Bondarenko äußert sich optimistisch; erst wenn Mykolajiw fallen sollte, werde sie mit ihrer Tochter Odessa verlassen und nach Westen fliehen. „Bondarenko glaubt, dass die Ukraine standhalten werde, so wie Finnland im Winterkrieg. Sie erzählt, dass sie die Geschichte unter anderem deswegen kenne, weil ihr Großvater im Winterkrieg gegen Finnland gekämpft habe. Nach dem Interview kommt Bondarenko noch einmal zurück und will etwas hinzufügen. ‚Entschuldigung, Finnen, für meinen Großvater.' Der Großvater hat den Krieg überlebt und ist erst später gestorben."

Mikko Marttinen stellt in einem Artikel vom 5. Juni 2022 einen der Verteidiger von Charkiw vor,[83] einen Offizier der Kraken-Einheit namens Oleh Supereka. Dieser wird mit den Worten zitiert, die Ukrainer seien „inspiriert" davon, wie sich das kleine Finnland im Winterkrieg erfolgreich gegen die große Sowjetunion gewehrt habe. Auch Supereka hat einen Großvater, der den Winterkrieg auf sowjetischer Seite erlebt hat, und auch er bezieht sich

---

82 Petteri Tuohinen: „Zelenskyi on pikkupoika verrattuna Mannerheimin saavutuksiin" – HS tapasi puolustustahtoa täynnä olevia ukrainalaisia Odessan rannalla [„Verglichen mit dem, was Mannerheim erreicht hat, ist Selenskyj ein kleiner Junge" – HS traf Ukrainer voller Verteidigungswillen am Strand von Odessa]. Helsingin Sanomat 01.04.2022, https://www.hs.fi/ulkomaat/art-2000008721690.html (Zugang: 19.08.2022, kostenpflichtig).

83 Mikko Marttinen: Ukrainalainen upseeri ylistää Suomea ja talvisotaa – „Tiesittekö, että Mannerheim oli Harkovassa?" [Ukrainischer Offizier rühmt Finnland und den Finterkrieg – „Wussten Sie, dass Mannerheim in Charkiw war?"]. Ilta-Sanomat 05.06.2022, https://www.is.fi/ulkomaat/art-2000008859003.html (Zugang: 19.08.2022).

konkret auf Mannerheim – der militärhistorisch interessierte Ukrainer weist den finnischen Journalisten darauf hin, dass der junge Mannerheim 1886 einen Sommer in Charkiw und Umgebung verbrachte, zum Russischlernen und zur Vorbereitung seiner Ausbildung in der Zarenarmee. Marttinen fragt: Was sei denn nun die „Lehre" aus dem Winterkrieg? Wie sei es der Ukraine gelungen, den russischen Angriff abzuwehren? „Superekas Analyse ist einfach: alles beruht auf dem Willen zur Landesverteidigung. ‚Das hier ist unser Vaterland. Wir haben keine andere Wahl, als unser Land zu verteidigen.'" Marttinen weist darauf hin, dass Supereka selbst ein gutes Beispiel für diese Haltung sei – ein früherer Berufssoldat, der den aktiven Dienst eigentlich schon quittiert hatte und als Fotograf arbeitete. Einen Tag nach Kriegsausbruch meldete er sich als Freiwilliger.

Ein Artikel Sara Vainios vom 8. Mai 2022 – also schon zum Zeitpunkt der Kämpfe um das Stahlwerk von Mariupol, wo er dann in Gefangenschaft geriet – ist Denys Prokopenko gewidmet, dem Kommandeur des umstrittenen Asow-Regiments.[84] Vor der Besetzung der Krim und dem Krieg im Donbass 2014 war Prokopenko, studierter Germanist, Englischlehrer in Kyiv. Warum er sich dann als Freiwilliger meldete, so Vainio, „dürfte die Finnen interessieren", Prokopenkos „familiäre Wurzeln führen nämlich nach Finnland und zum Winterkrieg". In Interviews betonte Prokopenko, er habe sich dem damaligen Bataillon Asow gerade aufgrund seiner karelischen Wurzeln angeschlossen. Sein karelischer Urgroßvater sei auf dem Gebiet von Suojärvi im Kampf gegen die Sowjets gefallen, und nur einer der Söhne der Familie, Prokopenkos damals 9-jähriger Großvater, habe den Krieg in Freiheit überlebt. Prokopenko wurde 2015 mit den Worten zitiert, „Es fühlt sich so an, als setze ich denselben Krieg fort, nur an einem anderen Teil der Front, den Krieg gegen die Besatzungsherrschaft des Kreml." Vainio weist darauf hin, dass diese Informationen nur schwer lückenlos verifizierbar seien, aber Prokopenkos Bezugnahme auf seinen Familienhintergrund werde auch von späteren Weggefährten bestätigt. Sie zitiert außerdem Ilmari Käihkö, Militärforscher an der schwedischen *Försvarshögskola*, mit der Aussage, „der roman-

---

84 Sara Vainio: Sankari vai natsi? Karjalaisjuuret saivat Denis Prokopenkon jättämään työnsä opettajana ja liittymään taisteluihin [Held oder Nazi? Die karelischen Wurzeln brachten Denis Prokopenko dazu, seine Arbeit als Lehrer aufzugeben und sich den Kämpfen anzuschließen]. Helsingin Sanomat 08.05.2022, https://www.hs.fi/ulkomaat/art-2000008761864.html (Zugang: 19.08.2022, kostenpflichtig).

tisierende Gedanke in Prokopenkos Interview, wonach Finnland, die baltischen Länder und die übrigen Länder des früheren Ostblocks einen gemeinsamen Kampf gegen Russland geführt hätten, sei Käihkö zufolge in der Ukraine verbreitet. ‚Ich kenne einen anderen Ukrainer, der skandinavische Wurzeln hat, und er beschreibt sein Ethos auf dieselbe Weise. In der Ukraine ist Russland die ganze Zeit der Unabhängigkeit über ebenso gefürchtet worden wie hier. Russland ist für beide der uralte Feind.'" Käihkö betont, unabhängig davon, wie stark man die Verstrickung des Asow-Regiments ins rechtsextreme Milieu heute noch einschätze: „Das Wunder des Winterkriegs war nicht nur, dass Finnland in der Lage war, sich selbst zu verteidigen, sondern dass die Finnen sich gegen den Feind als Volk zusammenzuschließen in der Lage waren. Und dasselbe passiert jetzt in der Ukraine." Käihkö fügt hinzu, dass Putins Gerede einer von Nazis beherrschten Ukraine in jedem Fall Unsinn sei. „Der extreme Nationalismus hat in der Ukraine Popularität gefunden, weil Putin angegriffen und die von den extremen Nationalisten vertretenen Gedanken bestätigt hat. Wenn jemand das ukrainische Volk vereint hat, ist es Putin."

Ina Kauppinen berichtet in einem Artikel vom 9. Juni 2022 von einem anderen prominenten Ukrainer, dem 30-jährigen Kriegsreporter Illia Ponomarenko.[85] Ponomarenko sagt, dass er noch eine Woche vor dem russischen Überfall im Februar einen solchen zwar für möglich, aber nicht für wahrscheinlich gehalten habe. Auf seinem Twitter-Konto mit 1,2 Millionen Followern dokumentiert Ponomarenko den Krieg in seinen unterschiedlichen Facetten. Ende Mai, so Kauppinen, bezog sich Ponomarenko dort auf die Finnen: „Ich sollte nach dem Krieg unbedingt mal nach Finnland reisen. Ihr Typen seid klasse." Er meint, dass vor allem der Ukraine-Besuch von Premierministerin Sanna Marin auf ihn und viele andere Ukrainer einen starken Eindruck gemacht habe. „Ponomarenko erzählt, dass Finnland in der Ukraine auch deswegen beliebt sei, weil viele Gespräche über den Krieg sich dahin wendeten, dass der von Russland begonnene Krieg mit dem Winterkrieg verglichen wird. Ponomarenko spricht *talvisota* auf Finnisch aus." Auch der finnische NATO-Beschluss werde in der Ukraine begrüßt: „Russland hat die Finnen

---

85 Ina Kauppinen: Kuuluisa ukrainalaistoimittaja ylisti yhtäkkiä Suomea Twitterissä – kertoo nyt, miksi [Berühmter ukrainischer Journalist rühmt plötzlich Finnland auf Twitter – jetzt erzählt er, warum]. Ilta-Sanomat 09.06.2022, https://www.is.fi/ulkomaat/art-2000008868615.html (Zugang: 19.08.2022)

86 Von einem vergeblichen Versuch Putins, nicht nur die Ukraine, sondern ganz Europa zu „finnlandisieren" – und es damit stattdessen „natoisiert" zu haben

dazu bewogen, nach über 70 Jahren in die Nato zu wollen! Es gibt bei uns einen Witz, wonach Russland eine Finnlandisierung der Ukraine[86] wollte, aber stattdessen eine Ukrainisierung Finnlands bekommen hat" – bezogen auf den NATO-Beitritt, den die Ukraine schon jahrelang anstrebte.

Nach dem Blick auf Winterkriegsbezüge und -kontinuitäten auf russischer und ukrainischer Seite soll abschließend noch einmal nach Finnland geschaut werden. Dort sind in den sozialen Medien die Bezüge und Anspielungen auf die 1930er Jahre seit Kriegsbeginn ziemlich vielfältig; im Forum zu einem Artikel über den Ukraine-Krieg in den *Ilta-Sanomat* unterschrieb beispielsweise ein Befürworter des finnischen NATO-Beitritts seinen Beitrag am Abend des 24. März 2022 mit der Bemerkung, dass er ein *„Tannerilainen Oikeistodemari"* sei, also wörtlich ein „Tanner'scher Rechtssozialdemokrat".[87] Das Geschichtsbewusstsein in Finnland scheint doch noch recht ausgeprägt zu sein, wenn nach beinahe hundert Jahren die (nicht unpassende) Linie zu Väinö Tanner gezogen wird, der nach dem Bürgerkrieg von 1918 die finnischen Sozialdemokraten für die politische Mitte kooperations- und schließlich bündnisfähig machte, wohl auch deswegen auf Betreiben der Sowjets

---

–, sprach Ende Mai 2022 auch Joe Biden; siehe: Olli Söderkultalahti: Joe Biden: Putin yritti „suomettaa" koko Euroopan [Joe Biden: Putin versuchte ganz Europa zu „finnlandisieren"]. Ilta-Sanomat 28.05.2022, https://www.is.fi/ulkomaat/art-2000008848053.html (Zugang: 19.08.2022). Auf das weite Feld der „Finnlandisierungs"-Debatte über Finnlands Blockfreiheit während des Kalten Krieges und sein damaliges Verhältnis zur UdSSR kann hier nicht näher eingegangen werden.

87 Der Leitartikel, auf den sich der Forumsbeitrag bezieht: Nurkkaan ahdettu, epätoivoinen Vladimir Putin on juuri nyt vaarallisimmillaan – milloin Nato joutuu puuttumaan siviilien surmaamiseen Ukrainassa? [Der in die Ecke getriebene, hoffnungslose Wladimir Putin ist gerade jetzt am gefährlichsten – wann muss die NATO gegen die Tötung von Zivilisten in der Ukraine einschreiten?]. Ilta-Sanomat 24.03.2022 https://www.is.fi/paakirjoitus/art-2000008705195.html (Zugang: 27.08.2022). Der zitierte Forumskommentar vom 24.03. um 21.07 Uhr, unter dem Namen „Satunnainen Seuraaja" [etwa: Gelegentlicher Follower], ist dort auch heute noch unter den insgesamt 195 Kommentaren zu finden.

88 Jussila / Hentilä / Nevakivi (wie Anm. 1), S. 249 f. Tanner – der nicht einmal der Regierung angehörte, als der Fortsetzungskrieg begann – war zunächst zu dreieinhalb Jahren Haft verurteilt worden. Die russischen Vertreter in der Alliierten Kontrollkommission erwirkten eine weitere Verschärfung der Strafen gegen die acht angeklagten Politiker, wobei sie vor allem das Urteil gegen Tanner als zu „milde" kritisierten.

1946 als einer der „Kriegsschuldigen" des Fortsetzungskrieges zu einer fünfeinhalbjährigen Freiheitsstrafe verurteilt[88] wurde. Zumindest eine gewisse Parallele zu Wolodymyr Selenskyi (den Putin nicht zuletzt dafür hassen dürfte, dass er den Großteil auch der russischsprachigen Bevölkerung seines Landes für eine demokratische und unabhängige Ukraine gewinnen hilft) ist nicht von der Hand zu weisen.

Ein Ausblick

Aus der Sekundärliteratur über den Winterkrieg seien zum Schluss zwei Beobachtungen hervorgehoben, die mir im Hinblick auf die jetzige – mit vorsichtigen Hoffnungen, aber auch mit unverminderten Befürchtungen verbundene – Lage in der Ukraine und deren weiteren Kontext besonders wichtig erscheinen. Die eine davon betrifft das Unvermögen vieler Bürgerinnen und Bürger demokratischer Staaten, die Skrupellosigkeit von Tyrannen (oder auch nur die Apathie autokratisch regierter Bevölkerungen) in Rechnung zu stellen. In Ilkka Seppinens Handbuchartikel *Suomi kovassa maailmassa* (Finnland in einer harten Welt) findet man die auf den ersten Blick vielleicht irritierende Formulierung, aufgrund des im damaligen Europa eher seltenen Status Finnlands und der übrigen nordischen Länder als in ihrer eigenen Bevölkerungsmehrheit populäre demokratische Systeme „ehkä [...] demokraattisuus täytti Suomen poliittista horisonttia enemmän kuin oli oikein" [füllte das Demokratische den politischen Horizont Finnlands vielleicht mehr aus, als es richtig war].[89] Gemeint ist damit aber wohl kein Plädoyer für eine weniger ‚demokratische' Gesinnung als, wie gesagt, eine implizite Mahnung, die wenigstens ungefähre Einhaltung der eigenen Maßstäbe politischer Ethik durch andere Akteure nicht als selbstverständlich zu erachten[90] (oder sie im Dienst der eigenen Bequemlichkeit als selbstverständlich erachten zu wollen, wie beim Freundeskreis von Nord Stream 2). In diesem Sinne wären Gemeinwesen mit stark verinnerlichten freiheitlich-demokratischen Überzeugungen in

---

89 Ilkka Seppinen: Suomi kovassa maailmassa, in: Talvisodan pikkujättiläinen (vgl. Anm. 3), S. 829–839, hier S. 832.

90 Man könnte die Stelle zugegebenermaßen auch einfach so verstehen, dass Finnland durch die Gemeinsamkeit des demokratischen Charakters mit den skandinavischen Staaten übertriebene Hoffnungen hinsichtlich der Wirksamkeit seiner „nordischen Orientierung" in der Außenpolitik hegte. Die Formulierung lässt m. E. aber auch die obige Interpretation zu.

der latenten Gefahr, gegenüber Aggressoren gedanklich stets einen Schritt zurückzubleiben. Andererseits – und hier sind wir wieder bei dem Nebeneinander trauriger und tröstlicher, pessimistisch und optimistisch stimmender ‚Reime' aus dem Winterkrieg – gilt der Befund eines beschränkten Verstehenshorizonts für die Gegenseite ganz ebenso. Das macht Diktatoren (paranoide zumal) zwar nicht minder gefährlich, legt aber mitunter den Keim für ihren Niedergang. Um es in den Worten von Juri Kilins Beitrag über die Rote Armee im Winterkrieg zu formulieren, „Heikosti varustetun suomalaisen sotilaan päättäväisyys puolustaa synnyinmaatansa olikin Suomen armeijan ainoa todellinen ‚salainen' reservi ja samalla talvisodan ainoa salaisuus, jota neuvostojohto ei kyennyt ymmärtämään." [Die Entschlossenheit des schlecht ausgerüsteten finnischen Soldaten, sein Heimatland zu verteidigen, war dann auch die einzige wirkliche „geheime" Reserve der finnischen Armee und gleichzeitig das einzige Geheimnis des Winterkrieges, das die sowjetische Führung nicht zu verstehen imstande war.][91] Ebensowenig ist die Heimat- und Freiheitsliebe der Ukrainerinnen und Ukrainer für Wladimir Putin vor dem Hintergrund seines russozentrischen Weltbilds und Zerrbilds vom „dekadenten" Westen verstehbar.

Der lesenswerte Essay von Constantin Seibt, der am 20. April 2022 als Gastbeitrag auf der *Spiegel*-Webseite eingestellt wurde,[92] oszilliert in ähnlicher Weise zwischen Pessimismus („Man sollte sich keine Illusionen machen, dass Unfähigkeit Autokraten harmloser macht. Nichts ist gefährlicher als Stümper.") und Ermutigung („Zyniker sehen alles voraus, außer dass jemand ein Herz hat.") Und er endet mit den Worten: „Generationen haben für die Demokratien gekämpft, in denen wir aufgewachsen sind. Nun ist die Reihe an uns."

---

91 Kilin, Puna-armeija Stalinin tahdon toteuttajana (wie Anm. 10), S. 384.

92 Constantin Seibt: „Russisches Kriegsschiff, fick dich!". Der Spiegel 20.04.2022, https://www.spiegel.de/ausland/ukraine-russisches-kriegsschiff-fick-dich-essay-von-constantin-seibt-a-9c54b024-9e9c-4455-9048-cc365c0824ab (zuletzt abgerufen am 19.8.2022, kostenpflichtig). Zuerst veröffentlicht am 14.04.2022 in der *Republik*, https://www.republik.ch/2022/04/14/russisches-kriegsschiff-fick-dich (Zugang: 26.08.2022).

HIERONIM GRALA

„Spezialoperation Klio".
Wladimir Putin und die Geschichtswissenschaft

I. Gefangene der „unabsehbaren Vergangenheit"

Die Machthaber des heutigen Russlands haben sich auf die Schlacht um dessen Geschichte und die Erinnerung lange und sorgfältig vorbereitet. Sie, die Vertreter der Kreml-Elite, denken mit unverhohlenem Widerwillen an die Zeit der Perestroika und der Jelzin-Ära, als die Archive geöffnet und Riesenmengen von Quellen publiziert wurden, der Hunger nach historischem Wissen zu einem nationalen Bedürfnis auszuufern schien und die Medien, die nicht mehr unter der Kontrolle der Partei standen, der Öffentlichkeit Wahrheiten über die Vergangenheit in einem unvorstellbaren Ausmaß präsentierten. In den fortschrittlichen und liberalen Kreisen wurde das alles als historische Errungenschaft angesehen, ihre Gegner erblickten darin jedoch ein Symptom der Anarchie und einen Anschlag auf die „traditionellen russischen Werte", was das auch in der Erzählung der so verschiedenen Gegner der Demokraten, von den Kommunisten bis hin zu den Nationalisten und orthodoxen Fundamentalisten bedeuten sollte. Der historische Erinnerungsdiskurs und das Traditionsbewusstsein hatten bis dahin zwei sich scheinbar ausschließende Funktionen: eine innere, mittels der die Gesellschaft an die starke staatliche Macht gebunden werden sollte, nicht ohne Akzentuierung des angeblichen erlittenen historischen Unrechts, des Zerfalls der UdSSR, und nicht ohne häufige Berufungen auf nationalistische und xenophobe Ressentiments; und eine äußere, nämlich der Welt zu zeigen, wie wichtig ein Land mit einem großen zivilisatorischen Potential, das auf dem Weg der Modernisierung und der Demokratie nach westlichem Vorbild so große Erfolge erzielt habe, für die europäische Ordnung ist. Es sei ein Land, das aus der Sicht seiner Befürworter als ewiges Element und oft auch als Garant der friedlichen europäischen Ordnung erscheint, zu deren Verteidigung es oft viel Blut vergossen habe; doch von seinen ehemaligen Verbündeten erfahre es nur Undankbarkeit oder gar Verrat.

Der vom Kreml um die Jahrhundertwende unternommene Versuch, ein neues Pantheon von – mehr staatlichen als nationalen! – Helden zu schaffen, brachte miserable Ergebnisse. Man berief sich vor allem auf Personen, die eher eine Reform des Staates und internationales Ansehen anstrebten, weniger auf solche, die die innere Entwicklung Russlands im Auge hatten. Trotz einer breiten Propagandakampagne gingen Ministerpräsident Pjotr A. Stolypin (1862–1911) und Zar Alexander II. (1818–1881) – „Zar Befreier" genannt, der höchstpersönlich die Leibeigenschaft der Bauern aufgehoben und damit die russische Gesellschaft aus der Finsternis des mittelalterlichen Feudalismus geführt hatte – nicht als die herausragendsten Gestalten der Geschichte in das allgemeine Bewusstsein der Russen ein. Das Versagen einer so verstandenen Geschichtspolitik zeigte sich, als 2008 die propagandistisch aufgeladene Volksbefragung „Der Name Russland" vom offiziellen TV-Kanal „Rossija" ausgestrahlt wurde. Sie scheiterte völlig, obwohl sich viele bedeutende Persönlichkeiten aus Politik und Kultur für sie einsetzten. Die Allgemeinheit bevorzugte lange Zeit ganz entgegengesetzte Figuren wie Wladimir Lenin und Josef Stalin, die ihrer Meinung nach die Größe Russlands verkörpern. Erst mit der Annullierung des vorläufigen Wahlergebnisses im August 2008 und der Berufung auf die Autorität der russisch-orthodoxen Kirche - ungeachtet des sprichwörtlichen „Wunders über der Wahlurne" - wurde Fürst Alexander Newski (1220–1263) zum Sieger eines landesweiten Plebiszits erklärt; ein Heiliger in der orthodoxen Kirche, aber besser bekannt als Bezwinger der Schweden und der livländischen Ritter. Auf ihn hatte die stalinistische Propaganda schon zuvor eifrig Bezug genommen: Man denke an Eisensteins Film von 1938.[1] Die Fernsehübertragung der Laudatio Kirills des damaligen Metropoliten von Smolensk, der heute Patriarch von Moskau und der ganzen Rus ist, führte zu einem Wendepunkt. Alexander Newski siegte in der Umfrage über Stolypin, Stalin und Puschkin …

Es sieht so aus, dass dieses für die Machthaber eher schmerzhafte Ergebnis nicht folgenlos blieb: Sie erkannten, dass es notwendig sei, Maßnahmen zur Herausbildung eines einheitlichen Geschichtsbewusstseins vorzunehmen, um die Voraussetzung für eine wirksame Innenpolitik zu schaffen. Dazu mussten entsprechende rechtliche und institutionelle Lösungen gefunden werden. Die Bildung musste darauf eingestellt werden. Aber vor allem war zu entscheiden, welche Paradigma in einem multiethnischen und multireli-

---

1 Siehe: http://www.nameofrussia.ru/rating.html.

giösen Staat zu verwenden seien: wie soll man mit der russischen (russländischen) Einheit, der orthodoxen Tradition und der russischen Sprache als Zivilisationsmedium umgehen.

Von größter Bedeutung war auch die Frage nach der Etablierung spezifischer „gesamtnationaler Zeichen" auf der Landkarte des kollektiven Gedächtnisses – die Heraushebung und Identifizierung solcher Ereignisse aus der gemeinsamen Vergangenheit der „multiethnischen russischen Nation", die auch als Beweis für das gemeinsame Schicksal aller in Russland lebenden Ethnien und Konfessionen herangezogen werden können. Da die oben erwähnte Fernsehabstimmung die negativen Auswirkungen des Verweises einzig auf ein historisches Ereignis, den Vaterländischen Krieg, aufzeigte, wurden Anstrengungen unternommen, andere Zeichen der Erinnerung zu fördern.

Zunächst richteten die Machthaber ihre Aufmerksamkeit auf die Große Smuta, die Zeit der Wirren. Der Anfang reichte in den 2005 eingeführten Tag der nationalen Einheit des Volkes zurück, er wird am 4. November in Gedenken an die Kapitulation der polnischen Garnison im Kreml im Jahre 1612 begangen. Sein Erfolg war zunächst eher mäßig, im Laufe der Zeit verankerte sich jedoch dieser Tag im öffentlichen Bewusstsein, auch dank der landesweiten Feierlichkeiten zur „Überwindung der Smuta", die 2012–2013 mit großem Elan begangen wurden (400. Jahrestag der Befreiung Moskaus – 1612; Gründung der Romanow-Dynastie – 1613).

Einen besonderen Platz unter den Propagandabemühungen für den neuen Feiertag nahm der Film „1612" (2007, Regie: Wladimir Chotinenko) ein, der die vermeintlich überstaatliche russische Einheit (Bauer – Mönch – Bojar) angesichts der Bedrohung durch den Westen zeigte. Das verdrehte Feindbild, in dem der Fanatismus und die Grausamkeit der „Latinisten" hervorgehoben wird, stellte ein anderer mit großem Aufwand im Rahmen des Gogol-Jahres gedrehter Film noch deutlicher dar: „Taras Bulba" (2009, Regie: Vladimir Bortko). Er wurde vom Kulturministerium der Russischen Föderation und den kremlnahen Oligarchen finanziert und war wohl als eine Art Gegenmittel zu den geistigen Folgen der Orangen Revolution in Kyiv gedacht, wobei seine propagandistische Reichweite sich keineswegs auf die Russische Föderation beschränkte. Die Premiere des Films, die gleichzeitig in Russland und der Ukraine stattfand, sollte die „ewige Einheit der russländischen Nation" bekräftigen und auf die dauernde Gefahr verweisen, die ihr vom Westen, personifiziert durch Polen, drohe. Damit sollte auch die Aussagekraft der Orangen Revolution bei den Ukrainern geschwächt werden.

Dieses Ereignis ist insofern bemerkenswert, als es mit der zunehmenden Verbreitung der Idee einer „russischen Welt" (Russkij mir) zusammenfiel, die sich auf reale und imaginäre Verbindungen zwischen allen Nachfolgestaaten der Kiewer Rus bezog und letztlich den Mythos einer „dreieinigen russischen Nation" förderte. Die Position der russisch-orthodoxen Kirche wurde zu einem wichtigen Teil dieses Puzzles: Nicht umsonst waren die Reden des Patriarchen Kirill I. bei der Eröffnungszeremonie der Russischen Weltversammlung am 3. November 2009 (und damit am Vorabend des Tages der nationalen Einheit!) von vielen Kommentatoren als ein Ausdruck *sui generis* der Unterstützung des Moskauer Patriarchats für die immer lauter werdende Förderung eines vom Kreml ins Auge gefassten, eindeutig an den Panslawismus des neunzehnten Jahrhunderts erinnernden Programms angesehen, was von vielen Historikern, insbesondere ukrainischen, kritisiert wurde.[2]

Aus diesem notwendigerweise kurzen Überblick lässt sich erkennen, dass bereits während der ersten beiden Amtszeiten Wladimir Putins (2000–2004, 2004–2008) die Geschichte zu einem wichtigen Bestandteil des politischen Arsenals des Kremls wurde, sowohl im nationalen als auch im internationalen Kontext. Angesichts der offensichtlichen, durch die Perestroika und die Jelzin-Ära hervorgerufenen Veränderungen im kollektiven Bewusstsein der Russen, schien es jedoch keine leichte Aufgabe zu sein, das kollektive historische Gedächtnis der Russen unter Kontrolle und die „einzig richtige Vision der einheimischen Geschichte" in Einklang mit der politischen Linie der staatlichen Behörden in den öffentlichen Umlauf zu bringen. Als Verbündeter der Machthaber sollte sich die Müdigkeit der Gesellschaft erweisen. Die gigantischen Kosten der sozioökonomischen Transformation hatten sie erschöpft, mit zunehmender Nostalgie erinnerte sie sich an die Zeiten der UdSSR, die mit sozialer Sicherheit und der militärischen Stärke des Staates assoziiert wurde, und immer eifriger suchte sie nach internen und externen Schuldigen für die miserable Lage. In dieser Situation meinte das Regierungslager, durch Berufung auf die Geschichte die Macht über die Seelen zu erringen und die Bürger zu der Überzeugung zu gewinnen, dass sie ihr Schicksal ihm anvertrauen könne. Russlands verlorene Macht und sein internationales Ansehen werden wiederhergestellt. Das Bedürfnis des Augenblicks wurde somit zu einem patriotischen und machtpolitischen Narrativ,

---

2 Siehe П. Толочко, „Русский мир" и Украина // „Российский исторический журнал „Родина", 09/2012. S. 83–87.

das nicht nur die historische Wahrheit außer Acht ließ, sondern sie auch nur allzu bereitwillig auf dem Altar der Propaganda opferte, um kurzfristige Effekte zu erzielen. Die Vergangenheit wurde so zu einem Feld ideologischer Auseinandersetzungen, das kollektive Gedächtnis zu einem Objekt intensiver Manipulation und die Geschichtspolitik zu einer Propagandawaffe. Der Zustand des russischen Geschichtsgedächtnisses zu dieser Zeit lässt sich vielleicht am treffendsten mit dem Aphorismus des bedeutenden Satirikers Michail Sadornow charakterisieren: „Russland ist ein riesiges Land mit einer unabsehbaren Vergangenheit".[3]

Um diese halsbrecherische Aufgabe zu bewältigen, mussten die russischen Eliten eine geeignete institutionelle Grundlage für ihre Geschichtspolitik schaffen. Nach Putins Rückkehr als Präsident der Russischen Föderation (2012) gewannen diese Bestrebungen an Dynamik, obwohl die Grundlagen bereits während seiner Amtszeit als Ministerpräsident (2008–2012) gelegt worden waren. Im Kampf um die Herrschaft über die Seelen und die Köpfe der Bürger unternahmen die russischen Behörden dann eine mehrgleisige Offensive: Eine besondere Rolle kam den im großen Stil durchgeführten Jubiläumsfeiern zu. Das Jahr 2012 wurde zum Jahr der russischen Geschichte erklärt, in dem die Feierlichkeiten zum 1150. Jahrestag der Bildung eines russischen Staates (laut der ältesten russischen Chronik, „Eine Erzählung aus vergangenen Zeiten" – Nestor-Chronik –, fand die Ankunft des legendären Rurik in der Rus im Jahr 867 statt), zum 200. Jahrestag des Siegs über Napoleon und dem 400. Jahrestag der Vertreibung der Polen aus Moskau. Auch die Gründung der Russischen Historischen Gesellschaft (Российское военно-историческое общество – im Folgenden RIO, 2012) unter Bezugnahme auf die guten Traditionen der vorrevolutionären Russischen Kaiserlichen Historischen Gesellschaft (Императорское Русское историческое общество, 1866–1917), an deren Spitze der damalige Vorsitzende der russischen Staatsduma, Sergej Naryschkin, stand, bildete ein wichtiges Element der Kampagne. Bald stellte sich heraus, dass ihre Hauptaufgabe in der Erstellung eines einheitlichen Geschichtslehrbuchs für russische Schulen gesehen wurde. Die Idee dazu präsentierte Putin erstmals als Präsident auf einer Sitzung des Rates für interethnische Beziehungen am 9. Februar 2013, später wiederholte er dieses Thema – vielleicht sogar noch nachdrücklicher

---

3 Россия – огромное государство с непредсказуемым прошлым https://diletant.media/articles/37926428/.

– während eines interaktiven jährlichen Treffens mit den Bürgern im staatlichen Fernsehen am 25. März 2013.[4]

Wissenschaftler und Lehrer wiesen sofort auf die Gefahr einer Rückkehr zu den Praktiken der Sowjetzeit hin sowie auf die rein wissenschaftlichen Schwierigkeiten eines solchen Unterfangens. Es fehle an einem angemessenen Mindestlehrplan. Die Ausarbeitung des neuen Lehrbuchs müsse eine Einrichtung außerhalb der Zuständigkeit der Bildungsbehörden vornehmen. Es dauerte nicht lange, bis sich die lokalen Eliten in den russischen Provinzen einmischten, und man konnte erkennen, dass regionale Separatismen, die gerne als „kleine Nationalismen" bezeichnet wurden, dem offiziellen Patriotismus im Wege stehen.

Die endgültige Niederlage erfolgte bei der Überprüfung der vorläufigen Unterlagen des Lehrbuchs durch das RIO. Die Experten der Staatsduma verwarfen es nach Strich und Faden und schreckten nicht einmal vor dem Vorwurf eines ungeschickten Plagiats zurück (Juli 2013). Schließlich gaben die Behörden die Idee in ihrer ursprünglichen Form auf. Am 27. August 2014 erklärte das Ministerium für Bildung und Wissenschaft der Russischen Föderation, dass es das geplante Schulbuch durch einen „einheitlichen historischen und kulturellen Standard", d. h. einen Mindestlehrplan, ersetzen werde. Die Russische Historische Gesellschaft, die die Schirmherrschaft über das gescheiterte Projekt übernommen hatte, sah sich hingegen veranlasst, über ihren Präsidenten nachdrücklich zu betonen, dass sie die Souveränität der Wissenschaftler respektiere und bereit sei, deren Bemühungen zu unterstützen.[5]

Das alles gehört jedoch einer fernen Vergangenheit an: die heutige Gesinnung dieser Gesellschaft zeigt sich wohl am deutlichsten in ihrem Manifest, das sie am 21. September dieses Jahres veröffentlichte und das darauf abzielt, die Entscheidung der Machthaber der Russischen Föderation, in den besetzten ukrainischen Gebieten eine Teilmobilisierung auszurufen und Referenden abzuhalten, mit historischen Argumenten zu rechtfertigen. Diese Referenden waren nicht nur für das Gebiet der beiden selbsternannten Republiken (Donezk und Luhansk) vorgesehen, sondern auch für die Gebiete der im Frühjahr besetzten Regionen Cherson und Saporischschja, der angeb-

---

4 Siehe И. Карпюк, Одна на всех // Полит.ру. (http://polit.ru/article/2013/04/24/history/); siehe http://www.rg.ru/2013/04/25/uchebnik-anons.html.

5 So Sergej Naryschkin am 19.05.2014, siehe http://www.pnp.ru/news/detail/61211.

lichen Heimat der Invasoren, die sich moralisch verpflichtet fühlen, ihre „ewigen" Rechte zu verteidigen. In dem Manifest heißt es:

> Viele Generationen von Menschen, die in diesem Land lebten, waren sich bewusst, dass sie Teil des großen Russlands sind – des großen Landes, das Donezk und Luhansk, Melitopol und Cherson gegründet hat. [...] Wir sind zuversichtlich, dass Russland heute, wo es sich an der nächsten Wende der Geschichte befindet, erneut sein Recht auf eine freie und souveräne Entwicklung verteidigen und seine Grenzen zuverlässig schützen und sichern wird.[6]

Der ahistorische Charakter dieser Argumente ist offensichtlich: Saporischschja ist schließlich die Wiege des Kosakentums, das einen außerordentlich wichtigen Teil der ukrainischen Geschichte und Tradition darstellt, während Melitopol und Cherson erst in der zweiten Hälfte des 18. Jahrhunderts der Hohen Pforte entrissen worden waren. Das Ganze ist umso eigenartiger, als gerade die zaristischen Behörden immer wieder versuchten, sich auf die antike griechische Toponomastik zu berufen, mit Verweisen auf von Plinius erwähnten Miletopolis und Taurische Chersonesos, mithin auf eine Tradition, die viel älter ist als Russland. Auch die aktuellen Ereignisse überzeugen nicht: Es genügt, daran zu erinnern, dass in einem nationalen Referendum am 1. Dezember 1991 eine überwältigende Mehrheit der Einwohner beider Städte für die ukrainische Unabhängigkeit gestimmt hatte, was die dortige Partisanenbewegung verständlich macht.

Trotz der bitteren Lektion, die den Machthabern während der Schulbuchdiskussion erteilt wurde, haben diese daraus nichts gelernt: Die führende Rolle bei der Erstellung der offiziellen Version der russischen Geschichte sollte von nun an einer mit der RIO konkurrierenden Institution übertragen werden – der Russischen Militärhistorischen Gesellschaft (Российское военно-историческое общество – im Folgenden RWIO), die 2012 vom dem neu ernannten Kulturminister der Russischen Föderation, Wladimir Medinski, ins Leben gerufen wurde.[7]

---

6 https://historyrussia.org/sobytiya/zayavlenie-rossijskogo-istoricheskogo-obshchestva-o-referendumakh-v-donetskoj-i-luganskoj-narodnykh-respublikakh-v-zaporozhskoj-i-khersonskoj-oblastyakh.html?fbclid=IwAR31F6KpjELOE_Bugqvs_YuyuhbvwyttnPEB4FQnzMBeS3y-Wz2_U_kUXiU.

7 Zur Zielsetzung und Tätigkeit der RWIO siehe https://histrf.ru/ru/rvio.

Im Gegensatz zur RIO, die vor allem in ihren Anfängen eine Reihe von angesehenen Historikern, Archivaren und Quellenherausgebern vereinte und der ehrwürdigen Geschichte ihres vorrevolutionären Vorgängers verpflichtet war, fand der spätere Verein sein Betätigungsfeld nicht in wissenschaftlichen Projekten, sondern in einer möglichst breiten gesellschaftlichen Aktivität sowohl in den Zentren der Hauptstadt und der Provinzen als auch im Ausland. Das Aushängeschild der RWIO, der Militärhistoriker, ehemalige Forscher aus kommunistischen Zeiten und Politiker, die für ihre ausgeprägt nationalistischen Ansichten bekannt sind, angehören, sind die Jubiläumsfeiern, Massenveranstaltungen, unzähligen Gedenkinitiativen und Wanderausstellungen. Wenn man die Programmdokumente der Gesellschaft liest und ihre bisherigen, auf den ersten Blick beeindruckenden Aktivitäten einer Analyse unterzieht, kommt man zu dem offensichtlichen Schluss, dass die tatsächliche oder vermeintliche Überlegenheit der russischen Waffen nicht nur in der nationalen Geschichte aus einer militaristischen Perspektive heraus gepredigt wird, sondern auch in chauvinistischem Geist.

Die neu gegründete Organisation beteiligte sich mit beachtlichem Elan an der historischen Bildung der Öffentlichkeit und nutzte ein weiteres wichtiges Jubiläum, den 100. Jahrestag des Ausbruchs des Ersten Weltkriegs, für ihre Zwecke. Zu ihren spektakulärsten Unternehmungen gehörte die Errichtung einer Reihe von Gedenkstätten für einen von der Öffentlichkeit völlig vergessenen Krieg, der in der sowjetischen Geschichtsschreibung als „imperialistisch" und gegen die Oktoberrevolution gerichtet bezeichnet wurde, dagegen jetzt auch als „Großer Vaterländischer Krieg 1914–1917" gilt. Es ist symptomatisch, dass zu diesem Anlass ein deutliches Signal von Seiten der russischen Regierung gegeben wurde: Die Niederlage Russlands im Ersten Weltkrieg sei die Folge des Verrats durch den undankbaren Westen und das Know-how einheimischer Verräter. Diese Rhetorik bezog sich auf den Mythos des „gestohlenen Sieges", der in der öffentlichen Wahrnehmung ebenso attraktiv war, wie er in völligem Widerspruch zur historischen Wahrheit stand und der von Putin selbst bei der Enthüllungszeremonie des Denkmals für die Helden des Großen Krieges auf dem Verneigungshügel (Poklonnaja Gora) in Moskau am 1. August 2014 nachdrücklich betont wurde:

> Dieser Sieg wurde dem Land jedoch gestohlen. Gestohlen von jenen, die zur Niederlage ihres Vaterlandes, ihrer Armee aufriefen, die Zwietracht in Russ-

land säten, zur Machtergreifung drängten und die nationalen Interessen verrieten.[8]

Da man sich 2014 in Verbindung mit der Annexion der Krim auf die eigenen Feierlichkeiten konzentrieren musste, wurde in Moskau der Verweis auf die Tradition der „Entante cordiale" aufgegeben und im öffentlichen Diskurs durch die These des imaginären „Verrats des Westens" und der Undankbarkeit der Verbündeten ersetzt. Sie hätten das russische Reich im Moment seiner schwersten Prüfung im Stich gelassen.[9]

Eine von Präsident Dmitri Medwedew eingesetzte Kommission zur Bekämpfung von Versuchen, die russische Geschichte zu verfälschen, nahm einen besonderen Platz in der russischen Geschichtspolitik von 2009 bis 2012 ein. Dieses Gremium, das sich hauptsächlich aus Dilettanten und Politikern zusammensetzte, wurde von verschiedenen politischen Kräften heftig kritisiert und konnte am Ende die in sie gesetzten Hoffnungen nicht erfüllen. Sie wurde schließlich durch einen Präsidialerlass vom 14. Februar 2012 aufgelöst, wobei ein Teil seiner Zuständigkeiten auf das durch denselben Erlass eingerichtete Organisationskomitee für das Jahr der russischen Geschichte übertragen wurde.

Die Berufung auf ein populäres, von den offiziellen Medien und der Russischen Militärhistorischen Gesellschaft gefördertes Geschichtsbild bedeutete keineswegs, dass nicht versucht wurde, viele andere Institutionen für die Zwecke der Bildungspolitik zu nutzen. Ein bedeutendes Novum stellte der keineswegs erfolglose Versuch dar, die jungen akademischen Forscher unter Kontrolle zu bringen, was sich in Putins Treffen mit „jungen Historikern" am 5. November 2014 in Moskau deutlich manifestierte.[10] Während der Debatte über ein einheitliches Schulbuch zeigte sich zur Überraschung der Machthaber, dass ein bedeutender Teil der älteren und mittleren Generation von

---

8   Siehe http://jasonbourn.livejournal.com/635105.html.

9   Im offiziellen russischen Erinnerungsdiskurs wird der Begriff des „Verrats des Westens" zumeist auf den Zerfall der SU und die Ereignisse zu Beginn der 1990er Jahre bezogen (siehe R. Kupiecki: „Mit założycielski" polityki zagranicznej Rosji // Sprawy Międzynarodowe. T. 72. 2019. Nr 4. S. 77–105).

10   К. Морозов: Встреча президента с молодыми историками: взгляд со стороны // „Гефтер", 07.11.2014, siehe http://gefter.ru/archive/13454.

Historikern – sowohl Akademikern als auch Geschichtslehrern und Publizisten – über ein großes Selbstbewusstsein verfügen, so dass man sich an den *per definitionem* schwächsten Teil der Historikergemeinschaft wandte, an die Studenten, die sich der staatlichen Propaganda nicht zu entziehen wussten.

Während der „Ukraine-Krise" wurde der Versuch der institutionellen Geschichtsretusche im Namen propagandistischer Erfolge und nationalistischer Gefühle überaus deutlich. Die „Gemeinschafts"-Rhetorik, die sich einst beharrlich auf die „ruthenische Einheit" bezog, wich zu Beginn des zweiten Jahrzehnts unseres Jahrhunderts, in den Zehnerjahren, einer Sprache der Konfrontation, in der den Ukrainern das Recht auf ein eigenes Bewusstsein immer wieder abgesprochen wurde und ihnen eine krankhafte Russophobie, die angeblich der Hauptbestandteil der ukrainischen Nationaldoktrin sei, vorgeworfen wird.[11]

Als nächster Schritt wurden die weit verbreiteten Begriffe „Ukraine" und „Ukrainer" durch die aus der Zarenzeit stammenden Begriffe „Kleinrussland" und „Kleinrussen" ersetzt. Auf die Weise wurde das Nachbarvolk auf das Niveau einer Nationalität mit ungebildetem Bewusstsein reduziert, seine Sprache zu einem Dialekt des Russischen herabgewürdigt und seine Bestrebungen, einen eigenen Staat zu schaffen, karikiert. Gleichzeitig wurde eine Propagandaaktion gestartet, die unvergleichlich wichtiger war und wahrscheinlich weitreichendere Folgen als die neue Sprachregelung hatte: Mit bewährten begrifflichen Klischees wurden die Gegner als körperloses Böses hingestellt. Von Bedeutung ist hier die in den russischen Medien verbreitete Praxis, alle Gegner der russischen Gewalt gegenüber der Ukraine durchweg als „Faschisten" und „Banderowcy" (Banderaanhänger) zu bezeichnen (es sei betont, dass insbesondere der erste dieser Begriffe im Russischen eine etwas andere – und viel umfassendere! – Bedeutung hat als in anderen europäischen Sprachen). Im Streben nach Propagandaerfolgen prägten die ultranationalistischen Medien sogar den Begriff „Judeo-Banderowcy", der im Laufe der Zeit eine schwindelerregende Karriere im Volksmund machte ... Der rela-

---

11 Siehe О.Б. Неменский: „Чтобы быть Руси без Руси": Украинство как национальный проект // „Вопросы национализма", 2011, Nr. 1(5); siehe ders., Русофобия, залог украинской государственности, Информационное агентство Новороссия (http://novorossia.su/ru/node/10469); ders., Модели южнорусской идентичности на Украине. Вопросы национализма (http://www.apn.ru/publications/article31625.htm).

tiv einfache und schmerzlose Übergang von einer gemeinschaftlichen Rhetorik zu einem Konzert des nationalen Hasses ist schließlich kein Zufall. Dieser Prozess war bereits früher in Gang gesetzt worden, als Gegenmittel zum Aufstieg der ukrainischen nationalen Bestrebungen nach dem Sieg der Orangen Revolution, und er wurde nach dem Triumph der Kiewer „Revolution der Würde" (2014) außerordentlich beschleunigt. Das Thema der Kollaboration Stepan Banderas und der Verbrechen der Ukrainischen Aufständischen Armee, das während der Präsidentschaft Viktor Juschtschenkos sozusagen in Reserve gehalten und während der Herrschaft Viktor Janukowitschs in den Hintergrund gedrängt wurde, war bereits während der russischen Propagandaoffensive 2013–2014 in seiner ganzen Pracht präsentiert worden und ist derzeit eines der Schlüsselmotive der russischen Geschichtspropaganda, auch in ihrer Exportversion (insbesondere gegenüber jüdischen und – in geringerem Maße – gegenüber polnischen Kreisen). Die geballten Medienaktivitäten führten schnell zu einem Anstieg der anti-ukrainischen Stimmung in Russland, auch gegenüber den eigenen Mitbürgern ukrainischer Nationalität, was in den Online-Community-Foren deutlich sichtbar ist.

Dies wurde indirekt durch die Vorbereitungen für einen weiteren runden Jahrestag des Endes des Zweiten Weltkriegs gefördert, der mit der Zeit die Form eines Erinnerungskriegs annahm, denn entgegen den offiziellen Beteuerungen der russischen Behörden wurde der Sieg der multiethnischen UdSSR in der Praxis zum ausschließlichen Eigentum der Russischen Föderation. Man muss Timothy Snyders außerordentlich zutreffender Diagnose zustimmen, dass es sich bei der derzeitigen russischen Ideologie um ein Phänomen des „Märtyrer-Imperialismus" handelt, der seine aggressiven Handlungen aus der Position eines angeblichen Opfers heraus wahrnimmt. Die Auswirkungen dieser Art von Propaganda, die gleichzeitig an unterschiedliche Bildungsniveaus appelliert, sind nicht ohne Folgen für das Aufkommen fremdenfeindlicher und nationalistischer Stimmungen.

Die russisch-orthodoxe Kirche wurde im Geschichtsdiskurs zu einem mächtigen Verbündeten des Staates. Die seit langem zu beobachtende mangelnde Übereinstimmung zwischen der Religionspolitik des Staates und den Erwartungen radikaler Nationalisten wirkte sich keineswegs auf die offizielle Propaganda der orthodoxen Kirche aus – es scheint vielmehr, dass das Umgekehrte eingetreten ist: einerseits ermöglicht es der russischen Kirche, die gemeinsamen christlichen und zivilisatorischen Traditionen mit der Ukraine und Weißrussland zu betonen, ja sich sogar einen beträchtlichen Teil ihrer Traditionen anzueignen, und andererseits - analog zu älteren Zeiten (15.–16. Jahrhundert) zur Doktrin der Romanows – auf die mythische Nachfolge von Byzanz zu verweisen!

In der aktuellen Geschichtspolitik der Russischen Föderation spielen religiöse Themen eine herausragende Rolle. Dies zeigt die konsequente Verlagerung der Diskussion über die historischen Rechte Russlands auf die Krim in die kirchliche (sakrale) Ebene: Ursprünglich galt Chersonez (und damit die gesamte Krim) als „Taufbecken der Rus", um später etwas emphatischer als „Taufbecken Russlands" bezeichnet zu werden und schließlich von Putin in der Botschaft an die Föderalversammlung im Dezember 2014 mit dem Tempelberg in Jerusalem verglichen zu werden.[12]

An dieser Stelle sei daran erinnert, dass der russische Präsident noch im Juli 2013 bei seinem Aufenthalt in Kyiv anlässlich der Feierlichkeiten zum 1025. Jahrestag der Taufe der Rus die außerordentliche Bedeutung des „Dnjepr-Bades" (sprich: Kyiv-Bades) für die zivilisatorische Wahl der Völker Russlands und der Ukraine hervorhob und daraus die These von der angeblichen Gleichberechtigung der Ukrainer im Russischen Reich ableitete. Sie gehe auf das 18. Jahrhundert zurück (fügen wir hinzu, dass der russische Präsident in seinem rednerischen Eifer damals auch von den Einwohnern Lembergs sprach …).[13] Eine ähnliche Rhetorik vertrat der Patriarch Kirill in seiner Rede vom 21. Februar 2014, in der er die Kiewer Ursprünge der russischen Zivilisation nachdrücklich betonte.[14]

Diese Aktionen gingen dem vielleicht größten Angriff auf die Tradition der mittelalterlichen Rus voraus, nämlich dem Versuch, die Ukraine ihrer historischen Rechte auf den Status der Wiege der mittelalterlichen Rus-Staatlichkeit zu berauben! Nach der neuen Interpretation der Geschichte der

---

12 https://openrussia.org/post/view/1289/; vergleiche dazu auch den Text der Botschaft Putins an die Föderalversammlung vom 18. März 2014 (http://www.kremlin.ru/events/president/news/20603).

13 http://www.kremlin.ru/news/18961; vergleiche hierzu H. Grala: Nacjonalizm jako czynnik kształtowania nowej rosyjskiej tożsamości. Centrum a prowincja // Rosja-Polska. Poszukiwania nowej tożsamości. Podobieństwa i różnice. Red. A.D. Rotfeld (= Debaty Artes Liberales, t. XI), Warszawa, S. 146–148; Ders.: Национализм как фактор формирования новой российской идентичности. Центр и регионы. // Польша – Россия Поиски новой идентичности. Сходства и различия. Научный редактор Адам Д. Ротфельд. Warszawa 2017 (= Monografie LIBAL). S. 155–158.

14 http://www.patriarchia.ru/db/text/3575247.html.

„Rus-Welt" durch den Kreml wurde die Taufe Wladimirs im Jahr 988 zu einem rein russischen Ereignis, während der Kiewer Fürst zum Stammvater der Moskauer Herrscher und zum „Apostel Russlands" (nicht mehr „Rus" oder zumindest „Allrussisch"!) erklärt wurde, dessen künstlerischer Ausdruck das gigantische Denkmal von Salawat Schtscherbakow ist. Es wurde am 4. November 2016 im Zentrum der russischen Hauptstadt in der Nähe des Kremls (Borowitzki-Platz) enthüllt.

Die Politik der unerschütterlichen religiösen Gemeinschaft der „dreieinigen ruthenischen Nation" hatte zur Folge, dass Bestrebungen der ukrainisch-orthodoxen Kirche in den letzten Jahrzehnten – mit Unterstützung der staatlichen Behörden –, vom Moskauer Patriarchat unabhängig zu werden und die Autokephalie zu erhalten, abgewiesen, unterdrückt wurden.

Dieser Umstand erklärt sehr gut, warum die russische Hierarchie die „Spezialoperation" eifrig unterstützt und selbst den Bitten und Protesten des Teils der ukrainisch-orthodoxen Kirche (UPC), die der Moskauer Hierarchie gegenüber loyal bleiben möchte, sich taub stellt. Das Ganze führte schließlich zum Abbruch der kanonischen Beziehungen zwischen beiden Kirchen.

Insgesamt ist es klar, dass das historische Gedächtnis und die Tradition in diesem rücksichtslosen, erbitterten Propagandakrieg, den die Russische Föderation gegen den „brüderlichen" ukrainischen Staat zu führen begonnen hat, eine Schlüsselrolle spielen: Die Aneignung der Geschichte – der älteren und jüngeren Vergangenheit, der weltlichen und der kirchlichen – ist zur Grundlage einer psychologischen Kampagne des Kremls gegen die Ukraine geworden, in der nicht nur umstrittene Ideen und belastende Interpretationen, sondern auch offensichtliche Fälschungen, Erfindungen und Verleumdungen in Waffen umgemünzt worden sind.[15]

---

15 Siehe O. Wasiuta, S. Wasiuta. Przywłaszczenie historii jako sposób walki informacyjno-psychologicznej Rosji przeciw Ukrainie // Nowa Polityka Wschodnia. 2022. Nr 2(33). S. 21–44 – https://czasopisma.marszalek.com.pl/images/pliki/npw/33/npw3302.pdf.

II. Der „Polyhistor" im Kreml

Während seiner ersten beiden Amtszeiten nahm Putin nur gelegentlich historisches Material zur Kenntnis, aber mit der Zeit begann er, Ereignisse aus der – manchmal sehr weit zurückliegenden – Vergangenheit als Rechtfertigung für sein Handeln heraufzubeschwören.[16] Elemente einer historischen Reflexion traten erstmals in seiner berühmten Rede zur Lage der Nation auf, die er am 25. April 2005 vor der Staatsduma hielt. Dort bezeichnete er den Zusammenbruch der UdSSR als die größte geopolitische Katastrophe des 20. Jahrhunderts. Dies war umso bedeutender, als er sie am Vorabend des 60. Jahrestages des Endes des Zweiten Weltkrieges vortrug, deren Feierlichkeiten gerade mit großem Pomp vorbereitet wurden. Die Reaktion der überraschten Weltöffentlichkeit beeindruckte den russischen Politiker nicht, im Gegenteil, er wiederholte diese Feststellung später mehrfach, allenfalls etwas abgewandelt, den unmittelbaren Bedürfnissen angepasst. Von besonderer Bedeutung ist in diesem Zusammenhang eine aktuelle Aussage in dem Film „Russland. Jüngste Geschichte", ausgestrahlt am 12. Dezember 2021 im Fernsehkanal Rossiya-1, wo er fragte, was der Zusammenbruch der Sowjetunion bedeute, und antwortete, es sei der Zusammenbruch des historischen Russlands namens Sowjetunion; was über tausend Jahre geschaffen worden war, ging größtenteils dahin. Er sprach dann das Problem der daraus resultierenden russischen Diaspora von fünfundzwanzig Millionen Menschen außerhalb Russlands an, die sich in den neu entstandenen Staaten befinden. Im Zusammenhang mit der Annexion der Krim und dem Konflikt im Donbass musste das für die einstigen Unionsrepubliken der Sowjetunion – die baltischen Staaten, Moldawien und auch Kasachstan – wie eine Art Memento klingen.

Die erste große und angeblich in sich geschlossene historische Darlegung lieferte Putin anlässlich seiner ausführlichen Erklärung über die Ursachen des Ausbruchs des Zweiten Weltkriegs, die *de facto* seine Antwort auf die Entschließung des EU-Parlaments vom 19. September 2019 war, in der die Mitschuld Sowjetrusslands am Ausbruch dieses Krieges unterstrichen wurde. Es handelte sich um eine viel diskutierte Veröffentlichung, die ursprünglich in zwei offiziellen Sprachversionen vorlag: die erste wurde in *The National*

---

16 F. Hill, Fiona, C. Gaddy: „Putin and the Uses of History." The National Interest, no. 117, 2012, pp. 21–31. JSTOR, http://www.jstor.org/stable/42896424. Accessed 21. Aug. 2022.

Interest am 18. Juni 2021 auf Englisch abgedruckt, die russische Version erschien einen Tag später mit achtzehn Quellenanhängen.[17] Vom Kreml war es als eigenständiges Werk angekündigt, als Ergebnis eingehender Archivstudien, was die umfassende historische Kompetenz des russischen Präsidenten belegen sollte. In Wirklichkeit entpuppte sich die Publikation als eine Zusammenstellung von Thesen, die in der Geschichtsschreibung seit Sowjetzeiten kursieren und als eine eher triviale Mischung aus Halbwahrheiten und Verschweigen gelten.

Ausgehend von einer Kritik am Versailler Vertrag, dessen Beschlüsse Putin energisch als ungerecht und unfair gegenüber Deutschland angreift, sieht er darin den eigentlichen Grund für die Entstehung des Nationalsozialismus und damit indirekt für den Ausbruch des neuen Weltkrieges. Hervorzuheben ist, dass er auch nicht davor zurückschreckte, Lippenbekenntnisse zu der Andeutung abzugeben, dass die europäischen Länder, die Russland der Komplizenschaft mit Hitler bezichtigten und auf den berüchtigten Molotow-Ribbentrop-Pakt vom 23. August 1939 verwiesen, selbst analoge (implizit antisowjetische!) Vereinbarungen mit dem „Dritten Reich" getroffen haben könnten, die sie nicht preisgeben wollen. Der Zynismus dieser Aussage ist umso offensichtlicher, als es die russische Seite war, die bis 1992 hartnäckig die Existenz eines geheimen Protokolls zum Stalin-Hitler-Pakt leugnete (in den USA bereits 1948 veröffentlicht!), dessen Folge nicht nur der gemeinsame Einmarsch in Polen im September 1939, sondern auch die Annexion der baltischen Staaten und Bessarabiens war. Man darf allerdings nicht vergessen, dass die russischen Bemühungen um eine Rehabilitierung des unheilvollen Pakts seit langem andauern und 2014/15 besonders intensiv ausfielen. Übrigens hatte sich Putin (damals noch als Ministerpräsident der Russischen Föderation) schon früher in ähnlicher Weise geäußert, u.a. in seinem „Brief an die Polen", der am 31. August 2009 in der *Gazeta Wyborcza* veröffentlicht wurde und in dem er andeutete, dass Stalin einfach keine andere Wahl hatte. In diesem Sinne gab er auch eine offizielle Erklärung anlässlich der Feierlichkeiten zum 70. Jahrestag des Ausbruchs des Zweiten Weltkriegs auf der Westerplatte ab, die in der polnischen Öffentlichkeit und bei den Historikern Ablehnung fand. Der Pakt war schließlich bereits in der Perestroika-Ära 1989 vom Obersten Sowjet der UdSSR verurteilt worden,

---

17 https://nationalinterest.org/feature/vladimir-putin-real-lessons-75th-anniversary-world-war-ii-162982; http://kremlin.ru/events/president/news/63527.

worauf Putin selbst oft und gerne Bezug genommen und ihn 2009 sogar als „amoralisch" bezeichnete hatte. Allerdings bemühte sich die Kreml-Elite zugleich immer wieder, diese kritische Einschätzung zu revidieren.

Auch die Begründung im Text des Präsidenten, der Einmarsch der Roten Armee in die polnischen Gebiete sei mit der Sorge um die Sicherheit der UdSSR (!) erfolgt, klingt außerordentlich vertraut. Die einzig relative Neuheit in seiner Argumentation scheint – neben der traditionell betonten Sorge um das Schicksal der belarussischen und ukrainischen Bevölkerung unter einer möglichen deutschen Besatzung – die Sorge um das Schicksal der jüdischen Bevölkerung zu sein, die nicht dem Gedeih und Verderben ihrer einstigen Mitbürger überlassen werden konnte.

Nicht weniger abstrus begründete er die Annexion Litauens, Lettlands und Estlands, nämlich als freiwilligen Beitritt dieser Länder zur UdSSR, der nach Bestimmungen des Völkerrechts vollzogen worden sei. „Ihr Beitritt zur UdSSR erfolgte auf vertraglicher Grundlage und mit Zustimmung der gewählten Behörden. Dies stand im Einklang mit dem damaligen internationalen und nationalen Recht", heißt es. Über die Annexion Bessarabiens und die Aggression gegen Finnland (den so genannten Winterkrieg 1939/1940) finden sich in dem Artikel des Präsidenten keine Angaben. Das finnische Thema taucht zwar in Putins Argumentation auf, aber in einem völlig unerwarteten Kontext – als einer der Gründe für die endgültige Trennung Moskaus von Berlin: „Am 25. November zog die sowjetische Führung an diesem Punkt einen Schlussstrich: Sie unterbreitete Berlin formell Bedingungen, die für die Nazis unannehmbar waren, darunter die des Rückzugs der deutschen Truppen aus Finnland", heißt es. Daraus folgt, dass es die UdSSR war, die zu den Waffen griff, um Finnland, das zu einem nicht geringen Teil vom „Dritten Reich" besetzt worden war, davon zu befreien!

Putins Auslassungen über die friedliche Entwicklung der UdSSR erlebten im Dezember 2021 in einer Erklärung seines Sprechers Dmitri Peskow eine Forstsetzung, als dieser behauptete, dass Russland noch nie jemanden zuerst angegriffen habe, man möge sich an die Geschichte erinnern: Sie wollten uns zum Opfer machen, erklärte er, aber Gott sei Dank ist es niemandem gelungen. In den unabhängigen Medien wurde dies sofort der Kritik unterzogen, disqualifiziert.[18] Symptomatisch wiederholte Peskow sein Argument

---

18 Фейк Дмитрия Пескова: Россия никогда в истории ни на кого не нападала первой (theins.ru).

am Vorabend der Invasion in der Ukraine (am 20. Februar), als er der Öffentlichkeit zynisch versicherte, dass die Nachrichten über Russlands Kriegsvorbereitungen Gerüchte und Verleumdungen seien.[19]

Die Auslassungen Putins vom Juni 2021 waren trotz der großen Aufmachung weder neu noch eine Offenbarung. In Wahrheit handelt es sich um einen Katalog alter Klischees und Begriffe aus der sowjetischen Geschichtsschreibung, angepasst an die Bedürfnisse der aktuellen Politik. Die zahlreichen Quellenanhänge (die für die Diskussionen über den Inhalt der Erklärungen von untergeordneter Bedeutung sind) sollten dem allem den Anschein von Wissenschaftlichkeit verleihen. Aufmerksamen Lesern fielen sofort erhebliche faktische Diskrepanzen zwischen der englischen und der russischen Fassung auf, ebenso ein falsches Zitat von Adolf Hitler. In dieser Situation sind die Behauptungen des Sprechers von Putin wenig glaubhaft, dass der Präsident selbst an diesem Thema interessiert war und vor dem Jahreswechsel mit Rosarkhiv (Федеральное архивное агентство Российской Федерации) und Historikern zusammengearbeitet habe, er sich höchst persönlich mit den Dokumenten über den Krieg, die ihm gebracht wurden, vertraut gemacht hatte.

Ein merkwürdiger Nebeneffekt der fraglichen Veröffentlichung, der sich relativ schnell verselbständigte, ist das von Putin häufig angesprochene Thema des polnischen Antisemitismus als eine Ebene der möglichen Zusammenarbeit zwischen Polen und dem „Dritten Reich", die für ihn durch den bekannten polnischen Diplomaten Józef Lipski – damals polnischer Botschafter in Berlin – verkörpert ist. Dessen aus dem Zusammenhang gerissene Äußerungen sollten beweisen, dass die polnische Elite die Pläne der Nazis zur Vernichtung der Juden wohlwollend betrachtet habe; Putin griff dieses Thema mehrfach auf und nannte den polnischen Diplomaten in einer seiner Erklärungen einen „Bastard und ein antisemitisches Schwein". Als er dieses Thema unter anderem auf dem Treffen der Staats- und Regierungschefs der Eurasischen Wirtschaftsunion (St. Petersburg, Dezember 2019) ansprach, leitete er einen Dialog mit der israelischen Öffentlichkeit ein, und zwar am

---

19 Песков: Россия никогда ни на кого не нападала и является последней страной, которая хочет произносить слово «война» – Росбалт (rosbalt.ru); Песков: Россия на протяжении всей своей истории никогда ни на кого не нападала – 20 февраля 2022 – Фонтанка.Ру (fontanka.ru); Песков: Россия никогда ни на кого не нападала первой – Российская газета (rg.ru).

Vorabend der Feierlichkeiten zum Jahrestag der Befreiung des Konzentrationslagers Auschwitz und seiner geplanten Rede in Yad Vashem, mit der er auf eine Störung der polnisch-israelischen Beziehungen abzielte. Das Opfer dieses Komplotts war nicht nur Lipski – ein unschuldiger Mann, der sich im übrigen um die Rettung der polnischen Juden verdient gemacht und aktiv am Krieg teilgenommen hat –, sondern auch die historische Wahrheit: Der Kern von Putins Manipulation bestand darin, eine Verbindung zwischen Hitlers Ideen zur Lösung der „Judenfrage", die er dem polnischen Diplomaten im September 1938 (lange vor der Wannsee-Konferenz und der Entscheidung, die „Endlösung") unterbreitet hatte, und dem Holocaust herzustellen. Entgegen Putins Behauptungen war das von ihm zitierte Dokument keine Entdeckung, da es bereits seit 1958 in wissenschaftlichen Kreisen kursierte und sogar mehrmals in kritischen Ausgaben publiziert worden ist. Der oben beschriebene Fall zeigt auch deutlich, dass Polen in letzter Zeit neben der Ukraine einen prominenten Platz als Feind in Putins historischer Vorstellungswelt eingenommen hat.

Die polnischen Themen in Putins Äußerungen können nicht von einer für die gegenseitigen Beziehungen der beiden Staaten und Nationen grundlegenden Frage, nämlich dem Massaker von Katyn, getrennt werden. Putin hat sich mehr als einmal zu diesem Thema geäußert, wobei er offiziell nie von der Position der Russischen Machthaber aus der Ära Boris Jelzin, der die Verantwortung des sowjetischen Regimes für die Ermordung von über 20.000 polnischen Offizieren (1940) anerkannte, abgewichen ist. Die sichtbare Abkehr von diesem Kurs zeigt sich in so spektakulären Aktionen wie die Organisation einer antipolnischen Ausstellung am Eingang zur Nekropole von Katyn und die Demontage von Gedenktafeln für die ermordeten polnischen Bürger in Twer. Man kann dies nur als Versuche russischer Politiker bewerten, ihre eigenen Verbrechen der deutschen Seite zuzuschieben.

Bei der Gedenkfeier in Katyn am 7. April 2010 schien Putin – damals Ministerpräsident der Russischen Föderation – keine Auseinandersetzung mit der Geschichte führen zu wollen. Er betonte lediglich die Gemeinsamkeiten der tragischen Schicksale beider Völker.[20] Doch bereits während der Pressekonferenz gemeinsam mit dem polnischen Premierminister Donald

---

20 https://www.rmf24.pl/raporty/raport-katynrocznica/katynrocznicafoto-reportaze/news-putin-w-katyniu-nie-mozna-schowac-i-ukryc-pamieci-o-zbrodnia,nId,271193#crp_state=1.

Tusk leistete er sich eine eindeutige Mystifizierung, indem er die von der Führung der UdSSR geplante vorsätzliche Ausrottung der polnischen Elite auf eine persönliche emotionale Reaktion Stalins reduzierte, die angeblich vom „Wunsch nach Rache" für die Niederlage von 1920 diktiert worden sei.[21]

Nur zwei Jahre später schlug Putin in einer Rede in Krasnodar einen anderen Ton an, indem er das Kriegsverbrechen an polnischen Offizieren und den tragischen Tod vieler Rotarmisten in polnischer Gefangenschaft in den Jahren 1920–1921, der im wesentlichen eine Folge von Epidemien, mangelnder Hygiene und Unterernährung war, gleichsetzte. War doch nur wenige Jahre zuvor als Ergebnis einer Zusammenarbeit russischer und polnischer Forscher unter der offiziellen Schirmherrschaft der Obersten Direktion der Staatsarchive der Republik Polen und der Russischen Föderalen Agentur für Archive eine monumentale Quellenveröffentlichung erschienen, die die Haltlosigkeit dieser Behauptungen belegte und die Zahl der angeblichen Opfer erheblich reduzierte.[22]

Eine weitere historische Auslassung Putins, diesmal zu der Unveräußerlichkeit der Rechte Russlands auf die Gebiete, die es einst (irgendwann!) besaß, betraf die baltischen Staaten. Der Vorwand dafür war sein Gespräch mit jungen Unternehmern über den Zaren Peter I. – den Herrscher, der nach dem siegreichen Krieg mit Schweden „das Fenster Russlands zu Europa" öffnete. Der so genannte Große Nordische Krieg (1700–1721) sei nicht so sehr das Endergebnis des jahrhundertelangen Kampfes zwischen Russland und Schweden um die Kontrolle der baltischen Gebiete, sondern es handle sich um die Rückgewinnung von Gebieten, die Moskaus historisches Erbe waren.[23] Tatsächlich ist dieses bizarre Argument kein Novum in der Geschichte der russischen Staatsdoktrin, aber es bezieht sich eher auf Moskaus territoriale Ansprüche im 16. Jahrhundert aus der Zeit Iwans IV., des Schreck-

---

21 https://www.rp.pl/wydarzenia/art16620621-putin-wskazal-na-stalina.

22 Красноармейцы в польском плену, 1919–1922 гг. Сборник документов и материалов. М.: Летний сад, 2004.

23 http://kremlin.ru/events/president/news/68606). Wörtlich: „Вот Пётр Первый Северную войну 21 год вёл. Казалось бы, воевал со Швецией, что-то отторгал ... Ничего он не отторгал, он возвращал! /.../. А там испокон веков наряду с финно-угорскими народами жили славяне, причём эта территория находилась под контролем Российского государства."

lichen (1554) als auf Ansprüche Peters I. Damals verwendete Iwan IV. als *casus belli* gegen die Livländische Konföderation die Vorstellung von den ewigen Rechten der Moskauer Rurikiden auf diese Gebiete, die er aus einem einzigen Eintrag in der altrussischen Chronik von Nestor ableitete. Dort wird von einer Expedition des Fürsten Jaroslaw des Weisen (übrigens ein Kiewer Herrscher!) in das Gebiet der Tschuden im Jahr 1030 und der dortigen Errichtung der Jurjew-Festung berichtet, die fünfhundert Jahre später vom Moskauer Hof mit Dorpat identifiziert wurde. Es scheint also, dass Putin in diesem Fall eher Zar Iwan dem Schrecklichen ähnelt, der für seine Vorliebe für fantastische historische Argumente bekannt ist (er behauptete immerhin, ein Nachfahre von Octavian Augustus zu sein), als dem von Putin genannten Peter I., der seine Ansprüche eher mit den viel späteren Taten Alexander Newskis (1221–1263) zu begründen suchte.

In Anbetracht der immer häufigeren Warnungen und Drohungen des Kremls gegenüber seinen Nachbarn (nicht nur den baltischen Staaten) war vor allem der Teil der Rede Putins besorgniserregend, in dem er seine Mission in unbescheidener Weise mit den Taten des Gründers des russischen Reiches verglich.[24] Der Punkt ist jedoch, dass der Unterschied zwischen den politischen Visionen Peter I. und des Präsidenten Putin wirklich grundlegend ist und die Gültigkeit einer solchen Parallele ausschließt: Peter I. machte es sich zur Lebensaufgabe, Russland in Europa einzubinden, es zu einem vollwertigen Teilnehmer an der europäischen Politik und in einen Staat zu verwandeln, der sich nach westlichen Rezepten entwickelt und in den Kulturkreislauf unseres Kontinents integriert wird. Putins Politik, die Hegemonie über Europa zu beanspruchen, steht im völligen Widerspruch zu dieser Politik, ebenso wie die Tatsache, dass er Russland die Merkmale einer eigenen Zivilisation zuschreibt.

Zu den zahlreichen territorialen Motiven in Putins Überlegungen gehört auch die Frage der Teilung Polens, die er in dem Artikel über die Ukraine von 2021 euphemistisch als „Integration der westbelarussischen Gebiete in einen gemeinsamen staatlichen Raum" bezeichnet. Es besteht kein Zweifel, dass in Putins Geschichtsbild alle russischen Annexionen, vom Mittelalter über die zaristische und bolschewistische Ära bis heute, historisch legitim sind und einen Akt historischer Gerechtigkeit darstellen.

---

24 Ebenda: Судя по всему, на нашу долю тоже выпало возвращать и укреплять.

Das größte und vielleicht am meisten diskutierte historische Argument des russischen Präsidenten betraf die Ukraine und wurde von ihm in einer gesonderten Veröffentlichung vom 12. Juli 2021 dargelegt; diese Botschaft wiederholte er in seiner offiziellen Ansprache an die Nation am 21. Februar 2022, also am Vorabend der offenen Aggression gegen den Nachbarstaat.[25]

Aus historischer Sicht sind Putins Argumente wertlos: Sie sind ein Sammelsurium von Inhalten aus der Tradition des großrussischen Chauvinismus des 19. Jahrhunderts, der den Ukrainern das Recht auf ein nationales Bewusstsein und eine eigene nationale Sprache abspricht, und von den in den letzten Jahren in der russischen Elite in Mode gekommenen Ansichten über einen ebenso jungen wie künstlichen nationalen und staatlichen Status der Ukraine, als sei sie ideologisch eine Erfindung der letzten Jahrzehnte des 19. Jahrhunderts. Der Text ist chaotisch, voller Halbwahrheiten und bewusster Fälschungen und zeugt von einer sehr schlechten Orientierung des Autors (der Autoren?) sowohl im Bereich der mittelalterlichen als auch der modernen Geschichte. Putin scheint keine Ahnung zu haben vom historischen Vorrang Kyivs gegenüber Moskau, von den unterschiedlichen Entwicklungsszenarien der west- und ostrussischen Gebiete, von den unterschiedlichen Erfahrungen während der Zeit der Mongoleneinfälle und der Herrschaft der Goldenen Horde über die nordöstliche Rus (d.h. Moskau), von der Bedeutung und Rolle des ruthenischen Elements im Großfürstentum Litauen und der Polnisch-Litauischen Union, seiner Kultur und Sprache usw. Ähnliches ließe sich von seinen Kenntnissen zur Entwicklung der ukrainischen Idee in der Habsburgermonarchie (Galizien als ukrainisches Piemont) und zu dem dramatischen Schicksal der ukrainischen Gebiete im 20. Jahrhundert sagen. Das Paradoxe ist, dass Putin mit Hilfe von Argumenten, mit denen er die Ukrainer ihrer Geschichte und ihres kulturellen Erbes beraubt und ihre Tradition wie auch ihren Nationalstolz missachtet, zu beweisen versucht, dass sie zusammen mit den Russen eine „historische Einheit" bilden.[26] Seine Auslassungen wurden von Historikern heftig kritisiert. Sie verwiesen auf unzählige Fehler, Vereinfachungen und falsche Darstellungen sowie auf

---

25 В.В. Путин, „Об историческом единстве русских и украинцев", Президент России, July 12, 2021, http://kremlin.ru/events/president/news/66181; Address by the President of the Russian Federation • President of Russia (kremlin.ru).

26 Ebenda.

offensichtlich Tendenziöses. Seine Rede vom 21. Februar 2022 wurde ähnlich aufgenommen, obwohl die dramatischen Entwicklungen die historischen Themen in den Hintergrund drängten. Doch neben der richtigen Feststellung, dass Putins Auslassungen grundsätzlich anachronistisch und ahistorisch sind, gab es auch Stimmen, die sein Handeln mit seiner angeblichen „Geschichtsbesessenheit" (Benjamin Nathans) erklärten.[27]

Vor dem Hintergrund der berühmtesten Äußerungen Putins haben eine Reihe kleinerer – wenn auch recht bedeutsamer – Thesen dieses hausgemachten „Historikers" unvergleichlich weniger Aufmerksamkeit erweckt, darunter seine Ansichten über den Platz Russlands in der Weltzivilisationsordnung.

Sein Programmtext vom Januar 2012 unter dem Titel „Russland – eine nationale Frage" (Россия: национальный вопрос), in dem „das russische Volk, die russische Kultur" als „der verbindende Kern des Gewebes dieser einzigartigen Zivilisation" im Mittelpunkt steht, lässt keinen Zweifel zu. Unter Berufung auf Iljin und Dostojewskij kommt er zu dem Schluss, dass die russische Identität einen „anderen kulturellen Code" habe, „die große Mission der Russen" bestehe in ihrer Vereinigung, der Zusammenführung zu einer Zivilisation. Diese Ansichten wurden bald zu einem Staatsdogma erhoben, eine neue Hypostase des russischen politischen Messianismus wurde geschaffen, sie passten ausgezeichnet zu den Sehnsüchten eines nicht unbeträchtlichen Teils der Gesellschaft, ganz zu schweigen von den offen nationalistischen Kräften.[28] Es besteht kein Zweifel, dass diese Vision mit der in der russischen Elite vorherrschenden Doktrin vom souveränen Charakter der russischen Zivilisation, die sich von der des Westens und des Ostens unterscheide, im Einklang steht.[29]

---

27 K. de Groot: Russia's Attack on Ukraine, through the Lens of History // Penn Today, 25 February 2022, https://penntoday.upenn.edu/news/russias-attack-ukraine-through-lens-history; siehe L. Goretti, Putin's Use and Abuse of History: Back to the 19th Century? // IAI Istituto Affari Internazionali.

28 A. de Lazari: Rosyjska idea po Putinowsku, siehe http://liberte.pl/idea-rosyjska-putinowsku/ (01.04.2014). Der vollständige Text von Putins Rede siehe in: http://www.ng.ru/politics/2012-01-23/1_national.html.

29 Siehe J. Onyszkiewicz: Rosja Putina – imperium, które chce być cywilizacj?, Rzeczpospolita, 01.02.2015, siehe http://www.rp.pl/artykul/1176034.html?p=2.

Putins Idee von der Besonderheit der russischen Zivilisation spiegelt sich in der neuen staatlichen Kulturpolitik wider, wie sie vom Kulturministerium der Russischen Föderation im April 2014 formuliert wurde. Dort heißt es recht kategorisch: Russland sollte als einzigartige und eigenständige Zivilisation betrachtet werden, die sich weder auf „den Westen" („Europa") noch auf „den Osten" reduzieren lässt. Eine kurze Formulierung dieser Position ist die These: „Russland ist nicht Europa".[30]

Putins mangelnde Geschichtskenntnisse zeigen sich auch in peinlichen Ausrutschern bei bestimmten Themen. Zum Beispiel: Am 20. April 2022 stellte er Schülern, die am Finale des Wettbewerbs „Große Veränderung" (Большая перемена) teilnahmen, seine Vision von den Anfängen der Rus' vor. Während seines Gesprächs mit den jungen Leuten erläuterte er seinen Standpunkt zu den Ursprüngen der Rurikiden-Dynastie und den normannischen Wurzeln der Rus-Staatlichkeit. Die etwas verblüfften Zuhörer hörten hier, dass Rurik, dessen varägische Herkunft in der ältesten Rus-Chronik dokumentiert ist, in Wirklichkeit ihr Landsmann mütterlicherseits (у него то ли мама была славянка, что-то в этом роде) war, was dazu führte, dass er in Novgorod „in Dienst genommen" wurde.[31] Selbst sein durch Quellen bestätigtes Auftreten unter den Slawen, die zusammen mit den Normannen an den Ufern des Ilmensees lebten, ist nach Putin für die Entstehung der ruthenischen Staatlichkeit ohne Bedeutung.[32]

Es besteht kein Zweifel daran, dass Putin uns hier eine märchenhafte Geschichte als seriöse Hypothese auftischt, wobei er sich eindeutig auf die Seite der Gegner der „Normannen-Theorie" stellt, die auf Michail Lomonossow (1711–1765) zurückgeht. Dabei ist sich Putin nicht bewusst, dass dieser Gigant der russischen Aufklärung seine Ideen auf Grundlage von Arbeiten

---

30 Siehe: Минкультуры изложило «Основы государственной культурной политики». «Известия» публикуют полный текст документа, направленного в администрацию президента – http://izvestia.ru/news/569016. (Zugang: 18.09.2022); diese am 16.4.2014 gemachte Äußerung des damaligen Kulturministers zeigt eindeutig seine Intention – http://www.nakanune.ru/news/2014/4/16/22349206.

31 М. Терещенко: Путин выступил против норманнской теории, отметив, что Рюрик пришел не завоевателем // ТАСС. 20 апреля 2022 г. – https://tass.ru/obschestvo/14424537?utm_source=m.47news.ru&utm_medium=referral&utm_campaign=m.47news.ru&utm_referrer=m.47news.ru.

32 Ebenda.

polnischer Historiker aus der Renaissancezeit, insbesondere von Maciej Stryjkowski, entwickelte! Es ist im übrigen amüsant, dass sich Putin in seinem Anti-Normannen-Eifer als anachronistischer und weniger kompetent erweist als Katharina II, die sich in ihren literarischen Versuchen intensiv mit den Anfängen der russischen Staatlichkeit zwei Jahrhunderte zuvor befasst hatte.

Eine besondere Frage sind Putins tatsächliche Qualifikationen und seine Bereitschaft, sich mit historischen Themen auseinanderzusetzen. Man kann seine Behauptungen keineswegs ernst nehmen; außerdem scheint er an Geschichte als solcher nicht besonders interessiert zu sein, er begreift historische Prozesse nicht, und sein historisches Wissen ist mehr als bescheiden. Die Erklärungen seines Sprechers über die Zusammenarbeit mit Historikern und Archivaren kann man als konventionell abtun: Der Präsident erhält vorgefertigtes Material, an dem er wahrscheinlich kleine, kosmetische Korrekturen vornimmt, um seine intellektuelle Unabhängigkeit unter Beweis zu stellen, insgesamt verwendet er es nach eigenem Ermessen. Man kann sich nur schwer der Konstatierung erwehren, dass ein Vergleich mit den historischen Kenntnissen eines ehemaligen Schülers des vorrevolutionären Seminars in Tiflis und mit dem Absolventen der juristischen Fakultät der Leningrader Universität eindeutig zugunsten des ersteren ausfällt: Stalin hatte, wie zum Beispiel aus der Niederschrift der Besprechung des zweiten Teils von Sergej Eisensteins Film „Iwan der Schreckliche" (1947) hervorgeht, ein gutes Verständnis für die Literatur zu diesem Thema, die er selbständig und recht gründlich studierte. Vor dem Hintergrund von Putins historischen Offenbarungen erscheinen auch die anderen Kreml-Gesprächspartner, Andrej Schdanow und Wjatscheslaw Molotow, gelehrt.[33]

Auf der Suche nach einem konstanten Element in Putins Geschichtsbetrachtungen, unabhängig von den politischen Erfordernissen des Augenblicks, kann man vielleicht nur ein Thema anführen: den Sieg der UdSSR im Großen Vaterländischen Krieg. Dies ist übrigens eine offensichtliche Reaktion auf die Stimmungen und die Erwartungen der Öffentlichkeit, die ausgezeichnet in das kollektive historische Gedächtnis der Russen passt.[34] Es

---

33 https://rg.ru/2012/01/25/ivan-groznyy.html.

34 K. Wodecka: Duma, prawda i pamięć – język Putina // Zeszyty Wydziału Humanistycznego Karkonoskiej Państwowej Szkoły Wyższej. T. XVIII, Jelenia Góra 2020, S.236–238, 242–245.

besteht kein Zweifel, dass Putins konsequente Bezugnahme auf die historische Erfahrung des Zweiten Weltkriegs nicht nur eine innenpolitische Funktion erfüllt: Es geht auch darum, den Beitrag der UdSSR zum Sieg über den Hitlerismus zu nutzen, indem sich Russland den Status des alleinigen Bewahrers dieser Tradition anmaßt. Aus diesem Grund nimmt es auf internationaler Ebene besondere Rechte und Privilegien in Anspruch. Man muss der treffenden Bemerkung von M. Banaszkiewicz zustimmen, dass die spontan zunehmende imperiale Rhetorik und die entsprechende öffentliche Stimmung in Russland keine Folge, geschweige denn eine Erfindung der Putin-Ära ist, sondern nur von der unerhörten Vitalität der vorbolschewistischen imperialen Idee zeugt, die derzeit einen weiteren Höhepunkt erlebt.[35]

III. Gefolgsleute und Souffleure

Putins Ausflüge in die Vergangenheit sind keineswegs ein isoliertes Phänomen in der Kreml-Elite – sie scheinen Ausdruck eines breiteren Trends zu sein und könnten sogar zu einer Modeerscheinung unter russischen Politikern geworden sein. Diese tun es zugleich, ohne sich wirklich mit dem jeweiligen historischen Hintergrund auseinanderzusetzen.

Zur Veranschaulichung seien hier einige Beispiele aus jüngster Zeit angeführt: Der derzeitige Leiter des Auslandsgeheimdienstes und ehemalige Sprecher des russischen Parlaments (2011–2016), Sergej E. Naryschkin verglich die ukrainischen Verteidiger ihres Vaterlandes mit dem „verräterischen Hetman Masepa" und sagte ihnen ein ebenso trauriges Schicksal voraus. Natürlich konnte dies nicht ohne Bezugnahme auf den kanonischen Text der großen russischen Literatur geschehen, auf Puschkins Gedicht „Poltawa", das dem Kosakenpolitiker Mazeppa für alle Zeiten den Status eines Erzverräters in der russischen Geschichtstradition sicherte.[36] Gleichzeitig wirft Naryschkin immer wieder die Frage der angeblichen territorialen Ansprüche Polens auf die Ukraine auf und warnt sogar vor einer Expansion der polnischen katholischen Kirche, die angeblich plant, die Erzdiözese Lemberg zu übernehmen. Naryschkin, gelernter Radiomechaniker, war zuvor Vorsitzender der bereits

---

35 M. Banaszkiewicz: Rosja jako imperium. Długie trwanie idei imperialnej // Przegląd Polityczny, 2022. Nr 172. S. 58–63.

36 https://iz.ru/1321188/2022-04-15/naryshkin-sravnil-s-mazepoi-vystupaiushchikh-protiv-spetcoperatcii-rossiian.

erwähnten Kommission zur Bekämpfung von „Versuchen der Geschichtsfälschung zum Nachteil der Interessen der Russischen Föderation". Danach wechselte er an die Spitze der wiederbelebten Russischen Historischen Gesellschaft. Seine Ansichten über den Platz Russlands in der Weltgeschichte sind eindeutig: „Russland ist ein Land – eine Zivilisation", was sich eindeutig mit Putins Ansichten über den autonomen Charakter der russischen Kultur, die sich vom Osten und Westen unterscheide, deckt. Er scheut sich auch nicht – dem Beispiel Putins folgend – historische Themen in eigenen Publikationen zu behandeln, motiviert durch seinen Widerstand gegen das „Neuschreiben der Geschichte", obwohl sich sein Interessenkreis auf das 20. Jahrhundert beschränkt, mit besonderem Augenmerk auf den Zweiten Weltkrieg, seine Ursachen und Folgen.[37]

Sein Nachfolger als Parlamentspräsident, Wjatscheslaw W. Wolodin, Absolvent des Instituts für landwirtschaftliche Mechanisierung in Saratow, steht ihm in der Breite seiner historischen Betrachtungen nicht nach. Während seine intellektuell unsinnigen Äußerungen über „Angriffe auf die russische Geschichte", die er in der Debatte über den Gesetzentwurf zur Lenin-Grabstätte (2017) machte, bereits in die Annalen der russischen Parlamentsdebatte eingegangen sind,[38] bezieht sich seine Medienaktivität – auch in den sozialen Medien – auf konkrete historische Ereignisse und zielt darauf ab, die Gegner Russlands zu diskreditieren. Kürzlich forderte er die USA auf, sich „vor der Menschheit" für die am 6. und 9. August 1945 auf Hiroshima und Nagasaki abgeworfenen Bomben zu entschuldigen;[39] zuvor hatte er sich aktiv gegen die Anerkennung der Mitschuld der UdSSR am Ausbruch des Zweiten Weltkriegs gewehrt;[40] und im Januar 2020 argumentierte er von der Tribüne des Parlaments, dass die Einrichtung von NS-Vernichtungslagern auf polnischem Boden „durch die Vorkriegsatmosphäre in Polen und die Haltung der polnischen Behörden begünstigt wurde, die antisemitische Gefühle in

---

37 https://vvesti.com/istoriya/sergej-naryshkin-predosterjog-zapadnykh-ideologov-ot-perepisyvaniya-istorii.

38 https://meduza.io/short/2017/04/21/vyacheslav-volodin-zaputalsya-v-teh-kto-atakuet-rossiyu.

39 Спикер Госдумы Володин: 6 и 9 августа должны стать днями покаяния США перед человечеством – Газета.Ru | Новости (gazeta.ru).

40 https://tass.ru/politika/7451735?utm_source=google.com&utm_medium=organic&utm_campaign=google.com&utm_referrer=google.com.

der Gesellschaft schürten und den Boden für weiteren Völkermord und den Holocaust bereiteten".[41] Er sparte auch die Geschichte seines Landes nicht aus, die Ereignisse von 1917 und 1991 seien ähnlicher Natur und hätten ähnliche Ursachen: Der Grund für den Zusammenbruch des Zarenreichs und den der UdSSR sei der Verrat der Eliten gewesen, was übrigens Putins Argumenten über die Gründe für Russlands Niederlage im Ersten Weltkrieg entspricht, wie wir weiter oben ausführten.[42]

Unter Putins Gefolgsleuten hat der stellvertretende Vorsitzende des russischen Sicherheitsrates, Dmitri A. Medwedew, Präsident von 2008 bis 2012, dann bis 2020 Ministerpräsident, in letzter Zeit größte Medienaktivität an den Tag gelegt. Er, der sich immer wieder als Gegner des Stalinismus („Der Krieg gegen das eigene Volk ist das schwerste Verbrechen") und als Befürworter der staatlichen Modernisierung bezeichnete und sich dabei gerne auf die reformistischen Traditionen der Ära Alexanders II. berief, hat sich nun in einen Verfechter der russischen imperialen Idee gewandelt. In seinen Reden verwendet er häufig historische Beispiele und Analogien, die ansonsten recht zweifelhaft sind. Als er den Vorschlag des ukrainischen Präsidenten kommentierte, den Zugang russischer Bürger zu Visa in westliche Ländern zu beschränken, zögerte er nicht, ihn mit Adolf Hitler und die vorgeschlagenen Beschränkungen mit dem nationalsozialistischen Prinzip der kollektiven Verantwortung zu vergleichen.[43] An anderer Stelle verglich er den modernen ukrainischen Staat kurzerhand mit dem „Dritten Reich", was ganz und gar mit seinen Ansichten über den „banderistischen" Charakter der Kiewer Behörden übereinstimmt.

Zu Putins Entourage gehören jedoch nicht nur Dilettanten. Ein ganz anderer Fall ist der von Wladimir R. Medinski – dem ehemaligen Kulturmini-

---

41 https://www.tvp.info/46192104/przewodniczacy-rosyjskiej-dumy-zorganizowaniu-obozow-zaglady-na-ziemiach-polskich-sprzyjala-miejscowa-atmosfera; siehe die Antwort des Museums von Auschwitz – https://www.tvp.info/46223846/muzeum-w-auschwitz-odpowiada-wolodinowi-przewodniczacemu-rosyjskiej-dumy-muzeum-poleca-e-learning.

42 http://duma.gov.ru/news/52155/.

43 «Призвать к ответственности все население». После слов Зеленского Медведев вспомнил о Гитлере - Газета.Ru (gazeta.ru); https://realnoevremya.ru/articles/246686-medvedev-napisal-post-o-feykah-i-nastoyaschey-istorii.

ster der Russischen Föderation (2012–2020), einer der aktivsten Propagatoren des russischen Geschichtsnarrativs, der derzeit als Hauptkoordinator der Aktivitäten einer Art „Brain Trust" gilt. Er arbeitet für den russischen Präsidenten als Historiker, manchmal wird er sogar verdächtigt, ein Ghostwriter seiner Texte zur Ukraine zu sein.[44] Der Kreis um ihn, der vor allem mit dem RWIO verbunden ist, besteht aus Wissenschaftlern, die in der Regel wenig produzieren, aber eine ausgeprägte nationalistische Einstellung haben und von denen die meisten nicht einmal in ihren eigenen Kreisen den Ruf seriöser Forscher genießen. Unter ihnen und insbesondere unter den Mitgliedern des wissenschaftlichen Beirats der RWIO finden sich wahrscheinlich die Autoren der jeweiligen historischen Konzepte, die Putin öffentlich verkündet; dieselbe Gruppe ist wahrscheinlich auch für die Vorbereitung der notwendigen Recherchen für das Staatsoberhaupt, die Auswahl der Argumente und der relevanten Zitate verantwortlich. Daher sollte man gerade in diesem Kreis die Schuldigen für die zahlreichen Manipulationen, aber auch für die offensichtlichen Irrtümer und Vereinfachungen, die in Putins Reden zuhauf auftreten, suchen. Es ist symptomatisch, dass die Vertreter dieses Milieus in besonderem Maße an der Verbreitung antipolnischer Mythen beteiligt sind und unter anderem die Existenz eines mythischen antisowjetischen Hitler-Pilsudski-Pakts propagieren, ein angebliches Militärbündnis zwischen Polen und dem „Dritten Reich" in den Jahren vor Ausbruch des Zweiten Weltkriegs (was in diesem Narrativ als brillantes mythisches Gegengewicht zum Molotow-Ribbentrop-Pakt erscheinen sollte). Sie versteigern sich sogar zu so exotischen Anschuldigungen wie die „verbrecherische Verfolgung der deutschen Bevölkerung am Vorabend des Krieges im polnischen Danzig", was angeblich einer der Gründe für Hitlers Überfall auf Polen war.

Wladimir Medinski, Dirigent dieses Milieus, ist unter Historikern kein Unbekannter, und das nicht nur wegen seiner populären historischen Trilogie aus dem Jahr 2010, die antirussische Stereotype zerstreuen soll und unter

---

44 https://www.foreignaffairs.com/russian-federation/world-putin-wants-fiona-hill-angela-stent?fbclid=IwAR1cWGqhWUB7yyxQDhchRJeR82mSCN26GMdBXhd-yYGo5rpAypdrToxUlx4 . Diese Vermutung scheint mir bei aller Berufung der Autorin auf angebliche akademische Quellen in Moskau fragwürdig angesichts dessen, dass die Autorschaft Medinskis von russischen Gelehrten bei einer ganzen Reihe von Texten in Zweifel gestellt wird.

Fachleuten seit Jahren mit nur einem Lächeln quittiert wird.[45] Während seine journalistischen und literarisch-dramatischen Werke (sein Roman *Die Wand*, der Ereignisse zur Zeit der Smuta zum Vorwurf hat, erschien anlässlich der Feierlichkeiten zum 400. Jahrestag ihrer Überwindung 2012) von Historikern und Literaturwissenschaftlern als Zeichen von Dilettantismus und Graphomanie abgetan wurden, waren sie ob der wissenschaftlichen Ambitionen Medinskis zutiefst beunruhigt. Aber auch im Fall des Romans verwiesen sie auf den offensichtlichen Präsentismus und den politischen Kontext, was sich beispielsweise darin zeigt, dass einem der patriotischen Protagonisten – dem heiligen Mönch Sawwatija – Sätze in den Mund gelegt werden, die direkt aus Putins Reden stammen.[46] Wie sorglos der Autor mit historischem Material umgeht, zeigt auch eine Szene aus dem Bordell von Orsha, in der eine der Protagonistinnen das bekannte deutsche Soldatenlied „Lili Marlen" ... im September 1609 anstimmt.[47]

Medinskis Dissertation, in der es um die Zuverlässigkeit ausländischer Quellen über Russland vom fünfzehnten bis zum siebzehnten Jahrhundert geht,[48] (die er an der Russian State Social University 2011 verteidigte) brachte der akademischen Gemeinschaft eine echte Blamage ein. Medinski, der zu beweisen versucht, dass alle negativen Berichte über das damalige Russland aus Propagandapamphleten stammen, die von feindlichen diplomatischen Diensten initiiert wurden und als solche kein Vertrauen verdienen, wurden von zahlreichen Kritikern eindrücklich und überzeugend als unprofessionell, voreingenommen und mit schlechter Kenntnis der Fachliteratur beurteilt. So bezeichnete Aleksey Lobin seine Forschungsmethoden als „Höhlenquellenwissenschaft", Vitaly Penskoi sprach von methodischer Unkenntnis, Anna L. Choroschkewitsch begutachtete seine Arbeit als pseudowissenschaft-

---

45 Siehe: С. Кремлёв, Ю. Нерсесов, А. Буровский, В. Долгов, А. Раев: Анти-Мединский. Опровержение. Как партия власти „правит" историю. Антология. Яуза-Пресс, 2012.

46 Р. Арбитман: Нормально, Григорий! // Профиль, 21.03.2012 (materiał usunięty obecnie z archiwum redakcji).

47 https://www.litres.ru/vladimir-medinskiy/stena/chitat-onlayn/page-6/.

48 „Проблемы объективности в освещении российской истории второй половины XV–XVII вв." (Probleme der Objektivität bei der Darstellung der russischen Geschichte in der zweiten Hälfte des fünfzehnten und siebzehnten Jahrhunderts).

lich.⁴⁹ Es folgte ein langwieriger Kampf der renommierten Wissenschaftler Wjatscheslaw Kosljakow, Konstantin Erusalimskij und Iwan Babitzkij um die Aberkennung des Doktorgrads Medinskis – der bereits Kulturminister der Russischen Föderation war – wegen einer Reihe von Verfahrensfehlern sowie des peinlichen Niveaus der Arbeit. Der Kampf endete mit einer willkürlichen Entscheidung des Ministeriums für Wissenschaft und Hochschulbildung der Russischen Föderation, derzufolge die Verleihung des Doktorgrads aufrechterhalten bleibt, dies entgegen der eindeutigen Stellungnahme des vom Ministerium eingesetzten Expertengremiums, der Obersten Beglaubigungskommission. Während Medinski als Historiker in Fachkreisen keinerlei Anerkennung mehr genießt, hat weder seine Popularität als offizieller Polyhistor, der in den staatlichen und regierungsnahen Medien allgegenwärtig ist, noch sein soziales Prestige als Regierungsmitglied gelitten. Der Streit um sein Werk, den die Verfechter der wissenschaftlichen Objektivität verloren haben, hat in der Tat eine für die Geschichtswissenschaft tödliche Tendenz offenbart: wissenschaftliche Argumentation wird durch subjektive Überzeugung ersetzt, man wisse, „wie die Dinge wirklich gewesen"; alle unbequemen Zeugnisse können *a priori* als voreingenommen und unwahr zurückgewiesen werden.⁵⁰ Zweifelsohne passt eine solche nihilistische „Methodik" ganz und gar in Putins Auffassung von Geschichte, sie wird auf ein Reservoirs bequemer Fakten und Informationen, mit denen man nach Belieben und ohne jegliche Überprüfung jonglieren kann, reduziert.

***

Zusammenfassend lässt sich sagen, dass eine Analyse der Reden des Präsidenten der Russischen Föderation zu historischen Themen auf ein mehr als bescheidenes Niveau der eigenen Kenntnisse und seines intellektuellen back-

---

49   https://scepsis.net/library/id_3155.htm; https://scepsis.net/library/id_3219.html; https://scepsis.net/authors/id_343.html; https://polit.ru/article/2012/04/01/medinsky/; https://scepsis.net/library/id_3180.html.

50   Über Medinskis Forschungsmethoden und die Zweifel seiner wissenschaftlichen Reife siehe: H. Grala: „Читать Мединского — боль для глаз и совести" – https://trv-science.ru/2018/05/hieronim-grala/.

ground schließen lässt. Die von ihm vorgestellte Vision der nationalen Geschichte läuft auf eine imperiale Rhetorik hinaus, und das in der vulgären sowjetischen Art. Von nicht geringer Bedeutung ist hierbei, dass Putin ein tiefes Vertrauen in seinen eigenen Bildungsgang hegt, den er in der Sowjetzeit durchlaufen ist: es zeigt sich in der Art und Weise, wie er die historischen Phänomene und die politischen und sozialen Prozesse in Form eines vereinfachten marxistisch-leninistischen Modells wahrnimmt, aber auch in seiner mentalen und emotionalen Bindung an die UdSSR. Es sei daran erinnert, dass er seine volle Sympathie für den patriotischen Hit des Sängers Oleg Gazmanov „Made in the USSR" (Сделан в СССР, 2004) nicht verbarg, in ihm eine Art Polemik gegen die Orange Revolution und die Bestrebungen der ehemaligen Sowjetrepubliken sah. Dieser Hit der russischen Popkultur war nicht nur Ausdruck einer gesellschaftlichen Nostalgie nach einer vergangenen Ära, sondern auch eine Art Manifest für den Wiederaufbau des verlorenen Reiches, dessen territoriale Prioritäten gut zu den heutigen Ansprüchen des Kremls passen.

Es besteht kein Zweifel, dass unabhängig von der relativ geringen historischen Kompetenz des Politikers Putin selbst ein erheblicher Teil des Odiums – mehr inhaltlich als ideologisch – auf sein intellektuelles Umfeld fällt. Der Kreis der Kreml-Hofhistoriker ist methodisch schlecht vorbereitet, es fehlt ihm an historiosophischer Reflexion, ganz zu schweigen von mangelnder Gelehrsamkeit. Symptomatisch ist zudem, dass in diesem Kreis keine bedeutenden Vertreter der russischen Geschichtswissenschaft vertreten sind, was wiederum sichtbar macht, wie sich die Wissenschaftler von nihilistischen Aktionen der Behörden distanzieren, die wiederum von einem elementaren Misstrauen der Wissenschaft und Forschung gegenüber durchdrungen sind. Vermutungen, dass Putins Geschichtsvorstellungen von Denkern wie Nikolai Danilewski (1822–1885) und Iwan Iljin (1883–1954) – die manchmal als „Putins Philosophen" bezeichnet werden[51] –, dem Guru des

---

[51] A. Barbashin: Putin's Philosopher – https://www.hudson.org/research/11676-putin-s-philosopher; siehe Timothy Snyder: „God Is a Russian" // Russian, East European & Eurasian Studies at Yale, https://reees.macmillan.yale.edu/news/timothy-snyder-god-russian; Ders.: Ivan Ilyin, Putin's Philosopher of Russian Fascism – https://www.nybooks.com/daily/2018/03/16/ivan-ilyin-putins-philosopher-of-russian-fascism/ eine ausgewogenere Stellungnahme: М. Ларюэль. В поисках философа, вдохновившего Путина – https://ridl.io/ru/v-poiskah-filosofa-vdohnovivshego-put/.

russischen Eurasismus, Lew Gumilew (1912–1992), oder Alexander Dugin, der eher zu Unrecht als Chefideologe der Kreml-Elite gilt,[52] abhängen, lässt sich nicht begründen. Die gelegentlichen Verweise auf sie in den Reden des Präsidenten sind weder systematisch, noch liefern sie einen Beweis dafür, dass er sich auch nur vage mit ihren Werken vertraut gemacht hat. Im Falle von Iljin, den er den Gouverneuren 2014 zur Lektüre empfohlen hatte, kann man vermuten, dass sich hinter diesem gelehrten Verweis die Einflüsterung des damaligen „starken Mannes des Kremls", Wladislaw Surkow, verbirgt, der ein ungewöhnliches Interesse an Philosophie und sozialem Denken hatte: Er war es, der Putin das Konzept der „souveränen Demokratie" vorschlug, und Iljin – der die Idee des russischen Nationalismus und die Besonderheit Russlands, unabhängig von den Werten der westlichen Demokratie, predigte – sich hervorragend als geistiger Schirmherr eignete.

Die aus dem Zusammenhang gerissene Verwendung von Themen und Fakten, die Putin vermutlich nur aus zweiter Hand kennt, trägt eindeutig Ad-hoc-Kennzeichen. Sie sind dem Augenblick verhaftet. Seine Ausführungen bilden kein kohärentes Ganzes: historische Ereignisse werden chaotisch aneinandergereiht, sind keine Elemente eines einheitlichen historischen Prozesses. Die Vergangenheit wird rein utilitaristisch behandelt – dies zeigt sich nicht nur in einem faktografischen Voluntarismus und der Schaffung einer „alternativen Geschichte" für die Zwecke der Politik, sondern auch in der bewussten Vermeidung von Wahrheit.

Die Geschichte im Dienste von Putins Propaganda ist somit auf die Rolle eines Instruments reduziert, das auf taktischer Ebene und relativ kurzfristig eingesetzt werden kann. Diese Vorgehensweise sollte nicht überraschen, wenn man wie Putin und seine Entourage, sowjetische Geheimdienstler aus unteren Rängen, Politik als operatives Ad-hoc-Spiel betreibt und nicht strategisch plant.

---

52 Siehe K. Wodecka.: Duma, prawda i pamięć – język Putina // Zeszyty Wydziału Humanistycznego Karkonoskiej Państwowej Szkoły Wyższej. T. XVIII, Jelenia Góra 2020. S. 255–258.

Tadeusz Klimowicz

In Russland nichts Neues

„Ehe Dir ein OMON-Mann seinen Knüppel nicht in den Arsch steckt, hast du kein Recht, andere der Passivität anzuklagen." (Gelesen im Internet)

Ich bin Pessimist.
Mein privates Tauwetter erlebte ich mit der halben Menschheit an der Wende der 80/90er Jahre. Damals funkte es zwischen mir und dem Imperium. Vielleicht deshalb, weil das Imperium aufhörte, mit seiner Imperialität anzugeben. Oder, weil der „Knutenzar in römischer Toga"[1] darauf verzichtete, den armen Eugen zu verfolgen. Vielleicht auch deshalb, weil die Zensur zensiert wurde. Vielleicht deshalb, weil *Der Archipel Gulag* und *Playboy* in jedem Zeitungskiosk zu haben waren. Vielleicht deshalb, weil der mir längst bekannte Mitarbeiter des Puschkin-Hauses endlich einen politischen Witz erzählte (macht nichts, dass dies während der Abwesenheit Dritter, in seiner Küche, beim Trinken geschah). Vielleicht deshalb, weil man dank Wiktor Pelewin über die *Generation P* (wie Pepsi) zu sprechen begann. Vielleicht deshalb, weil Moskau und Leningrad/St. Petersburg nach Freiheit und dem Spiritus „Royal" zu riechen begannen. Vielleicht deshalb, weil die Russen 1996 zum ersten Mal die vollständige Übersetzung von Astolphe de Custines *Rußland im Jahre 1839* lesen konnten.

Dieser französische Reiseschriftsteller war nach Russland gekommen auf Einladung des Zaren Nikolaus I. und als glühender Royalist. Nach drei Monaten Aufenthalt verließ er St. Petersburg als unversöhnlicher Kritiker des Absolutismus. In seinem vierbändigen Werk *La Russie en 1839*, (über 1200 Seiten!), das er nach vier Jahren in Paris publizierte – später in gekürzter Fassung u. d. T. *Lettres de Russie* berühmt – gab er eine vernichtende Kritik des

---

[1] Adam Mickiewicz: Die Ahnenfeier. III. Teil, 1832.

russischen Imperiums (der Gendarm Europas, das Gefängnis der Nationen, das Land „der bürokratischen Tyrannei" und „der Barbaren").

Dieses Land ist nicht demokratisch und war es nie gewesen, nie den freien Geistern und dem Anderssein freundlich zugetan. Es war immer autoritär (zeitweise totalitär), den Geist unterdrückend, jede Andersartigkeit politischer, sittlicher und künstlerischer Natur bekämpfend. Im 20. Jahrhundert gab es m. E. nur zwei Momente, als die Geschichte des Landes hätte anders verlaufen und den Wandel der russischen Mentalität als Ergebnis herbeiführen können. Zum ersten Mal nach der Februarrevolution von 1917, als die Republik ausgerufen worden war und einige mutige, in höchstem Maße anerkennungswürdige Entscheidungen (u.a. Reformen im Justizwesen, Abschaffung der Todesstrafe und des Heiligen Synods) getroffen und weitere Reformen (u.a. Verabschiedung einer neuen Verfassung, Agrarreform, Bilung eines polnischen Staates) angesagt wurden. Indessen tobte der Große Krieg, keine gute Zeit für demokratische Reformen. Die Provisorische Regierung regierte nur acht Monate und wurde durch die Bolschewiki gestürzt. Zum zweiten Mal in den 1990er Jahren unter Boris Jelzin, also in einer Zeit, die ich als Karneval der Freiheit bezeichne (mit Unterbrechung durch den Beschuss des Parlamentsgebäudes am 4. Oktober 1993). Das Schicksal wollte aber anders, und wieder blieb alles beim alten.

Im Russland des Jahres 1996 konnte man (wie ich vermute) nicht annehmen, dass *Russland im Jahr 1839* – das Schicksal hat mal schlechteren, mal besseren Sinn für Humor – sich als Todeskuss für Perestroika und Glasnost erweisen würde. In den 90er Jahren schäumten die russischen Soziologen (u.a. vom allgemein geschätzten Allrussischen Zentrum für Umfrageforschung unter Leitung Jurij Lewadas) nur so vom Optimismus. Der Generationenwechsel werde bewirken, so schätzten sie, dass der von Alexander A. Sinowjew beschriebene *homo sovieticus* aus der russischen Öffentlichkeit verschwinden und zur ausgestorbenen Gattung werden würde. Die junge Generation, frei von der sowjetischen Last, werde das Sagen haben. Es werde die Stunde des *homo postsovieticus* schlagen. In einem ähnlichem Ton ließ sich noch 2008 Zbigniew Brzeziński vernehmen:

> Ich bin überzeugt, dass die nächste Generation der Russen demokratischer sein wird als ihre Vorgänger. Es geht darum, dass zum ersten Mal seit fast einem Jahrhundert die russische Gesellschaft mit den westlichen Demokratien in Berührung kam, und zwar in vielen Bereichen: im Sport, Bildungswesen und im Internet. All das trägt bei den Russen zur Herausbildung einer

offeneren und wirklich demokratischen Vorstellung davon, wie die Politik in der heutigen Welt funktionieren sollte, dass die Politik sich der Verfassung unterzuordnen habe.[2]

Heute, über dreißig Jahre nach dem Zerfall des Imperiums, wissen wir, dass es nur Wunschdenken war, ein neues Kapitel mehr in der Geschichte des weltweiten *wishful thinking*.

Es stellte sich nämlich heraus, dass weitere Umfragen (besonders aus dem Jahre 2012), ergaben, dass dieser Mensch, der sowjetische Typus, nicht weg ist, er reproduziert sich wieder aufs Neue.[3] Es ist der *homo (neo)sovieticus*, geboren an der Wende der 1980/90er Jahre (also unmittelbar vor oder gleich nach dem Zerfall der Sowjetunion), häufig gebildet. Das ist der zeitgenössische Typus des Sowjetmenschen, konstatieren die Soziologen. Ihm sei meistens eine schwache Persönlichkeitsstruktur eigen, er sei ein Individuum, das an das Leben (und Überleben) in der geschlossenen Gesellschaft angepasst ist. Nach Lew Gudkow (seit 2006 Direktor des Zentrums für Umfrageforschung, nach Lewada) ist das eine Person, die „keine eigenen Anschauungen hat, aber bereit ist, jede Entschädigung in Form von tröstlichen ideologischen Mythen zu akzeptieren, die von einer Großmacht und heroischen Vergangenheit erzählen. Also auch die damit verbundenen, vom Staat geförderten Rituale und kollektiven Zeremonien."[4]

Den Glauben an die Möglichkeit von Veränderungen verlor ich schon am Anfang der 2000er Jahre. Am 31. Dezember 1999 übergab der von seinem Amt zurücktretende Boris Jelzin dieses Amt dem bisherigen Premierminister Wladimir Putin. Ungefähr zwei Jahre später kehrte ich im Tempel der verlorenen Illusionen in den Schoß meines Pessimismus zurück, nachdem ich begriffen hatte, dass der neue Präsident konsequent die Träume der Millionen seiner Landsleute von der Rückkehr zum Russland der Zaren und Generalsekretäre zu realisieren beginnt und eine Flucht vor der momentanen Freiheit vorschlägt. Nach einiger Zeit sollte das ein nicht auszuschlagendes Angebot sein. 2002 wählte der Mann in einem zu weiten Anzug im Formular

---

2 Zit. nach Nowaja Gazeta, 02.07.2017; https://novayagazeta.ru/articles/2017/06/02/72667-uhod-grossmeystera (Zugang: 28.03.2022).

3 https://www.gazeta.ru/comments/2016/04/07_a_8165105.shtml?updated. Zugang: 01.04.2022.

4 Ebenda.

der Allgemeinen Volkszählung in der Rubrik „Beruf" die Option „Dienstleistungen für die Bevölkerung".[5] Jetzt gehörte die Generation P nicht mehr zu Pepsi, sondern sie gehörte dem Dienstleister und Oberstleutnant Putin an. Ich fühlte mich damals in Russland wie der Held eines populären Liedes (obwohl aus anderen Gründen als er) von Ljudmila Gurtschenko und Boris Moissejew: „Я уехал, я уехал в Петербург, / А приехал в Ленинград" [Ich fuhr, ich fuhr nach Peterburg, / Und bin angekommen in Leningrad]. Zwei Wochen nach den Präsidentschaftswahlen (14. März 2004) betitelte ich meinen in der *Gazeta Wyborcza* veröffentlichten Text – ich konnte nicht anders, ich hatte keine Wahl – *Back in the USSR*.[6] So kehrten wir, Russland und ich, in die Sowjetunion zurück.

Am Anfang des 21. Jahrhunderts, nach den Amtsperioden Gorbatschows und Jelzins, gab es in den russischen Buchläden den *Doktor Schiwago* und die Romane Solschenizyns. Es gab aber auch leere Regale in den Läden und leere Brieftaschen, eine zum Himmel schreiende Privatisierung und deren Benefizienten, die Oligarchen. Aber es gab keine Zensur und keine Sowjetunion. Die Bilanz glich aber nicht einmal plusminus Null. Mit Freiheit assoziierte der durchschnittliche Russe die Armut. Man wartete auf Godot, der den Leuten den Glauben an einen besseren Morgen bringt und dem schmerzgeplagten Vaterland den imperialen Glanz zurückverleiht. Man wartete auf den Großinquisitor, der zwar die Freiheit wegnimmt, dafür aber die Bäuche vollstopft und von der Notwendigkeit befreit, Entscheidungen treffen zu müssen. Man braucht keine Feinde zu fürchten, wenn das Land von einem mutigen und rücksichtslosen Verteidiger des wahren Glaubens (vorgestern des griechisch-orthodoxen Bekenntnisses, gestern des Bolschewismus, heute des Russismus), dem Hohen Priester des imperialen Mythos, dem König des Waldes (von James Frazer neu gelesen), dem Archetypus des Jungschen Vaters regiert wird.

In Russland werden die Herrscher traditionell in „starke", „harte", „rechtschaffene" Kreatoren und „schwache", „weiche" und „lasterhafte" Destruktoren unterschieden. Zu den ersteren zählen der mit eiserner Hand herr-

---

5 Sergiej Medwedew: Powrót rosyjskiego Lewiatana. Wołowiec 2020, S. 234.

6 Tadeusz Klimowicz: Back in the USSR. Gazeta Wyborcza, 27./28.03.2004, S. 18f.

schende Iwan der Schreckliche („grausam aber gerecht"[7]); der Imperator Peter I., der Große, Reformer und Gründer des modernen russischen Staates; die Zarin Katharina II., die Große, die Peters Imperium ausbaute und festigte; der Selbstherrscher Nikolaus I., der Schöpfer der in Europa Angst und Bewunderung weckenden absoluten russischen Monarchie; der bis heute von Millionen bewunderte Diktator, mit psychopathischer Persönlichkeit belastete Stalin: 79 Prozent der Russen behaupten, dass „die großen Ziele"[8] die geopferten Millionenleben wert waren; sowie erstaunlicherweise der wohl für die kleine sowjetische Stabilisierung geschätzte Breschnew. Zu den letzteren werden gerechnet: der die mütterlichen Errungenschaften verschwendende Paul I.; sein sich die Verdienste von Kutusow zuschreibende, zu sehr für liberale Trends der Epoche empfängliche Sohn Alexander I.; der von Hryniewiecki getötete Alexander II., dessen Reformen die geheiligte soziale Ordnung zerstörten und den Terrorismus aus der Taufe hoben; Nikolaus II., der Totengräber des Romanowschen Imperiums; der inkonsequente Kaffeehauspolitiker Lenin, der zu der postrevolutionären Zeit nach 1917 nicht paßte; der Tauwetter-Chruschtschow mit seiner blasphemischen Destalinisierung; der Perestroika-Gorbatschow mit den selbstmörderischen Perestroika und Glasnost, die den Zerfall der Sowjetunion herbeiführten; der Alkoholiker Jelzin, der den Diebstahl der wertvollsten Stücke des Großrusslands durch die Oligarchen tolerierte.[9]

Sergej Medwedew, Politologe und Journalist des Radio Swoboda, schreibt:

Nach Jelzin kam Putin. Jung, sportlich, ohne Laster und im Glanze des Ruhms von James Bond. Ab dieser Zeit war die Körperlichkeit des Staatsoberhauptes keine zweitrangige Sache mehr, sie wurde zum Gegenstand eines durchdacht und gezielt konstruierten Images. Bilder von halbnackten Mädchen mit schwarzen Sonnenbrillen, eines demonstrativ entblößten Oberkörpers tauchen auf. Öffentliche Machopraktiken finden statt: Judo, Jagd, Schwimmen, Reiten usw.

---

7 http://www.idelo.ru/380/15.html (Zugang: 21.04.2022).

8 https://daily.afisha.ru/relationship/11762-pochemu-70-rossiyan-lyubyat-stalina-rassuzhdayut-sociolog-istorik-kulturolog-i-zhurnalist/. Zugang: 20.04.2022.

9 Über den Präsidenten Medwedew sprach die Petersburger (Moskauer?) Straße verächtlich als von einer misslungenen Kopie Putins – „Liliputin". Alles deutet also daraufhin, dass Dmitri Medwedew unter die „schwachen" Herrscher gerechnet werden wird.

In der gleichen Zeit werden Gerüchte über sexuelle Möglichkeiten des Souveräns in Umlauf gebracht, über die Scheidung von der Frau und die Liaison mit Alena Kubajewa. Dem Anschein nach kollidiert das mit der gleichzeitigen Propagierung der religiösen Werte und der Wiedergeburt des orthodoxen Glaubens, aber es gehört zur Logik des Souveräns: Jovi licet. Putin darf den Rahmen der traditionellen Moral hinter sich lassen, um seine extraordinären Rechte des Alfa-Tieres wahrnehmen zu können. Die Propaganda schuf das Bild eines wortkargen, weder trinkenden noch rauchenden Mannes im mittleren Alter, der sich des Jargons des Verbrechermilieus bedient und Liebhaber des patriotischen Pop, insbesondere des von der Gruppe Lube dargebotenen [...]. Der Präsident wurde zum Ideal der russischen Frauen [...], ging in das sexuelle Pantheon des postsowjetischen Bewußtseins ein. Der Körper des Präsidenten wurde fetischisiert. Der braungebrannte, jung aussehende Präsident [...] ist ein Kind des auf Hochglanz gebrachten Tschekismus. Die satte, erste Öldekade des 21. Jahrhunderts brachte eine auf Hochglanz polierte Präsidentur hervor, die auf politische Simulationen, plastische Chirurgie, Rating und BTX gestützt war [...]. Der Körper des Souveräns wuchs zum Körper der Nation aus, zog in unsere Wohnungen ein, blickt uns von den T-Shirts und Hüllen der Schulhefte an. Wjatscheslaw Wolodin, der Vorsitzende der Duma, stellte, nicht ohne Recht zu haben, fest: „Gibt es Putin, gibt es Russland, gibt es Putin nicht, gibt es auch Russland nicht."[10]

Im Russland der Rurikiden und der Romanows, angefangen mit dem mit der Sofia Palaiologa verheirateten Iwan III., dem Großen (die Mütze des Monomach tauchte als Inthronisationsinsignie 1498 auf), oder treffender seit der Thronbesteigung durch den ersten Zaren, Iwan IV., den Schrecklichen (die Mütze wurde 1547 zum ersten Mal als Krone benutzt), erfolgte bei der Krönungszeremonie die Sakralisierung des Herrschers. „Die Bezeichnung eines Menschen als ‚Zar'", schreibt Piotr Burgoński, „konnte unter solchen Umständen einen mystischen Sinn bekommen, es war die Übertragung auf den irdischen Zaren der Eigenschaften des Himmlischen Zaren. Nachdem er den Platz des byzantinischen Basileus eingenommen hatte, bekam der russische Zar – im Bewußtsein der Untertanen und in seinem eigenen – ein besonderes Charisma. Seine Taten entziehen sich jedweder Beurteilung, und im Verhältnis zu seinen Untertanen tritt der Zar als Gott auf und nur in

---

10 S. Medwedew, wie Anm. 5, S. 156–157.

der Relation zu Gott äußert sich seine menschliche Natur. In der Grausamkeit kam das Charisma des Zaren zum Ausdruck."[11]

Boris Jegorow beschreibt eine Episode, die sich im Juni 1831 nach dem Ausbruch der Choleraseuche inmitten des revoltierenden Mobs auf dem Sienny-Platz in St. Petersburg zugetragen hat. Gerüchte verbreiteten sich, dass die Ärzte absichtlich die einfachen Leute vergiften würden. Die herbeigeeilten Truppenabteilungen halfen nichts, aber es genügte, dass Zar Nikolaus I. erschien – allein in der Begleitung seiner Adjutanten – und die Menge anbrüllte: Auf die Knie! Und sie knieten nieder.

Am Rande füge ich hinzu, dass es zu einem der seltenen Fälle der Desakralisierung des Herrschers nach der Februarrevolution kam, als Nikolaus II. mitsamt dem Thron seine göttlichen Attribute verlor und als Oberst Nikolaus Alexandrowitsch Romanow in Jekaterinburg ermordet wurde.[12]

Nicht sogleich fand Putin seine eigene Stimme, nicht sogleich fand er zum richtigen Schneider und nicht sogleich ergoß sich über ihn die Sakralität (im Gegensatz zu den Zaren mußten nach 1917 die russischen Oberhäupter sie sich erarbeiten), aber das Ergebnis dieser Suche läßt sich heute sehen. Schon nach einigen Monaten Herrschaft begriff er (wie der Großinquisitor in den *Brüdern Karamasow*), dass Menschen die Freiheit, die viele mit der Anarchie gleichsetzen, nicht brauchen, sondern *panem et circenses*. Durch einen glücklichen Zufall schnellten die Öl- und Gaspreise auf den Weltmärkten in die Höhe und die Wirtschaft erholte sich merklich. Die Wiedereinführung der Melodie der sowjetischen Staatshymne weckte Hoffnung auf die Rückkehr der Vergangenheit. Zur Sakralisierung der Macht Putins (begleitet durch die Rehabilitierung Stalins) kam es nach der Besetzung der Krim (2014), als Russland auf einmal „krimnaschistisch" wurde (T-Shirts mit dem patritischen Bekenntnis „Krim nasch", die Krim ist unser, überschwemmten das ganze Land – den Polen schlage ich als Revanche T-Shirts mit der geschichtlich begründeten Aufschrift „Kreml nasch" vor). Aleksandr Cypko schreibt:

---

11 https://www.researchgate.net/publication/286916451_Prawoslawie_i_wladza (Zugang: 27.04.2022).

12 Vgl. meinen Text: „Cesarstwo u schyłku wielkiego konania …". In: Przegląd Polityczny 145/146, 2017, S. 136–149. Erw. Fassung (mit Anmerkungen und Bibliographie, Zitaten auf Russisch, Zusammenfassung in Russisch und Englisch): „Cesarstwo u schyłku wielkiego konania …" [Das Kaisertum am Ende der großen Depression]. In: Slavica Wratislaviensia, CLXIX, 2019, S. 23–56.

Putin wählte den riskanten Weg einer Selbstisolierung Russlands, indem er es zu einer belagerten Festung umformte. Er nahm jede Gelegenheit wahr, um das Bewusstsein der Landsleute zu militarisieren, ihnen das feindliche Bild des Westens zu applizieren, um die Sakralität seiner Macht zu festigen, damit das ‚echte russische Volk' ihn als einen Mann wahrnähme, der in seiner Hand das Schicksal der ganzen Zivilisation hätte.[13]

Die in der Verfassung vorgenommenen Änderungen (2020) beendeten den zwanzigjährigen Bildungsprozess eines autoritären Systems. Leute des Präsidenten – also 56.430.712 Personen (fast 80 Prozent der Wahlbeteiligten 2018) – wissen, dass ihr Wohlstand, ihre gesellschaftliche Stellung und sogar ihr Leben von ihm abhängen. Sie machen also alles, damit er an der Macht bleibe und spüren jeden potentiellen Brutus in ihren Reihen auf. Der Historiker Andrej Subow stellte vor einiger Zeit fest, dass etwa 70 Prozent der Russen Putin blind unterstützen, Amerika hassen und jede Propagandafloskel glauben.

Nach dem Überfall auf die Ukraine – wie früher nach dem Feldzug in Georgien (2008) oder der Krimbesetzung – brachten die Umfragen die erwarteten Ergebnisse. Die Popularität des Herrn Obersten, wie immer in solchen Situationen, stieg – und erklomm diesmal 83 Prozent. Gleichzeitig wurden die Russen gefragt (im März 2022), ob sie glücklich seien: 37 Prozent der Befragten hielten sich für „entschieden glücklich" und 46 Prozent für „eher glücklich". Hinter diesen Prozenten (83 Prozent der Unterstützenden und 83 Prozent der Glücklichen) verbirgt sich gewiss die mystische russische Seele. In den 90er Jahren herrschte in Russland (nach Jahrzehnten der 1.Mai-Losungen) der Werbespruch: „Die neue Generation wählt Pepsi." Der heute regierenden Partei Geeintes Russland liefere ich einen noch besseren, weil keinen kosmopolitischen, sondern patriotischen Slogan: „Die Glücklichen wählen Putin" (alternativ: „Putin wählt die Glücklichen").

In Polen herrscht allgemein die Meinung, dass die Präsidentschaftswahlen gefälscht wurden. Ich bin da anderer Meinung. Natürlich, die unbequemen Kandidaten wurden nicht zugelassen. Keiner von ihnen, wie zuletzt Alexei Nawalny, hätte eine ernstzunehmende Chance gehabt im Wahlkampf gegen den KGB-Bond. Selbstverständlich passiert es, dass manche übereifri-

---

13 https://nvo.ng.ru/ideas/2020-05-20/7_7865_sacralization.html. (Zugang: 25.06.2022).

ge lokale Beamten die Ergebnisse fälschen. Aber nicht wegen des vermeintlich gefährdeten Siegs des amtierenden Präsidenten, sondern um seitens des Kremls Anerkennung zu ergattern (bei uns stimmten für Wladimir Wladimirowitsch 89 Prozent der Beteiligten, in der benachbarten Region aber nur 82 Prozent). In der russischen Provinz braucht man nicht zu Fälschungen Zuflucht zu nehmen, um die akzeptable Wahlschwelle von 70 Prozent zu erreichen. „Wir haben nichts zu verbergen", lesen wir in Jewgenij Samjatins dystopischen Roman Wir (1920), „und brauchen uns für nichts zu schämen: wir halten unsere Wahlen in aller Öffentlichkeit am hellen Tag ab. Ich sehe, wie alle für den Wohltäter stimmen, alle anderen sehen, wie ich dem Wohltäter meine Stimme gebe – und es kann auch gar nicht anders sein, denn alle und ich – das ist das große Wir."[14]

Vor einigen Jahren war ich in Sibirien: aus Moskau flog ich nach Tomsk, danach fuhr ich mit der Transsibirischen Eisenbahn nach Irkutsk und später mit dem Tragflügelboot auf die Insel Olchon auf dem Baikalsee. Eben dort gibt es das wahre Russland (nicht in Moskau oder St. Petersburg), das Russland der richtig abstimmenden Wähler, den Hort eines jeden kommenden Staatsoberhaupts. In den hinter den Abteilfenstern vorbeihuschenden Häuschen wohnen die sich immer neu ablösenden Generationen von Iwanows, Petrows oder Popows. Ihre Eltern haben dort gewohnt, früher die Großeltern und deren Eltern. Sie sind zufrieden, dass sie sich Brot und andere Grundnahrungsmittel leisten können, was in den 90er Jahren nicht selbstverständlich war. Putin sind sie dankbar, wie ihre Eltern Breschnew und deren Vorfahren Nikolaus II. oder Alexander III. dankbar gewesen waren. Leute aus dem Kaff. Der Salz der russischen Erde. Homo russicus und dessen neue Inkarnationen.

Putin – Blut aus dem Blute, Knochen aus den Knochen seiner Wähler – ein der Welt die gute Botschaft des Russkij Mir bringender Missionar, der große Manipulator, der Ängste und Hoffnungen verwaltet (an manche glaubt er wahrscheinlich schon selber), weiß ausgezeichnet, dass, wie Wladimir Pastuchow schreibt, „aus dem ganzen Spektrum der zugänglichen Informationen wählt und behält der Mensch nur diese eine, die seinen Erwartungen und Vorlieben entspricht [...]. Deshalb ist es leicht, nur diejenigen zu täuschen, die getäuscht werden wollen. Die Mehrheit der heutigen

---

14 Jewgenij Samjatin: Wir. Köln, Berlin 1958, S. 148.

russischen Population leidet am Syndrom des abgeschalteten Bewusstseins. In diesem Zustand ist ihr Gehirn für allerlei Manipulationen empfänglich."[15]

Dieser „starke", „harte" Führer – der sich geschickt im Raum der heutigen russischen politischen Kultur bewegt und leicht die gemeinsame Sprache mit dem „Massenmenschen" (José Ortega y Gasset) findet – verdankt sein gegenwärtiges Image in einem gewissen Grade sicher den Spezialisten des politischen Marketings und der PR-Fachleute, aber vor allem sich selber, seiner Biografie:[16] der in den Leningrader Straßen und Hinterhöfen – gemeinsam mit, wie er selbst, Halbwüchsigen aus Arbeiterfamilien, vielversprechenden Kleinkriminellen, Rowdys – verbrachten Kindheit; im Besuch der Sporthalle, wo er den ersten Sambo-Unterricht bekam und von seinem Trainer, dem Rückfalltäter, in die Subkultur der Gefängnisse eingeweiht wurde; den KGB-Universitäten, wo Intellektuelle nicht gern gesehen sind, und schließlich seiner Arbeit im Büro des Bürgermeisters von St. Petersburg in der Zeit des das Land erfassenden Goldfiebers, wo Putin, wie der mit dem ihm eigenen Charme schreibende Essayist Viktor Jerofejew vermerkt (dieser Jerofejew, nicht jener Wenedikt Jerofejew, der die Strecke Moskau – Petuschki immer wieder befuhr[17]), „Geld, Freunde und dubiose Bekannte" erwarb.[18]

Jerofejew, der Autor der *Moskauer Schönheit* und des *Guten Stalin*, fand auch (wie neidisch bin ich darauf!) die trefflichste Bezeichnung für die Persönlichkeit des Präsidenten: пацан.[19] So nennen die Russen – neutral oder mit einem Schuß Wärme, Sympathie, manchmal sogar Bewunderung – einen Teenager oder jungen Mann, Kumpel, Kerl, Schlauberger, Cool-Typen, der ab und zu mit dem Gesetz auf (leichtem) Kriegsfuß steht, aber mit seinem Leben im großen und ganzen durchaus zurechtkommt. Der Präsident, der ostentativ auf das Verhaltensmodell des Rowdys anspielt, nicht ohne dabei

---

15 https://www.bbc.com/russian/blogs/2014/12/141208_blog_pastoukhov_syndrome_unplugged_consciousness (Zugang: 28.03.2022).

16 Viktor Jerofejew, https://boulevard-exterieur.com/huligan-romantik-iz-piterskoj-podvorotni.html. Zugang: 31.03.2022.

17 Wenedikt Jerofejew: Moskau – Petruschki. Samisdat, Brooklyn 1973, München 1978, Zürich 2005.

18 Jerofejew, wie Anm. 16.

19 Viktor Jerofejew, https://liberte.pl/jak-car-pacan-poszedl-na-wojne/ (Zugang: 31.03.2022).

provokativ kleine Narreteien aufzutischen, zerrt das gesellschaftliche Salonleben auf das Niveau des Schinkenklopfenstils herab. Mir sind etliche solcher Spielchen in Erinnerung haften geblieben.

Das erste erinnerte an eine Art Performance minderwertigen Formats. Bekanntlich schrieb das Gesetz im postsowjetischen Russland vor, dass man das Präsidentenamt höchstens durch zwei vierjährige Amtsperioden bekleiden darf. 2008 lief die zweite Amtsperiode Putins aus, und es kam zum grotesken Platzwechsel mit dem damaligen Premierminister Dmitri Medwedew, der als Staatsoberhaupt (2008–2012) im Remake der zum ersten Mal 1575 gespielten Farce eine Rolle spielte, die ihm nicht zur Ehre gereicht. Iwan IV., genannt der Schreckliche, machte damals das ganze Land zum Schauplatz eines Karnevals: er verzichtete auf den Thron und übertrug die Regierung an Sajin Bulat (Simeon Bekbulatowitsch), den in Moskau ansässigen Vasallenkhan von Kasimow. In den kommenden elf Monaten nannte Iwan sich „Bauer Iwaschka", er führte das gewöhnliche Leben eines Bojaren, erstattete täglich im Kreml dem Zaren Simeon Bericht, der sich wiederum, da er ein kluger Herrscher war, „seine Empfehlungen demütig zu Herzen nahm".[20] Diesem Umstand verdankte er, nachdem die Maskerade zu Ende gegangen war, sein Leben (der Posten des Ministerpräsidenten blieb ihm aber verwehrt).

Zur nächsten Eruption des Pazanismus kam es 2014, als „grüne Männchen" auf der Krim landeten. Gefragt nach ihnen, zwinkerte Wladimir Wladimirowitsch den glückseligen 140 Millionen Bürgern der Russischen Föderation zu und antwortete: „Das sind höfliche Leute." Sofort boomte der Verkauf von T-Shirts mit Putins Porträt und dem Aufdruck: „Der höflichste der Menschen".

Zwei weitere Ereignisse wurden als Happenings konstruiert. Während der feierlichen Eröffnung der Olympischen Spiele in Peking (am 4. Februar 2022) machte Putin, „der höflichste der Menschen", während der Präsentation der ukrainischen Mannschaft ein Nickerchen. Einige Tage später, schon in Moskau, sprach WWP mit dem Präsidenten Macron, vier Meter Tischlänge von ihm entfernt (alles unter dem Covid-19-Vorwand).

Der Sinn für Humor des Herrn Obersten ist zwar kasernenhafter Abstammung und sowohl die hamletisierenden Inhaber von adligen Nestern als auch der *Kirschgärten* würden ihn nicht goutieren, aber nicht sie sind die Zieladressaten dieser Scherze, sondern die Nachkommen der Scharikows,

---

20 Ruslan Skrynnikow: Iwan Groźny. Warszawa 1979, S. 209.

Prysypkins und der Neurussen im heutigen Russland. Der Präsident-Pazan findet eine nur nachlässig versteckte Freude an der ständigen Senkung seiner Schamschwelle und am Bruch der heute verbindlichen Verhaltensmuster, weil er weiß, dass niemand den Ausruf wagt: Der König ist nackt! Und weil er selber die unsterbliche Frage parat hat: Wir haben Ihren Mantel nicht, Herr Macron, und was können Sie uns antun? Man muss schon ein Nörgler sein, um die Größe seiner Unterhaltungskunst nicht richtig schätzen zu wissen.

Auf dem Gemälde aus dem 19. Jahrhundert von Alexander Iwanow erscheint Christus dem Volke auf 40 Quadratmeter. Am 18. März 2022 offenbarte sich Putin seinem mehrere Zehntausend Menschen zählenden Volk im Olympiastadion Luschniki und den Millionen vor den Fernsehern. Die fröhliche Wiederkehr des Jahrestages der Conquista à la russe, gefeiert unter vielen Losungen wie: „За мир без нацизма!", „За Россию!", „За Президента!" wurde von 17 russischen TV-Sendern übertragen. Jeder fünfte Russe im Alter von über fünf Jahren schaute sich in den Großstädten das nationalistische Event an – in der Provinz, erfahrungsgemäß, wohl alle. Bei Iwanow wird Johannes der Täufer bald Jesus taufen. Auf den Luschniki vollzog das muskelspannende Alfatier, ein 70jähriger Greis in Loro-Piana-Daunenjacke, die Taufe einer neuen Generation, der Generation Z. Trösten wir uns darüber nicht damit hinweg, dass ein Teil der versammelten Menge sich dort gegen seinen Willen befand, denn ohne größere Widerstände ließen sich diese Menschen vom Enthusiasmus der Versammelten packen und sangen nach Oleg Gasmanow mit: „Я рожден в Советском Союзе, сделан я в СССР" (Ich kam in der Sowjetunion zur Welt, ich wurde in der SSSR gemacht). Es ist durchaus möglich, dass diese Leute sogar an die euphorisch von Sachar Prilepin ausgerufenen Worte: „Puschkin, Gogol, Dostojewskij wären heute mit uns!" glaubten. Und mit Sicherheit werden diese Menschenmassen ihren heute auf Lebenszeit beamteten und morgen im Hologramm verewigten Präsidenten noch des öfteren anbeten. „Wir müssen doch zu jemand beten" (Bulat Okudschawa, *Lied über die Ameise*), zum Vater der Nationen, zum Kagebeken (ich weiß, ich weiß: zum Kagebisten, so klingt es besser, vertrauter).

Der aus Konstantinopel angenommene orthodoxe Glaube (mit der Zeit wurde die altrussische Signatur immer deutlicher) und die über zweihundertjährige mongolische Herrschaft (mit der Zeit wurde die stalinistische Signatur immer deutlicher) wurden in die russische DNA eingeschrieben, formten die russische Mentalität, erzeugten das Paradigma des Russismus. Seit dem Erscheinen der vierbändigen Ausgabe von de Custines Bericht über Russland vergingen 180 Jahre. Während dieser Zeit wurden in Russland die

Leibeigenschaft abgeschafft, zwei Zaren ermordet, etliche Male die gesellschaftspolitische Ordnung geändert. Die Bevölkerungen des Zarenimperiums und dessen Mutation nach 1917 starben vor Hunger, fielen an den Fronten zweier Weltkriege und eines Bürgerkrieges, litten unter stalinistischen Repressalien – und das Buch über das von Nikolaus I. regierte Land bleibt m.E. beunruhigend aktuell.

Jenes Russland von der Mitte des 19. Jahrhunderts lernte auch der Historiker und Diplomat Andrew Dickson White, der eine Zeitlang in der amerikanischen Botschaft in St. Petersburg tätig war, kennen. Nach Jahrzehnten, am Ende der Herrschaft Alexanders III., kehrte er in die Newa-Stadt schon als Botschafter (1892–1894) zurück. Er war natürlich neugierig auf die Änderungen, die seitdem im Zarenreich stattfanden. Kucharzewski schreibt hierzu:

> Als er vor Jahren Russland verließ, musste er von der Hauptstadt bis zur Grenze ganze sieben Tage und sieben Nächte in einer unbequemen Postkutsche fahren […]. Jetzt gab es ein ganzes Netz der Eisenbahnverbindungen, man baute eben die sibirische Strecke. Den Weg von der Grenze bis nach Petersburg legte er innerhalb von anderthalb Tagen in einem bequemen Bahnabteil zurück.[21]

Wie damals – bemerkte er sogleich – waren die Menschen, die er aus den Waggonfenstern sah.

> Der Muschik blieb allem Anschein nach der gleiche wie damals. Als unser Zug sich St. Petersburg näherte, erinnerten mich die Bauern in ihren Pelzmänteln, mit gleichmäßig beschnittenen Haaren und gedankenlosen Gesichtern so lebhaft an meine damaligen Eindrücke, als wäre seitdem nur eine Woche verflossen. Überall spürte man die alte Atmosphäre, die ich in der Zeit Alexanders I. kennenlernte.[22]

---

21 Jan Kucharzewski: Od białego do czerwonego caratu. Gdańsk 1990, S. 46.
22 Ebenda.

Und als er in N. ausstieg (hier travestieren wir Majakowskij: „Wir sagen N., und denken: Russland"), so hätte er von Sobakiewitsch über die Bezirksstadt hören können: „Nur einen rechtschaffenen Menschen gibt es dort, das ist der Staatsanwalt, aber auch der ist, um die Wahrheit zu sagen, ein Schwein."[23]

Auf diese tragische Konstante wies am Anfang des 20. Jahrhunderts Iwan Bunin hin. Für diesen Autor voller historiosophischem Katastrophismus war das bäuerliche Russland ein Panopticum, eine Kunstkammer, in der die Zeit stehenblieb. Ein in Zeitlosigkeit versunkenes Land.

„Barmherziger Gott!" sagt einer der Helden in *Das Dorf* (1910), „Puschkin hat man umgebracht, Lermontow auch, Pissarjew ersäuft ... Rylejew gehenkt, Poleschajew zur Armee geschickt, Schewtschenko für zehn Jahre in Arrest gesteckt ... Dostojewski zur Hinrichtung geschleppt, Gogol um den Verstand gebracht ... Und Kolzow, Nikitin, Reschetnikow, Pomjalowski und Lewitow? Gibt es auf der Welt noch so ein Land wie das unsere, noch so ein Volk, dreimal verflucht soll es sein?"[24] Russland war und ist grausam. „Und die russischen Märtyrer, die Asketen, die Gerechten, die Christusnarren, die Raskolniki? [...] Eines weiß ich: Wir sind verloren."[25]

Wenn ich den Beschluss der Russischen Rektorenkonferenz vom 4. März 2022 lese –

> Es ist wichtig, dass wir unsere grundlegende Pflicht nicht vergessen: die Kontinuität der Lehre aufrechtzuerhalten und die Jugend zu Patriotismus zu erziehen, zum Bestreben, ihrer Heimat zu helfen.
> Die Universitäten waren stets eine Stütze des Staates. Unser vorrangiges Ziel ist es, Russland zu dienen und sein intellektuelles Potenzial zu entwickeln. Heute, da wir zahlreichen wirtschaftlichen und medialen Angriffen ausgesetzt sind, müssen wir mehr denn je Selbstgewissheit und Festigkeit zeigen, uns in Wort und Tat um unseren Präsidenten scharen, unserer Jugend ein Beispiel für Optimismus und Glauben an die Kraft der Vernunft geben und die Hoffnung auf baldigen Frieden wecken.
> Gemeinsam sind wir stark![26]

---

23 Nikolai Gogol: Die toten Seelen. Berlin, Weimar 1981, S. 150.

24 Iwan Bunin: Das Dorf. Suchodol. Zürich 2011, S. 124.

25 Ebenda, S. 125f.

26 https://zeitschrift-osteuropa.de/blog/russische-rektorenkonferenz/ (Zugang: 10.10.2022)

– kann ich mir leicht eine ähnliche an Nikolaus I. gerichtete Eingabe vorstellen, nämlich nachdem russische Truppen nach dem Ausbruch des Novemberaufstandes 1831 die Grenzen Kongresspolens überschritten hatten; ebenso stelle ich mir denselben untertänigen Text der Rektoren vor, gerichtet an Leonid Breschnew nach dem Einmarsch – jetzt Achtung: Neusprech! – des begrenzten Kontingents der sowjetischen Truppen in Afghanistan (1979). Wechselnd war die Titulatur des Adressaten. Der Text selbst bedürfte keiner Korrektur.

Kaum waren einige Dutzend Stunden seit Bekanntgabe des Moskauer Rektorenbeschlusses verstrichen, erschienen im Netz ähnlich klingende Texte einzelner Hochschulen. Ein Appell der Mitarbeiter und Studenten der Staatlichen Universität Petersburg durfte nicht fehlen (um Missverständnissen vorzubeugen: der Anfang des 18. Jahrhunderts gegründeten ältesten Universität Russlands, der langjährigen Partner-Universität meiner Breslauer Alma Mater). Die Absender versichern den „Verehrten Wladimir Wladimirowitsch" ihre Ergebenheit („wir wenden uns an Sie, den Alumnen unserer Universität, mit den Worten ehrlicher Unterstützung") und rügen „die Pazifisten" (die Anführungszeichen stammen von den Autoren des Appels und suggerieren, dass diese Leute Heuchler seien, die sich gegen die Regierung – entgegen der russischen Rechtschreibung großgeschrieben – erheben). Danach folgt das Glaubensbekenntnis, das nicht den geringsten Zweifel daran aufkommen läßt, dass „die Regierung und die russische Armee nicht gegen das brüderliche ukrainische Volk auftreten, sondern die nationale Sicherheit nicht nur Russlands, sondern auch der ganzen Welt zu sichern bemüht sind".[27] Den Appell unterzeichneten aktive und pensionierte Mitarbeiter, Verwaltungsbeamte und Fahrer, eine Köchin und der Vorsteher der Republik Karelien, Stellvertreter des Stellvertreters des Ersten Prorektors und eine Redakteurin des Universitätsverlages, Studenten und Alumni. 1096 Personen. Einige Namen taten weh.

„Die Russen", stellte der Emigrationspolitologe Vladimir Pastuchov fest, „leben in einer totalitären Matrix, die sich von einer Epoche auf die andere kopiert."[28]

---

27 https://docs.google.com/forms/d/e/1FAIpQLSfAZzZ67L-lg6YboqQzc STYUD7n29BN0tC3lBlMITL-ZkePGA/viewform (Zugang: 27.03.2022).

28 https://novayagazeta.ru/articles/2022/03/23/vladimir-pastukhov-operatsiia-russkaia-khromosoma (Zugang: 29.03.2022).

Sergej Medwedew schreibt in *Rückkehr des russischen Leviathans* (2019):

Der Philosoph Pjotr Tschaadajew hatte recht, als er vor zweihundert Jahren schrieb, Russland sei ein Land ohne Erinnerung, sei ein Raum der totalen Amnesie, des jungfräulichen Bewusstseins, von Kritik, rationalem Denken und Reflexion unberührt. Das staatliche Narrativ, die Familienüberlieferung und die individuellen Erfahrungen werden um ausgedehntes Ödland, Lücken, Minenfelder herum konstruiert; wir bewegen uns auf den sicherem Pfad der gelernten Sätze, gemeinsamen Berührungspunkte: „das waren schwere Zeiten", „alle hatten es nicht leicht". Der Krieg, „Afgan", Tschernobyl, die zerstörten menschlichen Schicksale explodieren kometenartig in den Spalten der Zeitungen, um sofort im Orkus der gesellschaftlichen Vergessenheit zu verschwinden, um sich als schmerzlicher Schlamm tief auf dem Grund abzulagern.[29]

„Sein-in-der-Zeit" (Heidegger möge sich nicht im Grabe umdrehen) befreit nicht vom Virus des Russismus und ist kein Ticket zur Freiheit. Man kann mit seiner Jacht auf die Malediven segeln, den Sommer im Hôtel de Paris in Monte Carlo und den Winter in Courchevel verbringen, den Chelsea FC oder eine Residenz in Italien kaufen, irgendein Cambridge oder ein anderes Oxford absolvieren und denken wie die Zarenuntertanen im 19. Jahrhundert. Man kann im Exil, in einem demokratischen Land geboren werden und denken … nein, sorry, eben: NICHT DENKEN. Ähnlich wie die Vorfahren mit den durch die sowjetische Ideologie gleichgeschalteten Hirnen NICHT dachten. Man kann auf estnischen Straßen mit dem auf dem Kopf einrasierten Buchstaben Z marschieren oder nationalistische Rundfahrten durch deutsche Städte mit hunderten von Autos, mit flatternden Fahnen (die noch nicht rot sind, aber demnächst …) veranstalten.

So war es. So ist es. So wird es sein. *Da capo al fine.* Wie sagte es Tulius in Brodskys Drama?

Töten, Publius, kann auch ein Legionär. Oder für das Vaterland sterben. Und neue Gebiete erobern, und verrecken … Aber das ist alles Klischee. Das hat es alles schon gegeben. Schlimmer noch, es wird es weiter geben. Immer wieder. In diesem Sinne kennt die Geschichte wenig Varianten. Denn der Mensch ist beschränkt. Begrenzt. Viel ist aus ihm nicht herauszuquetschen, wie aus

---

29 S. Medwedew, wie Anm. 5, S. 290.

einem Kuheuter. Blut zum Beispiel, ganze fünf Liter. Er ist berechenbar, Publius. Wie die Sache mit dem Mops, der in die Küche kam. Da capo al finem.[30]

Bunin hatte recht, und wir lernen immer noch vom französischen Marquis, Russland zu verstehen. Vielleicht deshalb, weil es niemals mit seiner düsteren Geschichte im 20. Jahrhundert abgerechnet hat. Weder in der Tauwetter-Zeit, noch während der Perestroika, und ich weiß ganz sicher, dass es dort weder jetzt, noch in der absehbaren Zukunft zur allgemeinen nationalen Katharsis kommen wird.

Eine wichtige Rolle im Prozess, die Geschichte von Lügen zu befreien, aus der nationalen Vergessenheit schändliche Ereignisse und Verhaltensweisen ans Tageslicht zu fördern, den längst vergessenen Werten (Reue, Sühne) ihren Sinn wieder zu verleihen, könnte die orthodoxe Kirche spielen. Die Kirchen in anderen Ländern haben das schon getan (z.B. in Deutschland nach dem Zweiten Weltkrieg). Aber die russisch-orthodoxe Kirche – die wie fast die ganze Nation in xenophobischer guter Verfassung ist – dient seit drei Jahrhunderten (also seit der Bildung des Heiligen Synods, an dessen Spitze der vom Herrscher nominierte Oberprokurator berufen wurde) treu den wechselnden Regimes, immer dem Staat – niemals den Menschen. 1917 hat man zwar den Synod, wie schon erwähnt, abgeschafft und die Tradition des wählbaren Patriarchen von Moskau und ganz Russland erneuert, aber in den Beziehungen zwischen Kirche und Staat hat das nichts geändert. Es hat sich ein schockierendes Bild aus dem Kreml erhalten: Breschnew, Leute aus seiner Umgebung, und der damalige Patriarch Pimen erheben Sektgläser auf irgendeinen Jahrestag des Oktoberumsturzes. Das Oberhaupt der Kirche feiert ein Ereignis, das die Atheisierung Russlands, Zerstörung der Gotteshäuser, Verfolgung der Geistlichen und Gläubigen herbeiführte!

Nach dem Zerfall des programmatisch materialistischen Imperiums öffnete sich das Land in die spirituelle Sphäre. Den jahrzehntelangen metaphysischen Hunger stillten orthodoxe Priester, Geistliche anderer Konfessionen, mehr oder weniger charismatische Sektenanführer, Hellseher, Wahrsagerinnen ... Wie Gabriel Michalik schreibt:

---

30 Joseph Brodsky: Marmor. Frankfurt am Main 1991, S. 53 (Orig.: Mramor. Ann Arbor 1984).

Am Hof von Jelzin wimmelte es nur von Propheten, Wunderheilern und Schamanen. [...] Den Sicherheitsdienst unterstützte eine Armee von Wunderheilern, Okkultisten, Astrologen und anderen Scharlatanen. Ihr Schirmherr war der erste stellvertretende Dienstchef, Generalmajor Georgij Rogosin.[31]

In diesem Jahrhundert hat die russische Kirche ein Monopol auf die Rettung menschlicher Seelen bekommen. Aber nicht nur: ihre Bauvorhaben boomen. Auch setzte der Oberste Gerichtshof 2017 die Zeugen Jehovas auf die Liste der extremistischen Organisationen. (2018 landete Russland auf der Liste der die religiöse Freiheit verletzenden Länder.) Eine Erneuerung des philosophisch-religiösen Gedankens findet allerdings nicht statt. An der Wende vom 19. zum 20. Jahrhundert konnten die Russen Werke der philosophischen Mystiker und der unter ihrem Einfluss stehenden Dichter des Silbernen Zeitalters (insbesondere der Symbolisten) lesen. Hundert Jahre später wurde Wladimir Solowjow von Alexandr Dugin und der Mystizismus durch Popmystizismus abgelöst. Heute bekennen sich 71 Prozent der Bevölkerung der Russischen Föderation (und damit hat es meistens sein Ende) zur russisch-orthodoxen Kirche. Fast ebenso viele Bürger „glauben daran, dass man die Zukunft vermittelst der Magie wahrsagen, andere Menschen verhexen [...], durch Biofelder heilen [...] kann, an die Möglichkeit, Gegenstände nur mit einem Willensakt zu versetzen".[32]

Iwan Iljin dagegen – ein russischer Exilphilosoph, der Mitte des 20. Jahrhunderts in der Schweiz starb und den der jetzige Präsident für seinen Mentor hält – glaubte daran, dass die ideale Staatsform für Russland die orthodoxe Monarchie sei. *Why not?! The sky's the limit.* Ein solches Szenario ist leicht vorstellbar und noch leichter realisierbar. Die beglückten Wähler (zum wievielten Male schon) würden in der Volksabstimmung die durch das Parlament vorgeschlagene neue Verfassung zweifelsohne akzeptieren, und der Patriarch Kirill würde Wladimir sofort krönen. Den derzeitigen Patriarchen und den derzeitigen Präsidenten verbindet (ohne den Zivilstand) alles: Alter (Generationenbande – 1946, 1952), Mentalität (beide sind sie Produkte eines kommunistischen Staats), Religion (unorthodoxes Verhältnis zum Christentum und Evangelium Jesu), Ideologie (Russismus), Arbeit (selbstverständlich zum Wohle des Volkes: in der Vergangenheit wurden beide

---

31 Gabriel Michalik: Kaszpirowski. Sen o wszechmocy. Warszawa 2020, S. 255f.

32 Ebenda, S. 254.

durch die gleiche Firma bezahlt), Konsumptionismus (mit besonderer Berücksichtigung zahlreicher Residenzen und der Schwäche für nicht gerade billige Uhren). Der Patriarch entwickelt schöpferisch die Gedanken seines Prinzipals, rügt die Sünder (2010 die durch das Erdbeben betroffenen Haitaner, 2022 die gar nicht demütigen Ukrainer, die es wagen, ihr Land zu verteidigen) und ist – wie ehemals die Partei – immer mit dem Volk.

Auf dem orthodox-kirchlichen Blind-Date-Portal „Das ABC der Treue" erfolgt die Anknüpfung der Bekanntschaften unter der Losung – die sich, wie ich fürchte, nur auf das eine Geschlecht bezieht – Demut … Sanftmut … Gehorsam … Diese drei christlichen Tugenden wurden zu wichtigen Bausteinen der reussischen/russischen Mentalität und zur Inspirationsquelle für viele Schriftsteller, u.a. für Dostojewskij (um nur auf die Novelle *Die Sanfte* hinzuweisen, deren Titelheldin Trägerin nationaler Ideale ist), Lew Tolstoi (Platon Karatajew aus *Krieg und Frieden*), Wladimir Wyssozki (wieder wurde der Flug abgesagt „und die Bürger schlafen gehorsam ein …"), Wiktor Astafjew (der sich auf die Polemik mit der Tradition der Glorifizierung, Schönfärbung des russischen Volkes einließ und der folglich sofort des fehlenden Patriotismus geziehen wurde: „Es gibt auf der Welt nichts Gemeineres als die stupide russische Demut, Schlamperei und Sorglosigkeit", *Ferne Jahre der Kindheit*, 1980). Diese generationenlang übertragene Demut (durch den weltlichen Opportunismus ersetzt), Sanftmut (die an Zustimmung für das Böse grenzt), dieser Gehorsam (der in fast militärische Disziplin übergeht) wurden unter den Gegebenheiten eines autoritären Regimes mit seinem pathologischen Kult der Macht und der Machthaber zu einer der Barrieren, die die Entstehung einer offenen Gesellschaft verhinderten. Das obskure Objekt der Begierde einer jeden fügsamen Russin und eines jeden gehorsamen Russen – gestern wie heute – ist Macht (nicht unbedingt die sakralisierte Macht), wie in einem alten Schlager vor Jahren: „Ein Nichts zu sein, tragt es nicht länger!"

„Das ist eben diese Besonderheit unseres lieben, getauften Volkes", schrieb Astafjew in seinem Roman *Verdammt und getötet* (1994), „wenn der eine oder andere nur ein Partikelchen Macht bekommt (als Diensthabender in der Kaserne, Verantwortlicher für das Bad, Vorarbeiter, Meister, oder – was Gott behüte – als Gefängniswärter oder Bodyguard), fängt er an, Seinesgleichen, seinen Bruder, zu verhöhnen, zu zerreißen, ihn zu foltern."[33]

---

33 Zit. nach: Igor Garin: Wiktor Astafjew. http://www.litsovet.ru/index.php/material.read?material_id=604388 (Zugang: 27.03.2022).

Zur Macht führen viele Wege. Seit Nikolaus I. bleibt Russland ein oppressiver Polizeistaat (nur die Uniformen wechseln), in dem unter vielen, schon nicht mehr evangelischen, aber bürgerlichen Tugenden immer die Anzeige genannt wird. Die Volkswahrheit weiß: „Petzen lohnt immer." Nur die Werkzeuge ändern sich. In den sowjetischen Zeiten wurden die Hotelgäste – dort, wo das für KGB arbeitende Ohr keinen Zugang hatte – durch den Großen Bruder Mikrophon überwacht, auf den in den 1990er Jahren sehr unvernünftigerweise verzichtet wurde. Vor zwanzig Jahren wurde er abgestaubt und hielt eine triumphale Wiederkehr in die Salons. Jetzt leistet ihm, wie man hört, auch die Große Schwester: die Kamera, Gesellschaft. Mit ihnen kehrte ein alter, man möchte meinen, längst vergessener Brauch wieder: die Decke im Hotelzimmer im Visier (oder in einer zur Universität gehörenden Dienstwohnung), bringen wir einen Toast auf den Major Pronin[34] aus. Die Behörden ermutigen in der letzten Zeit die Cyberpatrioten, die bürgerliche Verfolgung von Cyberabtrünnigen im Netz aufzunehmen. Die Resultate ließen nicht lange auf sich warten – die ersten Cyberdenunziationen erblickten das routinierte Tageslicht.

Jahrzehntelang war Pawlik Morosow, der seinen Vater denunziert haben soll, für die sowjetischen Pioniere ein nachahmenswertes Vorbild. Seine Altersgenossinnen aus Pensa zeigten jetzt ihre 55 Jahre alte Lehrerin an. Radio Swoboda berichtete auf seiner Webseite über diese Begebenheit. Dort konnte man sich auch ein von zwei Schülerinnen einer Sportschule aufgenommenes Gespräch mit der Anglistin Irina Gien anhören. Eine junge Sportlerin beklagt sich, dass sie im Juni wahrscheinlich nicht zu den Sportspielen in die Republik Tschechien fahren werde. Darauf erklärt die Lehrerin, warum Russland von den Sportveranstaltungen ausgeschlossen wurde (sie spricht über den Angriff auf die Ukraine und stellt ohne ein Blatt vor den Mund zu nehmen die Nachrichten der Kreml-Medien in Frage) und kommentiert sarkastisch: „Nein, bis Juni wird sich nichts ändern, meine Liebe. O ja, in die VRL [Volksrepublik Lugansk] kannst du fahren, zum Karate. Auch in die VRD [Volksrepublik Donezk] wirst du fahren können." Und fügt prophetisch hinzu: „In fünfzehn Jahren werden wir alle fahren. Ich fahre auch." Brave Mädels, echte Patriotinnen, lieferten die Aufnahme bei der Polizei ab und die Lehrerin „fährt" womöglich ein für – Achtung! – die Verbreitung von

---

34 Major Ivan Nikolaewich Pronin, Romanfigur von Lev Ovalov (ab 1939), als KGB-Offizier in die sowjetische Folklore eingegangen. (Anm. d. Hg.)

Fakenews über die russische Armee. Ihr droht eine Freiheitsstrafe bis zu zehn Jahren oder eine Geldstrafe bis zu 5 Millionen Rubel (etwa 80.000 Dollar; nach offiziellen Angaben beträgt ein Lehrermonatsgehalt in Pensa 35.448 Rubel – aber aus den Diskussionen im Netz geht hervor, dass die Hälfte davon eher der Wahrheit entspricht).[35]

Den 50-jährigen Priester Ioann Burdin (Dorf Karabanowo, Kostromskaja Oblast) hat der Arm der russischen „Gerechtigkeit" (ohne Anführungszeichen ist für mich dieses Wort dort unvorstellbar) etwas nachsichtiger behandelt, obwohl er sich zweier Straftaten schuldig machte. In der sonntäglichen Predigt nannte er den Krieg Krieg (später erklärte er: „Wie jeder Christ schaue ich in die Bibel, ins Evangelium, und beginne nach dem Wort ‚specoperacja' – Spezialoperation – zu suchen. Ein solches Wort steht dort nicht, es steht das Wort „Krieg". Niemand hörte in der Bibel von den Spezialoperation"[36]) und auf der Webseite der Kirche schrieb er von der Nächstenliebe und verurteilte er das Blutvergießen. Es ist nur allzuverständlich – wir sind doch in Russland – dass jemand der zehn Messehörer „die Dienste" über den Inhalt der Predigt informierte (vermutlich niemals werden wir erfahren, wieviele Denunzianten sich unter diesen zehn Kirchengängern befanden). Der Priester wurde verhört, vor Gericht gestellt, „der Verunglimpfung der Streitkräfte der Russischen Föderation" angeklagt (das SGB der RF wurde um den entsprechenden Paragraphen am 4. März 2022 ergänzt) und zur Geldbuße von, wie jemand schon umrechnete, 315 Dollar verurteilt. Die Lehrerin Gien wurde vielleicht deswegen strenger behandelt, weil sie das Gift in junge Gemüter einträufelte, und des Vaters Ioann Zuhörer waren vollmündige Personen. Der Grund könnte noch ein anderer sein und er heißt – Kirill.

Nichtsdestotrotz glaube ich, ja bin davon zutiefst überzeugt, dass kluge, gut aussehende Herren von der Lubianka und kluge, schöne Damen von der Liteyniy Avenue insgeheim von einem Russland der Denunzianten träumen. Im Prinzip von einem Russland, das auf eine Dystopie zusteuert, wo der Schuldige sich selber anzeigt.

In dieser Situation beschloss der Gesetzgeber, den Prozess der Selbstanprangerung der Bürger zu optimieren. Dem Beispiel des Präsidenten fol-

---

35 https://www.svoboda.org/a/v-penze-ucheniki-donesli-na-uchitelya-za-vyskazyvaniya-o-voyne-v-ukraine/31780944.html (Zugang: 13.04.2022).

36 https://www.currenttime.tv/a/svyashennik-o-voine-v-ukraine-i-sude-sa-deskriditaciyu-armii/31756267.html (Zugang: 13.04.2022).

gend, begann er Dienstleistungen für die Bevölkerung zu erbringen. 2012 erblickte das Tageslicht das laut Amnesty International „drakonische Gesetz" über „ausländische Agenten" zur arbitralen Stigmatisierung von physischen und juristischen Personen, deren Aktivitäten vom Ausland finanziert werden.[37] Die Pflicht des Stigmatisierten ist es nun, unter Zuhilfenahme einer oktroyierten Formel den Kontrahenten über seinen Agentenstatus zu informieren. So verfuhr z.B. der TV-Sender „Dożd" (Der Regen): „Diese Nachricht (dieses Material) wurde produziert und (oder) verbreitet von den ausländischen Massenmedien, die als ausländische Agenten fungieren und (oder) durch die russische juristische Person, die als ein ausländischer Agent tätig ist."[38] Inzwischen macht das der Sender nicht mehr. Er muss nicht. Er wurde geschlossen.

Heute zählt die Liste über 200 „Agenten" (u.a. das Zentrum von Jurij Lewada, die Menschenrechtsorganisation Memorial, die Stimme Amerikas, Radio Swoboda, Meduza, Deutsche Welle). Unter den namentlich Genannten fand sich auch der bekannte Journalist, Schriftsteller und Satiriker Wiktor Anatolijewitsch Schenderowitsch. Für das Moskauer „Justiz"ministerium (ohne Anführungszeichen geht dieser Name für mich nicht) gilt er als „Agent" ab dem 30. Dezember 2012. Vorsichtshalber verließ er kurz darauf Russland. Im Moment darf sein Name in den russischen Medien genannt werden, aber immer nur unter Bekanntgabe seines jetzigen Status. Es ist schon interessant, wie er während jener zwei Wochen bis zur Ausreise neue Bekanntschaften knüpfte. Vielleicht so: Ich bin Schenderowitsch. Wiktor Schenderowitsch. Wiktor Anatolijewitsch Schenderowitsch. Ich bin ausländischer Agent Nr. 69. Und ganz nebenbei bemerkt, wundere ich mich ob der Saumseligkeit der russischen „Justiz"… bis heute hat sie die Herstellung entsprechender Namensschilder unterlassen, die unreine Gedankenverbrecher in der Öffentlichkeit tragen sollten. Zu einer anderen Zeit und an einem anderen Ort wurde das schon durchexerziert.

Der Feind hört also mit. Seine Agenten sind schon da. Unsere Matuschka Rossija (nicht zu verwechseln mit Matuška Waldemar) ist wieder in Not. „Mutter Vaterland ruft!" („Родина-мать зовет!"). „Von allen Seiten", schrieb nach der Besetzung der Krim der Publizist S. Medwedew, „hört man

---

37 https://amnesty.org.pl/rosja-cztery-lata-ustawy-o-zagranicznych-agentach/ (Zugang: 14.04.2022).

38 https://tvrain.ru (Zugang: 31.03.2022).

Schreie: Vaterland in Gefahr! Wir werden bedroht gleichzeitig von Pädophilen, Schwulen, ausländischen Adoptiveltern, ‚ausländischen Spionen', der ‚fünften Kolonne' russischer Opposition, der VI. US-Kriegsflotte, westlichen Ökologen und russischen Separatisten, der Kiever Junta, dem amerikanischen State Department und in der letzten Zeit auch von westlichen Lebensmitteln, die Russland mit Embargo belegte: italienischer Parmesan, spanischer Jamón, polnische Äpfel und norwegischer Lachs."[39] Dieses Gefühl der Andersartigkeit (wir Russen und der Rest der Welt) – durch die Propaganda sorgfältig gepflegt – erzeugt Fremdenhass und das Syndrom der belagerten Festung.

Irgendein metaphysischer Imperativ verurteilt Russland unablässig zur Isolation. Gesellschaftspolitische Systeme lösen einander ab – es gab Zarismus, Kommunismus, jetzt gibt es Putinismus (als Bestandteil des Russismus) – und die belagerte Festung wehrt immer neue Attacken ab. Immer muss es igendwelche „sie" geben, Feinde: Juden, Japaner, Polen, Amerikaner, Kaukasus- und Mittelasienbewohner – jetzt die Ukrainer.

In Wiktor Pelewins Roman *Generation P* (1999) hat der Copywriter das Drehbuch eines Werbeclips vorbereitet:

> Straßenszene einer russischen Kleinstadt. Verschwommen im Vordergrund, bedrohlich über dem Betrachter: ein Motorrad. Kirche im Hintergrund, Glockenklang. Der Gottesdienst ist eben zu Ende, das Volk kommt die Straße herunter. Unter den Passanten sind zwei junge Männer in roten, über der Hose hängenden Blusen – es könnten Zöglinge einer Militärschule auf Urlaub sein. Groß: Jeder hält eine Sonnenblume in Händen. Detail: ein Mund, der Schalen von Sonnenblumenkernen ausspuckt. Halbnah: Lenker und Tank des Motorrads im Vordergrund, dahinter unsere Helden, die verwundert zu dem Gefährt herübersehen. Detail: Finger, die Kerne aus der Sonnenblume pulen. Groß: Blickwechsel der Helden. Der eine sagt zum anderen:
> „Bei uns im Zug gab es einen Serganten mit Namen Harlejew. Spitzname Harley. Ein Pfundskerl. Hat sich totgesoffen."
> „Wieso das?" fragt der andere.
> „Wieso schon. Ist doch kein Leben für einen Russen heutzutage."
> Aus der Tür des Hauses tritt ein hünenhafter, schwarzlockiger Ostjude in schwarzer Lederjacke und schwarzem, breitkrempigen Hut. Neben ihm wir-

---

39 S. Medwedew, wie Anm. 5, S. 104.

ken unsere Helden klein und schmal, unwillkürlich weichen sie einen Schritt zurück. Der Jude schwingt sich auf das Motorrad, wirft es an und knattert davon, verschwindet binnen Sekunden aus dem Blickfeld. Zurück bleibt eine blaue Abgaswolke. Neuer Blickwechsel unserer Helden. Jener, der die Rede auf den Serganten gebracht hatte, sagt seufzend und schalenspuckend:
„Wie lange wollen diese Davidsons noch auf die Harleys steigen? Rußland, erwache!"[40]

Dieser letzte Aufruf lebt immer noch, wie ich glaube, in der Propaganda und in den Alltagsgesprächen der Millionen von Russen: „Wie lange noch werden diese Banderaleute [Banderowcy] und Nazisten unsere Kinder im Donbas töten? Russland erwache!"
Alle trachten nach ihrer Sicherheit! Es gibt keine Beweise hierfür, aber das ist bedeutungslos. Wie immer, spürt Putin diesen gesellschaftlichen Geist, der ihm sehr zupass kommt. Am Vorabend des Überfalls auf die Ukraine las ich in den russischen Portalen über Kievs Vorbereitungen zur Eröffnung des biologischen Krieges: die Amerikaner werden via Ukraine infizierte Fledermäuse nach Russland einschleusen. Es klingt wie das Drehbuch zu einem Actionsfilm der B-Klasse aus der Zeit des Kalten Krieges, aber die Mehrheit der Russen wird das ohne weiteres glauben. Als man um das Jahr 2010 über die Möglichkeit der Stationierung amerikanischer Patriot-Raketen in Polen zu sprechen begann, explodierte in ganz Russland eine sorgfältig vorbereitete und gesteuerte Hysterie: Polen wolle Russland vernichten! Ich war damals in Petersburg und fühlte, wie es um mich von Stunde zu Stunde kälter wird. Mir bekannte Russen sagten nichts, aber ich spürte ihre vorwurfsvollen Blicke, hörte den geänderten Sprechton und das Flüstern hinter meinem Rücken. Sie verdrängten, dass die „Patriots" erst mal virtuell waren und die intensive Aufrüstung der Kaliningrad-Enklave in gleichzeitiger Wirklichkeit stattfand. Die Russen sind immer unschuldige Opfer, niemals Henker. Setzt man sich mit ihnen zum Vodka zusammen, dann muss das erste Toast immer „auf den Frieden" ausgebracht werden, denn diese Amerikaner, ja sie machen wieder … Und versuchen Sie mal, ihnen zu sagen, dass sie doch nach der Gründung der Sowjetunion außer von Hitler – mit dem sie ja eine Zeitlang verbündet waren – von niemand angegriffen worden sind; dafür sie: jawohl! 1939 Angriff auf Polen und Finnland, 1956 Budapest, 1968 Prag

---

40 Wiktor Pelewin: Generation „P". Berlin 2000, S. 131f.

und 1979 Afghanistan. Heute okkupieren die russischen Truppen einen Teil der Ukraine, aber die meisten Russen leben im permanenten Bedrohungszustand, den die Medien schüren. Die Message kostet keine Denkanstrengung: wir mussten die „Sonderoperation" starten, denn die ukrainischen Truppen, von den Amerikanern unterstützt, würden sonst Russland angreifen. Jetzt, nach dem 24. Februar, können wir dank der Weisheit unseres Präsidenten erleichtert aufatmen – die Okkupanten haben den Winterpalast und/oder Kreml nicht erobert und stolzieren nicht im Rhythmus des Allerheiligenmarsches auf dem Newski Prospekt und/oder dem Roten Platz herum.

Am 21. April 2022 strahlte NEXTA Live ein halbminütiges Fragment über den Abschied einer Russin von ihrem in der Ukraine gefallenen Sohn aus. Ich zitiere den Soundtrack:

Und was die Sonderoperation in der Ukraine angeht, so möchte ich sagen, dass wir uns, mein Mann und ich, sofort mit einverstanden erklärt haben. Wir haben erfahren, dass Wowa eingezogen wird. Wir sind stolz auf ihn und werden es immer sein. Wir sind zusammen mit unserem Russland, mit unserem Präsidenten. Wladimir Wladimirowitsch Putin schätzen wir sehr und sind stolz auf ihn. Wir sind stolz auf unser Volk, auf unsere Soldaten, auf unsere russische Armee. Und wir beugen uns nicht vor dem Westen, wir bekommen keine Angst. Das [was?] macht uns mutiger ..."[41]

Es fällt auf, wie gewandt die den Wowa (Verkleinerung von Wladimir) beweinende Mutter den obligaten Neusprech beherrscht. Nach dem Überfall auf die Ukraine (gleich nach der Beendigung der Olympischen Spiele und nach dem von allen Russen gefeierten Tag des Vaterlandsverteidigers, den man dort allgemein als Tag des Mannes begeht) verbat die Zensur, vom „Krieg" zu sprechen. Man konnte nur von der „Spezialoperation" („спецоперация"; irgendein Witzbold schlug eine Neuausgabe des bekannten Tolstoischen Roman unter dem aktualisierten Titel: *Spezialoperation und Frieden* vor) schreiben und sprechen, deren Ziel es sei, die in der Ukraine unterdrückten Russen zu verteidigen. *Nowaja gaseta* seligen Andenkens half sich heroisch folgendermaßen:

---

41 https://www.youtube.com/watch?v=gEzKoeHoFZE (Zugang: 21.04.2022).

Aber den Leuten, die Entscheidungen treffen, sagte ich, dass das Heuchelei ist. Sie erübrigt sich. Das ist doch […] [das durch die russische Zensur verbotenes Wort], den ihr für gerecht hält? Dann nennt ihn […] [das durch die russische Zensur verbotenes Wort] – […] [das durch die russische Zensur verbotenes Wort] gerecht aus der Sicht der Behörden."[42]

Das Ergebnis, dem Leser zuzuzwinkern war, dass die Nowaja ihr Erscheinen einstellen musste.

In die russische Mentalität ist „die Gier nach dem Leiden" fest eingeschrieben, in der russischen Kultur ist „moralischer Masochismus und Leidenskult" allgegenwärtig".[43] Sergei Medwedew bemerkte hierzu:

Die Überzeugung der Russen, dass das Leiden einen Wert an sich darstelle, steht sowohl in der Tradition der Kirche […] als auch der jahrhundertelangen Tradition der Sklaverei, der frommen Anbetung des Leviatans: des Staates, der Verachtung des individuellen Lebens, der bodenlosen und zur bürgerlichen Tugend erhobenen Duldsamkeit. Es sei hier an den berühmt-berüchtigten, durch Stalin ausgebrachten Toast am 24. Mai 1945 auf dem Empfang aus Anlass des Sieges über Deutschland erinnert: „Für die Duldsamkeit des russischen Volkes!" Die Erfahrung des durch den Staat sanktionierten Leidens geht nicht in gesellschaftliche Aktivität über, sondern verflüchtigt sich nur in den verschiedenen Formen der Kultur: in der bodenlosen russischen Sehnsucht, im uferlosen russischen Lied und in der bewusstlosen russischen Sauferei […].[44]

Bestimmt werden nicht alle vom Mönch Filoteus und dessen Idee „Moskau als Drittes Rom" gehört haben, wenige haben das Werk des Panslawismus-Ideologen Nikolai Danilewski Russland und Europa (1869) gelesen, aber die Mehrheit weiß, dass die Russen ein auserwähltes Volk seien. Wladimir Medinski, damals Kultusminister der Russischen Föderation, teilte 2012 einem russischen Blatt in San Francisco in einem Interview freudig mit, dass sich das russische Volk durch ein zusätzliches Chromosom auszeichne. Es

---

42 Nowaja Gazeta 04.03.2022. https://novayagazeta.ru/articles/2022/03/02/my-soputstvuiushchii-ushcherb (Zugang: 31.03.2022).

43 S. Medwedew, wie Anm. 5, S. 142.

44 Ebenda., S. 291.

war wohl als Metapher beabsichtigt, ging aber dumm aus.[45] Die Mehrheit der Russen ist bereit, Aktivitäten zu unterstützen (auch militärische), die eine imperiale Politik realisieren. Begleitet wird diese Haltung, schreibt Pastuchow, von der Überzeugung, das Recht zu haben, Kriege zu führen und der „Rehabilitierung des Krieges" als Norm im Entscheiden von Konflikten und einer nietzscheanischen (hier überschätzt der Forscher maßlos das Bildungsniveau der Kreml-Ideologen) „Apotheose des Stärkekultes".

Großmachtwahn verbindet sich untrennbar mit Überlegenheitsgefühl. Jedes Volk kennt Witze über die Nachbarn, und die Russen haben sie auch – über die Polen, Tschuktschen und Ukrainer. Letztere werden meistens als gutmütige willenlose Dummköpfe dargestellt. Als 2014, nach dem russischen Überfall, ukrainische Gastarbeiter bei uns erschienen, machten sich die Russen über sie lustig. Ein russischer Bekannter fragte mich: „Was machen sie denn bei euch?" – „Alles", antwortete ich, „die Männer renovieren Häuser, die Frauen putzen, arbeiten in den Läden, pflegen ältere Leute, genauso wie die Polinnen in Deutschland oder Holland. Meistens verrichten sie einen Job unter ihrer Qualifizierung, ein typisches Underemployment." Darauf er: „Keine Russin, die auf sich achtet, würde es wagen, fremde WCs zu reinigen, selbst gegen Entgelt. Eine Ukrainerin schon, sie sind halt so. Eine Russin – niemals."

Nach dem russischen Überfall auf die Ukraine schrieb der hervorragende, in Berlin lebende Schriftsteller Sergei Lebedew einen Essay über den „russischen postimperialen Rassismus", dem die „Schwarzen" (Kaukasusbewohner, offiziell: „Personen kaukasischer Nationalität" – die vulgäre gängige Bezeichnung zitiere ich lieber nicht) und „Gelben" (Gastarbeiter hauptsächlich aus Tadschikistan und Usbekistan) zum Opfer fallen.

> In bezug auf die Völker der Ukraine und Weißrusslands funktioniert ein anderer Rassismus, dem Paternalismus, der sowjetische Ethos der „Familie der Nationen" zugrunde liegt. Ukrainer und Weißrussen gelten als nahverwandte, „brüderliche" Nationen, die aber in dieser konstruierten familiären Hierarchie irgendwie um eine Stufe niedriger stehen. Sie sind wie Russen, nur niedriger. Jünger als wir. Nicht ganz selbständig. Sie haben sich dem Alter nach hinzusetzen.[46]

---

45 https://www.bbc.com/russian/rolling_news/2013/01/130121_rn_medinsky_usa_interview (Zugang: 29.03.2022).

46 Sergei Lebiediew: Rosja jest państwem rasistowskim. To nie zniknie z odejściem Putina. Gazeta Wyborcza, 04.03.2022, S. 16.

Für die Russen war das Jahr 1991, also der Zerfall der Sowjetunion, ein Trauma. Mit dem Verlust von Estland, Litauen und Lettland hätten sie sich noch abgefunden; sei's drum! sie sind letzten Endes doch nicht ganz unser. Aber Slawen? Die Ukrainer? Kleinrussen? Wir sollten doch zusammenhalten. Iwan Iljin – derjenige, der von einer orthodoxen Monarchie träumte und den der Herr Präsident in den Mußestunden zu lesen pflegt – polemisierte seinerzeit gegen Tolstoi, der darauf bestand, dass „man das Böse nicht mit Gewalt bekämpfen sollte". Der Titel des Buches von Iljin sagt ja alles: *Vom gewaltsamen Widerstand gegen das Böse* (Berlin 1925). Und Putin nahm sich diese Lehre zu Herzen. Gegen die Ukraine zog er unter dieser Losung ins Feld und beutete skrupellos ähnliche gesellschaftliche Emotionen aus wie Hitler, als der 1938 aufbrach, um das Sudetenland „heimzuholen": „wir wollen unsere Landsleute verteidigen", „unsere Landsleute verlassen wir nie in Not". Und bei dieser Gelegenheit räumen wir gleich mit den Banderowcy und Nazisten auf.

Pastuchow bemerkte treffend, dass Russland immer, unter jeder Fahne, der Ukraine das Recht verweigerte, einen eigenen Staat zu gründen. Die Ukraine ist nämlich (u.a. für die Euroasiaten und die Neoeuroasiaten um Alexander Dugin, Solschenizyn und die Nationalisten) der Heilige Graal, ohne den die Bildung eines wahren Imperiums unmöglich sei. Das heutige Russland hat sich nie mit dem Verlust der Ukraine abgefunden. Ihre „Heimholung" ist also die Messe wert und auch das Abenteuer einer „Spezialoperation".[47] Putins Minimalplan ist, in Kiev einen prorussischen Präsidenten und eine Marionettenregierung zu installieren; der Maximalplan ist der Anschluss: es bieten sich hierfür zwei gar nicht schlechte Szenarien: das eine vom Jahre 1938, das andere von 1939.[48] In den letzten Jahren „hat der Kreml die Ukrainer erfolgreich dehumanisiert", so Agnieszka Bryc.

> Putin stellt die ukrainische Identität in Frage und bezeichnet die Regierung in Kiev als „Regime" oder „Nazijunta", die die Kleinrussen (Ukrainer) regiert. Den Feind benannte er also direkt. Und der Feind ist ja kein Mensch. Die Propaganda unterhält nur das Hassfeuer und schürt es an. Die Ukrainer sind also lediglich „swolocz" (Gesocks), es gibt da keine Vaterlandsverteidiger, nur ‚Ukrofaschisten', von denen man die Nachbarn Russlands befreien muss. In

---

47 Pastuchow, wie Anm. 24.

48 https://www.dw.com/ru/viktor-erofeev-zar-pazan-otorval-donbass-ot-ukrainy/a-60884743 (Zugang: 31.03.2022).

den orthodoxen Kirchen beten die Gläubigen für Putin und ‚mutige Befreier', der Hass ist also sakralisiert.[49]

Der tobende Krieg löste eine Diskussion über den postkolonialen Charakter der russischen Kultur und über die Haltungen der Schriftsteller (u.a. von Puschkin, Gogol, Dostojewskij, Bulhakow, Solschenizyn und Brodsky) aus, die „vom Virus des Imperialismus, der Vorstellung vom ‚besserem Alter' der russischen Sprache und deren daraus resultierenden Rechte angegriffen waren".[50] Ich teile nicht die kategorische Behauptung Lebedews, dass „der russische Krieg gegen die Ukraine auch den moralischen und humanistischen Zusammenbruch der russischen Kultur darstellt".[51] Der russischen Mentalität und den moralischen Autoritäten hat dieser Krieg die Rechnung ausgestellt.

Die Haltungen und Meinungen der erwähnten Schriftsteller sind seit alters her bekannt, und nur das jetzige Kampfgewühl hat sie an die Oberfläche unseres Gedächtnisses wieder befördert. Auch Brodskys Gedicht *Auf die Unabhängigkeit der Ukraine*. [Vgl. in diesem Band den Beitrag „Brodsky, Puschkin und Putin" von Karol Sauerland. Anm. d. Hg.]

Nach dessen erster Lektüre war ich traurig wie eine Meerespromenade nach der Urlaubssaison. Das hatte ich von Brodsky, dem Nobelpreisträger, nicht erwartet, aber noch oft werde ich auf dessen *Große Elegie für John Donne* zurückgreifen. Chauvinistische Gedichte Puschkins *An die Verleumder Russlands* und *Der Jahrestag von Borodino* schmerzen mich, aber *Eugen Onegin* begeistert mich immer aufs Neue. Kompromittierende weltanschauliche, politische oder ethische Positionen der Autoren, ihre Phobien können nicht die *Toten Seelen* und den *Revisor*, *Die Dämonen* und die *Brüder Karamasow*, *Die weiße Garde* und den *Meister und Margarita*, *Archipel GULAG* und *Ein Tag im Leben des Iwan Denissowitsch* zum Vergessenwerden verurteilen.

---

49 Agnieszka Bryc: „Zaczystki" są specjalnością Rosjan. To nie faszyzm, tylko rusizm. Polityka, 05.04.2022, https://www.polityka.pl/tygodnikpolityka/swiat/2161007,1,zaczystki-sa-specjalnoscia-rosjan-to-nie-faszyzm-tylko-rusizm.read (Zugang: 27.04.2022).

50 S. Lebiediew, wie Anm. 46, S. 17.

51 Ebenda.

Ich bin mit Leszek Szaruga einverstanden:

> Man kann natürlich nicht sagen, die ganze russische Kultur ist imperial; aber sogar solche Heroen der russischen Literatur wie Nikolai Gogol, den wir als Systemkritiker lesen, schreckten nicht davor zurück, den Machthabern zu huldigen. Es unterliegt auch keinem Zweifel, dass in vielen Fällen diese Identifizierung mit dem imperialen Russland den Künstlern nicht nur Genugtuung bot, sondern sie auch mehr oder weniger bissige Arroganz gegen Fremde demonstrieren ließ, insbesondere gegen die vom Russland unterjochten Völker. Man denke nur an Brodskys Verhältnis zur Ukraine.[52]

Selber habe ich meine private Theorie, die im großen und ganzen so lautet: Jeder, sogar der liberalste der liberalen Russen, wird eines Tages mit der Wand konfrontiert, die er nicht durchbricht (etwa die heutigen Relationen mit der Ukraine). Deshalb haben wir immer gewisse Themen in unseren Petersburger und Breslauer Gesprächen mit tabuistischem Schweigen übergangen – zur Zufriedenheit beider Seiten. Deshalb erlebte ich damals die Enttäuschungen nicht, die ich heute erlebe, wenn ich Worte der Unterstützung für Putin von Leuten lese, denen ich sie nie zugetraut hätte. Zum Beispiel von Ewgeni Rejn, dem Freund von Brodsky. Natürlich, man kann sagen, er ist 90 Jahre alt und könnte womöglich nicht gewusst haben, was er unterschreibe. Aber schon Sergei Schnurow, Leader der legendären Gruppe „Leningrad", weiß durchaus, was er schreibt.

Mit Entsetzen las ich den Text seines neuen Liedes *Eintritt verboten!*, aus dem hervorgeht, dass der Westen unter dem Deckmantel der Sanktionen den Genozid an den Russen begehe, er morde sie wie die Nazis die Juden. Man könnte meinen, jemand, der unabhängig denkt, der sich in der Welt umgesehen hat, würde der Propaganda nicht auf den Leim gehen. Und doch … Mein gestriges Idol landete im tiefsten Keller: „Nun, den Russen ergeht es jetzt in Berlin wie den Juden Anno 1940." – „Europäer, sag mal, wie das ist, schweige nicht: der Russe ist für euch – der neue Jud. Man sollte uns alle im Ofen verbrennen." – „Ich schreie entsetzt: Schufte! Sie führen den Völkermord in Raten ein." – „Russen und Hunden Eintritt verboten." Im Clip begleiten Schnurow zwei Herren mit aufgenähten Davidsternen auf den Hemden.

---

52 Leszek Szaruga: Rosyjski kompleks ukraiński, https://angelus.com.pl/2016/09/leszek-szaruga-na-niepodleglosc-ukrainy/ (Zugang: 27.03.2022).

Moment mal, meine Schuld. Ich habe übersehen, dass im Februar 2020 der ehemalige Punk Schnurow in die „liberal-konservative" „Wachstums-Partei" aufgenommen wurde, die vier Jahre früher vom ehemaligen Mitarbeiter Putins, Boris Titow, gegründet wurde, dessen Vermögen 2006 auf über eine Milliarde Dollar geschätzt wurde. Es war auch die Administration des Präsidenten gewesen, die für die Aufnahme des damals noch kontroversen Künstlers in die Wachstums-Partei Druck machte. Nach einigen Monaten schon bekleidete Schnurow den Posten eines der neun Mitvorsitzenden der Wachstumsleute. Wiederum auf Initiative des populären Schauspielers Wladimir Maschkow (der selbstverständlich auch auf den Luschniki anwesend war und ein Gedicht von Fiodor Tjutschew deklamierte) wurde an der Fassade des Moskauer Theaters Oleg Tabakows das riesengroße Banner mit dem Buchstaben Z befestigt. Der Künstler erklärte: „Ich bin stolz, dass dieses Symbol für das Vaterland heute auf der Wand unseres Theaters erschienen ist, das Symbol für unsere Armee, für unseren Präsidenten, für das Leben unserer Kinder ohne Nazis und Banderowcy."[53] Seine Tochter Maria fügte hinzu, dass der Vater sie um die Rückkehr aus den USA gebeten habe (wo sie ohne Zweifel Schutz vor den Nazis und Banderowcy suchte), damit sie „zusammen mit ihrem Volk" sei. Das Niveau der Verdummung dieses Volkes ist unvorstellbar.

Die schweigende Mehrheit flüchtet sich in Autismus, schützt sich im Kokon des Nichtsehens, Nichtsagens und Nichthörens, „um im heutigen Russland zu überleben. Diese Mehrheit engagiert sich heute nur am sorgfältigen Schutz ihrer Sphäre des psychischen Komforts vor allen negativen Informationen, vor allem vor allen umstürzlerischen Gedanken (und manchmal vor allen Gedanken überhaupt)."[54] Leider bedeutet das (auch seitens der gebildeten Leute) ein Sich-Verschließen vor selbständiger Welterkundung. Ihr – übrigens sehr begrenztes – Wissen (sogar über die nächsten Nachbarn, und sei es Polen) formt die stumpfe TV-Propaganda. Heute ist es der Staat, der für sie denkt.

Früher dachte ich, die Russen würden sich ändern. Jetzt weiß ich, dass ich falsch gedacht habe. Sie werden sich nicht ändern, jedenfalls nicht zu meinen Lebzeiten. Nicht nur der Überfall Putins auf die Ukraine und sein Autokratismus bekräftigen mich darin, sondern auch kleine Episoden.

---

53 https://punnja.livejournal.com/433939.html (Zugang: 06.05.2022).

54 W. Pastuchow, wie Anm. 14.

Einmal wurde ich zur Brünner Universität zu Vorlesungen für die Studenten der russischen Philologie eingeladen. Auch viele Russen studierten dort. Eine der Vorlesungen widmete ich den polnisch-russischen Beziehungen. Ich bemühte mich, das Thema in seiner Komplexität aufzurollen. Nach der Vorlesung kam eine junge Russin auf mich zu und sagte: „Sie mögen die Russen nicht." Sie ließ sich auf keine Diskussion ein, sie bezog sich darauf, was ich im Detail sagte – ihre einzige Reflexion war, dass ich ihr Volk nicht möge. Ich antwortete ihr: „Nein, mir geht es nicht so sehr um die Russen, sondern um Russland als Staat." Heute würde ich das vermutlich nicht mehr sagen, weil wir wohl inzwischen alle verstehen, dass die Russen eine Emanation dieser russischen Imperialität sind. Es ist kaum wahrscheinlich, dass sie sich jemals ändern werden. Von Zweifeln, die mich hierbei ständig begleiten, legt der Titel meines Blogs: *From Russia with(out) Love* ein beredtes Zeugnis ab.

Um allen Missverständnissen vorzubeugen: Ich weiß, dass wir in jedem autoritären oder totalitären System immer zehn Gerechte finden würden, die gegen jedwede gesellschaftliche Dressur immun sind, die unkorrekt denken, anders sprechen und über unerwünschte Themen schreiben. In Russland war es schon immer so – und es ist heute auch nicht anders. Am 5. März 2022 protestierten 17 Autoren im Portal „Meduza" und in den Spalten seriöser europäischer Blätter gegen den Überfall auf die Ukraine und appellierten:

Als Schriftsteller wenden wir uns an alle, die Russisch sprechen. An Menschen aller Nationalitäten. An Muttersprachler. An all jene, für die Russisch eine zweite oder dritte Sprache ist. Das spielt jetzt keine Rolle.
Heute wird die russische Sprache vom russischen Staat benutzt, um Hass zu schüren und den schändlichen Krieg gegen die Ukraine zu rechtfertigen.
Amtliche Medien verheimlichen das Ausmaß der Aggression. Das russische Volk wird seit vielen Jahren mit Lügen abgespeist. Die unabhängigen Informationsquellen sind fast vollständig zerstört worden. Die Opposition ist zum Schweigen gebracht worden. Die staatliche Propagandamaschine arbeitet mit aller Kraft.
Gerade jetzt ist es wichtig, den russischen Bürgerinnen und Bürgern die Wahrheit über die russische Aggression gegen die Ukraine zu offenbaren. Über das Leiden und die Verluste des ukrainischen Volkes. Über Zivilisten, die angegriffen und getötet werden. Über die Gefahr für den gesamten europäischen Kontinent. Und möglicherweise – angesichts der nuklearen Bedrohung – für die gesamte Menschheit.

Sie haben eine gemeinsame Sprache. Das ist wichtig. Bitte nutzen Sie alle Kommunikationsmittel. Telefon. Messenger. E-Mail. Erreichen Sie die Menschen, die Sie kennen. Erreichen Sie Menschen, die Sie nicht kennen. Sprechen Sie die Wahrheit aus. Wladimir Putin ist blind und taub, vielleicht hören die Menschen in Russland auf diejenigen, die ihre Sprache sprechen.

Dieser ungerechte Krieg muss gestoppt werden. #SkipPutin. Sprechen Sie mit den Russen. (Vladimir Sorokin, Svetlana Alexievich et al., 5.3.2022)

Vladimir Sorokin, Svetlana Alexievich, Lyudmila Ulitskaya, Dmitry Glukhovsky, Victor Shenderovich, Maria Stepanova, Sergei Lebedev, Liza Alexandrova-Zorina, Sascha Filipenko, Alisa Ganieva, Viktar Martinowich, Maxim Osipov, Alexander Genis, Lev Rubinstein, Alexander Ilichevsky, Mikhail Shishkin.[55]

Einige Nobelpreisträger für Literatur – Herta Müller, Elfriede Jelinek, Olga Tokarczuk, John Maxwell Coetzee – unterstützten diese Initiative. Puschkin, nebenbei gesagt, hätte sich ob solchen Laufs der Dinge abgestoßen gefühlt. „Natürlich", schrieb er am 27. Mai 1826 an Pjotr Wiasemskij, „verachte ich mein Vaterland von Kopf bis Fuß, aber es schmerzt mich, wenn ein Ausländer dieses Gefühl mit mir teilt."[56]

Wesentlich mehr riskierten für westliche Medien anonyme Moskauer oder Petersburger, die gegen Krieg (seltener: gegen Aggression) protestierten. In ganz Russland wurden über Zehntausend Menschen verhaftet. Einigen in Moskau verhafteten Mädchen gelang es, Handys in die Zellen zu schmuggeln und die Verhöre aufzunehmen. *Nowaja Gaseta* publizierte Mitschnitte. Sie sind grausig. Einschüchterung. Drohungen mit Foltern. Das Verhalten dieser jungen Frauen, meistens Studentinnen, berührt einen zutiefst. Die Polizisten sind brutal, aggressiv, vulgär – und die Frauen schweigen oder wiederholen wie ein Mantra zwei Worte.

Wer hat dich über diese Demonstration informiert? – fragt der Verhörende.
Und das Mädchen: Artikel 51.
So werden wir uns also unterhalten? – empört sich der Polizist.
Und sie: Artikel 51.

---

55 https://meduza.io/feature/2022/03/05/mezhdunarodnoe-obraschenie-pisateley-po-povodu-voyny-k-tem-kto-govorit-na-russkom-yazyke (Zugang: 11.04.2022).

56 https://rvb.ru/pushkin/01text/10letters/1815_30/01text/1826/1378_195.htm (Zugang: 02.04.2022).

Was arbeitest du?
Artikel 51.
Studierst du?
Artikel 51.

Und so weiter. Die Verfassung der Russischen Föderation, wie übrigens die sowjetische zu ihrer Zeit, ist selbstverständlich die „fortschrittlichste" in der Welt. Alles ist darin enthalten, was die Menschheit begehrt. Der zitierte Artikel 51 schreibt vor:

1. Niemand ist verpflichtet, gegen sich selbst, gegen seinen Ehegatten oder gegen nahe Verwandte, deren Kreis durch Bundesgesetz bestimmt wird, auszusagen.
2. Durch Bundesgesetz können andere Fälle des Zeugnisverweigerungsrechts festgelegt werden.[57]

Du wählst also den Artikel 51?! – brüllt der Ermittler – dann sage ich Dir wie das Leben eines solchen Mädels wie du nach der Verurteilung aussieht! Und beginnt zu beschreiben, was sie im Gefängis oder in der Strafkolonie erwartet.
Und sie dreist: Artikel 51.
Ich bewundere sie.
Ich bewundere ihre Leidensgenossinnen. Versuchen wir mal, uns die Atmosphäre in einem solchen Verhörzimmer vorzustellen. Die meisten von ihnen gerieten wohl zum ersten Mal in ihrem Leben in eine solche Situation. Aber geben wir uns auch keinen vorschnellen Illusionen hin: es gibt nicht viele solcher Mädchen. Es werden keine Millionen von Russen auf die Straßen hinausströmen, um gegen Putin zu protestieren. Vor zehn Jahren protestierten anfangs 100.000 Leute auf dem Bolotnaja-Platz gegen die Manipulationen an der Verfassung. Später waren es nur 30.000, die niedergeknüppelt wurden, und die Proteste gingen zu Ende. Jetzt wird der Druck größer, seit dem 6. März darf die Polizei jeden auf der Straße anhalten, nach dem Handy und Passwort verlangen und überprüfen, welche Nachrichten und von wem darin enthalten sind. Ein Internetuser höhnte, Russland sei wieder hinter den Chinesen, weil sie „Handys haben, die selber ihre Besitzer anzeigen".

---

57 Verfassung der Russischen Föderation, www.constitution.ru/de/ (Zugang: 11.10.2022).

Ich bewundere (und meine Bewunderung lässt nicht nach!) das Oberste Gericht der Republik Mordowien, das „den Antrag der Nadeschda Tolokonnikowa [Pussy Riot] auf eine bedingte Strafaussetzung ablehnte [...]. Nach der Meinung der Richter verdiene sie nicht eine vorzeitige Entlassung, weil sie die Teilnahme am Wettbewerb ‚Miss des Charmes' ablehnte, der in der Strafkolonie Nr. 14 in Mordowien organisiert wurde. Ihr Betragen kann man demnach nicht als ‚tadellos' befinden."[58]

Ich bewundere Pastuchows Sinn für Humor, der sich in seinen Konzepten des Neuen Russlands manifestiert. Utopisch wie sie sind, zeugen sie von der heiligen Einfalt des Herrn Professors und dessen totaler Loslösung von der Putinschen Matrix. Vom Russland (also: von wem?) erwartet er eine „ideologische Lustration", das Verbot aller Ideen, die Terror rechtfertigen, die Durchführung einer strengen Antiklerikalisierung und die „konsequente" Dekommunisierung (nicht: Destalinisierung). „Scheint Ihnen das wirklichkeitsfremd zu sein? Heute – ja. Morgen wird das geschehen."[59]

Ich bewundere russische Sicherheitsdienste für die Popularisierung der Ideen Wildes (besonders des Aphorismus, dass das Leben die Kunst nachahme) und Orwells. In der russischen Wirklichkeit steht das dortige „Verteidigungsministerium" als Newspeak in nichts dem „Friedensministerium" des Engländers nach. Einer der Demonstranten wurde verhaftet, weil er ein Exemplar von *Krieg und Frieden* in den Händen hielt, der andere, weil er ein leeres A-4-Blatt Papier vor sich hinhielt; man konnte auch wegen des Zitats aus 1984: „Krieg ist Frieden" verhaftet werden.

Welche Zukunft wartet auf die jungen Rebellen? Im besten Fall – Emigration, im schlimmsten: das opportunistische Versinken in der Masse von Millionen der durch das Regime geformten Gemüter und blindes Gehorsam gegenüber dem Großen Bruder im Kreml. Aus diesem Funken lodert kein Feuer los. Die Oberhand gewinnen „Ordnung und Gehorsam" – auf de Custine ist immer Verlass –, „zwei Götzen der russischen Polizei und der Nation".[60]

Allein eine Revolution könnte Russland verändern, aber solange es Brot (und Kuchen) gibt, wird sie nicht ausbrechen. Die Sanktionen bewegen nichts in der Mentalität der Millionen. Irgendein Herr oder irgendeine Dame

---

58 S. Medwedew, wie Anm. 5, S. 172.

59 Pastuchow, wie Anm. 24.

60 Astolphe de Custine: Listy z Rosji. Rosja w 1839 roku. Gdańsk 2001, S. 27, https://docer.tips/astolphe-de-custine-listy-z-rosji.html (Zugang: 15.04.2022).

werden ihre beliebten Spielzeuge verlieren (Jacht, Chanel-Produkte usw.). Schon seit längerer Zeit erprobt Russland das Leben nach dem Leben (mit dem Westen). Jetzt sind die Chinesen am wichtigsten, die jede Menge Öl, Gas und die ganze sibirische Taiga kaufen. Wladimir Sorokin publizierte 2006 den Roman *Der Tag des Opritschniks*, in dem er eine Vision präsentierte, die jetzt Wirklichkeit wird: die Russen haben darin eine Mauer errichtet, die sie vom westlichen Europa trennt. Kontakte pflegen sie nur zu den Chinesen, wieder regiert der Zar, seine Kinder lernen für alle Fälle Chinesisch. Das ist eine Projizierung der Angst, die die Russen seit dem Anfang des 20. Jahrhunderts verfolgt: die Bedrohung durch die gelbe Rasse. Vermutlich ist das eine Spur der Knechtschaft vor Jahrhunderten. Putin ist vom Geschehen in China begeistert. Er möchte einen ähnlichen Lebensstandard in Russland haben. Er wünscht sich auch Russland als IT-Macht. Freilich soll der wirtschaftlichen Freiheit ein politisches Regime übergestülpt werden. In China hat sich das bewährt, in Russland wird es eher im Fiasko enden.

Präsident Reagan soll nach der Amtsübernahme zwei Kommissionen gebildet haben, die Szenarien möglicher Entwicklungen im Imperium des Bösen entwickeln sollten: die eine, die sich aus hohen Beamten des State Department und des Department of Defense zusammensetzte, und die andere, aus unabhängigen Analytikern und bekannten Sowjetologen bestehend, die von Richard Pipes geleitet wurde. Die erste Kommission kam nach der Diagnostizierung der russischen Politik zum Schluss, das System sei gealtert und komme in die Zerfallsphase, nach der es eine Wende Richtung westliches Modell geben werde. Diejenigen, die ihrer Analyse die kommunistische Ideologie zugrunde legten, kamen zu einem weniger optimistischen Ergebnis: Der Kreml werde nach wie vor auf eine Konfrontation zusteuern und dessen greise Führer würden immer unberechenbarer werden. Ein weiteres Mal mehr zeigte sich, dass die Pessimisten recht behielten.

Ich bin Pessimist.

Aus dem Polnischen von Marek Zybura

Karol Sauerland

Erlebte Ostpolitik

Das Wort Ostpolitik verbindet man in Deutschland im allgemeinen mit Willy Brandts Kniefall und dem Spruch „Wandel durch Handel" bzw. „Wandel durch Annäherung", wie es Egon Bahr formulierte. Ich gehöre zu denjenigen, die diese Ostpolitik gleichsam vom ersten Tag, dem 7. Dezember 1970, als der Bundeskanzler vor dem Warschauer Ghetto-Denkmal niederkniete, bis in die Gegenwart hinein miterlebten. Es begann mit einer unvergesslichen Nacht vom siebten zum achten Dezember mit Günter Grass und Siegfried Lenz, die Brandts Mannschaft begleiteten. Drei Stunden lang ging es im Gespräch darum, ob der Kniefall spontan erfolgt oder das Ergebnis eines Kalküls gewesen sei. Eine Antwort darauf gibt es bis heute nicht, obwohl Brandt erklärt hat, es sei spontan erfolgt. Doch Tiefenpsychologie ist sein Ding nicht, auf Vorgeschichten mag er nicht eingehen. Er verrät nichts über seine Vorkriegsverbindungen mit Bundisten, d.h. Mitgliedern des Allgemeinen Jüdischen Arbeiterbunds. In einem Artikel hierzu[1] habe ich zu zeigen versucht, inwieweit Brandt innerlich mit dem polnischen Judentum verbunden war und ob er auch ein Zeichen gegen das polnische antisemitische Jahr 1968 setzen wollte.

Die volkspolnische Regierung hat medial so getan, als hätte es den Kniefall nicht gegeben. Nur die jiddische *Folks Sztyme* brachte auf der zweiten Seite die bekannte Fotografie „Willy Brandt kniend vor dem Ghetto-Denkmal". Erst nach der sogenannten Wende erfuhr die polnische Bevölkerung offiziell, was da am 7. Dezember 1970 überraschend geschehen war.

*

Ein kritisches Verhältnis zur deutschen Ostpolitik setzte 1981 in Polen ein, als die Solidarność-Bewegung nicht nur von Einzelpersonen und kleineren Grup-

---

1 „Brandts Kniefall. Beobachtungen und Einschätzungen eines Zeitzeugen. Eine unvergessliche Nacht". In: http://www.kas.de/wf/doc/kas_29815-1522-1-30.pdf?120110145002, S. 55–79.

pierungen sich Unterstützung erhoffte, sondern auch von offizieller Seite aus dem demokratischen Westen. Doch dort, speziell in der Bundesrepublik, überwogen die skeptischen und warnenden Stimmen, abgesehen von den immer wieder ausgesprochenen Vorurteilen, dass die Polen nun einmal ein anarchisches Volk seien, sie mit dem Feuer zu spielen lieben. Damit war die drohende sowjetische Intervention gemeint. In meinem Tagebuch habe ich in dem Solidarność-Jahr kaum eine Nachricht aus westdeutschen Zeitungen und Wochenblättern zitiert oder kommentiert, obwohl ich sie immer wieder in Warschau oder bei meinen Konferenz- und Vortragsreisen lesen konnte. Ich fand in ihnen offensichtlich keine bemerkenswerten Analysen oder Voraussagen. An einer Stelle notierte ich, dass Ludwig Zimmerer, der in jenen Tagen der objektivste Berichterstatter war, mir auf einem Empfang in der bundesdeutschen Botschaft am 21. Mai 1981 gesagt hatte: „er verstünde von Polen gar nichts mehr, und beschäftige sich daher mit Romantik", lese deswegen Maria Janions Buch *Romantyzm. Rewolucja. Marksizm.* „Er habe den Eindruck", mit dieser Lektüre „begreife er mehr. Der Marxismus habe wohl völlig falsch den Idealismus verstanden, noch dazu den aktivistischen in Polen".[2] Wir sprachen Polnisch miteinander, zumal einige des Deutschen nicht Mächtige zugegen waren. Janusz Onyszkiewicz, mein Mathematikkollege aus den 1960er Jahren, der gerade zum Pressesprecher der Solidarność ernannt worden war, bestätigte, dass es für Ausländer, womit er vor allem englischsprachige meinte, schwer sei, Polen zu verstehen. Jemand in der Runde warf ein: selbst Michail Suslow, enger Mitarbeiter Breschnews, habe bei seinem Aufenthalt in Polen immer weniger verstanden, „er sei weniger klug abgereist, als er angekommen war". Das war natürlich ironisch gemeint.

Ludwig Zimmerer war 1956 als erster bundesdeutscher Korrespondent nach Polen gekommen. Er wollte ursprünglich nur einige Wochen in Warschau bleiben, kam dann jedoch von diesem Land nicht mehr los. Durch seine Freundschaft mit zahlreichen Polen und Polinnen bekam er einen guten Einblick ins aktuelle Geschehen, aber irgendwie war ihm die polnische Geschichte mit dem immer wieder aufkommenden Widerstand fremd. Der Rückgriff auf die Romantik war nicht das Falscheste. Wenn er nicht nach Einführung des „Kriegsrechts" am 13. Dezember 1981 einem Schlaganfall unterlegen gewesen wäre – die Internierung seiner zweiundzwanzigjährigen

---

2 Karol Sauerland: *Tagebuch eines engagierten Beobachters*. Dresden 2021, S. 117 f.

Tochter muss ihn schwer getroffen haben –, hätte er sicher in der Auseinandersetzung mit Janions Buch *Romantyzm. Rewolucja. Marksizm*, zu dessen Lektüre er sich, wie er mir sagte, gerade entschieden habe, neue Erkenntnisse über den Charakter Polens gewonnen.[3] In seinen Berichten für deutsche Rundfunkanstalten, vor allem für den WDR, gab er, wie ich es heute noch im Ohr habe, ein lebendiges Bild von dem, was sich in Polen ereignete. Ohne jede Ironie. Er nahm die Akteure der Solidarność einfach ernst, wenngleich ihm einiges unheimlich erschien. Vielleicht las er deswegen Janion, die ja vom Unheimlichen als Nachwirkung der Romantik fasziniert war. Die Gegenwart lasse sich gerade durch einen Rückblick auf die Romantik besser begreifen.

Am 14. Juli 1981 hörte ich Barbara Coudenhove-Kalergi im Wiener Rundfunk sagen, das polnische Wunder sei geschehen, der Parteitag der Polnischen Kommunisten finde nun doch statt. Ich monierte in meiner Aufzeichnung, es sei nicht das einzige polnische Wunder der letzten Zeit und dachte vor allem an das Wunder der greifbaren Existenz von Solidarność.

Der Parteitag war kein termingerechter, sondern ein außerordentlicher. Sein siebentägiger, anstatt dreitägiger Verlauf wurde im Westen breit kommentiert, zumal die Wahlen der Delegierten nicht nach Plan verlaufen waren. 90% waren Neulinge. Und zum ersten Mal in der polnischen kommunistischen Parteigeschichte wurde der Erste Sekretär in geheimer Wahl eruiert. Aber trotz dieser demokratischen Neuerungen siegte der konservative Flügel, was vorerst kaum wahrgenommen wurde. Eine Woche später, als der Parteitag zu Ende gegangen war, vermerkte ich: „Jaruzelskis Rede war unerhört scharf. Er ging fast auf Konfrontation aus, obwohl die Rede als reformfreundlich interpretiert wird." Ich hatte hier die deutschen und österreichischen Kommentare im Auge. Deren Autoren und Autorinnen glaubten, es werde nun zu keiner Konfrontation kommen. Partei und Solidarność werden sich zusammenraufen.

Als etwas Einzigartiges empfand ich, dass das Parteigeschehen in Solidarność-Kreisen kaum wahrgenommen wurde. Man traute der Partei nichts mehr zu. Ihre Art zu regieren, schien eine gestrige zu sein, etwas diametral Entgegengesetztes zu den neuen Versuchen, quasi basisdemokratisch zu

---

3 Das Buch war 1972 in Danzig erschienen. Es sorgte in den folgenden Jahren für allerlei Aufregung.

Entscheidungen zu kommen. Von der Mehrheit der Bevölkerung wurde die Partei *nota bene* als Handlanger Moskaus angesehen.

Im Herbst 1981 hatte mich Jochen Greven, den ich vom Fischer-Taschenbuch-Verlag her kannte, als Leiter der Kulturabteilung des Deutschlandfunks, zu einer Diskussion mit Mitarbeitern nach Köln eingeladen. Sie waren zahlreich erschienen. Ich sollte über Polen berichten, was ich gern tat. Es ging lebhaft zu, aber es endete zu meiner Verwunderung, ja zu meinem Ärger, mit einem großen Lob für Mieczysław Rakowski, den langjährigen Chefredakteur der Wochenzeitung *Polityka*, ausgesprochen von mehreren Beobachtern der osteuropäischen Szene. Sie erkannten nicht, dass er als stellvertretender Ministerpräsident in der Jaruzelski-Regierung zu einem Hardliner geworden war, wenn auch angenehm im Umgang. Seine Linientreue konnte ich meinen Gesprächspartnern jedoch nicht klarmachen. Meine Verwunderung über ihre Rakowski-Begeisterung legten sie dahingehend aus, dass ich kein Realist sei, Realpolitiker nicht verstehe.

Daran war etwas Richtiges, hatte ich doch in der Nacht vom 9. zum 10. Oktober anlässlich eines Zusammentreffens von Warschauer und Ostberliner Germanisten notiert:

Siegfried Streller sprach über den Schicksalsgedanken bei Schiller und Kleist. Diskutierte u.a. über Schillers Idealismus: unterstrich die Wichtigkeit der Rolle des Bewußtseins einer inneren Freiheit. Durch die Souveränität des Ichs kann sich der Mensch von den psychisch-geistigen Unterdrückungsmechanismen despotischer Regime befreien und somit seine Widerstandskraft entwickeln. Trifft Engels' dumme Interpretation zu, die platte Misere würde durch die überschwängliche ersetzt?

Das war so ganz der Zeitgeist, von dem sich die Polen in der Solidarność-Bewegung lenken ließen. Für das westliche Ausland waren sie überschwänglich. Dort wartete man in anderer Weise auf den entscheidenden Schritt der Machthaber, auf das Ende des scheinbaren Schreckens, der Infrage-Stellung des Status-quo.

Am 13. Dezember schlug das Jaruzelski-Regime, wie wir es in Solidarność-Kreisen nannten, zu. Das sogenannte „Kriegsrecht" bzw. der Kriegszustand (*stan wojenny*) wurde eingeführt. Panzer fuhren auf. Hunderte von Solidarność-Aktivisten wurden verhaftet.

An diesem Tag weilte Helmut Schmidt als Gast von Erich Honecker im Schloss Hubertusstock am Werbellinsee. Er hatte am frühen Morgen von der

Einführung des „Kriegsrechts" in Polen erfahren. Einige Stunden später wurde er von einem Journalisten gefragt, wie er dazu stehe. Die Antwort war mehr als diplomatisch:

> Wir haben im Hinblick auf die deutsche Verantwortung für den Zweiten Weltkrieg in besonderer Weise Anstrengungen nötig, der beiderseitigen Friedenspflicht zu entsprechen. Wir haben heute Morgen über die jüngsten Ereignisse in der Volksrepublik Polen gesprochen. Wir hoffen beide, dass es den Polen gelingt, die sich in Konflikt miteinander bewegenden Kräfte des polnischen Volkes zu Einigungen zu führen. Wir halten an dem Grundsatz strickt fest, uns nicht einzumischen.

Schmidt sprach langsam, als ringe er nach Worten. Er schaute mehrmals nach oben, als käme von dort eine Eingebung. Das Überraschende war, dass er in den vier Sätzen das Wesen der Ostpolitik zusammenfasste. Sie sei, weil man sich für den Ausbruch und die Verbrechen des Zweiten Weltkriegs verantwortlich fühle, Friedenspolitik, sprich Duldung der unverantwortlichen Unterdrückungspolitik der Sowjetunion, mehr noch, Zurückweisung von Freiheitsbewegungen, wie sie sich in Solidarność manifestierten.

Schmidt fuhr nach dieser Erklärung zusammen mit Honecker nach Güstrow ins Barlach-Museum, begab sich nicht nach Bonn, wie es, angesichts der außerordentlichen Situation zu erwarten gewesen wäre. In der abschließenden Pressekonferenz vergaß er nicht zu betonen, dass man Vertrauen zueinander gewonnen habe.

Die entschiedenere amerikanische Reaktion auf die Ausrufung des „Kriegsrechts" in Polen stellte für ihn ein typisches Beispiel von Medienabhängigkeit dar, wie er in seinem Buch *Menschen und Mächte* von 1987 bemerkte. Als er am 4. Januar 1982 mit Reagan zusammentraf, wunderte er sich, dass die „Ereignisse in Polen" für den amerikanischen Präsidenten „bei weitem das wichtigste Thema" bildeten, obwohl es „vielerlei Gesprächsstoff" über anderes gegeben hätte. Aber das Fernsehen habe „in seiner Berichterstattung aus Danzig und Warschau" eine so heftige Erregung in der amerikanischen Nation ausgelöst,[4] dass Reagan nicht anders – d.h. nicht so wie Schmidt – hätte reagieren können. Es wäre falsch gewesen, wenn Westeuropa den amerikanischen Embargowünschen gegenüber Polen gefolgt

---

4 Helmut Schmidt: Menschen und Mächte. Bd. 1. Berlin 1987, S. 302.

wäre. Das hätte „bei den freiheitsliebenden Polen Hoffnungen wecken [...] und sie verleiten [können], im Vertrauen auf amerikanische oder westliche Hilfe ihr Leben und jedenfalls ihre persönliche Freiheit aufs Spiel zu setzen [...]."[5] Washington würde natürlich schnell „zu der Erkenntnis gelangen [...], die ganze dramatische Anstrengung sei aussichtslos. Man würde die Sache im Sande verlaufen lassen und durch ein neues fernsehgerechtes Thema ersetzen". Er, Helmut Schmidt, wollte sich an „einer solchen würdelosen Inszenierung, die schließlich zu Lasten der polnischen Freiheitsbewegung, zu Lasten der Menschen gehen mußte, [...] nicht beteiligen".[6] Am Ende schreibt er in seinen Erinnerungen:

Ich habe hier die Kontroverse über die zweckmäßige ‚Antwort' des Westens auf die Unterdrückung der polnischen Freiheitsbewegung deshalb so ausführlich geschildert, weil sie auf charakteristische Weise den möglichen Konflikt zwischen Fernsehdemokratie und politischer Ratio beleuchtet.

Die Worte „Fernsehdemokratie", womit die USA förmlich abgefertigt werden, und „politische Ratio" muss man sich auf der Zunge zergehen lassen. Schmidt meint die Ratio Jaruzelskis, nicht die der friedlichen Solidarność-Bewegung. Er tut so, als wären deren Bestrebungen nicht im Interesse Polens gewesen. Zufrieden fährt er fort:

Zwar hat sich in diesem Fall die Vernunft durchgesetzt; alle amerikanischen Maßnahmen wurden später ziemlich sang- und klanglos beendet, ohne daß die Lage in Polen sich grundlegend geändert hätte. Aber solche Konflikte können und werden sich wiederholen. Selbst in diesem Falle der Konfliktbeilegung durch gleitflugartige Revision des emotionalen Standpunktes hat sich die Ratio keineswegs auch im Bewußtsein der Beteiligten durchgesetzt. Weder das Gros der amerikanischen Medien noch die Administration haben sich eingestanden, daß die in Jalta vorgenommene Teilung Mitteleuropas in zwei Einflußsphären (oder in eine westliche Einflußsphäre und einen östlichen Machtblock) nicht durch Fernsehansprachen, große Gesten und anschließende kleine Maßnahmen aufgehoben werden kann.[7]

---

5 Ebenda S. 306.

6 Ebenda.

7 Ebenda S. 313 f.

Die aktive Verurteilung der ‚Konfliktbereinigung' erscheint Schmidt als ein Zeichen der Ermunterung für weiteren Protest, der ihm, dem Rationalisten, sinnlos erscheint. Interessant ist an diesen Ausführungen allerdings, daß Schmidt hier von polnischer Freiheitsbewegung spricht, obwohl er überhaupt nicht an Freiheitsbewegungen glaubt. Es ist ein rhetorisches Einsprengsel, das ihm dazu dient, nicht als prinzipieller Gegner von Souveränitätsbestrebungen der Polen zu erscheinen. Aber es geht ihm nicht um einen Polen- oder gar Freiheitsdiskurs, sondern um die Diskreditierung aller Bewegungen, die den Status quo in Frage stellen. Er scheut sich nicht davor, ein Stereotyp einzusetzen: nämlich das der ‚freiheitsliebenden Polen'. Dass es diese als solche gar nicht gibt, weiß er nur zu gut, er hätte ja Jaruzelski mit dazu rechnen müssen. Es gibt eben auch die unterwürfigen Polen. Das Stereotyp dient Schmidt dazu, einen Diskurswechsel zu erzwingen bzw. den problembezogenen Diskurs, dass die Ordnung von Jalta zerbrechen muss, zu desavouieren.

*

Ähnlich wie Helmut Schmidt reagierten die Teilnehmer der „Berliner Begegnung zur Friedensförderung", die Stephan Hermlin in Absprache mit Kurt Hager, dem SED-Chefideologen, organisiert hatte. Sie wurde ausgerechnet am Tag der Einführung des „Kriegsrechts" eröffnet.[8] Zum ersten Mal seit langer Zeit war es zu einer relativ harmonischen Begegnung deutschsprachiger Schriftsteller aus Ost und West, d.h. aus der DDR, der Bundesrepublik, Österreich und der Schweiz gekommen. Hermlin zeigte großes Geschick. Unter dem

---

8 Es ist anzunehmen, dass diese Begegnung als ein Gegengewicht zu dem, was sich in Polen tat, gedacht war. Selbst der Termin war so zufällig nicht gewählt. Ein Vorschlag, sie auf den Januar 1982 zu legen, wurde von Kurt Hager, Stephan Hermlin und Konrad Wolf abgelehnt (siehe hierzu Marion Brandt: Für eure und unsere Freiheit? Der Polnische Oktober und die Solidarność-Revolution in der Wahrnehmung von Schriftstellern aus der DDR. Berlin 2002, S. 363). In der germanistischen Literatur wird dieser Kontext nur selten wahrgenommen. Man ist froh, dass nach langer Zeit wieder einmal Deutsche mit Deutschen gesprochen haben. In diesem Geist schreibt Katrin Löffler: „Das Treffen, dessen Bedeutung in der Begegnung zwischen Ost und West lag, war eine beeindruckende Vermittlungsleistung." (Systemumbruch und Lebensgeschichte. Identitätskonstruktionen in autobiographischen Texten ostdeutscher Autoren. Leipzig 2015, S. 39).

Deckmantel der Friedensförderung konnten Diskussionen über das aktuelle politische Geschehen abgeblockt werden. Am Ende des zweiten Tags kam zwar Kritik an der Veranstaltung, der „Gesprächsführung und Rhetorik" auf,[9] so dass versucht wurde, etwas Spannung in die Debatte zu bringen, indem Interventionen erlaubt wurden. Günter Grass machte davon Gebrauch. Er hob mit dem Satz an: „Es war ja vorgesehen, daß wir auch, um das Gespräch zu beleben, eingreifen können", hinzufügend: Das Gespräch „gleitet so langsam ins Deklamatorische" ab, um dann mit den Worten fortzufahren:

> Ich glaube, daß die meisten von uns, während wir hier über den Frieden diskutieren, [...] Sorge haben um das, was in Polen geschieht. In Polen ist das Kriegsrecht verhängt. In Polen herrscht Ausnahmezustand. In Polen ist verhaftet worden. Ich weiß natürlich und spreche es laut aus, im Westen und in meinem Lager, daß das kein vereinzeltes Verhalten der Sowjetunion im Gebrauch ihrer Macht oder im Falle Polens innerhalb des Warschauer Paktes ist [...].[10]

Nach einem Zwischenruf, man verstehe nichts, setzte er etwas versöhnend fort, der Osten und Westen befinde sich in der Krise, die Sowjetunion verhalte sich nach außen quasi imperialistisch, das täte sie, weil sie sich in Bewegungslosigkeit befinde.

Trotz Grassens gewundener Ausdrucksweise fragte Alexander Abusch, Mitglied des ZK der SED und Ehrenpräsident des Kulturbundes der DDR, in scharfen Worten:

> Warum hat Günter Grass nichts gesagt, daß in Polen, mit genauer Angabe des Tages, aufgefordert und organisiert wurde, die rechtmäßige Regierung gewaltsam zu stürzen? Wie würde sich jede andere Regierung verhalten?[11]

Die Frage blieb unbeantwortet. Grass wollte offensichtlich die gute Atmosphäre nicht weiter stören.

---

9 Ebenda S. 365.

10 Berliner Begegnungen zur Friedensförderung. Protokolle des Schriftstellertreffens am 13./14. Dezember 1981. Der vollständige Text aller Beiträge aus Ost und West, Darmstadt und Neuwied 1982, S. 133 f.

11 Ebenda S. 134.

*

Während ich mich nach Aufruf des „Kriegsrechts" in einer Wohnung aufhielt, wo mich niemand vermutete, um mich einer womöglichen Verhaftung zu entziehen, vernahm ich am 19. Februar 1982 im Rundfunk, den ich mit Kopfhörer hörte, um nicht von Nachbarn in dem Hochhaus vernommen zu werden, dass Herbert Wehner nach Warschau gekommen sei. Er soll missgelaunt aus dem Zug gestiegen sein und gesagt haben, die „Behandlung ist säuisch". Im Schlafwagen habe es kein Wasser gegeben, noch dazu war er schmutzig. Ich kommentierte: Das ist die Folge davon, wenn der Flugverkehr wegen angeblicher Kriegsgefahr eingestellt ist.[12] Drei Tage später hörte ich im Radio einen Bericht über Wehners Warschaubesuch. Ein Korrespondent fragte ihn über die Gespräche, ob er etwas für die Lockerung des „Kriegsrechts" habe tun können. Wehner reagierte hierauf furchtbar erregt: „Ich lasse mich nicht examinieren. Mein ganzes Leben habe ich für die deutsch-polnische Freundschaft eingesetzt." Mit diesen Sätzen endete der Bericht. Ich konnte nur bemerken:

> Der ehemalige Kommunist hat vergessen, daß die Freundschaft zwischen den Völkern nicht identisch ist mit der zwischen Regierungen. – Der polnische Rundfunk nützt seinen Besuch bereits als eine Art Anerkennung der Junta aus. – Wehner soll in dem (von der Zensur gekürzten) Interview, das Ryszard Wojna mit ihm führte, gesagt haben, daß es nicht gut wäre, wenn die Militärs alles übernehmen würden. Die Falken sind weder im Osten noch im Westen gutzuheißen. Das Militärregime scheint ihm nicht ganz geheuer zu sein. [...] – Warum entdecken die Sozialdemokraten gerade jetzt ihre Freundschaft zu Polen (dem offiziellen)? – Wehner hat nicht den Kontakt zu Wałęsa oder einem frei herumlaufenden Solidarność-Mitglied gesucht.[13]

Für seine Rückreise bekam er einen Sonderwagen mit vier Dienern. Nun musste er nicht mehr sich „saumäßig" behandelt fühlen.

*

---

12 Siehe Tagebuch eines engagierten Beobachters, wie Anm. 2, S. 291.

13 Ebenda S. 292 f.

Am 6. Dezember 1985 traf Willy Brandt in Begleitung u.a. von Egon Bahr in Warschau ein, um am nächsten Tag des 15jährigen Jahrestags seines Kniefalls vor dem Ghettodenkmal zu gedenken. Für den Widerstand, die Opposition, wie er im Westen benannt wurde, war es insofern eine große Enttäuschung, da man erwartet hatte, dass sich der Friedensnobelpreisträger von 1971 mit dem von 1983, d.h. Lech Wałęsa, treffen wird, zumal dieser eine Einladung nach Danzig ausgesprochen hatte. Brandt zeigte sich verhindert. In seinen *Erinnerungen* erklärt er in einem eigenartig klingenden Satz:

> Ich habe 1985 den „offiziellen" Besuch in Warschau nicht mit einem Abstecher nach Danzig verbinden können, wohin mich Walesa eingeladen hatte, doch mit einer Reihe seiner Mitarbeiter beraten können.[14]

Mit den Mitarbeitern meinte er u.a. Tadeusz Mazowiecki, den er im Klub Inteligencji Katolickiej (Klub der Katholischen Intelligenz) in Gesellschaft anderer getroffen hatte. In der Begleitung von Brandt befanden sich auch Egon Bahr und Eugen Selbmann. Rakowski bemerkt in seinem Tagebuch, Bahr habe den Eindruck gewonnen, dass diese Oppositionellen nur sich selber sehen. Selbmann war zurückhaltender. Er verwies darauf, dass sie einen Dialog mit den Regierenden verlangen würden. Rakowski entgegnete, ein solcher sei im Augenblick nicht möglich.

Am nächsten Tag verabschiedete Rakowski die bundesdeutsche Delegation auf dem Flughafen. Brandt hatte sich kurz zuvor noch mit Kardinal Glemp getroffen. Das Gespräch sei interessant gewesen, ließ er Rakowski wissen, und fügte hinzu: „Er ist noch nicht Mitglied der kommunistischen Partei, aber er steht euch nah."[15] wie Rakowski notierte. Die Deutschen seien schockiert gewesen, zu hören, wie Glemp über die Opposition und den in Polen bestehenden Untergrund dachte.[16] Solidarność würde immer weniger unterstützt werden, so der Kardinal, weswegen sie immer radikaler wer-

---

14 Willy Brandt: Erinnerungen. Frankfurt am Main, Berlin ⁵1990, S. 473.

15 Mieczysław Franciszek Rakowski: Dzienniki polityczne 1987–1990. Bd. 10. Warszawa 2005, S. 336 (die Übersetzungen ins Deutsche stammen von mir – K.S.).

16 Im Untergrund erschienen um diese Zeit vor allem Informationsblätter, Aufrufe und offiziell verbotene Literatur. Man sprach mittlerweile von einem zweiten Umlauf. Es entstand eine Konkurrenz zu den offiziellen Nachrichten und Meinungsäußerungen.

de. Er soll sich auch kritisch über die polnischen Sendungen von Radio Freies Europa geäußert haben.[17]

In seinen *Erinnerungen* geht Brandt nur auf das Treffen mit Jaruzelski und seiner Frau, Barbara Jaruzelska, ein, das am „Sonntagvormittag" stattfand. Letztere lobt er für ihr ausgezeichnetes Deutsch. Ich kannte sie gut, war sie doch längere Zeit meine Kollegin am Warschauer Germanistischen Institut, bis sie zum Institut für Angewandte Linguistik überwechselte. Brandt lobt Jaruzelski als einen Patrioten „bis in die Fingerspitzen", er sei „auch nicht die Andeutung servil gegenüber den großen Nachbarn im Osten".[18] Er bedauert, dass die Sozialistische Internationale, deren Vorsitz er innehatte, den General nicht anerkannte, dass man mit den Genossen nicht „differenziert" über ihn argumentieren konnte.[19] Brandt vermochte nicht zu begreifen, dass Jaruzelski im vorauseilenden Gehorsam das „Kriegsrecht" eingeführt hatte. Es hätte auch andere Auswege gegeben.[20]

Eine gute Woche später unterhielt ich mich mit dem Schweizer Botschafter, Paul Stauffer, über Brandts Besuch. Er teilte meine Meinung, dass es peinlich war. Er fügte hinzu, peinlich sei es u.a. deswegen gewesen, daß es sich um einen Besuch auf Parteiebene gehandelt habe, während der Vertrag 1970 auf Regierungsebene unterzeichnet wurde. Brandt habe nicht der Versuchung widerstanden, den alten Ort des Höhepunkts seiner Laufbahn noch einmal zu besuchen. Er habe sich daher wie eine Primadonna von der hiesigen Führung umgarnen lassen. Sogar der bundesdeutsche Botschafter habe es schwer gehabt. Besonders aktiv hätten sich Orzechowski und Rakowski gezeigt, die ja beide recht gut deutsch sprechen.[21]

---

17 Rakowski, Dzienniki, wie Anm. 15, S. 336.

18 Brandt, Erinnerungen, wie Anm. 14, S. 472.

19 Ebenda S. 473.

20 Der Solidarność-Bewegung drohte mittlerweile die Aufteilung in zwei Lager, ein Ruf nach Parteien wurde laut. Solidarność hatte seit den Ereignissen in Bydgoszcz ihre ursprüngliche Durchschlagskraft verloren, so dass die Möglichkeit, Kompromisse zu finden, größer denn je war. Hinzukam, dass die Sowjetführung im Dezember 1980 beschlossen hatte, nicht zu intervenieren, was sie zwar geheim hielt, insbesondere den polnischen Genossen gegenüber, aber ein kluger Politiker hätte erkennen können, dass sich der „Große Bruder" nach der Intervention in Afghanistan Ende 1979 keinen zweiten Konfliktherd leisten würde.

21 Marian Orzechowski war Mitglied des Politbüros und Außenminister.

In der Untergrundpresse wurde Brandt ob seines fehlenden Mutes, sich mit Wałęsa zu treffen, getadelt, aber auch in den deutschen Medien fanden sich kritische Worte. Daraufhin gab er im März 1986 Horst Ehmke, dem außenpolitischen Sprecher der SPD-Bundestagsfraktion, einen persönlichen Brief an Wałęsa mit. Ehmke fuhr über Warschau, wo er im Hotel übernachtete, nach Danzig. Der polnische Geheimdienst durchsuchte in dessen Abwesenheit das Gepäck, wo er Brandts Schreiben fand, wie wir bei Rakowski nachlesen können. Dieser notierte in seinem Tagebuch am 8. März 1986:

> Der Geheimdienst hat gestern den Brief eingesehen und mir [eine Fotokopie – K.S.] geschickt. Das Dokument hat den Vermerk streng geheim. Brandt schrieb den Brief, da er nach seinem Besuch am 7. Dezember von den Rechten stark kritisiert wurde, dass er sich nicht mit Wałęsa getroffen hatte. Das ist also ein Schritt die Innenpolitik betreffend. Der Brief ist sehr gemäßigt. Weder Solidarność noch Gewerkschaft werden genannt. Zu Beginn ist die Rede von der Verständigung zwischen beiden Völkern, die Anerkennung der Westgrenze, „Sie sollten, sehr geehrter Herr Wałęsa wissen [...], dass die endgültige Anerkennung der Grenzen die Grundlage guter Beziehungen und ihrer erfolgreichen Entwicklung sind." Das klang wie eine Belehrung. Weiter geht es um das Genfer Treffen, über den Zusammenhang zwischen Entspannungspolitik und den Schutz der Menschenrechte, aber ohne den Aufsetzer, dass es in Polen damit nicht bestens bestellt ist. Am Ende: „Ehmke wurde in Danzig geboren, vielleicht schafft dieser Besuch eine Gelegenheit zu intensiven Gesprächen mit Ihnen und Ihren Freunden."[22]

Rakowski findet, Brandt habe die peinliche Situation gut gemeistert. Er hätte hinzufügen können, man sieht, dass die deutsche Sozialdemokratie keinerlei Interesse für die Bestrebungen nach nationaler Selbständigkeit hegte. Es ging ihr nur um die Festigung des Status quo. Das war auch der Sinn sozialdemokratischer Ostpolitik.

Rakowskis Notiz berührte mich insofern persönlich, als eine Kollegin mich kurz vor Eintreffen Ehmkes in Warschau gefragt hatte, ob ich mich mit ihm treffen wolle. Sie kannte ihn gut, dolmetschte wohl für ihn. Ich sagte zu,

---

22 Mieczysław Franciszek Rakowski: Dzienniki polityczne 1984–1986. Bd.9. Warszawa 2005, S. 369 f.

aber er ließ mich wissen, dass etwas dazwischengekommen sei, vielleicht war es das im voraus nicht geplante Treffen mit Rakowski.

*

Es kam das Jahr 1989. Sowohl Willy Brandt als auch Helmut Schmidt erklärten, sie hätten mit einem Mauerfall nicht gerechnet. Punktum. Sie gingen nicht in sich, um sich zu fragen, warum sie solch radikale Veränderungen nicht in ihre Gedankenwelt mit einbezogen hatten. In Kreisen, in denen ich verkehrte, fragte man sich seit Jahren, was für die Sowjetunion gefährlicher werden wird: der Wirtschaftsverfall oder die nationalen Bewegungen nicht nur an den Rändern des Imperiums, d.h. in Osteuropa, sondern auch im Land selber, in den nichtrussischen Sowjetrepubliken. Brandt schreibt in den *Erinnerungen*, er habe einiges getan, damit Geremek einen Pass erhält, aber er rühmt sich nicht, mit ihm gesprochen zu haben. Man hat den Eindruck, dass die führenden deutschen (und nicht nur deutschen) Politiker gänzlich auf einverständliche Gespräche mit jenen interessiert waren, die im jeweiligen Machtapparat etwas zu sagen hatten. Bei offiziellen Besuchen in westeuropäischen Ländern ist es dagegen üblich, sich auch mit den Vertretern der Opposition zu treffen.

*

Helmut Schmidt hat zwar die Wiedervereinigung recht schnell als Faktum anerkannt, sogar Helmut Kohl für seine zugreifende Art gelobt, verblieb aber im Großraumdenken, Denken in Machtblöcken – Völkerrecht und Menschenrechte spielten da eine Nebenrolle –, was an dem wirklich hanebüchenen Interview mit BILD im Mai 2014 zu erkennen ist, in dem es um den sogenannten Ukrainekonflikt ging.

BILD: Nachbarländer wie Polen wünschen sich von uns Deutschen eine stärkere Führungsrolle in dem Konflikt. Zu Recht?

Schmidt: Es ist verständlich, dass die Polen sich das wünschen, sie sehen uns heute als starken und friedfertigen Nachbarn. Aber Frau Merkel tut gut daran, diesem Ruf nicht zu folgen sondern zurückhaltend zu bleiben, um die Lage nicht zu verschärfen.

BILD: Auch die Kanzlerin droht Moskau mit schärferen Sanktionen. Sie sind dagegen, warum?

Schmidt: Diese Sanktionen bringen nichts und führen bloß zur Forderung nach noch schärferen Sanktionen. Und wenn die nicht wirken, verlangt jemand verstärkte Rüstung. Und dann landen wir am Ende beim Krieg mit Waffen.

BILD: Der Westen sollte also darauf hoffen, dass Putin die Ostukraine militärisch verschont?

Schmidt: Nein. Aber die Politik des Westens basiert auf einem großen Irrtum: dass es ein Volk der Ukrainer gäbe, eine nationale Identität. In Wahrheit gibt es die Krim, die Ost- und die West-Ukraine. Die Krim, einst Land der Tataren, kam erst in den 50er Jahren durch ein „Geschenk" des russischen Staatschefs Chruschtschow zur Ukraine. Die West-Ukraine besteht größtenteils aus ehemaligen polnischen Gebieten, allesamt römisch-katholisch. Und die Ost-Ukraine, überwiegend russisch-orthodox, liegt auf dem Gebiet der Kiewer Rus, dem einstigen Kerngebiet Russlands. Das scheint der Westen nicht zur Kenntnis nehmen zu wollen.

BILD: Für diese Thesen wurden sie unlängst von vielen Seiten als „Putin-Versteher" kritisiert, auch von BILD. Bleiben sie dabei: Unsere Geschichte, der Überfall Hitlers auf Sowjetrussland verurteile Deutschland dazu, Putins Aggressions-Politik tatenlos zuzusehen?

Schmidt: Nein. Was mich verwundert, ist, dass manche der westlichen Politiker und viele Medien zurzeit ganz anders schreiben, als die Deutschen denken. Die Deutschen sind bei Weitem friedfertiger, als die Leitartikel in der WELT, der „Frankfurter Allgemeinen Zeitung", der BILD und auch in meiner eigenen Zeitung, der „Zeit". Ich habe mit großem Interesse verfolgt, wie zurückhaltend die Chinesen in dieser Frage reagieren. Ich würde uns Deutschen eine ähnliche Zurückhaltung empfehlen.

BILD: Aber sollen wir wirklich nur zusehen, wie Russland die Ukraine ins Chaos stürzt, weil es Unabhängigkeit will?

Schmidt: Ich bezweifle, dass das ganze Land das will. In den Gebieten um Charkow oder Donezk gibt es offenbar eine ganz andere Haltung, auch wenn man den Volksabstimmungen dort misstraut. Ich denke, man muss den Menschen in der Ukraine Zeit geben, sich selbst zu ordnen, ehe die EU oder Russland versuchen, den Staat an sich zu ziehen. Und zwar im Gespräch mit Russland und anderen Nachbarstaaten. Niemand soll resignieren, alle Beteiligten sollten Genf II unterstützen und dort gemeinsam nach Lösungen suchen.

BILD: Es war also richtig von Gerhard Schröder, sich mit seinem Freund in St. Petersburg zu treffen?

Schmidt: Ja, es gab keinen Grund dieses Treffen abzusagen. Schlimm wäre in der derzeitigen Lage, wenn persönliche Freundschaften zwischen Deutschen und Russen zu Bruch gingen!

BILD: Sie und Gerhard Schröder bleiben also dabei: Putin sucht den Frieden und den Ausgleich mit den Nachbarn?

Schmidt: Ich traue Putin nicht zu, dass er Krieg will. Und Europa sollte alles daran setzen, Russland in dieser Haltung zu bestärken, statt, wie die Regierung in Kiew oder mancher im Umkreis von US-Präsident Obama, vom 3. Weltkrieg zu schwätzen.

BILD: Wo sehen Sie die Ukraine am Ende dieses Jahres?

Schmidt: Nicht viel weiter als heute. Es wäre vermessen zu glauben, die Ukraine-Krise ließe sich binnen Jahresfrist beilegen.[23]

In ähnlicher Weise reagierten viele Deutsche, insbesondere Sozialdemokraten, auf den Überfall der russischen Truppen im Februar 2022, zumal die USA die Ukraine unterstützten und nach wie vor unterstützen.

*

Mein politisches Interesse für die Ukraine hat seine Wurzeln in den 1960er Jahren, als ich die in Paris erscheinende polnische Emigrationszeitschrift

---

23 https://www.bild.de/politik/ausland/helmut-schmidt/bild-interview-alt-kanzler-europa-ukraine-krise-35992408.bild.html (Zugang: 22.10.2022).

Kultura zu lesen begann, soweit sie mir zugänglich war. Sie widmete der Ukraine größte Aufmerksamkeit. Es ging bis zur Losung: Ohne Unabhängigkeit der Ukraine keine Unabhängigkeit Polens, so Jerzy Giedroyc, der Chefredakteur von Kultura. Dazu müssten die Polen aufhören, über den Verlust der Ostgebiete (*kresy wschodnie*) zu klagen, und vor allem die Existenz einer eigenständigen ukrainischen Kultur anerkennen. In diesem Sinn entschloss sich Giedroyc 1958, die später viel gerühmte Anthologie Розтріляне відродшення, (Wörtlich: die Erschießung der Renaissance) herauszugeben. In dieser Auswahl von Lyrik, Prosa- und Dramentexten für die Zeit von 1917 bis 1933 auf 979 Seiten wurde derjenigen gedacht, die in diesen Jahren eine eigenständige ukrainische Literatur zu schaffen suchten. In der Mehrzahl fanden sie kurz darauf den Tod durch Erschießung oder im Gulag. Es war ein Neuanfang, eine Renaissance, die wortwörtlich erschossen, hingerichtet wurde. Die Anthologie erweckte vor allem im ukrainischen Exil großes Aufsehen. Es gab sogar Stimmen, die ihrer Verwunderung Ausdruck gaben, dass diese Auswahl ausgerechnet in einem polnischen Exilverlag gedruckt worden war.

Im Mai 1977 erschien die von *Kultura* initiierte Deklaration in Sachen Ukraine („Deklaracja w sprawie ukraińskiej"), in der es heißt, dass die Polen, Tschechen und Ungarn nicht wirklich frei werden, wenn es nicht auch die Ukrainer, Weißrussen und Litauer werden. Im Polnischen hieß diese Idee UBL (Ukraine, Belarus und Litauen),[24] wobei der Schwerpunkt auf der Ukraine lag. Eine der Voraussetzungen war natürlich auch, dass man auf gegenseitige historische Ansprüche verzichtet. In Polen müsste beispielsweise anerkannt werden, dass Lemberg ukrainisch, Grodno weißrussisch und Wilno litauisch ist. Die Deklaration enthielt zugleich die Feststellung, dass auch Russland sich befreien, d.h. seine imperialen Bestrebungen aufgeben müsse. Als einen großen Erfolg sah man an, dass sich unter den Unterzeichnern dieser Botschaft Russen befinden.[25] Zwanzig Jahre später, im Mai 1997 erinnerte eine Ausstellung unter dem Titel „Kultura" – za Prymirennia („Kultura" – für die Unabhängigkeit) in Kiew an dieses Engagement.

Am 8. September 1981 setzte der erste Solidarność-Kongress ein ganz neues Zeichen von Ostpolitik, als nach einer relativ kurzen Debatte von der über-

---

24 Wegweisend hierfür war der Artikel „Polska Ostpolitik" (Polnische Ostpolitik) von Juliusz Mieroszewski in der Kultura 6/1973, S. 68–79.

25 Andrej Amalrik, Wladimir Bukowski, Natalia Gorbanewska, Wladimir Maksimow und Viktor Nekrassow gehörten zu den russischen Unterzeichnern.

wiegenden Mehrheit der fast tausendköpfigen Versammlung die „Botschaft an die Werktätigen Osteuropas" (Posłanie do ludzi pracy Europy Wschodniej) angenommen wurde:

> Als erste unabhängige Gewerkschaft in unserer Nachkriegsgeschichte spüren wir zutiefst die Gemeinsamkeit unserer Schicksale. Wir versichern entgegen den in euren Ländern verbreiteten Lügen, dass wir eine authentische, zehn Millionen Mitglieder betragende Organisation sind, hervorgegangen aus den Arbeiterstreiks. Unser Ziel ist es, für die Verbesserung der Lebensbedingungen aller Werktätigen zu kämpfen. Wir unterstützen diejenigen unter euch, die sich entschlossen haben, den schwierigen Weg des Kampfes für eine freie Gewerkschaftsbewegung einzuschlagen. Wir sind überzeugt, dass eure und unsere Vertreter bald zusammenkommen können, um gewerkschaftliche Erfahrungen auszutauschen.[26]

Hier brach der Geist der polnischen Tradition „Für unsere und eure Freiheit" (Za naszą i waszą wolność) durch,[27] ganz im Gegensatz zu der allseitig so hoch gelobten Realpolitik. Wer konnte sich damals schon vorstellen, dass keine zehn Jahre bis zur Möglichkeit der Gründung eigenständiger Organisationen in Osteuropa vergehen sollten.[28]

In diesen Herbstmonaten des Solidarność-Jahrs befürchtete man im Westen eher eine russische Intervention oder im damaligen offiziellen Sprachgebrauch eine Intervention der Warschauer Paktstaaten. Es war wohl kein Zufall, dass ich das Wintersemester 1981/82 mit einer Vorlesung über das Russlandbild von Karl Marx begann, wobei ich vor allem die von Karl-August Wittfogel 1980 bei Suhrkamp herausgegebenen *Enthüllungen zur Geschichte der*

---

26   Polen: „Euch den Winter, uns den Frühling", hg. von Peter Hüth u. anderen. Berlin 1982, S. 56.

27   Diese Losung erschien zum ersten Mal im Januar 1831, zur Zeit des Novemberaufstands, auf einer Fahne der polnischen Freiheitskämpfer – war die Übersetzung ins Russische auf der Rückseite.

28   Es ist fast ein Witz der Geschichte, dass der Anlass zur Formulierung der Danziger Botschaft an die Werktätigen Osteuropas der „Appell des Gründungskomitees der freien Gewerkschaften der UdSSR" aus dem Kreis Moskauer oppositioneller Arbeiter und Dissidenten vom August 1981 gewesen sein soll. Diesen Appell hatte kurz zuvor das illegal erscheinende Biuletyn Dolnośląski (Niederschlesische Bulletin) auf Polnisch abgedruckt.

Diplomatie im 18. Jahrhundert besprach. Diese Schrift war selbst in Kreisen von Marxkennern so gut wie unbekannt, obwohl Czesław Miłosz bereits in seinem 1959 in der Pariser Kultura-Bibliothek erschienenen Buch *Rodzinna Europa* (der Kiepenheuer & Witsch Verlag brachte es unter dem Titel *West- und Östliches Gelände* 1961 heraus) auf die französische Ausgabe von 1954 verwiesen hatte. Marxens These war, dass das tatarische Erbe des Zarenreichs nach wie vor lebendig sei. Es dulde an seinen Rändern keine demokratischen Staaten. Die endgültige Zerstörung der Adelsrepublik Polen nach der 3. Mai-Verfassung von 1791 sei in sich logisch gewesen. Im Grunde sei es dem Westen, speziell dem englischen Empire – so die These von Marx –, zu verdanken, dass das Moskauer Reich die Möglichkeit erhielt, sich zu einem so machtvollen Staat zu entwickeln, der es vermochte, Europas Geschicke von Grund auf zu beeinflussen. Geschehen sei es aus purem Eigeninteresse der Engländer und ihrer weitgehenden Unkenntnis. Eine Doktorandin, heute Professorin, sagte mir nach der Vorlesung, diese Ideen lägen jedem Polen, jeder Polin im Blut.

*

Mit Einsetzen der Wende, die am 4. Juni 1989 ihren symbolischen Anfang nahm, als Solidarność die sogenannten halbfreien Wahlen gewann – dass das Potential des Sieges von den Oppositionsführern nicht zu einem echten Neuanfang genutzt wurde, steht auf einem anderen Blatt –, mit der österreichungarischen Grenzöffnung am 11. September, dem Mauerfall am 9. November, dem Sturz des kommunistischen Staatschefs Bulgariens, Todor Schiwkows, am 10. November und der Samtenen Revolution in der Tschechoslowakei ihre Fortsetzung fand und mit der makabren Verurteilung von Ceausescu am 25. Dezember endete, richteten sich die Blicke mehr denn je auf die Sowjetunion. Wird sie zerfallen?

Einige Monate später, wir schrieben bereits das Jahr 1990, forderte Solschenizyn in seinem Manifest „Rußlands Weg aus der Krise", sich von den elf nichtrussischen Republiken zu lösen und stattdessen einen Slawischen Staat, bestehend aus Russland, der Ukraine, Belarus und den nördlichen Teilen Kasachstans, zu schaffen. Ich kommentierte dies damals mit den Worten:

Erfreut hat mich die Nachricht, daß Solschenizyn für eine Auflösung des Sowjetimperiums eintritt und die sowjetische Bevölkerung davon Kenntnis bekommt (wie zaghaft waren und sind doch die Worte der Mazowieckis gewesen, die vor Monaten noch an den Erhalt der Sowjetunion glaubten). Er scheint allerdings gegen die Unabhängigkeit der Ukraine zu sein. Reste eines blöden Panslawismus! Immerhin wird es in der Sowjetunion zu einer offeneren Diskussion kommen.

Es war die Zeit, in der Litauen und danach die beiden anderen baltischen Staaten sowie Georgien ihre formelle Unabhängigkeit erklärten.[29] Der im Westen so verehrte Gorbatschow und mit ihm die Sowjetspitze konnten dies nicht verknusen. Es kam erst einmal zu einem Rohstoffstopp, der aber wenig bewirkte, so dass am 11. Januar 1991 in Litauen sowjetische Spezialeinheiten einmarschierten, um die Republik wieder der UdSSR einzuverleiben, was aber nicht gelang. Bei der Verteidigung des Fernsehturms am 13. Januar durch die Litauer gab es vierzehn Todesopfer und über tausend Verletzte![30] Das litauische Parlament beschloss daraufhin für den 9. Februar ein Referendum abzuhalten. 85% waren für die Loslösung von der SU. Allerdings stimmten – zu meinem Bedauern – nur zehn Prozent der polnischen Litauer für die Unabhängigkeit. Die meisten von ihnen hatten am Referendum nicht teilgenommen. Sie fürchteten sich, in Zukunft vom Russischen – ihr Polnisch war meist gebrochen! – ins Litauische überwechseln zu müssen. Der polnische Sejm und Senat hatten sofort am 11. Januar Stellung genommen. Ihre Resolutionen wurden einstimmig verabschiedet. Es war so, als würden sie in eigener Sache agieren.

Gorbatschow, der offensichtlich nicht mit Widerstand gerechnet hatte, erklärte prompt, er habe von der Aktion nichts gewusst. Er tat so, als sei es eine Provokation gegen ihn gewesen. Ich wunderte mich bei der Lektüre deutscher Zeitungen nur ob ihrer Naivität. Sie schienen dem großen Mann in Moskau voll zu vertrauen.

An den recht zahlreichen Veranstaltungen, an denen ich zu Beginn der 1990er Jahre in der neuen Bundesrepublik teilnahm, stieß ich mit meinem Enthusiasmus für die Veränderungen im Osten auf weitgehendes Unverständnis. Die Furcht vor aufgehendem Nationalismus, der eiligst mit drohendem Faschismus gleichgesetzt wurde, ging um.

---

29 Litauen 11. März, Estland 30. März, Georgien 9. April, Lettland 4. Mai 1990.

30 Beim Sturm der sowjetischen Spezialeinheiten am 20. Januar auf das lettische Innenministerium in Riga gab es fünf Todesopfer.

Noch heute habe ich eine Konferenz, die Anfang November 1991 in Hannover stattfand, in bester Erinnerung. Die Sektion für nationale Fragen leitete Hans-Harald Nolte, Professor für osteuropäische Geschichte vor Ort. Für die Herausbildung der östlichen Staaten und deren Nationalismen brachte er nur wenig Verständnis auf. Die EG würde sich keinesfalls um Ostländer erweitern, erklärte er. Sie müssten sich selber untereinander organisieren, alle Versuche, sich auf die Wirtschaft im eigenen Staat zu verlassen, werden mit Misserfolg enden. Heute sei alle Ökonomie international strukturiert. Es klang wie: bleibt bei eurem Rat für Gegenseitige Wirtschaftshilfe (RGW), modernisiert ihn nur. Kurz nach unserer Auseinandersetzung trat eine Estin auf, die am Ende ihres Vortrags erklärte, dass hoffentlich ein Teil der Russen das Land verlasse, schließlich seien es Kolonisatoren oder gar Okkupanten. Wenn sie bleiben wollten, müssten sie in Kürze Estnisch sprechen können. Kopfschütteln war die Reaktion der Zuhörer.

Adolf Muschg hatte mich zuvor zum 16. Baden-Baden-Disput im Südwestfernsehen eingeladen, wo es um das Thema „Nationalismus. Eine Rückkehr einer Ideologie von gestern?" ging. Alfred Grosser, Michael Stürmer, Ernest Mandel und Antje Vollmer saßen in der Sechserrunde. Ich verstand mich mit ihnen recht gut, verlangte allerdings immer wieder, über konkrete Fakten, über die Nationen im Osten zu sprechen und das Positive an der Entwicklung in den neu entstandenen Staaten zu erkennen.

Meine Zufriedenheit ob dieser Talkshow wurde aber schnell durch eine Attacke gegen mich in der taz durchkreuzt. Ich und „die Grüne Antje Vollmer" hätten behauptet: „Das neue Denken für Europa komme aus dem Osten. Der Westen sei der Bösewicht, der die Kleinen unterdrücke und den Imperialismus befördere". Der Autor schließt mit den Worten:

Spannend war der Abend und lehrreich: Der Freiheit „natürlicher Platz" ist bei dieser Art Grünen und bei jener Sorte neuer Intellektueller aus Osteuropa mit Sicherheit nicht. Ein Europa der Nationalismen oder Regionalismen als Utopie: zum Davonlaufen.[31]

Der Artikel schreckte viele meiner Bekannten auf. Sie wollten wissen, wie denn das Gespräch wirklich verlaufen war. Der Autor dieser Besprechung ver-

---

31 die tageszeitung (taz) vom 05.11.1991.

stand nichts von dem, was sich wirklich im Osten tat, dass es sich um Befreiungsbewegungen handelte.

Ich stand unter dem Eindruck der nach dem Augustputsch erfolgten Unabhängigkeitserklärungen der einzelnen Sowjetrepubliken, die durch Referenden bestätigt und erhärtet wurden bzw. erhärtet werden sollten. Das Referendum in der Ukraine fand am 1. Dezember statt. Am nächsten Tag, nachdem ich erfuhr, dass eine große Mehrheit für die Unabhängigkeit gestimmt hat (90,3 %) und Polen sich beeilte, den Nachbarstaat anzuerkennen, notierte ich:

> Polen hat als erster Staat die Ukraine anerkannt, was mich freut. Man kann das natürlich auch bösartig interpretieren, daß Polen allzu großen Respekt vor dem großen Nachbarn hat (vor Litauen nicht), aber noch vor zwei Tagen hat Skubiszewski[32] so getan, als hätte Polen schon seit eh und je mit der Ukraine diplomatische Beziehungen.[33]

Ich könnte meinen Bericht über meine Beobachtungen zu all dem, was in die Ostpolitik gehört, bis heute fortsetzen, aber die Grundaussage würde sich nicht ändern: in Bezug auf Russland muss man stets aggressive Absichten der Kremlführung, welcher Couleur auch immer, mit in die eigene Politik einbeziehen. Der Brandtsche Kurs war nur für einen kurzen Zeitraum angemessen. Die Bedeutung der Ukraine für die europäische Ordnung hätte man nach der Orange Revolution 2004[34] und spätestens nach dem Euromaidan, der Revolution der Würde (Революція гідності), erkennen müssen. Es ist einfach ein Land mit zivilgesellschaftlicher Tradition!

---

32 Außenminister Polens.

33 Tagebuch eines engagierten Beobachters, wie Anm. 2, S. 530.

34 Romano Prodi, EU-Präsident, erklärte um diese Zeit, dass die Ukraine genauso viel Gründe habe, in die EU aufgenommen zu werden wie Neuseeland (deren Bewohner hätten ja eine europäische Identität), und Günter Verheugen meinte, dass wer für den Beitritt der Ukraine in die EU sei, auch dafür sein müsse, dass Mexiko in die USA aufgenommen wird. (Nach Mykola Rjabtschuk: Die reale und die imaginierte Ukraine. Essay. Frankfurt am Main 2005, S. 145 f.)

Wolfgang Stephan Kissel

Taras Ševčenko und Aleksandr Puškin als Gedächtnisorte.
Der Ukraine-Krieg 2022 und die Verflechtungsgeschichte
zweier Dichterkulte

I

Am 24. Februar 2022 haben russische Truppen einen Angriff gegen das gesamte Territorium der Ukraine begonnen.[1] Staatsführung und Armee gingen offensichtlich davon aus, die Ukraine innerhalb weniger Wochen militärisch besiegen und zur Annahme von harten Friedensbedingungen zwingen zu können, die den souveränen Nachbarstaat in einen russischen Satelliten verwandelt hätten. Doch die russische Armee stieß auf den erbitterten Widerstand nicht nur der regulären ukrainischen Armee, sondern auch der überwältigenden Mehrheit der ukrainischen Bevölkerung. Die Ukraine erfuhr zudem von Anfang an deutliche materielle und ideelle Unterstützung von den USA, der Europäischen Union und Großbritannien, außerdem verschärften die USA, die Schweiz, Großbritannien, die Europäische Union, Kanada, Australien und eine Reihe weitere Staaten die Sanktionen, die bereits nach der völkerrechtswidrigen Annexion der Krim 2014 verhängt worden waren, oder erließen neue Sanktionen. Betroffen sind russische Unternehmen, Institutionen und Privatpersonen.[2] Am 2. März verurteilte die Generalversammlung der Vereinten Nationen mit großer Mehrheit (141 Ja-Stimmen) die Aggression, aller-

---

1 Vgl. Gwendolyn Sasse: Der Krieg gegen die Ukraine. Hintergründe, Ereignisse, Folgen. München 2022, hier S. 93–105 sowie Manfred Sapper, Volker Weichsel (Hg.) (2022): Russlands Krieg gegen die Ukraine. Propaganda, Verbrechen, Widerstand (= Themenheft der Zeitschrift Osteuropa, Jg. 72, Heft 1–3). Berlin, S. 5–6.

2 Vgl. Sasse, wie Anm. 1, S. 99 sowie S. 110–112.

dings enthielten sich bedeutende Mächte wie Indien und China der Stimme. Russland reagierte auf den ukrainischen Widerstand mit dem Einsatz eines ganzen Spektrums von Gewaltaktionen auch gegen Zivilisten, gegen Frauen, Kinder, alte Menschen, die zunehmend Opfer von Kampfhandlungen oder gezielter Angriffe gegen zivile Einrichtungen, Schulen, Kindergärten, Krankenhäuser, Theater wurden. An mehreren Orten wie Buča oder Irpen kam es zu exzessiver, systematischer und intentioneller Gewalt, die den Verdacht von Kriegsverbrechen zu rechtfertigen scheint. Der Ankläger des Internationalen Strafgerichtshofs entsandte ein erstes Untersuchungsteam.[3] Auch angesichts der Deportationen von annähernd einer Million Ukrainerinnen und Ukrainern, darunter 200.000 Kindern, nach Russland wird die Frage aufgeworfen, ob der Tatbestand des Genozids nach der UN-Völkermordkonvention erfüllt sei.[4]

Im russischen Inland wird seit dem 24. Februar jeglicher Protest gegen den Krieg mit harten Zwangsmaßnahmen niedergeschlagen, durch eine Reihe neuer Gesetze wurden die Zensurbestimmungen extrem verschärft, so wurde der Gebrauch des Begriffes „Krieg" im Zusammenhang mit dem Angriff auf die Ukraine verboten und stattdessen die offiziöse Terminologie einer „Spezialoperation" (specoperacija) durchgesetzt. Die Medienaufsichtsbehörde (Roskomnadzor) ging hart gegen Internetseiten und Blogger vor, die die neuen Regeln missachteten. Der Angriffskrieg wurde als Befreiung der angeblich von der ukrainischen Regierung unterdrückten russischsprachigen oder -stämmigen Bevölkerung vor allem der Ostukraine und als umfassende „Denazifizierungsaktion" gerechtfertigt.

Ende Mai, als die südukrainische Stadt Cherson noch unter russischer Besatzung stand, tauchten dort Plakate auf, auf denen der Dichter Alexander Puškin nebst historischem Kommentar zu sehen ist.[5] Der Betrachter erfuhr, Puškin habe Cherson zweimal besucht, 1820 und 1824, sein „berühmter Verwandter" Ivan Abramovič habe die Stadt erbaut. Bei diesem Verwandten handelt es sich um einen Großonkel des Dichters, Ivan Abramovič Gannibal (1735–1801), den ältesten Sohn von Puškins Urgroßvater Abram Petrovič

---

3 Vgl. Christian Schaller: Völkerrechtliche Verbrechen im Krieg gegen die Ukraine. In: SWP Studien. Optionen der Strafverfolgung auf nationaler und internationaler Ebene, SWP-Studie 5. Berlin 2022.

4 Vgl. Sasse, wie Anm.1, S. 105–107.

5 https://VZ.RU/NEWS/2022/5/30/1160777.html.

Gannibal (1696–1781).⁶ Auf dem Plakat nahm den meisten Raum ein Puškin-Zitat ein, in dem dieser mit Stolz vom bleibenden Angedenken seines Großonkels in der Stadt spricht. Auf anderen Plakaten werden der Staatsmann Fürst Grigorij Potemkin (1739–1791) als Gründer der Stadt und der Heerführer Alexander Suvorov (1730–1800) als ihr Verteidiger gerühmt.

Historisch belegt ist, dass Katharina II. mit Ukaz von 1778 befahl, auf den Trümmern einer Vorläuferstadt einen Hafen und eine Festung anlegen zu lassen. Sie bildeten den Kern Chersons. Seinen Namen erhielt es zu Ehren des taurischen Chersonesos auf der Krim, das als neues Sankt Petersburg des Südens Katharinas zivilisatorisches Wirken bezeugen sollte.⁷ An die Blütezeit als Zentrum der Schwarzmeerflotte und des florierenden Handels mit Frankreich, Italien und der Levante sollte die Hauptüberschrift auf allen Plakaten erinnern: „Cherson ist eine Stadt mit russischer Geschichte". Das Parteilogo von „Edinaja Rossija" (Einiges Russland), der Partei Putins, angebracht am oberen linken oder rechten Rand der Plakate, ließ keinen Zweifel zu: Es handelte sich um eine staatlich orchestrierte, geschichtspolitische Kampagne des Putin-Regimes. Die „wiedereroberte" Stadt sollte auf eine Integration in das russische Territorium über ihre angeblich russische Geschichte vorbereitet werden.

Der russischen Aktion in Cherson gingen zwei Wellen ukrainischer Denkmalstürze voraus, die die ukrainische Erinnerungskultur tiefgreifend verändert haben. Nach der Annexion der Krim im März 2014 kam es zu einer ersten Welle. Sie traf zunächst die zahlreichen Lenin-Statuen und -Denkmäler im Zentrum ukrainischer Städte, die als Inbegriff der sowjetischen Vergangenheit demontiert wurden. Diese Welle bekam im Ukrainischen die Bezeichnung „Leninopad", Lenin-Sturz, und stand bald für eine kulturelle Gegenwehr gegen die andauernden russischen Versuche, der Ukraine das Recht auf Selbständigkeit, ja auf eine eigene Kultur und Sprache abzusprechen. Nach dem 24. Februar 2022, dem Beginn des massiven und umfassenden Angriffs auf das gesamte Territorium der Ukraine, waren es die westukrainischen, genauer transkarpatischen Städte Mukačevo (7. April) und Užgorod (9. April) sowie das weiter östlich gelegene Ternopil (9. April), in denen nun auch Puškin-Denkmäler stürzten. Analog zur Begriffsprägung

---

6 Rolf-Dietrich Keil: Puschkin. Ein Dichterleben. Frankfurt am Main, Leipzig 1999, S. 17f.

7 Vgl. James H. Billington: The Icon and the Axe. An Interpretive History of Russian Culture, S. 224f.

„Lenin-Sturz" erhielt die neue Bewegung den Namen „Puškin-Sturz" (Puškinopad).[8] Es hieß, damit entledige man sich der russisch-imperialen Vergangenheit, als deren Protagonist der Nationaldichter Puškin figurierte. Die transkarpatischen Städte, geographisch am weitesten von den Kriegsschauplätzen entfernt, übernahmen zunächst eine Führungsrolle, bis die Bewegung dann im Lauf des April und Mai auch auf östliche Städte wie Černihiv (30. April) oder südliche wie Mykolaiv (21. Mai) und Nikopol (1. Juni) ausgriff. Vor diesem Hintergrund lassen sich die Plakate bzw. „Banner" mit Puškin, Suvorov und Potemkin auch als Vergeltungsaktionen für den Denkmalsturz verstehen, mit dem sich ukrainische Städte von den Relikten sowjetischer und russischer Dominanz zu befreien suchen.

II

Diese jüngsten Ereignisse, die eher am Rande des Krieges vermerkt wurden, zeigen, wie zwei eng verflochtene Kulturen durch den Krieg auseinandergerissen werden und sich voneinander lösen. Zwei Dynamiken wirken dabei: Der Nationalstaatsbildungsprozess in der Ukraine manifestiert sich im Lenin-Sturz und Puškin-Sturz. Russlands Führung hingegen zielte und zielt mit der Entscheidung für den Krieg, für militärische Gewalt, für die Rückholung der historischen Stätten auf eine imperiale Restauration. Die Banner reklamieren den Dichter Puškin, den Heerführer Suvorov und den Staatsmann Potemkin als Protagonisten russischer Geschichte für das Imperium. Das Putin-Regime verfügt über keine international ausstrahlende Ideologie mehr wie die Sowjetunion bis in die fünfziger und sechziger Jahre, vielmehr hat es an deren Stelle einen geschichtsrevisionistischen Synkretismus gesetzt, der es erlaubt nach Belieben auf Elemente einer angeblich tausendjährigen Kontinuität zurückzugreifen.

Zwischen der Biographie des Dichters und Prosaschriftstellers A. S. Puškin und dem Kult, der bald nach seinem Tod einsetzte, besteht eine unaufhebbare Differenz.[9] Seine explosive literarische Produktivität und sein originelles historisches Denken, das Epochen der europäischen Geschichte von der

---

8 https://www.svoboda.org/a/tanki-smertj-pushkin-runet-o-russkoy-klassike-v-voyne-protiv-ukrainy/31876545.html.

9 Vgl. z. B. Ju. M. Lotman: Aleksandr Sergeevič Puškin. Biographija pisatelja. Sankt Petersburg 1995.

Antike bis zur Gegenwart der 1830er Jahre verknüpfte, überforderte und provozierte die meisten seiner Zeitgenossen. Seine Freunde nannten ihn den „Franzosen" wegen seiner Begeisterung für Literatur und Kultur des *grand siecle* und der Aufklärung. Von Experiment zu Experiment sich weiterbewegend schuf er klassizistische frühe Lyrik, einen ironisch vielschichtigen Roman in Versen *Evgenij Onegin*, *Die Erzählungen Belkins*, eine extrem verdichtete Prosa, die den Alltag entdeckte und literarisierte. Das heroische Poem *Der bronzene Reiter* benannte erstmals den Bruch zwischen imperialer Größe der neuen Hauptstadt und dem Leben der einfachen Menschen. Der mit mehreren westlichen Kulturen Vertraute suchte aber auch nach neuartigen Bildern für den russischen Orient. In diesem Sinn konstruierte die späte Erzählung *Die Ägyptischen Nächte* eine Parallele zwischen dem antiken Alexandria und der Hauptstadt Petersburg in den 1830er Jahren. Mit dem Gedicht *Ich schuf ein Denkmal nicht Menschenhand* legte Puškin schließlich eine Summe seines Werkes vor, die der Ode des dritten Odenbuches von Quintus Horatius Flaccus *Exegi monumentum* nachgebildet war und allein mit diesem Antike und Gegenwart verbindenden Ansatz alle Denkmäler späterer Zeiten überbot.[10]

Auf diese Vielschichtigkeit antwortete eine Mythologisierung der Gestalt des Dichters und seiner Bedeutung für die russische Kultur, die bald nach Puškins Tod 1837 einsetzte. Puškins Bewunderer und jüngerer Zeitgenosse ukrainischer Abstammung, Nikolaj Gogol', als Meister der Satire und Groteske sein ästhetischer Antipode, sah in ihm „die Erscheinung eines Russen, wie er [...] sich vielleicht in 200 Jahren darstellen werde."[11] Noch zu Lebzeiten Puškins nahm Nikolaj V. Gogol' in seinen Prosazyklus *Arabesken* von 1835 die nur wenige Seiten umfassende „Erklärung" *Einige Worte über Puškin* (Neskol'ko slov o Puškine) auf, aus der das Zitat stammt. Als unmittelbarer Anlass diente eine literarische Polemik, in der Gogol' gegen die damals übermächtigen Widersacher des Dichters Stellung bezog.[12] Gogol' war es auch, der mit seinen Erzählzyklen *Mirgorod* und *Abend auf dem Weiler bei Dikan'ka* Beispiele einer exotisierenden Sicht der Ukraine lieferte, die im imperialen

---

10 Vgl. Renate Lachmann: Gedächtnis und Literatur. Frankfurt am Main 1990, S. 303–353.

11 N. V. Gogol': Polnoe sobranie sočinenij, tom VIII. Stat'i, Izdatel'stvo Akademii Nauk, M. 1952, S. 50.

12 Vgl. Jurij Mann: Gogol' kak interpretator Puškina. In: Arion. Jahrbuch der deutschen Puškin-Gesellschaft, Bd. 2, 1992, S. 109–118.

Zentrum Petersburg freundlich-herablassend als Kleinrussland / Malorossija rezipiert werden konnten und eine Ukraine-Welle auslösten.[13]

Gogol' beginnt seine Würdigung Puškins mit einem Paradoxon: der Dichter ist eine vollkommene Ausnahmeerscheinung, er ist vielleicht die einzige Erscheinung des russischen Geistes. Dann variiert Gogol' diesen Gedanken mit verschiedenen Singularitätstopoi: In diesem einen Erwählten finden sich angeblich alle herausragenden Anlagen seines Volkes, in ihm haben sich der russische Geist, die russische Seele, die russische Sprache am reinsten manifestiert. Auf den Dichter Puškin wird also – hier wohl erstmals – ein vager, überaus dehnbarer Begriff von „Russentum" projiziert, d.h. ihm werden einfach nicht näher definierte „ethnische" Qualitäten zugeschrieben.

In diesen wenigen Worten wird eine folgenreiche und kaum auflösbare Verknüpfung von politisch-nationalen und religiös-kultischen Beschreibungselementen vollzogen. Einerseits „nationalisiert" der „Kleinrusse" Gogol' den „Europäer" Puškin, indem er ihn als „Verkörperung eines Russen in zweihundert Jahren", d.h. konkret als Antizipation eines Russen des Jahres 2035 bezeichnet, andererseits „temporalisiert" er das Bild des Dichters, d.h. er bereichert es um eine utopisch-eschatologische und eine teleologische Komponente: Puškin wird zum Entwurf eines zukünftigen Menschen, des Russen der Zukunft, er personifiziert das Ziel, auf das sich die russische Geschichte zubewegen soll. Damit wird die Gestalt Puškins mit einer außerordentlichen Dynamik aufgeladen, sie verweist durch ihre schiere Präsenz in eine weit entfernte Zukunft, sie reflektiert den „Schein" einer nicht nur ästhetischen, sondern auch religiösen Utopie, in die immer auch Elemente politischer Theologie eingewoben sind. Mit den Mitteln der russischen Tradition reflektiert das Bild des zukünftigen Russen die Beschleunigung der Geschichte, die nach der Französischen Revolution ganz Europa erfasst hat und der sich spätestens seit den Napoleonischen Kriegen auch Russland nicht mehr entziehen konnte.

Einen weiteren Singularitätstopos prägte der Schriftsteller und Literaturkritiker Apollon Grigor'ev 1859 in einem Rückblick auf die russische Literatur seit dem Tod des Dichters mit der vielzitierten Wendung: „Puškin ist unser

---

13 Vgl. Mirja Lecke, Westland. Polen und die Ukraine in der russischen Literatur von Puškin bis Babel', Frankfurt am Main 2015, S. 103–143. Vgl. auch Miroslav Shkandrij: Russia and Ukraine. Literature and the discourse of Empire from Napoleonic to poscolonial Times. Montreal u.a. 2001.

Ein und Alles."[14] Doch blieb diese Wertschätzung nicht unwidersprochen, die linken Literaturkritiker Dmitrij I. Pisarev und Nikolaj A. Dobroljubov attackierten Puškin als Überbleibsel einer vergangenen Epoche der Adelskultur.[15] Ein erster konkret lokalisierbarer Gedächtnisort entstand auf der Tverskaja-Straße gegenüber dem Strastnoj-Kloster im Herzen Moskaus, als zu Puškins Geburtstag am 6. Juni 1880 das Denkmal des Bildhauers A. M. Opekušin eingeweiht wurde, das eine lebensgroße Statue auf einem Piedestal zeigt. In den folgenden Tagen fanden im Saal der Adelsversammlung Vorträge statt, und zwei der bekanntesten Schriftsteller Russlands, der Westler Ivan Turgenev und der orthodoxe und russophile Fedor Dostojevskij trugen in ihren Reden diametral entgegengesetzte Puškin-Konzepte vor.

Für Dostojevskij war Puškin die Verkörperung der grenzenlosen Aufnahmefähigkeit und Empfänglichkeit der russischen Kultur. In seiner Rede tauchten durchaus auch politisch-ideologische Motive neben poetischen und mythisierenden auf. Die Puškin-Gedenkrede exerzierte vor, wie sich Leben und Werk Puškins mythologisieren und zur Projektionsfläche für Phantasien über einen idealen Dichtertypus stilisieren ließen. Die Puškin-Rede summierte in vieler Hinsicht Vorstellungen über die Mission Russlands und seiner Dichter, die allerdings nicht nur im orthodoxen Milieu kursierten. In der Ostkirche, vor allem aber in den zahlreichen Häresien und Sekten traf eine tiefeingewurzelte Skepsis gegen ein oft summarisch als rational westlich apostrophiertes Denken zusammen mit einer ausgeprägten Erlösungssehnsucht und einer untergründig fortwirkenden apokalyptisch-eschatologischen Strömung. Der außergewöhnliche Erfolg dieser Rede und ihr hoher spiritueller Anspruch sollte nicht vergessen lassen, dass der Puškin-Kult bald auch von staatlicher Seite politisch und ideologisch instrumentalisiert wurde. Was immer an liberalen Hoffnungen während und nach den Feierlichkeiten aufgekeimt sein mag, wurde durch einen rasch folgenden Schub von Reaktion wieder gekappt. Bald nach dem Attentat auf Alexander II. wurden die Grundlagen eines bürokratischen Polizeistaats gelegt, an dem noch das sowjeti-

---

14 Zit. nach Viktor V. Kunin: Svetloe imja Puškin, proza, stichi, p'esy o poète. Moskva 1988, S. 78.

15 Vgl. Boris Gasparov: The „Golden Age" and its Role in the Cultural Mythology of Russian Modernism. In: Cultural Mythologies of Russian Modernism. From the Golden to the Silver Age. Ed. B. Gasparov, R.P. Hughes I. Paperno. Berkeley, Los Angeles, Oxford 1992, S. 1–19, hier S. 6.

sche Regime Maß nahm. Ein offiziöser Puškin-Kult fügte sich als wichtiges Element einer nationalistischen Mythologie gut in die forcierte Russifizierungspolitik Alexanders III. ein. Wie die westlichen „Kulturnationen" sollte auch Russland einen Kanon klassischer Autoren sein eigen nennen, an dessen Spitze unangefochten Puškin stand. Regierung und „gebildete Öffentlichkeit" waren sich darin einig, daß den Shakespeare-, Goethe- oder Racine-Denkmälern Westeuropas etwas Ebenbürtiges an die Seite gestellt werden müsse.

III

Der russische Puškin-Kult des 19. Jahrhunderts unterschied sich nicht prinzipiell von den Dichter-Kulten anderer europäischer Nationalstaaten: das Italien des Risorgimento sammelte sich um Dante und Petrarca, das britische Empire wollte sich in Shakespeare, das Frankreich der Dritten Republik in Voltaire und Rousseau wiedererkennen.[16] Das deutsche Bildungsbürgertum feierte Goethe und Schiller.[17] Die Polen, deren Staat durch die drei Teilungen zerstört worden war, richteten ihre Hoffnungen auf Adam Mickiewicz als Künder (wieszcz) der Wiedergeburt ihrer Nation.[18] Die Namen dieser Kultur-Heroen oder säkularen Heiligen wurden zu Kürzeln für die jeweilige Nationalkultur, sie fassten ihre Einzigartigkeit bündig zusammen und behaupteten oft auch ihre angebliche Überlegenheit gegenüber anderen europäischen, mit Sicherheit allen außereuropäischen Kulturen.

In Frankreich ging die Entstehung einer „sacralité littéraire" in die vorrevolutionäre Zeit zurück. Noch zu Lebzeiten wurde Voltaire 1778 auf der Bühne gekrönt, 1791 als „Vater der Freiheit" im Tempel der wiedererstandenen Nation geehrt. Auch in Frankreich fürchtete man offensichtlich das subversive Potential spontaner Trauerbekundungen, die allzu leicht in Demonstra-

---

16 Zu einer komparatistischen Analyse des Phänomens vgl. Marijan Dović, Jón Karl Helgason (Hg.): Great Immortality. Studies on European Cultural Sainthood. Leiden, Boston 2019.

17 Zu deutschen Dichterkulten des 19. Jahrhunderts vgl. Wolfgang Braungart (Hg.): Verehrung, Kult, Distanz. Vom Umgang mit dem Dichter im 19. Jahrhundert. Tübingen 2004.

18 Vgl. Roman Koropeckyj: Taming a Romantic: the Canonization of Adam Mickiewicz. In: Marijan Dović, Jón Karl Helgason (Hg.): Great Immortality. Studies on European Cultural Sainthood. Leiden, Boston 2019, S. 56–75.

tionen gegen die herrschende Ordnung einmündeten. Daher organisierte die Dritte Republik ein staatliches, bürgerliches, ziviles und laizistisches Totengedenken um die Gestalten französischer Geistes- und Kulturheroen.[19]

Die Zentenarfeiern für Rousseau und Voltaire 1878 und das Staatsbegräbnis für Victor Hugo vom Mai 1885 inaugurierten eine der wichtigsten Traditionen der Dritten Republik. Die Hundertjahrfeiern für Rousseau und Voltaire sollten die ereignisgeschichtlichen Zäsuren von 1789, 1848 und 1878 bzw. das Frankreich der Revolution, der Restauration und der Republik symbolisch miteinander verbinden und aussöhnen, die Aufklärer und Kirchenkritiker den noch vorhandenen monarchistischen und klerikalen Tendenzen entgegenwirken.[20] Massenausgaben und Gedenktage verankerten die „geistige Einheit der Republik" im Bewusstsein breiter Schichten. Am 30. Mai 1878 demonstrierte die Republik ihre Kontrolle der staatlichen Schlüsselpositionen und der Bildungsinstitutionen.

Im Mai 1885 bot Victor Hugos Tod den zweiten Anlaß, die „sacralité littéraire" für die Dritte Republik zu instrumentalisieren.[21] Hugos Kampf für die Republik gegen den Usurpator Napoleon III., sein neunzehnjähriges Exil in Guernesey, seine Langlebigkeit machten ihn zur idealen Identifikationsfigur. Am 5. September 1870 feierte man seine Rückkehr, am 27. Februar 1881 bestätigen ihn die Feiern zum 80. Geburtstag in der Rolle des großen Nationaldichters. Als letzte folgerichtige Steigerung boten sich nun noch die Nationaltrauer um den Sterbenden und das Staatsbegräbnis an.[22]

---

19 Zu französischen Begräbniszeremonien und Gedenktagen vgl. J.-M-Goulemot, É. Walter: Les centenaires de Voltaire et de Rousseau. Les deux lampions des Lumières. In: Pierre Nora (Hg.): Les lieux de mémoire. Bd. I: La République. Paris 1984, S. 351–382. Sowie Avner Ben Amos: Les funérailles de Victor Hugo. Apothéose de l'événement spectacle. In: Pierre Nora (Hg.): Les lieux de mémoire. I: La République. Paris 1984, S. 425–464.

20 Vgl. J.-M-Goulemot, É. Walter: Les centenaires de Voltaire et de Rousseau. Les deux lampions des Lumières. In: Pierre Nora (Hg.): Les lieux de mémoire. Bd. I: La République. Paris 1984, S. 351–382.

21 Vgl. A. Ben Amos: Les funérailles de Victor Hugo. Apothéose de l'événement spectacle. In: Pierre Nora (Hg.): Les lieux de mémoire. Bd. I: La République. Paris 1984, S. 425–464.

22 Vgl. ebd. S. 427: „En 1885, Hugo était déjà entré au Panthéon des manuels et des coeurs. C'est ce qui fait de ses funérailles l'apothéose de son apothéose,

Tatsächlich lieferte Hugos Todeskrankheit den Nachrichten wochenlang Schlagzeilen, das „bulletin médical" wurde von einer tief besorgten Nation täglich entgegengenommen, nach seinem Ableben wurde ein gewaltiger Trauermarsch durch Paris veranstaltet. In den Massenmedien lieferten sich die laizistische Republik und die katholisch-monarchistische Kirche einen erbitterten Streit um die sterblichen Überreste des großen Mannes. Von 1878 bis 1940 werden Musiker, Schriftsteller und Gelehrte immerhin ein Viertel der Toten ausmachen, die einer Aufnahme ins Panthéon oder den Invalidendom für würdig befunden wurden.

Im Vergleich zu Frankreich bzw. zu West- und Zentraleuropa sind zwei Besonderheiten des russischen Puškin-Kultes schon für das 19. Jahrhundert hervorzuheben: Obwohl Puškin immer wieder als russischer Nationaldichter bezeichnet wurde, entwickelte sich der russische Kult nicht als Teil einer Nationalbewegung, sondern im multinationalen, multikulturellen und vielsprachigen Zarenimperium. Verhielten sich die beiden Zaren zu Puškins Lebzeiten vorsichtig bis misstrauisch, so nahm die Dynastie die Gelegenheit zum hundertsten Geburtstag 1899 wahr, ihn als Protagonisten imperialer Kultur zu inszenieren. Doch ließ sich die Spannung zwischen der russischen Sprache und Kultur Puškins und dem Anspruch auf seine universelle Bedeutung für das gesamte Vielvölkerreich nicht leugnen.

IV

Der russische Puškin-Kult war eng mit dem Kult um den ersten ukrainischen Nationaldichter Taras Ševčenko (1814–1861) verflochten.[23] Dieser Kult ist ein Faktum ersten Ranges, ohne das die ukrainische Literatur-, aber auch Kulturgeschichte eine andere wäre. Er hat aber auch erheblich dazu beigetragen, Ševčenko zu einer Gestalt *sui generis*, zu einer „vergessene(n) Dichterikone" zu machen.[24]

---

le point d'orgue d'une messe déja écrite, l'enjeu d'une politique pourtant incertaine, de la mémoire."

23 Jenny Alwart: Mit Taras Ševčenko Staat machen. Erinnerungskultur und Geschichtspolitik in der Ukraine vor und nach 1991. Köln [u.a.] 2012.

24 Vgl. Walter Koschmal: Taras Ševčenko. Die vergessene Dichter-Ikone. München 2014.

In vieler Hinsicht war Ševčenko das Gegenteil Puškins. Stammte dieser aus altem Bojarenadel und genoss am Lyzeum von Carskoe Selo eine Elitenausbildung, so war Ševčenko Leibeigener, der erst 1838 freigekauft wurde und sich seine Bildung mühsam erkämpfen musste.[25] Gleichermaßen begabt als Lyriker und als Maler, studierte er zunächst an der Akademie der Schönen Künste in Petersburg Malerei. Seinen ersten größeren Erfolg errang Ševčenko mit dem ukrainischen Zyklus *Der Spielmann / Kobzar* (1840), dessen Titel auf die Sänger des 15. und 16. Jahrhunderts anspielt, die ihre Lieder zu einem traditionellen Instrument, der Kobza, sangen.[26] Bei einer weiteren Reise durch die Ukraine schloss er sich der Kyrill-und-Method-Gesellschaft an und verfasste Verse, die die Autokratie Nikolaus I. scharf attackierten. Der Verein wurde entdeckt, Ševčenko, der als Akademie-Maler im Staatsdienst stand, besonders hart bestraft, zum gemeinen Soldaten degradiert und nach Kasachstan bzw. Turkmenistan verbannt.[27] Die klimatischen Unbilden, weitgehende Isolation und ein zeitweiliges Schreib- und Malverbot zermürbten ihn, diese Leidenszeit verwandelte ihn aber auch in den Augen seiner Zeitgenossen in einen Märtyrer der ukrainischen Freiheit. Bei seinem frühen Tod 1861 galt er bereits als Ikone der Ukrainophilen.

Nach einer ersten Bestattung in Petersburg wurde sein Leichnam zwei Monate später exhumiert und über mehrere Etappen nach Kyiv und schließlich in seinen Geburtsort Kaniw gebracht, wo er außerhalb des Friedhofs unter einem traditionellen Kurgan begraben wurde, ein weithin sichtbares Zeichen, so wie er es sich in seinem Gedicht *Vermächtnis* gewünscht hatte. Der Taras-Hügel bildete als Wallfahrtsort das Zentrum einer entstehenden ukrainischen Nationalkultur und half, dem wachsenden Druck der russischen Regierung zu widerstehen.[28]

Doch zwei Jahre nach Ševčenko Tod löste der polnische Januar-Aufstand von 1863 eine Welle von Repressionen aus, die auch die ukrainische Kultur

---

25 Ivan Dzjuba: Taras Ševčenko. Žyttja i tvorčist'. Kyjiv 2008.

26 Der Ševčenko-Forscher George Grabowicz betont die Bedeutung, die das lyrische Werk des Dichters für die Entstehung und Steuerung des Kultes schon zu Lebzeiten und bald nach seinem Tod hatte. Vgl. George Grabowicz: Taras Shevchenko: The Making of the National Poet. In: Revue des études slaves. Paris, LXXXV/3, 2014, p. 421–439.

27 Dzjuba, wie Anm. 25, S. 383–425.

28 Ebenda S. 670–697.

und Sprache trafen, obwohl die ukrainische Bevölkerung sich kaum an dem Aufstand beteiligte. Nach dem ersten polnischen Aufstand 1830/31 hatte die russische Regierung und die gebildete Gesellschaft in den „kleinrussischen Brüdern", d.h. den Ukrainern, noch eine willkommene Hürde für eine weitere Verbreitung des Polnischen der Kultur des polnischen Adels und des polnischen Einflusses auf die rechtsufrige Ukraine gesehen. Nach dem zweiten polnischen Aufstand, auch Januar-Aufstand, von 1863/64 verschärfte sich die russische Nationalitätenpolitik. Der Innenminister des Zaren Petr Valujev verkündete in einem „Rundschreiben" (Valuevskij cirkuljar) von 1863, es gebe keine „kleinrussische" Sprache, habe sie nie gegeben und werde sie nie geben.[29] Zur Sicherheit verhängte er ein Verbot gegen den Druck ukrainischer Schriften. In den nächsten Jahrzehnten wurde das Ukrainische im Zarenreich weitgehend unterdrückt, seine Entwicklung zu einer polyvalenten Schriftsprache und damit auch zu einer modernen Wissenschafts- und Kommunikationssprache sollte um jeden Preis verhindert werden. Auf einer Kur in Ems unterzeichnete Alexander II. 1876 einen Ukaz, der ein weiteres Bündel restriktiver Maßnahmen gegen die Lehre und Verbreitung des Ukrainischen enthielt. Werkausgaben ukrainischer Dichter, so auch von Taras Ševčenko, erschienen jedoch weiterhin in Lviv / Lemberg, das seit 1772 zur Habsburger Monarchie gehörte und wo weitaus günstigere Bedingungen für die ukrainische Sprache und Schriftkultur bestanden. Dort lehrte auch der Historiker Mychajlo Hruschewskyj, der heute als Hauptvertreter einer ukrainischen Geschichtsschreibung des späten 19. Jahrhunderts angesehen wird, die sich dem russischen Anspruch auf Alleinvertretung der Ostslaven entgegenstellte.[30] Als nach der Liberalisierung der Zensur 1905 viele der Beschränkungen im Zarenreich fortfielen, konnte Kaniw als zentraler Gedenkort und nationale Gedenkstätte der gesamten Ukraine in Erscheinung treten.[31]

---

29 Vgl. A.I. Miller: „Ukrainskij vopros" v politike vlastej i russkom obščestvennom mnenii (vtoraja polovina XIX v.), Kiev 2013, S. 277 ff.

30 Vgl. Andreas Kappeler: Ungleiche Brüder. Russen und Ukrainer. Vom Mittelalter bis zur Gegenwart. München 2017, S. 30–33 sowie Serhii Plokhy: Das Tor Europas. Die Geschichte der Ukraine. Hamburg 2022, S. 281–283.

31 Christian Noack: The Riddles of the Shevtchenko Cult. In: Marijan Dovič, Jón Karl Helgason (Hg.): Great Immortality. Studies on European Cultural Sainthood. Leiden, Boston 2019, S. 75–103.

V

Diese Verflechtungsgeschichte setzte sich mit der Gründung der Union der Sozialistischen Sowjetrepubliken 1922 fort, als Lenins neue Nationalitätenpolitik eine eigene Ukrainische Sozialistische Sowjetrepublik schuf, in der erstmals die Mehrheit der Bevölkerung eine ukrainische Schuldbildung erhielt – zumindest auf dem Papier. Diese Politik der Ukrainisierung bahnte auch einem landesweiten Ševčenko-Kult den Weg, der von der bolschewistischen Partei gezielt gefördert wurde, sah sie doch in dem ukrainischen Dichter den sozialen Revolutionär, weniger den Nationaldichter im umfassenden Sinn. Ein Allunionswettbewerb wurde 1929 ausgeschrieben und ein erstes Denkmal in Charkiv 1934 zum 120. Geburtstag des Dichters errichtet, 1939 folgte ein Denkmal in Kyiv, das Charkiv als Hauptstadt abgelöst hatte.

Doch diese neuen Gedächtnisorte lagen in einem Land, das 1932/33 den Holodomor erlebt hatte, eine schwere Hungersnot, die durch die Zwangsrekrutierung von Getreide und Saatgut ausgelöst wurde. Sie traf neben Russen im Süden des Landes, Kasachen und vielen anderen Nationalitäten vor allem die ukrainische Landbevölkerung in den Regionen von Charkiv und Kyiv und kostete bis zu vier Millionen das Leben.[32] Auf Stalins Weisung hin wurde die liberale Sprachen- und Kulturpolitik der zwanziger Jahre abrupt beendet, es blieb nur die Fassade einer gleichberechtigten Sowjetrepublik, die Dominanz der russischen Sprache im Zentrum der Ukraine wurde wiederhergestellt. Unter diesen Umständen war der Ševčenko-Kult Mitte / Ende der dreißiger Jahre umso wichtiger, um die Eigenständigkeit der ukrainischen Nationalkultur zu betonen.

Dieser ukrainische Dichterkult als Massenkult diente zugleich das Vorbild für die Feierlichkeiten zum 100. Todestag Puškins im Jahr 1937. Dieses sowjetische und stalinistische Puškin-Jubiläum übertraf an Aufwand und Umfang der verschiedenartigen Veranstaltungen alle früheren und späteren Feiern. Bild und Name Puškins wurden bis in den letzten Winkel des Imperiums getragen und symbolisierten das hohe zivilisatorisch-kulturelle Niveau der Sowjetunion unter Stalin. Ein Land, in dem der Nationaldichter in den Sprachen der Sowjetrepubliken wie Estnisch, Lettisch, Litauisch, Georgisch, Armenisch oder Azeri übersetzt und durch öffentliche Rezitationen geehrt wurde, konnte kein kulturloses oder barbarisches Land sein. Auf Plakaten,

---

32 Vgl. Anne Applebaum: Red Famine. Stalin's War on Ukraine. London 2017.

Fahnen und Bannern auf Illustrationen in Zeitungen und Zeitschriften wurde der Dichter auffallend oft mit den politisch-ideologischen Führern Marx, Lenin und Stalin zusammen gezeigt, so dass in diesem Persönlichkeitskult das Bild Puškins in vielen Aspekten mit dem Stalins verschmolz.[33]

Auch die alte Topographie Moskaus wurde aus diesem Anlass weiter mit einer neuen stalinistischen überschrieben, aus dem Passionsplatz wurde ein Puškin-Platz, das Kloster war schon Anfang der dreißiger Jahre abgerissen worden. Dass die Feierlichkeiten auf dem Höhepunkt des stalinistischen Großen Terrors stattfanden, gehörte zu den charakteristischen Ambivalenzen des gigantischen sozialen Experiments, das die Bolschewiki begonnen hatten und die stalinistische Diktatur bis in die Gewaltexzesse fortsetzte.

VI

Während der spätstalinistischen Nachkriegszeit steigerte sich die Puškin-Symbolik noch einmal. Da Schändung, Raub oder Vernichtung von Kulturdenkmälern zur Kriegsführung des NS-Staates auf sowjetischem Territorium zwischen 1941 und 1944 gehörten, ließ sich die Restaurierung der beschädigten und die Errichtung neuer Denkmäler auch als Akt der Selbstbehauptung gegen die existentielle Bedrohung durch NS-Deutschland darstellen.

In diesem Kontext wurde der Puškin-Kult als Stütze eines politischen Persönlichkeitskultes nicht von der Destalinisierung erfasst, die Nikita Chruščev auf dem XX. Parteitag 1956 verkündet hatte, sondern überlebte als stalinistisches Erbe in der post-stalinistischen Zeit und später im post-sowjetischen Russland. In vielen Städten der Sowjetunion wurden weiterhin Puškin-Denkmäler errichtet, zu Beginn der sechziger Jahre auch in der transkarpatischen Ukraine. Dort verfestigte sich schon damals der Eindruck, Puškin symbolisiere die russische Überfremdung des Landes und seiner Sprache. In der Westukraine war auch die Erinnerung an die kurze Phase ukrainischer Unabhängigkeit am stärksten ausgeprägt.

Im Zentrum der Macht institutionalisierte der neue Generalsekretär Leonid Brežnev die Erinnerung an den siegreichen Abwehrkampf und die Selbstbehauptung im „Großen Vaterländischen Krieg" (1941–1945). Mit dem zwanzigsten Jahrestag am 9. Mai 1965 verschob sich das Schwergewicht

---

33 Jonathan Brooks Platt: Greetings, Pushkin! Stalinist Cultural Politics and the Russian National Bard. Pittsburgh 2016, S. 219.

endgültig von der Feier der Revolution zur Feier des Sieges. Sie stellte von nun an die wichtigste Legitimationsquelle für die Existenz der Sowjetunion dar, einen kleinsten gemeinsamen Nenner, auf den sich alle Völker der SU zu verständigen hatten. An zahlreichen Gedächtnisorten des Krieges wurden Denkmäler oder sog. Kurgany für die Opfer des Krieges und des siegreichen Abwehrkampfes errichtet, während die Opfer des Stalinismus geleugnet, verschwiegen oder nur eingeschränkt genannt werden durften.

Nach den Regeln der sowjetischen Erinnerungskultur unter Brežnev zeugte die Intensität der Totensorge und die Ehrung der Gefallenen als patriotischer Pflicht von einem hohen zivilisatorischen Niveau (kul'turnost').[34] Der aktuelle Grad von Zivilisiertheit der sowjetischen Gesellschaft ließ sich geradezu messen am Verhältnis zu den Toten. Traten Schwankungen auf, wurde die Pflege der Gräber vernachlässigt, schwand die Erinnerung an die Toten und ihre Heldentaten, so sank das Niveau der Zivilisiertheit. Daher unternahmen die staatlichen Institutionen beträchtliche Anstrengungen, um die Toten des Großen Vaterländische Kriegs gegenwärtig zu halten. Ihre Präsenz wurde aufwendig inszeniert und für politische Ziele genutzt.

Der allgegenwärtige Kult für die Gefallenen des „Großen Vaterländischen Kriegs" verstärkte bei vielen Menschen eine Neigung zur heroisierenden Sicht der russischen Geschichte bzw. einer auf Russland zentrierten Erinnerungskultur. Viele Mitglieder der Allrussischen Gesellschaft zum Schutz der Geschichts- und Kulturdenkmäler, die 1965 gegründet wurde und bis 1982 auf 15 Millionen Mitglieder anwuchs, pflegten ein nostalgisches Geschichtsbild. Im Laufe der achtziger Jahre entstanden am rechten Rand der Gesellschaft Splittergruppen, die unter dem Sammelbegriff „Pamjat'" (Gedächtnis, Erinnerung) zusammengefasst wurden, obwohl schließlich in verschiedene selbständige Vereinigungen zerfielen. Im Laufe der Zeit nahmen einzelne Pamjat'-Gruppen immer deutlicher nationalistische bzw. slavophile und antisemitische Züge an. Ihre Mitglieder verklärten das alte Russland unter den Zaren, die Oktoberrevolution war aus ihrer Sicht das Werk von Juden und Freimaurern, eine fatale Geschichtsklitterung, die bis heute ihre Anhängerschaft hat.

---

34 Vgl. Iryna Sklokina: Commemorating the Glorious Past, Dreaming of the Happy Future: WWI Burial Sites and Monuments as Public Places in Post-War Ukraine. In: Guido Hausmann, Iryna Sklokina (Hg.): The Political Cult of the Dead in Ukraine. Traditions and Dimensions from the First World War to Today. Göttingen 2016, S. 69–97, hier S. 72.

Im Gegensatz dazu setzte sich die Organisation „Memorial" auf ihrer formellen Gründungskonferenz im Januar 1989 das Ziel, die Namen aller Opfer zu ermitteln, zu veröffentlichen und an den Schauplätzen der Massenerschießungen „Zeichen des Gedenkens" (pamjatnye znaki) zu errichten. Doch trotz der intensiven Geschichtsdebatten bildete sich im postsowjetischen Russland kein gesamtgesellschaftlicher Konsens über Ausmaß und Bedeutung der stalinistischen Verbrechen heraus. Die 1990er Jahre wurden zum Trauma einer ganzen Generation von Russen, die ihre Hoffnungen auf eine Demokratie nach westlichem Muster tief enttäuscht sahen.

Die unabhängigen baltischen Staaten, Weißrussland, die Ukraine begaben sich auf die Suche nach einem eigenen nationalen Gedächtnis, wodurch eine Vielzahl von potentiellen Erinnerungskonflikten entstand. Die nukleare Katastrophe von Tschernobyl 1986 war die tiefste Zäsur in der Nachkriegsgeschichte der Ukraine. Die anfängliche Weigerung Moskaus, das Ausmaß der Katastrophe einzugestehen und die Erfahrung massiver ökologischer Zerstörung rief eine Umwelt- und Friedensbewegung hervor, die zugleich für eine unabhängige Ukraine kämpfte. Nachdem die Ukraine Ende 1991 die Unabhängigkeit erlangt hatte, löste sich die Erinnerungskultur des neuen Staates von der bisherigen sowjetischen Dominanz. Dabei spielte das Opfergedächtnis für die Toten des Holodomor und des Großen Terrors, der NS-Okkupation im Zweiten Weltkrieg und der Nuklearkatastrophe eine Schlüsselrolle. Die Rolle der Kollaboration mit den NS-Okkupanten während des Holocaust wurde Gegenstand heftiger Auseinandersetzungen. Nach der Orangen Revolution von 2004 versuchte der Präsident Viktor Juščenko, den Holodomor analog zum Holocaust international als Genozid anerkennen zu las- sen, scheiterte jedoch mit diesem Vorhaben.

In der Russländischen Föderation (RF), dem größten Nachfolgestaat der SU, leitete die Regierung unter Boris El'cin einen Kurswechsel in Richtung auf eine „patriotische" Sicht der russischen Vergangenheit ein. Historische Feierlichkeiten hielten die Erinnerung an imperiale Größe wach, Elemente der russischen Geschichte unter den Zaren wurden mit der Geschichte der Sowjetunion verbunden. Zum 850. Jahrestag der Stadtgründung präsentierte sich Moskau 1997 als Bühne eines gewaltigen Historienspektakels. El'cins Nachfolger Putin baute einen Geschichtsrevisionismus weiter aus, der nach Belieben auf Elemente einer angeblich tausendjährigen Kontinuität zurückgriff. Damit nahm die offizielle Geschichtspolitik seit 2000 eine Eigendynamik in Richtung Eskalation und Radikalisierung an, steuerte immer eindeutiger auf eine Restauration stalinistischer Diskurse und Denkmäler zu und inszenierte einen Kult um den „Tag des Sieges".

Vor diesem Hintergrund wurde die auf Kooperation mit den USA, der Nato und EU zielende Außenpolitik beendet und ein Kurswechsel hin zu einer aggressiveren Machtpolitik im postsowjetischen Raum vorgenommen. Im August 2008 leitete der sog. Georgien-Krieg ein erstes Eskalationsstadium ein: als sich ethnopolitische Konflikte zwischen Südossetien und Abchasien einerseits und der Republik Georgien andererseits ausweiteten, intervenierte die russische Armee und stabilisierte die abtrünnigen Gebiete auf georgischem Territorium, das seitdem fragmentiert ist. Moskau signalisierte damit, dass es den südkaukasischen Raum nach wie vor als Einfluss- und Interessensphäre ansieht und sich militärische Interventionen zur Sicherung seines Anspruchs vorbehält. Bei der langsamen Ausweitung und Steigerung seiner Aktionen setzte es bevorzugt an den Schwachpunkten in der unmittelbaren geografischen Nachbarschaft an, d. h. vor allem bei ungelösten ethnopolitischen Konflikten, in die russische Minoritäten involviert sind.

Ende 2013, Anfang 2014 ging die Regierung der RF auf ähnliche Weise gegen die Ukraine vor: Dort hatte bereits die Orange Revolution von 2004 versucht, die stark an Russland ausgerichtete Regierung zu beseitigen und eine Umorientierung der Ukraine nach Europa durchzusetzen. Als zehn Jahre später der Euromaidan von November 2013 bis Februar 2014 im Sturz der moskautreuen Regierung von Janukovič endete, intervenierte die RF abermals militärisch, annektierte im März 2014 die Krim und unterstützte sezessionistische Kräfte in den international nicht anerkannten „Volksrepubliken" Lugansk und Donezk, die begannen, einen „hybriden Krieg" gegen die Ukraine zu führen. Während dieser wurde der „patriotische Konsens" mit allen Mitteln forciert und ein Geschichtsbild propagiert, in dessen Zentrum das „Vaterland" (otečestvo), d. h. vor allem die Erinnerung an die politische und militärische Größe Russlands, seine staatliche Einheit und seine militärischen Leistungen steht. An die Stelle eines potentiellen Erinnerungskonsenses über den Stalinismus trat die gelenkte Vergangenheitspolitik der „souveränen russischen Demokratie". Zu den Charakteristika dieses Demokratieverständnisses gehört auch das selektive Erinnern und Vergessen, das zur Stabilisierung von Herrschaft eingesetzt wird.

Ein Jahr nach der Annexion der Krim, zum 70. Jahrestag des Sieges 2015, ließ die russische militärisch-historische Gesellschaft (RVIO) zwanzig Moskauer Hauswände mit Kriegserinnerungen und Heldenporträts schmücken.

Seitdem prangt an der vorspringenden Wand des Hauses Nr. 17 auf dem Alten Arbat ein überdimensioniertes Graffiti-Porträt des Marschalls Žukov, der die siegreichen Truppen gegen NS-Deutschland führte. Nur einige hundert Meter entfernt liegt das Haus Alter Arbat Nr. 53, in dem Puškin 1831 vier Monate lebte. Die Gedächtnisstätte und ein Museum liegen im Schatten Žukovs, der Dichterkult ist nur noch Annex des Siegeskults.

Mit dem offenen Angriffskrieg gegen die Ukraine, der am 24. Februar 2022 ausgelöst wurde, kulminiert eine Entwicklung, die sich seit 1995, spätestens seit 2007/8 angebahnt hat. Die offizielle staatliche Geschichtspolitik zielt mehr denn je darauf, das kollektive und kulturelle Gedächtnis weitgehend zu kontrollieren und alle Manifestationen von abweichenden Diskursen im öffentlichen Raum zu unterdrücken und unter Strafe zu stellen. Die „Spezialoperation" soll gegen alle inneren und äußeren Widerstände durchgezogen werden, um den souveränen ukrainischen Nationalstaat maximal zu schädigen, zu schwächen und schließlich zerfallen zu lassen.

Charakteristisch für eine Geschichtspolitik unter Kriegsbedingungen sind Anweisungen und Vorgaben an gesellschaftliche Multiplikatoren wie Journalisten, die die Regierung seit kurzem zirkulieren lässt. Sie legen eine Parallele zwischen der „Befreiung" der Ukraine von Rechtsradikalen und der „Taufe der Rus" im Jahr 988 nahe. Wie damals würden erneut die Werte von „Mitleid, Nächstenliebe und Duldsamkeit für andere Menschen" verteidigt, die die Orthodoxie lehre und auf denen „das Fundament der russischen Ziviisation" (osnova russkoj civilizacii) ruhe.[35] In diesen jüngsten Versuchen ist „Geschichte" und konkreter noch: das kulturelle Gedächtnis wieder Objekt umfassender Manipulation, wie schon in der Sowjetunion von 1917–1991. Nachdem vom 23. bis 27. September 2022 Pseudoreferenden durchgeführt wurden, hat der russische Präsident am 28. September die völkerrechtswidrige Eingliederung von vier zurzeit russisch okkupierten ukrainischen Oblasti in das russische Staatsgebiet verkündet.

Der gegenwärtige Krieg wird zweifellos eine weitere Schicht des ukrainischen Trauma-Gedächtnisses sein, in dem der Dichterkult um Ševčenko neue Funktionen erfüllen könnte. Er blieb zwar über alle Zäsuren hinweg lebendig, aber wandelte sich mit der Entwicklung einer zunehmend diversen und

---

35 https://MEDUZA.IO/FEATURE/2022/08/01/V-KREMLE-podgotovili-novu yu-meto dichku-o-tom-kak-propaganda-dolzhna-rasskazyvat-o-voyne-my-ee-prochitali.

toleranten Gesellschaft. In seinem Essay *Shevchenko is ok* von 2003 hat der Schriftsteller Jurij Andruchovyč eine spielerische und ironische Haltung gegenüber dem bisherigen Kult demonstriert, die Freiräume für Neues suchte. Ševčenko tritt in diesem Essay in verschiedenen Rollen auf: als Kommunist und Antikommunist, als Anarchist, als Christ und Atheist.[36] Mit solchen neuen Ansätzen könnte einem diversen und toleranten demokratischen Gemeinwesen nach dem Krieg eine gangbare Richtung gewiesen werden.

Die Verbrechen der russischen Armee gegen die ukrainische Zivilbevölkerung, die andauernde Vernichtungsdrohung gegen die gesamte ukrainische Kultur überschatten zurzeit alle Versuche einer friedlichen Entflechtung, stattdessen dominiert eine Logik der Exklusion auf beiden Seiten. Die überwältigende Mehrheit der ukrainischen Bevölkerung hat sich nun nicht nur vom sowjetischen Erbe in Gestalt Lenins, sondern auch von ihrem russischen Erbe in Gestalt Puškins abgewandt. Eine Arbeitsgruppe des ukrainischen Ministeriums für Bildung und Wissenschaft hat am 16. Juni entschieden, 40 Werke russischer Autoren, darunter auch Werke Puškins, aus dem Programm der Schulbücher zu entfernen.[37]

---

36 Vgl. Alwart, wie Anm. 23, S.133–142.

37 https://osvita.ua/DOC/FILES/NEWS/866/86629/RISHENNYA.PDF.

KAROL SAUERLAND

Zwei Essays mit Oksana Sabuschko im Hintergrund

Tschernobyl

Anfang 1990 nahm ich an einer Germanistikkonferenz in St. Louis als Gasthörer teil. Paul Lützeler hatte mich dazu eingeladen. Am zweiten Tag hielt ein Doktorand ein Referat über Christa Wolfs *Störfall*. In der anschließenden Disussion bemerkte ich, dass man nach nicht ganz vier Jahren nach dem Reaktorunfall Tschernobyl (Чорнобиль) wenigstens am Rande auf das Ausmaß dieser Katastrophe verweisen müsste,[1] in Christa Wolfs Erzählung werde ja nicht einmal der Ort genannt. Es bleibe alles im Dunkeln. Die sowjetische Führung habe schließlich 1986 ganz und gar versagt.

Es war üblich, Deutsch zu sprechen. Doch eine Professorin war über meine Äußerung so empört, dass sie mich auf Englisch rügte. Ich würde Literatur und Wirklichkeit nicht auseinanderhalten können, wie könne ich mich angesichts dessen Wissenschaftler nennen. Ich hatte auch ironisch bemerkt, dass sich das Unglück am Wochenende in der Nacht vom Freitag auf Samstag ereignet hätte, da stand das Politbüro unter Alkoholeinfluss, was wiederum den anwesenden DDR-kritischen Autor Jurek Becker in Rage versetzte, wie ich mich so abfällig über die Moskauer Führung äußern könne. Er gehörte wahrscheinlich zu den Fans von Gorbatschow, den ich zum Erstaunen der Amerikaner, mit denen ich mich unterhielt, sehr kritisch sah.[2]

---

1 Heute spricht man auch von Naturkatastrophe!

2 Er wird nicht mehr den „Monolog über die grenzenlose Macht" des ehemaligen Direktors des Minskers Instituts für Kernenergie, Wassili B. Nesterenko, in dem 1997 erschienenen Buch *Tschernobyl. Eine Chronik der Zukunft* von Swetlana Alexijewitsch hat lesen können. Am 14. März 1997 ist er verstorben. Meine Vorstelungen vom Versagen der Sowjetführung stellten sich, obwohl ich ihr schon lange nicht mehr traute, als naiv dar. In Wirklichkeit war ein Riesenrepressionsapparat in Aktion, um die Wirkung des Unglücks erst zu verheimlichen und später kleinzure-

Am Abend gab es einen Empfang. So gut wie niemand war bereit, mit mir zu sprechen. Ich kam mir wie eine Unfigur vor. Der Referent entschloss sich schließlich, mich zu fragen, was ich eigentlich gemeint hätte. Mir wurde klar, dass man hier keine Vorstellung darüber hatte, was sich am 26. April 1986 tatsächlich getan hatte. Als dann zwei Monate später, ich war schon längere Zeit wieder in Warschau zurück, am 22. April im *Spiegel* Fotos aus Tschernobyl gezeigt wurden, meinte ich, nun werden auch der Doktorand und die Professorin eines Besseren belehrt werden. Die Titelgeschichte begann mit den Worten:

Vor vier Jahren explodierte der Reaktor Nummer 4 von Tschernobyl – der erste Super-GAU eines Kernkraftwerks. Die Folgen werden bis heute vertuscht: Riesige Gebiete sind lebensbedrohlich verstrahlt, Boden, Nahrungsmittel und Trinkwasser verseucht. Sowjet-Wissenschaftler warnen vor dem „nuklearen Völkermord".

Und weiter hieß es:

Jahrelang war es den Regierenden in Moskau gelungen, das wahre Ausmaß der Katastrophe und ihre verheerenden Folgen zu verschleiern. Die internationale Atomlobby, aber auch willfährige sowjetische Wissenschaftler halfen dabei mit, so gut es ging. Mitte April brachte die mit 20 Millionen Exemplaren auflagenstärkste sowjetische Tageszeitung *Trud* einen schonungslosen Artikel („Wem nützt die Halbwahrheit?"), in dem der Chef des ukrainischen Roten Kreuzes, Iwan Usitschenko, das schauerliche Ausmaß der Strahlenchäden schilderte – die Regierung, so seine Anklage, habe dem Massenunglück bislang „nicht die erforderliche Bedeutung beigemessen".

*

---

den. Nesterenko trat aktiv dagegen auf. Er sei, bekannte er, gottseidank in der Ukraine aufgewachsen, wo er Kampfesgeist ins Blut bekommen habe (siehe Swetlana Alexijewitsch: Tschernobyl. Eine Chronik der Zukunft. Berlin 1997. S. 251). Javier Sebastián hat ihm in seinem Roman *Der Radfahrer von Tschernobyl* ein Denkmal gesetzt, wie man einst gesagt hätte.

Da ich seit dem September 1980 regelmäßig Tagebuch führe, kann ich genauer als aufgrund meiner Erinnerungen nachkonstruieren, wie ich den Reaktorunfall erlebt habe. Vom 26. bis zum 30. April 1986 war ich auf der Hermann-Broch-Konferenz, die ich anlässlich seines hundertsten Geburtstags mit Unterstützung des Österreichischen Kulturinstituts organisiert hatte.[3] Sie fand in der Nähe von Warschau statt, im Schloss Radziejowice, das Eigentum des Kulturministeriums geworden war. Von der Katastrophe erfuhren wir am Dienstag, dem 29. April. An diesem Tag wurde bereits in ganz Polen „Lugola" (Lugolsche Lösung) Kindern verabreicht. Man nannte es im Handumdrehen das russische Coca-Cola. Die in den 1970er Jahren Geborenen erinnern sich ungern an die Zwangsverabreichung dieses bräunlichen, süßlichen, nach Chemie schmeckenden „Safts".

Die polnische Parteiführung hatte sich zum ersten Mal in der Geschichte Volkspolens entschlossen, aufgrund der Erkenntnisse des Zentralen Radiologischen Instituts (Centralne Laboratorium Ochrony Radiologicznej – CLOR)[4] eine solche Aktion ohne Einverständnis von Moskau durchzuführen. Im Tagebuch vermerkte ich in der Nacht vom zweiten zum dritten Mai:

> Die Erinnerung an die Brochkonferenz, die ein großer Erfolg war, wird nun von dem Atomunglück überschattet. Heute erfuhr ich, daß Militärs am Dienstag zwei Röntgeneinheiten im Freien gemessen haben sollen, was der Strahlung hinter einem Röntgenschirm entspräche. Die Bevölkerung ist sehr ruhig, fast stur, sie versteht scheinbar von moderner Technik, Chemie und Physik kaum etwas.

Und fügte hinzu:

> Eine Gesellschaftsordnung, in der das Gerücht die wichtigste Informationsquelle darstellt, ist im Augenblick einer solchen Katastrophe (wie Tscherno-

---

3 Ein Teil der Vorträge erschien ein Jahr später in *German Life and Letters* als Spezialheft „Hermann Broch".

4 Am 28. April wurde in den Frühmorgenstunden eine millionenfache Steigerung der Strahlenwerte verzeichnet, aber man wusste nicht, was die Ursache war. Erst um 16 Uhr erfuhren die Spezialisten aus den BBC-Nachrichten, dass es sich um Tschernobyl handelt. (siehe https://pl.wikipedia.org/wiki/Katastrofa_w_Czarnobylskiej_Elektrowni_J%C4%85drowej. Zugang: 08.10.2022).

byl) nicht zu ertragen. Man weiß nicht, was man tun und lassen soll, obwohl es sicher einige Sicherheitsvorkehrungen geben wird.

Mittlerweile erfuhren wir, dass Wasser gegen radioaktiven Staub helfe. Überall wurde berichtet, dass die Katzen in den Wohnungen geblieben sind und die kleinen Hunde in eigenartiger Weise haaren.

Einige Tage später begab ich mich zum österreichisch-polnischen Germanistentreffen in Karpacz. Dort im Riesengebirge verfügte die Breslauer Universität über ein Ferienhaus für ihre Mitarbeiter. Für Donnerstag Abend (es war der achte Mai) war mein Vortrag „Mystisches Denken zur Jahrhundertwende" angesetzt. Am gleichen Tag notierte ich:

Nun haben auch die Russen erfahren, daß es eine Katastrophe bei Kiew gegeben hat. Die Prawda brachte am 6. (?) einen Korrespondentenbericht, als wäre es nötig gewesen, einen Journalisten dorthin zu schicken. Aber das hat Methode. Kein offizieller Politiker hat Lust, eine Erklärung abzugeben. Jeder wartet auf den anderen. Gestern meldete sich allerdings der erste Offizielle, der Erste Sekretär von Kiew. Es scheint schlimmer auszusehen, als man dieser Tage annahm. Seine Worte klangen so, als sei diese Stadt vom Tode geweiht. Er durfte natürlich erst zur Bevölkerung sprechen, nachdem die Friedensfahrer die Stadt verlassen hatten.[5] – Dieses Unglück wird unerhörte Folgen haben, obwohl die Staatsmänner in Ost und West vieles tun, um die ganze Sache herunterzuspielen, aber es ist schwer möglich, da die Strahlung noch währt, da das unmenschliche Vorgehen der Sowjets zu offensichtlich ist und die sekundären Folgen erst im nächsten Jahr erkennbar werden. Man fragt sich vor allem, wie die neugeborenen Kinder aussehen werden. – In Warschau speichert die Bevölkerung Wasser, weil es in Krakau ein Riesengewitter gab. Die Furcht der Warschauer, daß die herannahende Verschmut-

---

5 Die traditionelle Friedensfahrt begann 1986 in Kiew am 6. Mai mit einem Prolog, und am 7. starteten die Radrennfahrer zur eigentlichen ersten Etappe. Am 8. gab es ein Zeitrennen der Mannschaften, ein Tag danach wiederum ein Straßenrennen. Am 10. ging es in Warschau weiter. Es herrschte große Empörung in der Bevölkerung, dass der polnischen Mannschaft nicht erlaubt worden war, ihre Teilnahme abzusagen. Die teilnehmenden westlichen Mannschaften (bis auf Frankreich und Finnland) und die Rumäniens verließen Kiew. Ich muss der Tagebucheintragung zufolge der Meinung gewesen sein, dass die Friedensfahrer nach der ersten oder zweiten Etappe die Ukraine verlassen hatten.

zung Wirkung zeitigen kann, scheint berechtigt, obwohl ihnen offiziell Panikstimmung vorgeworfen wird.

Und so geht es im Mai weiter:

Thorn, den 14./15.5.1986

Eine Studentin aus Thorn studiert in Kiew. Sie hörte am Mittwoch von dem Unfall und begab sich sofort auf das polnische Konsulat. Der Konsul war abwesend (im Bunker, wie man scherzte), der Vizekonsul beruhigte sie. Es sei nichts Gesundheitsgefährdendes passiert. Abends bekamen die polnischen Studenten je einen halben Liter Wodka! Sie ging am nächsten Tag zu einem Arzt und ließ sich krankschreiben. Ohne Schwierigkeit konnte sie nach Polen ausreisen. – Eine Familie in Warschau berichtete, daß der Vater am Donnerstag aus Kiew zurückgekommen sei, ohne etwas von dem Unglück zu wissen. Die Familienangehörigen hatten versucht, ihn telefonisch zu erreichen, was aber nicht gelang. Sie schickten mehrere Telegramme, keines kam an! Er begab sich sofort zum Facharzt, welcher Verseuchung konstatierte.

*

Jerzy Niecikowski[6] hat festgestellt, daß Tschernobyl Wermuth heißt und in der Apokalypse steht, daß ein feuriger Stern Wermuth herunterfallen und die Flüsse austrocknen wird. Die Menschen werden Arges erleiden. Dies ist nun eingetreten. Die Nachrichten sind erst spät übermittelt worden, da sich das Unglück in der Nacht vom Freitag zum Samstag ereignete, d.h. die hohen Funktionäre lagen besoffen auf ihren Datschen, niemand wollte die Verantwortung übernehmen. So sieht die sowjetische Wirklichkeit höchstwahrscheinlich aus. – Gorbatschow hat durch dieses Unglück sicher an Ansehen sehr verloren. Hinzukommt, daß er 18 Tage dazu schwieg. – Die Wolke ist wahrscheinlich deswegen so groß gewesen, weil man anfänglich versuchte, den Brand mit Wasser (!!) zu löschen. Nichts Besseres hatte man tun können. Wieviel Menschen müssen durch diese primitive Rettungsaktion draufgegangen sein bzw. langsam sterben. Die Explosion übertrifft die Bombe von Hiroshima (angeblich um ein Drei- bzw. Vierfaches, was die Strahlung betrifft).

---

6 Jerzy Niecikowski (1942–2013), polnischer Philosoph.

In Thorn hielt ich eine Vorlesung über das Naturschöne. Ich endete mit einem Satz aus der *Dialektik der Aufklärung*, der gänzlich auf Tschernobyl zutraf. Diese Katastrophe beschäftigt mich Tag und Nacht. Ich stehe da nicht allein. Jedenfalls gingen gestern alle im Fakultätsrat auf dieses Ereignis in Privatgesprächen ein. – Sadkowski[7] berichtet von Demonstrationen der kommunistischen Jugend in Belgrad gegen Kernkraftwerke.

*

Witze über Tschernobyl gehen herum. Anruf von Gorbatschow an Jaruzelski: Nun hast Du's. Wer waren die beiden ersten Opfer des Unfalls? Der erste war derjenige, der den Brand bemerkte, der zweite derjenige, der die Information über die Katastrophe weitergab.

20./21.5.1986

Benedetto meint,[8] daß dieses Reaktorunglück ein Wendepunkt in der Geschichte des Sozialismus sei. Bisher habe man immer angenommen, der Sozialismus werde durch innere Revolutionen oder einen Krieg von außen vernichtet werden, niemand ist auf die Idee gekommen, daß er sich selber zerstören könne.

21./22.5.1986

Es ist eigenartig, daß die Sowjetpresse über die Folgen von Tschernobyl zu schreiben beginnt, etwa daß die Umgesiedelten nicht zurecht kommen. Irgendetwas scheint dort in der Nomenklatura nicht zu funktionieren.

---

7 Wacław Sadkowski (*1933) war zu jener Zeit Chefredakteur der Monatszeitschrift *Literatura na Świecie* (Weltliteratur).

8 Benedetto Bravo (*1931), Professor für klassische Philologie an der Warschauer Universität.

22.5.1986

Überall hört man Gespräche über Tschernobyl.

Anfang August notierte ich:

Ich frage mich, ob die sowjetische und auch polnische Führung aus Tschernobyl wenigstens so viel gelernt haben, daß das sozialistische Lager dem Westen um 20 Jahre hinterherhinkt.

Ende Januar 1989 frage ich mich:

Was bedeutet es, wenn Gorbatschow sagt, Tschernobyl, Armenien und Afghanistan seien die großen Sünden der Sowjetunion? Bessere Atomkraftwerke? Zentralistischere Regierung den Nationen in der SU gegenüber, d.h. besserer Kolonialismus? Nur Afghanistan läßt sich nicht fehlinterpretieren: die Invasion sei ein Fehler gewesen. Die Russen sollen nun auf die endgültige Niederlage vorbereitet werden. Soll dieser Schock durch die Aufzählung anderer Schocks abgefangen werden?

*

Es ist mithin kein Wunder, dass ich in dem Vortrag des jungen Doktoranden eine – wenigstens als Randbemerkung – politische Stellungnahme vermisste, aber er hatte sich nicht die Mühe gemacht, sich die „böse Wirklichkeit" anzuschauen. Ein Literaturwissenschaftler hat sich einzig auf die erzählte zu konzentrieren!
Im Wikipedia-Eintrag zu Christa Wolfs *Störfall* heißt es, dass der Reaktorunfall vom 26. April 1986 und die Gehirnoperation des Bruders der Erzählerin auf einen Tag fallen,[9] was ein Irrtum ist. Auf S. 48 heißt es im Text:

---

9 https://de.wikipedia.org/wiki/St%C3%B6rfall_(Christa_Wolf). (Zugang: 31.08.2022/.

Um dir die wichtigsten Informationen nachzuliefern, die du in Schlaf oder
Halbschlaf versäumst: Am Sonnabend voriger Woche, um ein Uhr fünfundzwanzig Ortszeit, gab es einen Brand im Maschinenhaus des vierten Reaktorblocks.[10]

Am 26. April wusste noch niemand außerhalb des Unglücksterrains Bescheid. Es ist anzunehmen, dass der vierte oder fünfte Mai beschrieben wird.
Am vierten begann man mit der Räumung der 30km-Zone. Auf S. 65 fragt
sich die Erzählerin:

Wer legt, habe ich denken müssen, die Gefahrenzone ausgerechnet in den
Umkreis von genau dreißig Kilometern? Warum dreißig? Warum immer diese
geraden runden Zahlen? Warum nicht neunundzwanzig? Oder dreiunddreißig?

Die Erzählerin hört den ganzen Tag Radio. Sie hat zwei Apparate eingeschaltet, einen kleinen und einen großen, um mehrere Sender auf einmal
hören zu können, mit einem Wort aus dem Westen und Osten. Vom laufenden Fernseher ist zweimal die Rede: zu Beginn der Erzählung – sie möchte
ihn ausschalten, bringt dazu aber keine Kraft auf – und am Abend, wo sie
von allem genug hat und unruhig sich zu Bett begibt.
Es sieht danach aus, dass für Christa Wolf Tschernobyl, wie Alexander
Stephan bereits kurz nach Erscheinen des *Störfalls* im April 1987 in seiner
Besprechung für das *GDR-Builletin* schrieb, „nur Auslöser" war, „so schrecklich
und erschreckend es auch ist", Auslöser dazu

[...] sich längst gefaßte Gedanken durch den Kopf gehen zu lassen – Gedanken, die weit über den Tag, über das hinausgehen, was in der DDR mit dem
Wortungetüm Kulturerbe belegt wird. Neurologische und anthropologische
Fragen werden aufgeworfen, dem Sitz von Sprache, Emotion und Forscherdrang im Gehirn werden nachgespürt, weil sich an dieser Stelle der Mensch
vom Tier trennt. Nach jenem Kreuzweg wird gesucht, an dem die Evolution
beim Menschen fehlgelaufen ist.[11]

---

10 Christa Wolf: Störfall. Nachrichten eines Tages. Berlin 1987, S. 48.
11 GDR-Builletin, Bd. 13, H. 2, S. 38.

Stephan wusste damals selbstredend nicht, dass Christa Wolf bereits in den ersten Maitagen die Idee zu der Erzählung gefasst hatte. Parallel dazu studierte sie Bücher zur Hirnforschung und Entstehungsgeschichte des Menschen, aus denen sie auch ohne Anführung zitiert. Bereits Ende Juni lag der Grundtext vor! In den folgenden drei Monaten erfolgte die Feinarbeit.[12]

Die Art, wie Wolf auf die Katastrophe reagierte, muss der DDR-Führung entgegengekommen sein. War sie doch nicht auf die kardinalen Fehler in der Bekämpfung des Gaus eingegangen, hatte sich nicht zur typisch sowjetischen Geheimnistuerei und dazu geäußert, dass Gorbatschow erst nach über zwei Wochen – am 14. Mai – das Wort ergriff und noch dazu den Westen kritisierte. Die „Regierungen, Politiker und Massenmedien einiger NATO-Länder, besonders der USA" würden eine „zügellose antisowjetische Hetze" entfachen, „von tausenden Opfern, Massengräbern, vom ausgestorbenen Kiew" reden, „davon, dass der ganze Boden der Ukraine vergiftet" sei. In den Staaten fanden einige Medien sogleich, man hätte tatsächlich übertrieben.

Im Juni 1987 wurde Christa Wolf nach Moskau eingeladen, wo sie Passagen aus ihrem Buch las. Es wurde recht schnell ins Russische übersetzt. Nach einem Vorabdruck in der Dezembernummer der Monatsschrift *Innostrannaja Literatura* kam es im April 1988 unter dem Titel *Avaria* heraus. Man verwies damit nicht nur eindeutig auf Tschernobyl, sondern beging, indem man es ausgerechnet im April im Buchhandel anbot, auch noch einen Jahrestag. Es wäre interessant zu verfolgen, welch interne Diskussionen im Parteiapparat über den *Störfall* geführt wurden, welche Informationen er von der sowjetischen Botschaft in Berlin bekommen hatte etc. Wolfs Sicht der „Havarie" passte in die Politik des Hinwegschauens, das Besondere, die Katastrophe in Tschernobyl, sollte zugunsten des Allgemeinen, der von Anfang an bestehenden Möglichkeit, dass es zu Katastrophen kommen kann, weichen.

Da die Erzählzeit im *Störfall* in eine frühe Phase des Wissens vom Reaktorunfall fällt, kann die Autorin all ihre im Laufe der folgenden Monate gewonnenen Erkenntnisse und Einsichten sowie Zweifel ausklammern. Der konsequent durchgeführte innere Dialog erlaubt schließlich keine Vorwegnahme dessen, was später geschehen oder nicht geschehen sollte. Noch dazu gibt

---

12 Siehe Sonja Hilzinger: Nachwort. Entstehung, Veröffentlichung und Rezeption. In: Christa Wolf, Werke, Bd. 9, Störfall. Nachrichten eines Tages, hg., kommentiert und mit einem Nachwort versehen v. Sonja Hilzinger. München 2001, S. 371–387.

sich die Erzählerin recht naiv, wenngleich sie versucht, die Vorgänge zu verstehen, aber wichtiger scheint ihr, dass all das, was sich weit weg und im nicht so entfernten Operationssaal tut, geheimnisvoll, ja uneindeutig ist:

> Halbwertszeit, lernen die Mütter heute. Jod 131. Caesium. Erläuterungen dazu von anderen Wissenschaftlern, die, was die ersten sagten, bestreiten; die wütend und hilflos sind. Das riesele nun alles, zusammen mit den Trägern der radioaktiven Substanzen, zum Beispiel Regen, auf uns herab – aber du, Bruder, dem die sichere Hand deines Chirurgen das Augenlicht erhalten möge, wirst es so wenig zu sehen kriegen wie wir. Daß wir es „Wolke" nennen, ist ja nur ein Zeichen unseres Unvermögens, mit den Fortschritten der Wissenschaft sprachlich Schritt zu halten.[13]

Wohl zu ihrem Erstaunen nahm die Redaktion der von der Ostberliner Akademie der Wissenschaften herausgegebenen Zeitschrift *Spectrum. Berliner Journal für den Wissenschaftler* ihren Text im Frühjahr 1988 zum Anlass für eine Debatte über Vor- und Nachteile der Kernenergie. Dreizehn Diskutanten meldeten sich zu Wort, unter ihnen befanden sich Gerhard Blumentritt, Mitarbeiter des Instituts für Kerntechnik, Karlheinz Lohs, Leiter des Instituts Biophysik und Mitglied des Verwaltungsrats des Stockholmer Internationalen Friedenforschungsinstituts, Helmut Böhme, Genetiker und Agrarwissenschaftler, von 1974 bis 1983 Vorsitzender des Nationalkomitees für Biowissenschaften der DDR, und Siegfried Vogel, Neurochirurg, Direktor für medizinische Betreuung an der Charité. Sie fanden zwar die von Wolf dargebrachten Einwände zur Nutzung der Kernenergie insgesamt naiv – die DDR-Führung befürwortete bekanntlich den Bau von Atomkraftwerken –, jedoch bedenkenswert, da Christa Wolf die Meinung eines breiteren Bevölkerungskreises zu vertreten schien.[14] Am Ende der Debatte wurde sie von der Redaktionsleitung gebeten, zu den Beiträgen Stellung zu nehmen. Die Grundaussage ihrer Antwort, die sie am 3. Juni 1989 der Zeitschrift erteilte,

---

13 Wolf, Störfall, wie Anm. 10, S. 34.

14 Siehe u.a. Gerhard Blumentritt: „Aufruf zur Sorgfaltspflicht" (spectrum, 4/1988); Karlheinz Lohs: „Eine unliterarische Anmerkung" (spectrum 4/1988); Siegfried Vogel: „Unterbrechung der Gleichgültigkeit" (spectrum 4/1988); Helmut Böhme: „Die Macht der Wissenschaft gebrauchen lernen" (spectrum 5/1988); Helmut Abel: „Aufforderung zum Mitdenken" (spectrum 5/1988).

war: man habe ihr die Angst nicht genommen, diese sei angesichts der schnellen wissenschaftlichen Fortschritte absolut vonnöten. „Mangel an Angst ist lebensgefährlich" hatte sie ihren abschließenden Beitrag betitelt!

*

Es war für damalige DDR-Verhältnisse etwas verwunderlich, dass jene Stelle, an der von der falschen Utopie, man könne mittels der Kernkraft „Energie für alle und auf ewig" schaffen, die Rede ist, nicht zensiert worden war, zumal die Erzählerin sich fragt, wann sie mit deren ersten Widersachern zu tun hatte. „Laß mich nachdenken", sagt sie und kommt zu dem Schluss: „Es war Anfang der siebziger Jahre, das Kraftwerk hieß Wyhl, es ist nicht gebaut worden", und fügt hinzu, dass die „jungen Leute, die uns die ersten Materialien über Gefahren bei der ‚friedlichen' Ausnutzung der Atomenergie in die Hand drückten, […] verlacht, reglementiert, gemaßregelt" worden waren.[15]

Christa Wolf setzt mithin voraus, dass ihre Leserinnen und Leser in der DDR wissen, was sich gut zehn Jahre zuvor im „Westen" getan hatte, als die Anti-Atomkraft-Bewegung sich formierte und ihren ersten Erfolg mit dem Baustopp des Kernkraftwerks Wyhl verbuchte.

*

Von der Ukraine ist im *Störfall* nur einmal die Rede (Tschernobyl wird ja nicht genannt, worauf die Sekundärliteratur immer wieder hingewiesen hat); recht unvermittelt teilt die Erzählerin mit:

> In Kiew bin ich einmal in meinem Leben gewesen, just im Mai. Ich erinnere weiße Häuser. Abfallende Straßen. Viel Grün, Blüten. Das Denkmal auf dem Hügel über dem Dnjepr für die Gefallenen des Zweiten Weltkrieges. Das alles verblaßt, vermischt mit ähnlichen Bildern aus anderen Städten. Verblaßt auch die Erinnerung an eine Liebe, die damals frisch gewesen sein muß. Einmal, bald, wird mir alles zur Erinnerung geworden sein. Einmal, vielleicht schon in drei, in vier Wochen – möge es schnell gehen! –, wird auch die Erinnerung an diesen Tag ihre Schärfe verloren haben. Unvergeßlich: der Blick

---

15 Wolf, Störfall, wie Anm. 10, S. 37. Im Klartext hieße das: uns Westdeutschen.

über den Dnjepr, ein östlicher Strom. Der Bogen des Flusses. Jenseits die Ebene. Und der Himmel. Ein Himmel wie dieser, reines Blau.[16]

Möge es schnell gehen! – kann man nur verbittert wiederholen. Daran, wie die Bewohner Kiews oder gar der ganzen Ukraine diesen Satz nach Erscheinen der Erzählung im Jahr 1987 lesen werden, hat sich die Autorin wohl nicht vorstellen wollen. Sie musste sich schließlich im Laufe der Arbeit an der Erzählung klar geworden sein, dass Tausende und Abertausende Menschen ihre Behausungen haben verlassen müssen, ganz zu schweigen von den Opfern. Doch es sei Wolf-Biographinnen und -Biographen überlassen, zu eruieren, in welchem Maße sich die Autorin über Tschernobyl bis zum Erscheinen des *Störfalls* kundig gemacht hatte.

*

Wie tief Tschernobyl in das Bewusstsein der Ukrainer eingegangen ist, beschreibt Oksana Sabuschko in ihrem Essay *Planet Wermut*, der 2012 auf Deutsch erschienen war. Ihr zufolge hat dieses Unglück ein Wir-Gefühl sondergleichen hervorgerufen. „‚Wir-die-Stadt' und ‚Wir-das-Volk'", heißt es an einer Stelle.[17] Plötzlich kamen auch die Erinnerungen an den Holodomor, der von Moskau gewollten Hungerkatastrophe, hoch oder besser zur Sprache. All das sollte zur Neubelebung des ukrainischen Nationalbewusstseins beitragen, was der *Spiegel*-Rezensent Hans-Jost Weyandt mit den Worten abtat:

Sabuschkos „Planet Wermut" stellt den Versuch dar, aus den kollektiven Leidenserfahrungen des 20. Jahrhunderts nicht weniger als eine ungebärdige ukrainische Nationalmythologie zu schaffen, mit der es sich, so darf man vermuten, intellektuell gut leben lassen soll. Tschernobyl als Fluchtpunkt einer geistigen Heimat in der großen vaterländischen Erzählung einer feministischen Autorin: Das wirft ein vielfach gebrochenes Licht auf die geistigen Strömungen in einem jungen Staat, der noch auf der Suche ist nach festen Bezugsgrößen einer nationalen Identität.

---

16 Ebenda S. 33.

17 Oksana Sabuschko: Planet Wermut. Essays. Aus dem Ukrainischen von Aleksander Kratochvil. Graz 2012, S. 66.

Der Rezensent musste auch noch hinzufügen: Sabuschko habe ihre Romane

> in einer Sprache geschrieben, die offiziell zwar 45 Millionen Menschen sprechen, die aber immer noch nicht ganz frei von dem Verdacht ist, eine Art russischer Dialekt zu sein. Russland ist für die Autorin noch immer eine Kolonialmacht, das ukrainische Volk sein Opfer.

Man bedenke, um diese Zeit wurde um ein Assoziierungsabkommen zwischen der Ukraine und der EU gerungen, während Präsident Janukowitsch die Nähe zu Russland suchte.

Für den Rezensenten „verrutschte" Sabuschkos proukrainische Einstellung „spätestens dann zur Pose, wenn die eigene Verantwortung aus dem Blick verschwindet", denn sie finde kein Wort

> für die Beteiligung von Ukrainern an den Gräueln des Zweiten Weltkriegs, die freudige Mitarbeit ukrainischer Genossen beim Aufbau der Sowjetunion – oder für die vielen Opfer des Reaktorunglücks im benachbarten Weißrussland. Und keines für die Russen, die in der Ukraine leben.[18]

Der Rezensent fügt bezeichnenderweise nicht hinzu, dass Sabuschko auch die Gräuel der Deutschen an den Ukrainern im Zweiten Weltkrieg unerwähnt gelassen hat. Der letzte Satz über die Russen in der Ukraine zeigt, dass Weyandt eindeutig ethnisch argumentiert. Ukrainer sein bedeutet schließlich nicht, Ukrainisch zu sprechen, sondern sich zur ukrainischen Staatsangehörigkeit zu bekennen und für die Festigung des Staates Ukraine das Seine zu tun.

*

---

18 Erschienen im *Spiegel* vom 22.06.2012 u.d.T. „Mit Lars von Trier auf den Wermut-Planeten", von Hans-Jost Weyandt. Sabuschko hat im übrigen 1998 das Buch *Tschernobyl. Eine Chronik der Zukunft* von Swetlana Alexijewitsch ins Ukrainische übersetzt und mit einem interessanten Vorwort versehen. Im gleichen Jahr erhielt Alexijewitsch den „Leipziger Preis für europäische Verständigung". Ich gehörte der Jury für die Preisvergaben an.

Weyandts Rezension erschien im Juni 2012 im *Spiegel*. Fast vier Jahre früher hatte ich in den *Berliner Debatten* einen Artikel unter dem von der Redaktion vorgegebenen Titel „Aussöhnung mit Polen wie mit Frankreich?" veröffentlicht. Ich ging auch auf die Ukraine ein, was der Redaktion keineswegs gefiel. Ich schrieb, dass Moskau „alles unter den gegebenen Umständen nur Erdenkliche" tue, „um die Ukraine als ihr Einflußgebiet zu behalten", und setzte fort:

> Deutschland möchte sich aus diesem Streit am liebsten heraushalten, aber dazu ist es zu groß und zu wichtig für das europäische Gleichgewicht. Hinzukommt, daß die Ukraine verglichen mit Rußland ein überaus demokratisches Gebilde darstellt. Das sah man bei den letzten Wahlen, bei denen es keineswegs ausgemacht war, welche Partei siegen wird. In der Ukraine gibt es keinen Putin, der bestimmt, wie es weitergehen wird. Wer an allgemeinen demokratischen Strukturen in Europa interessiert ist, muß einfach die Ukraine unterstützen, auch wenn die Wirtschaft, insbesondere die deutsche, dadurch gewisse Einbußen erleiden sollte. Im Endeffekt können sie so groß nicht sein, denn in demokratischen Staaten kann es zu keinen radikalen Lösungen – etwa zu Enteignungen von einem Tag zum anderen – kommen.[19]

Ich kann nur hinzufügen, dass ich in jenen Jahren in Polen niemanden getroffen habe, der das Ukrainische als einen russischen Dialekt ansah. Eher war man durch die Ereignisse in Georgien beunruhigt, wenn nicht gar aufgeschreckt. Damals kam ja die Losung auf: „*Dziś Gruzja, jutro Ukraina*" (Heute Georgien, morgen die Ukraine").

*

Sabuschko hatte als Fünfundzwanzigjährige Tschernobyl erlebt. Die ersten Eindrücke waren phantastischer Art:

> 26. April 1986, Kiew, Rajon Šuljavka, Schnee fällt. Es dauerte eine Minute, vielleicht auch zwei. Es war schon fast ein Sommertag gewesen, lichtdurchflutet, die Bäume standen in voller Blüte, zwischen Kirsch- und Aprikosenbäumen, die zu dieser Jahreszeit gnädig das Elend des sowjetischen Woh-

---

19 Berliner Debatten, 6/2008, S. 21.

nungsbaus verhüllen, summten die Bienen – ein warmer Bass im städtischen Geräuschpegel ... Ich war gerade aus dem überfüllten Trolleybus gestiegen, als mich dieses völlig fremde Licht überraschte, über dem Boulevard türmten sich im Norden Gewitterwolken zu einem Bergrücken mit einer bis dahin – in jener vordigitalen Zeit – noch nie dagewesenen Schärfe, als leuchteten sie von innen heraus, und im Westen zuckten kalte metallische Blitze, wie in der Atmosphäre eines fremden Planeten.[20]

Der plötzliche kurze Schneefall brachte alle zum Lachen. Und die Autorin erinnerte sich an den letzten Winter, als der Mann, den sie liebte, sie „im dichten Schneefall geküsst und sich dabei bemüht" hatte, „das weiße Häubchen" auf ihren „Haaren nicht zu zerstören", sie habe sich „in seinen Augen gespiegelt" und sich „wunderschön gefühlt".[21] Diese doppelte Schönheit, die des Lichts und des eigenartigen Schneefalls, kann sie mit Rilkes Satz „das Schöne ist nichts als des Schrecklichen Anfang, den wir noch grade ertragen" aus der ersten Duineser Elegie assoziieren, wobei sie dem Wort Anfang eine doppelte Bedeutung verleiht: den Beginn dessen, was Menschen nach einem Kernkraftunglück durchleben müssen, und dass damit über dem Sowjetimperium „endgültig der Stab gebrochen wurde".[22]

Fünfundzwanzig Jahre brauchte Sabuschko, um endlich Worte zu dem GAU finden zu können. Wahrscheinlich lösten das Reaktorunglück Fukushima im März 2011 und vor allem Triers Film *Melancholia*, der um diese Zeit in die Kinos kam, ihr die Zunge. Der Film erinnerte sie an jene apokalyptischen Bilder, die sie im April 1986 wahrgenommen hatten.

> *Melancholia* hat von allen Filmen, die ich bisher gesehen habe, am meisten mit Čornobyl' gemeinsam, psychologisch schwingt er genau auf der Wellenlänge, auf der unsere Empfindungen im April 1986 in Kiew lagen.[23]

Aber eine noch wichtigere Rolle spielt für ihre Überlegungen der Film Земля (Die Erde) des ukrainischen Regisseurs Oleksandr Dovschenko. Wäh-

---

20   Sabuschko, Planet Wermut, wie Anm. 17, S.40.

21   Ebenda S. 41.

22   Ebenda S. 42.

23   Ebenda S. 46.

rend *Melancholia* die Autorin über die kosmische Dimension dessen, was in Tschernobyl geschah, reflektieren lässt, dass die Menschheit imstande ist, die Erde als Wohnplatz für sich zu vernichten, nimmt sie, sich auf den Stummfilm *Die Erde* aus dem Jahr 1930 berufend, das Schicksal der Ukraine seit dieser Zeit in Augenschein: die Vernichtung des fruchtbaren Bodens, der schwarzen Erde, leitete das Sowjetregime mit dem Holodomor bereits in den 1930er Jahren ein. Dovschenko sei der letzte Regisseur in der Sowjetzeit gewesen, der noch eine heile Ukraine, eine heile Natur zeigte. Wahrscheinlich war er auch der einzige Erdverbundene, wie Tarkowski in einem von Sabuschko zitierten Interview erklärte:

Dovženko steht mir am nächsten, weil er wie kein anderer die Natur spürte. […] Mir bedeutet das viel und ich halte es für sehr wichtig. Dovženko war der einzige [sowjetische] Regisseur, der das Kinobild nicht von der Atmosphäre ablöste, von der Erde, vom Leben usw. Für andere sind das alles nur Requisiten, mehr oder weniger statischer Hintergrund in Form der Natur, doch für ihn war es ein Element, er fühlte sich innerlich mit ihm verbunden.[24]

Dass Dovschenko sich dem bolschewistischen System fügte, spielt für Sabuschko eine recht untergeordnete Rolle, sie sieht in ihm jemanden, der der „zunehmenden planetaren Dummheit" widerstand,[25] der eigensinnig blieb. Darin erkennt sie das Ukrainische, das sich ohne solchen „sturen Geist" nicht hätte erhalten können, obwohl sie auch dessen Grenzen erkenne; doch die Erde habe ihre Achse verloren, was indirekt auch im Film von Dovschenko zum Ausdruck komme, denn dieser sei zugleich eine „direkte Ankündigung der kommenden Katastrophen".[26] Ihnen kann man, scheint Sabuschko am Ende ihres Essays sagen zu wollen, nur widerstehen, wenn man gegen alle zivilisatorische Logik der Natur – so wie ihr Bekannter, der als Liquidator in Tschernobyl eingesetzt war und als einziger überlebte – treu bleibt. Er habe dies letztendlich den Kräutern eines Wunderheiligen zu verdanken. Ja, kommentierte er sein Glück, in der Natur finde sich alles, „was der Mensch braucht". Nur würden wir davon nichts wissen: „Wir haben

---

24 Ebenda S. 83.

25 Ebenda S. 88.

26 Ebenda S. 92.

einfach verlernt zu leben".[27] Er habe sich eine Datscha gebaut und einen „Garten gepflanzt, einen wunderschönen Garten, auf den er stolz sei". Nun habe er „seine eigenen Äpfel und seinen Kohl, kein Vergleich zu dem, was es im Supermarkt so gebe".[28]

Es ist der letzte Satz dieses eindringlichen langen Essays, dessen Quintessenz zu lauten scheint: Zurück zur Natur! Es hat Sinn, asketisch zu leben!

Brodsky, Puschkin und Putin

Man hat den Eindruck, dass die meisten Deutschen zufrieden waren, als sie Anfang Juli 2022 erfuhren, daß Andrij Melnyk, der ukrainische Botschafter in Berlin, vom Präsidenten Wolodymyr Selenskyj abberufen wird. Sie fanden ihn überheblich, ja unmöglich, wie er ihr Land und deren führende Politiker an den Pranger stellte. Seine wirsche, brüskierende Art behagte ihnen überhaupt nicht. Sie meinten, ein Diplomat habe freundlich zu lächeln; Dinge, die er nicht akzeptieren kann, zurückhaltend, eventuell mit bitterer Miene, zu kommentieren. Melnyk, der sieben Jahre lang fast unbeachtet dem diplomatischen Korps angehörte, wurde plötzlich laut, fluchte sogar, beleidigte öffentlich Gesprächspartner. Mich wunderte es nicht. Er trat als Ukrainer auf. Selbstbewusst. Daran ist man im Westen nicht gewöhnt, denn man lebt in einer einigermaßen, nach bestimmten Regeln geordneten Welt. Die Ukraine wünscht sich zwar diese Ordnung, aber sie kann seit ihrer Neugründung 1991 nicht ins Reine kommen. Russland lässt es nicht zu. Und es ist nicht nur Putin, der die Existenz der Ukraine, einer ukrainischen Kultur in Frage stellt. Es sind auch die Intellektuellen.

Man denke nur an Brodskys Schmähgedicht *Auf die Unabhängigkeit der Ukraine*. Dieser sich stets als unpolitisch gebende Dichter geriet ganz außer sich, als er an der Wende von 1991/92 vernahm, dass die Ukraine sich selbständig gemacht hat. Er beginnt mit der Anrede an den Schwedenkönig Karl XII., der gottseidank (слава Богу), wie er erfreut feststellt, die Schlacht bei Poltawa 1709 verloren hat. Man spüre noch heute die Freude über den Geruch der Knochen, die vom Untergang der Ukraine zeugen. Das sei nicht die gelb-blaue Fahne (er meint die schwedische, womit er zu verstehen geben will, dass die ukrainische Flaggenfarbe von den Schweden übernommen

---

27   Ebenda S. 101.

28   Ebenda.

worden sei. In Wirklichkeit stammt sie aus dem Mittelalter), die über Konotop – hier hatten die Ukrainer 1659 über die Russen gesiegt – wehte und die aus Kanada den armen Ukrainern (im Gedicht heißt es den Chochols, womit abfällig die Ukrainer gemeint sind) unnötigerweise geschickt wurde. Doch mögen sich jetzt „die Fritzen im Chor mit den Polacken auf alle Vieren stellen, Dreckspack", wie Michail Ryklin Brodskys Empörung oder besser Verfluchung wiedergegeben hat.[29] Und so geht es im Gedicht weiter, um mit der Voraussagung zu enden, dass ihr „Adler, Kosaken, Hetmanen, Helden" bei eurem Sterben die Strophen Alexanders und nicht den Schwachsinn von Taras herausröcheln werdet. Russen und Ukrainer wissen sofort, dass es um Alexander Puschkin und Taras Schewtschenko geht. Es ist allerdings wenig logisch, dass die verhassten Ukrainer ausgerechnet bei ihrem jämmerlichen Tod Puschkinverse von sich geben werden. Es sieht so aus, als wollte Brodsky als Dichter sein Bekenntnis und seine Treue zu dem Begründer der russischen Poesie ablegen und allen Vergleichen Puschkins mit dem ukrainischen Nationaldichter eine Absage erteilen. Als Reim auf „Тараса" kam ihm wahrscheinlich „матраса" in den Sinn,[30] wozu er sich das Bild ausdachte, wie die Ukrainer am Rand (край, dieses Wort suggeriert auch: Grenze eines Landes) an der Matratze sich zappelnd festkrallen und Strophen Puschkins krächzen, womit auch suggeriert werden soll, dass sie kein ordentliches Russisch sprechen können.

Es ist anzunehmen, dass deutsche Kritiker und Kritikerinnen nicht mit der Art einverstanden sind, wie Taras Schewtschenko, der ukrainische Nationaldichter, von Brodsky herablassend behandelt wird, aber Alexander Puschkin werden sie höchstwahrscheinlich wie selbstverständlich über ihn setzen. Oksana Sabuschko fragt zu Recht, wie man zu einem solchen Urteil kommen könne. Ihre Antwort lautet, es sei eben die kleinere, die unbekannte Literatur, die *eo ipso* unbedeutender sein müsse als die russische. In

---

29 Michail Ryklin: „Genie und Narr – Lebt wohl, Chochols!": wie aus Joseph Brodsky das Schmähgedicht „Auf die Unabhängigkeit der Ukraine" herausbrach", NZZ, 21.02.2015. Im Original stehen keine Fritzen für die Deutschen, sondern – aus Reimgründen – muss die Hansa her, die um diese Zeit keine Rolle mehr gespielt hatte.

30 Zaal Andronikashvili hält das Gedicht für „poetisch makellos"! (siehe sein Essay „Der Kampf gegen die Barbarei verlangt rabiate Maßnahmen. Regimegegner im Inneren, Imperialisten nach außen: Joseph Brodskys berüchtigtes Ukraine-Gedicht verdeutlicht den Zwiespalt russischer Dissidenten", in: FAZ, 22.10.2022, S. 10).

Wahrheit ist es die Literatur eines Imperiums, die als solche fast automatisch internationale Beachtung findet.

Ende der 1980er Jahre betreute ich eine Magisterarbeit über den Einfluss der polnischen und deutschen Lyrik auf die ukrainische am ausgehenden 19. Jahrhundert. Hierbei bat ich die Magistrantin – es war eine ukrainische Polin –, sie möge uns ein Gedicht von Schewtschenko auf Ukrainisch vorlesen. Sie tat es gern. Ich meinte Mickiewicz, den polnischen Nationaldichter, noch einmal zu hören. Die Magistrantin erzählte darauf einiges über die Beziehung Schewtschenkos zu ihm.[31]

Brodsky hat sein Anti-Ukraine-Gedicht nie drucken lassen, aber er enthielt sich nicht, es frei bzw. fast frei vorzutragen, das letzte Mal vor russischen Juden in Palo Alto. Nach seinem Tod (1996) sollte es in seiner Weise berühmt und 2014, nach der Annexion der Krim, zum wichtigsten russischen Gedicht des Jahres erklärt werden.

Eine schonungslose Analyse des Aufstiegs Brodskys zum international, besonders in den USA gefeierten Dichter gibt Oksana Sabuschko in ihrem Essay *Verabschiedung vom Imperium. Skizze eines Portraits*.[32] Sie hatte den Nobelpreisträger von 1987 in den Staaten persönlich kennengelernt. Bei der wohl letzten Begegnung im April 1992 in New Jersey an der Rutgers University, bei der er sie kaum wiedererkannte – sie saß zusammen mit Czesław Miłosz am Tisch –, fragte er sie, als er hörte, sie sei eine ukrainische Schriftstellerin, leicht dahin, wo denn die Ukraine liege. Sie antwortete schnippisch mit Blick auf Miłosz: da, wo immer, zwischen Polen und Russland. Miłosz habe herzlich gelacht, so dass Brodsky der Gelackmeierte war. Es war in der Zeit, in der die Sowjetunion zum Schrecken der Amerikaner zusammenfiel. Sabuschko spricht von der großen Panik, deren Zeugin sie während ihres Aufenthalts in den USA war.

Brodsky ist für sie ein Dichter des amerikanischen Imperiums und des russischen Kolonialreichs. Er habe es ausgezeichnet verstanden, sich in der amerikanischen Lebensweise einzufinden, wozu auch seine bubenhafte Art, sich widerspenstig zu geben, passte. Es sei ihm dagegen nicht gelungen, seine Herkunft aus dem Kolonialreich Russland abzustreifen. Sabuschko enthält sich nicht, von Brodskys „wunderschönen Hundeaugen" zu sprechen,

---

31 Siehe hierzu die schönen, wenn auch kurzen Ausführungen von Juri Andruchowycz in *Das letzte Territorium. Essays*. Frankfurt am Main 2003, S. 109.

32 Ich stütze mich hier auf die Übersetzung ins Polnische: „Pożegnanie z imperium. Skic do pewnego portretu". In: Oksana Zabużko: Planeta Piołun. Warszawa 2022, S. 142–214.

mit denen er sich für seine Abhängigkeit zu entschuldigen scheint. Er vermag nicht, wie sie ausführt, zwischen den beiden Imperien zu unterscheiden, vermag nicht zu erkennen, dass das eine nomadenhaft, d.h. zentrumslos ist, das andere sesshaft, mit einem festen Mittelpunkt. Die Ränder erscheinen als etwas Zweitrangiges, sie werden als quasi Kolonien abgetan.

Zu diesen Rändern gehörten für den in der Sowjetunion aufgewachsenen Brodsky offensichtlich auch die sogenannten Volksrepubliken von Polen bis Bulgarien. Man merkte es an dem Unbehagen, welches er bei der berühmten Mitteleuropadebatte in den 1980er Jahren spürte. Relativ früh, 1985, nahm er gegen Kundera in seinem Essay *Why Kundera is Wrong about Dostoyevsky* Stellung.[33] Vehement verwarf er den Ost-West-Gegensatz, vor allem die Ausgrenzung der UdSSR aus Europa, nur aus dem Grunde, dass sie den Prager Frühling mit Panzern bekämpft hatte. Die geistige Kultur, Sprache und Literatur seien, betonte er, weder von der Geographie noch vom politischen System abhängig.

Drei Jahre später, im Mai 1988, polemisierte er bei einer von der Wheatland Foundation organisierten Begegnung emigrierter sowjetischer und osteuropäischer Schriftsteller in Lissabon gegen die Mitteleuropa-Idee. Sie könne nicht – so Brodsky – als antisowjetisches Konzept funktionieren. „Wir sind der Ansicht", unterstrich er „dass, gerade weil diese Länder unter unserer Herrschaft, unter der Sowjetherrschaft sind, der einzige Weg, sie zu befreien, ist, uns selbst zu befreien".[34] Er merkte hierbei nicht, wie imperialistisch er denkt. Heute, nach dem russischen Überfall auf die Ukraine, müsste er zu der bitteren Erkenntnis kommen, dass Russland so wie einst das „Dritte Reich" nicht imstande ist, sich selbst zu befreien.

Etwa um die gleiche Zeit, als Brodsky in Lissabon die westlichen Länder am Rande der Sowjetunion nicht als politische Kraft in den Blick zu nehmen bereit war, bemerkte ich in Westberlin auf einem Mitteleuropa-Symposium, dass, wenn Polen souverän werden sollte, Deutschland wiedervereinigt werde, denn Russland könne ein geteiltes, d.h. ein schwaches Deutschland

---

33 Milan Kunderas Artikel wurde am 6. Januar 1985 in The New York Times Book Review als Einleitung zu seinem Theaterstück, einer Variation von Diderots *Jacques le Fataliste*, veröffentlicht. Brodskys Antwort erschien ebendort am 17. Januar 1985.

34 Siehe: „The Lisbon Conference on Literature: Central European and Russian Writers", 7.–8. Mai 1988. In: Cross Currents 9, 1990, S. 120–121.

im Westen Polens nicht dulden. Polen würde einfach ein zu starker Staat werden. Die anwesenden Deutschen hielten mich für leicht verrückt, die anwesenden Polen meinten, eine Wiedervereinigung sei etwas Furchtbares für ihr Land. Am 9. November fand ich mich bestätigt, zumal die in der DDR stationierte Rote Armee nicht in Alarmzustand versetzt wurde.

Für Brodsky war Polen dagegen keine politisch ernstzunehmende Kraft. Als junger Mensch hatte er Polnisch gelernt, um sich die Möglichkeit zu verschaffen, westliche Literatur, vor allem amerikanische, zu lesen. Sie war in Leningrad nur in polnischer Übersetzung habhaft. Auf die Weise lernte er Proust, Faulkner, Joyce kennen. „Es waren praktische Gesichtspunkte. Wir brauchten ein Fenster zu Europa. Das Polnische gab uns ein solches", sagte er 1987 in einem Interview mit Anna Husarska.[35] Er habe allerdings mit der Zeit, die polnische Lyrik – Miłosz, Herbert und Szymborska – schätzen gelernt. Über das politische Polen teilte er Achmatowas, von Mandelstam übernommene Ansicht, dass die Polen nicht kämpfen, nur rebellieren könnten. Irena Grudzińska-Gross verweist in Verbindung damit darauf, dass schon Katharina II. Ähnliches geäußert habe. Brodsky meinte, bereits das polnische Wort *niepodległość* (Unabhängigkeit) zeuge von diesem Sich-nicht-unterordnen-wollen. „*Pod*" heißt „unter" und „*ległość*" kommt von liegen (*leżeć*), d.h. man will nicht unter jemandem oder etwas liegen. Im polnischen kollektiven Unterbewusstsein stecke genau dies. Vor allem das „nie" in *niepodległość*, konstatierte Brodsky 1993 in seiner Dankesrede zum Ehrendoktor in Katowice, führe dazu, dass man nicht vereinnahmbar (*niezdobywalny*) sei.[36] Man könne nur vernichtet werden. In diesem Licht sah er die Solidarność-Bewegung. Sie stellte für ihn lediglich eine Rebellion dar, die dem Starken, dem Kommunismus oder besser Bolschewismus, kaum etwas anhaben konnte.

Es ist interessant auf You-Tube zu verfolgen, wie Brodsky sein Gedicht *Auf die Unabhängigkeit der Ukraine* rezitiert.[37] Man meint, es mit einem orthodoxen

---

35 Nach Irena Grudzińska-Gross: Miłosz i Brodzki, pole magnetyczne. Kraków 2007, S. 143.

36 Elżbieta Tosza: Stan serca. Trzy dni z Josifem Brodskim (Zustand des Herzens. Drei Tage mit Josif Brodsky). Katowice 1993, S. 64.

37 https://russianuniverse.org/2017/02/27/joseph-brodsky-on-ukrainian-independence/ (Zugang: 19.07.2022).

Sing-Sang zu tun zu haben. Sabuschko hört jedoch aus dieser „monoton vorgetragenen Botschaft" in „fast hysterischem Ton" etwas Feindseliges und zugleich Herablassendes heraus. Das „Seht, Schluss mit der Liebe, wenn ihr sie jemals gefühlt habt" in der letzten Zeile der siebten Strophe verkörpere die übliche patriarchalische Geste, wie der Mann (Rußland) seine undankbare Frau (die Ukraine) verjagt. Heute könnte Sabuschko an Putins obszöne Worte kurz vor Kriegsbeginn erinnern: „Ob es dir gefällt oder nicht, meine Schöne, du musst es erdulden", worauf sein ukrainischer Amtskollege Selenskyj am nächsten Tag antwortete, die Ukraine sei tatsächlich „schön", aber nicht „meine", d.h. die Russlands. Und sein Land, die Ukraine, fügte er hinzu, sei gewiss geduldig, sie werde auf Provokationen nicht mit gleicher Münze antworten. Er hatte noch nicht mit einem Angriff auf sein Land von allen Seiten, d.h. vom Osten, Süden und auch Norden gerechnet.

Brodskys Gedicht wird durch die erste Zeile mit Poltawa und letzte Zeile mit Alexander, d.h. Puschkin, auf besondere – für den russischen Leser verständliche – Weise zusammengehalten. Lyrikbewanderte verbinden dies sogleich mit Puschkins Poem *Poltawa* von 1829. Es ist ein Hochgesang auf Peter den Großen, während die Gegenfigur Mazeppa, der für die Ukrainer ein Held ist, als Verräter erscheint. Literaturwissenschaftler wie J. P. Pauls[38] oder Svetlana Evdokimova[39] meinen, es bei dem Poem mit einer Verherrlichung des russischen Imperialismus zu tun zu haben, zumal Puschkin in dieser Zeit um die Gunst des neuen Zaren Nikolaus I., der Ende 1825 seine Herrschaft angetreten hatte, warb.

Zwei Jahre nach seinem Poem *Poltawa* verfasste Puschkin im Sommer 1831 aus Empörung gegen den Kampf der Polen um die Unabhängigkeit ihres Staates das Gedicht *An die Verleumder Russlands*.[40] Mit den Verleumdern waren in erster Linie jene liberalen Franzosen (unter ihnen Lafayette, Lamarque und Mauguin), die für eine militärische Hilfsaktion zugunsten der Polen optierten, gemeint, jedoch insgesamt all diejenigen in Europa, die Russland für

---

38 J. P. Pauls: Puskhin's ‚Poltava'. New York (Shevchenko Scientific Society), 1962, S. 30.

39 Siehe das sechste Kapitel in: Svetlana Evdokimova: Pushkin's Historical Imagination. New Haven, 1999.

40 Auch unter dem Titel „An Russlands Lästerer" übersetzt. In: Stanislaw Leonhard (Hg.): Polenlieder deutscher Dichter. Krakau 1917, S: 307–308. Gabriela Brudzyńska-Němec zitiert es in diesem Band zur Gänze.

eine Despotie erachteten. Aber der treue, aufrechte Russe werde den großspurigen, dünkelhaften Polen bezwingen, versichert Puschkin. Die „Slawenflüsse", d.h. die Ströme der slawischen Nicht-Russen – also auch der Kleinrussen (Ukrainer), Weißrussen, Slowaken, Polen, Serben, Bulgaren etc. – werden nicht versiegen, sondern sich „ins russische Meer ergießen". Und aus „unserem Blut", dem russischen, werden „Europas Freiheit, Ehre, Frieden" blühen. Russland stellt mithin die Rettung Europas dar! Das Gedicht endet mit der Gewissheit, dass das große Russische Reich, vom Ural bis zur Krim („von Perm bis Tauris' Fluten"), „von Finnlands Eisgranit zu Kolchis' Sonnengluten", von Polen bis zur Mauer Chinas, siegen wird. Und dann folgt der Aufruf: Europa möge seine Söhne herschicken, in Russlands Feldern warten die ihnen nicht unbekannten Gräber. Hier wird sowohl auf Napoleons Feldzug angespielt als auch auf die 1610 erfolgte Besetzung Moskaus durch Polen, die mit deren schnellem Rauswurf nach zwei Jahren endete.

In ähnlichem Geist ist das Gedicht *Der Jahrestag Borodin* verfasst. Puschkin schrieb es anlässlich der Einnahme von Warschau durch die russischen Truppen am 26. August 1831 (nach julianischem) bzw. am 8. September (nach gregorianischem Kalender) nieder. An diesem Tag entschied sich 1812 die Schlacht bei Borodino. Sie endete zwar mit einem französischen Sieg, schwächte aber Napoleons Armee so sehr, dass sie kurz darauf in Moskau eine Niederlage erlitt. Wie Puschkin um diese Zeit dachte, zeugt ein Brief an Alexander von Benckendorff, in dem er bemerkte, man müsse die Polen zermalmen. Sehr ähnlich hatte er sich über die widerständigen Kaukasusvölker geäußert.

Das Gedicht *Der Jahrestag Borodin* schließt mit einem Lob auf Suvorov, der 1794 den Kościuszko-Aufstand niedergeschlagen hatte und auf dessen Konto das Massaker von Praga bei der Eroberung Warschaus zu schreiben ist, bei dem über zehntausend Zivilisten ums Leben kamen.

Das Russenmeer, die Weite Russlands, wie sie Puschkin in den *Verleumdern Russlands* projiziert, das Zermalmen anderer Völker, Poltawa und Suvorov gehören zu den festen Bildern in Russland. Putin konnte wie nebenbei in seiner Rede an die Nation, drei Tage vor Kriegsbeginn, mit Empörung erklären, dass in Poltawa von den Ukrainern ein Suvorov-Denkmal zerstört worden ist. In geschickter Weise spielt er hier auf ein Wissen an, das jedem Russen, jeder Russin von der Schule her vertraut ist. Und es wird auch das seinige sein.

Gabriela Brudzyńska-Němec

Ein Widerhall. Polen 1830/31 und die Ukraine 2022

„Das zum Untergang verurteilte Imperium ist Putin wichtiger als das Überleben Russlands." Mit diesen Worten schloss Karl Schlögel seinen Gastbeitrag in der *Neuen Zürcher Zeitung*, den angesichts der russischen Aggression in der Ukraine an den Westen gerichteten Weckruf, überschrieben mit dem recht zweideutigen Titel „Deutschland kommt eine besondere Verantwortung zu".[1] „Er [Putin]", heißt es weiter „hasst Europa, das er zugleich als schwächlich verachtet, und er hasst den Westen, dessen Lebensform eine Gefahr für seine Herrschaft ist. Er hasst die Ukraine, die nichts anderes will, als ein normales Land zu sein. Er genießt es, den Westen zu zwingen, tatenlos zuzusehen, wie die Ukraine zugrunde gerichtet wird."[2]

Im Dezember 1830 verfolgte Ludwig Börne von Paris aus den Verlauf der polnischen Revolution, die als der Novemberaufstand in die Geschichte einging. Ihr Ziel war die Erlangung der Souveränität des geteilten Landes, man wollte sich vom Joch des Zarenreichs befreien.[3] Für die Rolle der Deutschen hatte Börne nur Verachtung übrig:

Wie wird es aber den armen Polen ergehen? Werden sie es durchfechten? Ich zweifle; aber gleichviel. Verloren wird ihr Blut nicht sein. Und unsere armen Teufel von Deutschen! Sie sind die Lampenputzer im Welttheater, sie sind

---

1 Neue Zürcher Zeitung, 19. März 2022.

2 Ebenda.

3 Börne begleitete mit seinen Berichten die ganze Zeitdauer des Aufstandes und die erste Zeit der polnischen Emigration in Frankreich. Seine Kommentare in den Briefen schlossen den Zeitraum vom 11. Dezember 1830 bis zum 21. Januar 1833 ein. Eine wichtige Anregung, sich mit diesem Thema zu befassen, kam von Seiten seiner Frankfurter Brieffreundin Jeanette Strauß-Wohl, die sowohl mit dem polnischen Aufstand als auch mit den Polenfreunden in ihrer Stadt sympathisierte.

weder Schauspieler noch Zuschauer; sie putzen die Lichter und stinken sehr nach Öl.[4]

Ein Schelm, wer Böses dabei denkt. Schließlich wiederhole sich die Geschichte nicht.

I

Es werden viele historische Vergleiche angesichts des russischen Krieges gegen die Ukraine gezogen. Der russische Angriff gegen die Ukraine lässt sich, wie jeder Krieg, aus der Geschichte heraus begreifen. So wird als Erklärung und Ursache des Krieges der Zerfall der Sowjetunion herbeigerufen und als eine „Kränkung" für Russland zitiert, sei es bejahend, sei es missbilligend. Immer wieder hört man solche Worte wie „Imperium", „der Westen und Europa", seltener „der Osten". Er hat sich plötzlich verflüchtigt! Karl Schlögel geht auf verschiedene Versuche ein, den Krieg historisch zu deuten, nicht um sie zu bestätigen oder zu verwerfen, sondern um ein Phänomen aufzuzeigen, das mehr aussagt, als die Analysen an sich freilegen – wie vage sie alle sind und mit welch innerer Unsicherheit sie ausgesprochen werden.

> Niemand will sich in die Falle der Analogieschlüsse locken lassen, so schlagend die Parallelen zwischen Mussolini, Hitler, Stalin auch sein mögen. Niemand möchte missverstanden werden und auf die Parallele zwischen dem Anschluss des Sudetenlandes und der Annexion der Krim, zwischen der Politik des Appeasements damals und der von heute verweisen. Alle wissen, dass Totalitarismus ein Kampfbegriff des Kalten Krieges war, und ziehen es vor, das Wort zu vermeiden, auch wenn es wieder hochaktuell ist. Angesagt sind Multiperspektivität, Relativität.[5]

Die Unentschiedenheit, die Verunsicherung, das Verdrängen und das Abwarten prägen die geistige Haltung derer, die, bevor sie tätig werden, erst mit der Erinnerungskultur und Gedenkarbeit fertig werden müssen. Erst dann meinen sie, auf die Gegenwart reagieren, den Tatsachen in die Augen sehen

---

4 Brief vom 14. Dezember 1830. Ludwig Börne: Briefe aus Paris, hrsg. v. Alfred Estermann. Frankfurt am Main 1986, S. 79, 80.

5 Neue Zürcher Zeitung, 19. März 2022.

zu können. Es ist ein Ringen „um Beschreibungskategorien in einer Zeit der allgemeinen Verwirrung".⁶ Schlögel erinnert dies an die 1930er Jahre.

In den dramatischsten Momenten, wenn die Bilder nicht mehr zu ertragen sind, ist die Rede vom Prinzipienkrieg und Wertekrieg, vom europäischen oder gar von unserem Krieg. Zumeist spricht man jedoch in der westlichen Berichterstattung von Putins Krieg. Dies scheint rhetorisch ungefährlicher zu sein, denn ein Prinzipienkrieg passe nicht in die heutige Zeit. Das erscheint als zu bedrohlich, ja unheimlich. Man fasst nicht gerne ein heißes Eisen an, vor allem wenn die Russen es heiß machen. In der Gesetzmäßigkeit des Prinzipienkrieges geht es nicht vorrangig um den militärischen Sieg, sondern vor allem darum, auf welche Seite man sich stellt. Damit geht man in die Geschichte ein.

Es ist bezeichnend, dass all diese Analogien, die Schlögel zitiert, vor allem den die Demokratie verachtenden Aggressor und seinen Appetit als Vorbote des hereinbrechenden Unheils, als Akteur der Geschichte ins Visier nehmen. Wäre es nicht eine Umkehr der Blickrichtung zu raten? Es gibt historische Parallelen, die man ziehen könnte, die ins Zentrum des Geschehens das vermeintliche Opfervolk der Ukraine stellen. Ich spreche vom vermeintlichen Opfer, weil es eigentlich die Ukraine als Akteur der Geschichte wahrgenommen zu werden verdient. Seit dem Fall des sowjetischen Imperiums bemüht sie sich um ihr Recht auf Selbstbestimmung und staatliche Souveränität in einer Reihe von Revolutionen und wächst dabei über sich selbst hinaus, vom Opfer zum Widersacher der imperialen, rohen Gewalt. Allerdings spiegelt sich diese Perspektive weit mehr in der spontanen Unterstützungsbewegung wider als in den historischen Deutungsmodellen der Kommentatoren, was Schlögel nicht entging:

Die mächtige Welle spontaner Sympathie und Hilfsbereitschaft für die bedrohte und kämpfende Ukraine in Deutschland und in der Welt hat die erstarrten Formen historischer Erinnerung überrollt, eine Erfahrung, hinter die wir nicht zurückgehen können.⁷

---

6 Ebenda.

7 Ebenda.

Er bemerkt dabei das Potential der Veränderung für die deutsche Gesellschaft selbst, die für mehr Verantwortung übernehmen muss, als das Leid der Menschen in der Ukraine zu lindern. Die hoffen auf Solidarität und Anerkennung mindestens genauso wie auf Mitgefühl. Schließlich wird die Reaktion einer Gesellschaft auf eine Krise, die scheinbar in erster Linie andere betrifft, oft zu ihrem eigenen Prüfstein.

II

Die Zeiten der Julirevolution in Europa des 19. Jahrhunderts stehen nur anscheinend mit den Verwicklungen der postsowjetischen Welt kaum in Verbindung. Sie waren schließlich nicht weniger als heute in einen Prinzipien- und Wertekrieg engagiert, dessen Echo in der gegenwärtigen Rhetorik unverkennbar ist. Im September 1831, nach der Niederlage des polnischen Novemberaufstands, notierte man in *Allgemeinen politischen Annalen* des liberalen Politikers Karl von Rotteck[8] über den Frühling von 1831 rückblickend und zukunftsweisend zugleich:

> Die Diplomaten erwarteten Rath von der Zeit; sie wollten sie einstweilen gewähren lassen, um ihr eine Blöße abzugewinnen, und überließen indeß das Weitere den Ereignissen. Die Ereignisse waren aber in Polen, und hier tritt der natürliche Anfangspunkt hervor. In Polen ist die Handlung dieser Zeit, in Polen ist der stellvertretende Krieg der europäischen Gegensätze, die Angel, um welche sich alles dreht, die concentrierte europäische Krisis.
> Diese Bedeutung des polnischen Krieges wurde durchgängig eingesehen oder wenigstens gefühlt, und darum bewegt er sich auf seinem Schauplatz, wie vor einem Amphitheater der zuschauenden und mitberührten Völker, und jeder Wechselfall wird von den Blicken der Besorgniß oder der Hoffnung begleitet.[9]

---

8 Karl Wenzeslaus Rodecker von Rotteck (1775–1840), Professor für Geschichte und Staatswissenschaften an der Freiburger Universität. Der namhafteste liberale Politiker Badens, seit 1831 bis zu seinem Tode Vertreter zur II. Badischen Kammer. Über die Kontakte von Rottecks mit Polen, die in die Epoche vor der Polenfreundschaft der 30er Jahre greifen, schreibt Rüdiger von Treskov: Erleuchter Vertheidiger der Menschenrechte! Die Korrespondenz Karl von Rotteckcs, Bd. 1, Freiburg / Würzburg 1990, S. 153–160.

9 Gihné: Übersicht der neuesten politischen Begebenheiten, April bis August 1831. In: Allgemeine politische Annalen, September 1831, Bd.7, S. 203.

Die politische Sonderstellung Polens, die im Novemberaufstand sehr bedeutsam wurde, ergab sich jedoch nicht erst aus der momentanen politischen Konstellation. Die Teilungen des polnischen Staates im ausgehenden 18. Jahrhundert machten Russland und Preußen zu europäischen Großmächten und setzten sie wie auch Österreich unter erheblichen Kooperations- und Allianzdruck. Polen, ein von der politischen Landkarte verschwundener Staat, wurde auf die Weise zu einem internationalen Problem, die dauerhafte Präsenz der Polen als Nation im politischen Europa war somit besiegelt. Polen rückte dabei in eine Oppositionsstellung zu den absolutistischen Machthabern – nicht nur als ihr Opfer oder rebellischer Widersacher, sondern auch als ein Gegenspieler, hatte doch die Adelsrepublik 1791 mit der Maiverfassung den Versuch unternommen, das eigene politische System zu reformieren und so – wohlbemerkt auf dem Fundament der Adelsrepublik – den Staat zu modernisieren. Der polnische Unabhängigkeitskampf gewann in der Folge für die konstitutionellen und freiheitlichen Kräfte in Deutschland einen exemplarischen Charakter, sowohl im symbolischen als auch im realpolitischen Sinne. Die Chancen ihrer eigenen Reformbewegung schätzten sie je nach den Auswirkungen des polnisch-russischen Krieges auf die Machtverhältnisse in Europa ein. Das Schicksal Polens sahen sie in einem fast mystischen Licht, das trotz seiner symbolischen Kraft oder gerade deshalb die politischen Verhältnisse in aller Klarheit aufdeckte. Im Artikel *Polen und Europa* vom Juni 1831 heißt es entsprechend:

Mit welchen Gefühlen der Beobachter auch den Bewegungen gefolgt seyn mag, die unsern Welttheil aus seinem fünfzehnjährigen Waffenstillstand rütteln, – so sehr diese Gefühle auch, gegenüber von den meisten der neuen Ereignisse, in stetem Schwanken erhalten worden seyn mögen; – gegenüber von Polen nehmen sie doch eine gewisse Entschiedenheit und Bestimmtheit an. Der polnische Aufstand ist nicht mit andern ähnlichen Ereignissen in- und außerhalb Deutschlands in eine Kategorie zu setzen. [...] sein Verhältniß zu den Principien des Staats- und Völkerrechts der civilisirten Welt ist klarer, die Entscheidung seines Schicksals darum auf die Bestimmung jener Principien mächtiger rückwirkend; seine Beziehungen zu Europa sind mannichfaltiger und inniger, sie haben in dieser Hinsicht nur ein Seitenstück in der letzten Revolution Frankreichs. Polen ist das Volk, das in dem Herzen Europas ruht, sein Blut wird in allen Adern des großen Körpers ausgeführt.[10]

---

10 Polen und Europa von U...*). In: Allgemeine politische Annalen 1831, Junius 1831, Bd. 6, S. 285.

Das nordische Großreich wurde aufgrund seiner politischen Einflussnahme auf Europa als gefährlich wahrgenommen und als Musterbeispiel der Willkürherrschaft gefürchtet. Wie prinzipiell widersetzlich zu dem russischen Größenwahn die politischen, ja weltanschaulichen Positionen auf den europäischen Rednerbühnen waren, bezeugt ein prorussisches, den europäischen Polenfreunden und ihrem *Toben* gewidmetes Gedicht von Alexander Puschkin. Es machte überdeutlich, wohin das polnische, das slawische Blut gehöre – es sei nicht Europas Körper, es sei das Russenmeer:

An Russlands Lästerer[11]
(Am 16. August 1831)

Was tobt Ihr auf den Rednerbühnen,
Woher der Groll, mit dem Ihr gegen Rußland schäumt?
Vielleicht, weil Litwa sich in wildem Aufstand bäumt.
Es ist der Slawen Fehde, überlaßt sie ihnen,
Sie ist verjährt, wie dieses Volks Geschichten;
Nicht Euch gebührt es sie zu schlichten;
Sie kündet schon der Vorzeit Sage,
Des Alterthumes Brüderzwist,
Bald schwankte so, bald so die Wage,
Bald siegte Tapferkeit, bald List.
Wen krönt am Ziel der blut'ge Kampfgewinn?
Des Polen Trotz, des Russen treuen Sinn?
Soll aller Slawenbächlein Heer
Den Weg zum Russenmeere finden?
Wie? oder soll dies Riesenmeer
In einen Regentropfen schwinden?
Lasst uns! Euch wurden sie nicht kenntlich.
Die Blut-Urkunden grauer Zeit,
Euch bleibt er fremd und unverständlich
Der alternde Familienstreit,

---

11 Alexander Puschkin: An Russlands Laesterer. In: Stanislaw Leonhard (Hg.): Polenlieder deutscher Dichter. Krakau 1917, S: 307–308.

Des Kreml's und Pragas stummes Mahnen[12]
Vernehmt ihr nicht. Vom Bürgerkrieg
Berauscht, schwingt Ihr des Aufruhrs Fahnen,
Sinnlos, und neidet uns den Sieg.

Warum? Gesteht es! Ist's vielleicht,
Weil wir auf Moskwas Brandruine
Nicht huldigten dem Mann, vor dessen blosser Miene
Ihr schon gezittert und erbleicht?[13]
Weil wir, mit nie gebeugtem Muthe
Den Götzen stürzten, der die Throne unterjocht,
Und weil der Russe mit des Herzens Blute
Europa Freiheit, Ehr' und Frieden einst erfocht.
Ihr dräut mit Worten uns! — Leiht Thaten Eurem Witze,
Ist etwa von der Rast des Ritters Arm erschlafft,
Ist stumpf des Ismailschen Bajonettes Spitze,[14]
Hat Russlands Kaiserwort nicht mehr gewohnte Kraft?
Wär' mit Europa denn etwa der Kampf uns neu?

---

12 Puschkin spielte hier an zwei besonders symbolhafte Ereignisse aus der polnisch-russischen Geschichte, die zum Teil bis heute im historischen Bewusstsein vor allem der Russen festen Platz haben. Seine Wahl war treffend, seine Interpretation als „Familienstreit" lässt jedoch zu wünschen übrig. Zum einen geht es um die Einnahme von Moskau im polnisch-russischen Krieg 1609–1618 von Stanisław Żółkiewski am 12. September 1610. Im November 1612 wurde die russische Stadt wieder befreit. Zum Gedenken daran beging man im Russischen Reich den 4. November als nationalen Feiertag. 2005 hat der russische Präsident Putin diese Tradition unter dem Namen „Tag der nationalen Einheit" erneuert. Mit Praga ist der östliche Vorort Warschaus gemeint, wo am 4. November 1794 während des Kościuszko-Aufstands die Russen einen erfolgreichen Sturmangriff gegen die polnischen Verteidiger führten. In die Geschichte ist die Schlacht jedoch als „Gemetzel von Praga" eingegangen. Die Einwohner wurden nach der Eroberung von den russischen Soldaten geplündert und massakriert. Die Zahl der Opfer beziffert man auf bis zwanzig Tausend.

13 Gemeint ist Napoleon Bonaparte und sein Russlandfeldzug von 1812.

14 Festung Ismail, heute in der Ukraine (Oblast Odessa), wurde 1790 während des Russisch-Türkischen Krieges von General Suworow erfolgreich belagert und eingenommen. Auch Ismail wurde drei Tage lang nach dem Angriff geplündert mit großen Opferzahlen.

> Wie! oder ward der Sieg den Russen ungetreu?
> Sind wir zu schwach? – Von Perm zu Tauriens Gestaden,
> Von Finnlands Felsenhort, bis Kolchis Lorbeerpfaden,
> Vom Kreml, der fest in Flammen stand
> Bis zu des starren China's Wand,
> Wird nicht, von Waffenglanz umgeben
> Ruthenia [sic!] sich jugendlich erheben? –
> Entsendet Euren Redner Bühnen
> Der wuthentbrannten Jünger Schaar!
> Gern bietet Russland Stätten ihnen
> Im Kreise trauter Gräber dar!

Es überrascht daher nicht, dass der polnisch-russische Krieg, der nach der Abwahl Nikolaus I. als polnischen König im Januar 1831 ausbrach, für Monate nicht nur die Aufmerksamkeit ganz Europas weckte, sondern auch in den Teilen der Bevölkerung eine bisher unbekannte Welle der Sympathie und der Hilfsbereitschaft auslöste. Den Worten und „dem Witze" folgten Taten, jedoch andere als in Puschkins Gewaltphantasien. Die Polenfreunde schlossen sich seit Sommer 1831 in Vereinen zur Unterstützung der Verwundeten und Kranken in den polnischen Spitälern zusammen. Die Vereine finanzierten auch die Reisen der freiwilligen deutschen Ärzte nach Polen und spendeten chirurgische Instrumente. Die Geldsummen, die aufgebracht wurden, waren beträchtlich. Zwar war der Geldtransfer in das vom Krieg beherrschte Land nicht leicht, aber die Nutzung der früheren Handelsbeziehungen mit Warschau führte meist doch zum Erfolg. Diese in ihrer praktischen Ausrichtung ausschließlich karitative Unterstützung trug für die Zeitgenossen von Anfang an unverkennbare politische Züge, sie wurde zur Menschen- wie Bürgerpflicht erklärt.[15]

Die *Heidelberger Wochenblätter* veröffentlichten im August 1831, als der polnisch-russische Krieg noch unentschieden und inmitten der ausgebrochenen Cholera-Epidemie stand, einen polemischen Artikel. Für eine Zeitung, die sonst nur Lokales und Nachgedrucktes brachte, war dies eine Neuheit. Der anonyme Schreiber stellte sich selbst die prinzipielle Frage, wem und in wel-

---

15 Vgl. Dieter Langewiesche: Humanitäre Massenbewegung und politisches Bekenntnis. Polenbegeisterung in Süddeutschland 1830–1832. In: Dietrich Beyrau (Hg.): Blick zurück ohne Zorn. Tübingen 1999, S. 20.

chem Namen man zur Hilfe verpflichtet ist und erklärte, warum die Badener der Aufforderung „An die Deutschen" zur Hilfe für die Cholerakranken in Danzig eher nicht Folge leisten sollten. Diese würde zur „Zersplitterung der Menschenliebe" führen:

[...] aber wir wollen die Sache nicht einseitig untersuchen und betrachten, ohne die politische Seite berühren zu wollen, ist Vergleich zwischen Polen und Danzig aber auch durchaus nicht haltbar –: hier eine ganze Nation, d o r t eine einzelne Stadt; hier eine edle Nation im großen Kampfe, für das, was dem Menschen das Teuerste sein muß, allein und ohne Hülfe gegen einen an Zahl weit überlegenen und verpesteten Feind, die Kranken und Verwundeten beider Partheien sich in ihrer Mitte häufend; d o r t eine reiche Handelsstadt von Eigennutz getrieben, zur Vernichtung ihrer Brüder und Nachbarn mitzuwirken, die reich genug für alle Kranken in ihrer Mitte zu sorgen [–]

Die Danziger beschuldigte der Schreiber, mit ihrer Geschäftigkeit, will heißen Handelstreiben, zum polnischen Unglück willig beigetragen zu haben, was die Heidelberger von der patriotischen Menschenpflicht den Preußen gegenüber entbinde. Es gäbe stärkere Bande:

Daß man mich nicht mißverstehe! – nicht Gleichgültigkeit gegen Leiden entfernter Landsleute will ich empfehlen – dafür bewahre mich Gott! aber Extreme rate ich zu vermeiden, gerade um das Mitgefühl wach und rege zu erhalten, wo es am wirksamsten seyn kann und seyn sollte, und um dieses und die Mittel, welche uns zu Gebote stehen, nicht zu schwächen, müssen Fälle, wie die in Preußen, auf die Hülfe der dortigen Einwohner verwiesen werden [...]16

Es ging nicht nur um Polen, sondern auch um Deutschland. Das mit Russland in Verbindung bleibende Preußen bildete für die liberalen Kräfte in Deutschland eine reale Gefahr.17 Die Polenhilfe wird deshalb zu einer *deutschen Pflicht* erklärt, um an den oft zitierten Artikel in der *Deutschen Tribüne* zu erinnern:

---

16 Heidelberger Wochenblätter, 3., 5. August 1831.

17 Vgl. Horst Joachim Seepel: Polenbild der Deutschen vom Anfang des 19. Jahrhunderts bis zum Ende der Revolution von 1848. Kiel 1967.

> Die Wiederherstellung Polens kann nur durch Deutschland geschehen. Unsere Nation ist hierzu moralisch und rechtlich verbunden, um die schwere Sünde der Vernichtung Polens zu sühnen.[18]

Zwar formulierten nur die sogenannten Radikalen solche Forderungen offen. Nichtsdestotrotz spielte der Gedanke der nationalen Einheit in der Polenbegeisterung keine geringe Rolle. So las man in einem lokalen Tageblatt:

> Wir fordern alle Gegenden unseres Vaterlandes dringend auf, ihre Anstrengungen mit den unseren zu vereinen, um durch die That zu bekunden, wie hoch Deutschland Vaterlandsliebe, Freiheitssinn und Heldenmuth verehrt.[19]

Das Unterzeichnen der Subskription für Polen war zugleich eine öffentliche Stimme zur Unterstützung der Pressefreiheit und liberalen Reformen, wie sie im Großherzogtum Baden vorgenommen wurden, und eine willkommene Gelegenheit politischer Meinungsäußerung auch für diejenigen, die bisher dazu kaum eine Gelegenheit hatten. Sie manifestierte sich direkt in kurzen Mottos, die von den Spendern neben der subskribierten Summe auf den Listen deklariert wurden:

> *Von einem ächt constitutionellen Einwohner Emmendingens, J.B. mit dem Motto: „Sieg der Freiheit und dem Recht, Untergang dem Knechtsinn und Unredlichkeit."*[20]

> *Dem Sanitäts-Cordon gegen die Cholera, und dem Sanitäts-Cordon für das konstitutionelle Leben, nämlich den tapferen Polen.*[21]

Oder ganz einfach:

> *Ein Bauer mit dem Motto „Vor der Cholera Morbus, aber auch vor den Russen bewahre uns der liebe Gott."*[22]

---

18 Deutschlands Pflichten. In: Deutsche Tribüne, 3. Februar 1832.
19 Karlsruher Zeitung, 2. Juli 1831.
20 Freiburger Zeitung, 7. August 1831.
21 Freiburger Zeitung, 25. Juli 1831.
22 Freiburger Zeitung, 7. August 1831.

Nach der Niederschlagung des polnischen Aufstands im September 1831 setzte die Emigration der Polen in Richtung Frankreich ein. Mitte Dezember begann der Marsch der polnischen Kolonnen aus Preußen und Österreich durch deutsche Länder. Es waren insgesamt fast 10.000 Offiziere sowie, in etwas geringerer Zahl, Unteroffiziere und Soldaten unterwegs. Die Organisation der Durchmärsche stellte eine höchst unerwünschte Herausforderung für die deutschen Regierungen dar, um so williger wurde sie von Seiten der Polenvereine übernommen, die ihre mittlerweile nach dem Fall Warschaus vom 8. September 1831 oft eingestellte Tätigkeit während der Durchzüge der Polen erneut aufnahmen. Zu den anfangs nur Männern vorbehaltenen Vereinen traten zahlreiche Mädchen- und Frauenpolenvereine hinzu. Die Polen-Comités, wie die Vereine in Süddeutschland genannt wurden, organisierten für Hunderte von polnischen Flüchtlingen Unterstützung.[23] Sie wurden erwartet, Polenfreunde fuhren ihnen entgegen, führten sie im Triumphzug in die Ortschaften hinein, wetteiferten darum, sie zu logieren und zu bewirten, ehrten sie mit festlichen Gastmahlen in kleinen Orten, mit einer Theatervorführung oder einem Ball. Jubel ohne Grenze, herzergreifende Szenen, Trennen und Rührung. Dass solche Berichte die euphorische Begrüßung der Flüchtlinge zusätzlich anregten, liegt auf der Hand. Keine lokale Gemeinschaft wollte dabei zurückstehen. Unter unzähligen Polenliedern hatte man auch eine Antwort auf Puschkin parat:

An Rußlands Apologeten[24]
Erwiderung an Puschkin

Was schiltst du so in dem Gedichte?
Woher der Groll gen menschliches Gefühl?
Weil in den Adern langsam schleicht und kühl
Dein Russenblut. O glaub: die Weltgeschichte

---

23 In Heidelberg leistete der Polenverein 426 Offizieren und 201 Soldaten Hilfe. In Rastatt schätzte der Verein die Zahl der Unterstützten auf ungefähr 1000. Vgl. Gabriela Brudzyńska-Němec: Polenvereine in Baden. Hilfeleistung süddeutscher Liberaler für die polnischen Freiheitskämpfer 1831–1832. Heidelberg 2006, S. 187.

24 Friedrich Arnold Steinmann: An Rußlands Apologeten. In: Friedrich Arnold Steinmann: Briefe aus Berlin: geschrieben im Jahr 1832, Band 1. Hanau 1832, S. 105–107.

Schreibt unauslöschlich in Granit den Kampf.
Es war der Menschheit Fehd' und Todeskrampf.
Der Glocken heilig Erz sand' Todespfeile;
Der Freiheit opfert' man dem Vaterland
Den goldnen Ring, der Gattentreue Pfand,
Den Nacken zu entziehn dem Henkerbeile.
Den Polen krönt der blutige Kampfgewinn,
Sank todesröchelnd, blutend er auch hin.
Soll Rußlands Knutensklaven-Heer
Europa's Gau'n verheerend überschwemmen?
Soll keine Macht das große Riesenmeer
Und seiner wilden Knechtschaftsfluten hemmen?
O schweig! Nicht sind uns fremd geblieben
Die Bluturkunden jener Zeit,
Die sich vor unsern Augen hat erneut;
Mit Flammenschrift sind sie geschrieben.
Wir hörten Praga's dumpfes Ächzen,[25]
Und an der Freiheit Todespfühl
Das Leichhuhn schon prophetisch krächzen
Im schmerzlich bangen Vorgefühl.
Langsames Schlachten war's, kein Krieg;
Verrath und List feil unterjochten;
Die Tyrannei erschlich den Sieg! –
Allein der Himmel hat geflochten
Die Todesgeissel; und sie traf:
Cesarewitsch schläft den ew'gen Schlaf.[26] –
Was prahlest du mit Rußland's Muthe?
Laß ab von solchem eitlen Spott.

---

[25] Steinmann denkt hier an die Schlacht von Grochów vom 25. Februar 1831 während des Novemberaufstands, die die Einnahme von Praga verhindern sollte. Die russischen Truppen waren den polnischen stark überlegen, trotzdem konnten diese lange standhalten. Die Schlacht galt als unentschieden, auch wenn die polnischen Truppen sich schließlich über die Weichsel zurückziehen mussten.

[26] Gemeint ist Iwan Diebitsch-Sabalkanski, Oberbefehlshaber der russischen Armee zur Zeit des Novemberaufstands. Er starb während des Krieges am 10. Juni 1831 in Kleszewo bei Pułtusk an Cholera.

Nicht wälzte sich durch euch in seinem Blute
Napoleon's Heer; ihn stürzte – Gott.
Du prangst mit Worten. Thaten zeige,
Die würdig sind des Russenruhms,
Nicht Niederträchtigkeit und feige
Gewaltstreich' des Despotenthums.
Des Kaisers Herz schlägt menschlich, mild,
In seinen Augen wohnen Thränen;
Doch seine Schergen sind Hyänen,
Und opfern Freiheit, Leben wild.
Vom Don bis zu Sibiriens Wüsten,
Von China's Mau'r bis zum Ural
Von Kolchis Hain bis zu des Eismeers Küsten
Millionen seufzen ob des Lebens Quaal,
Des Engels harrend, wenn er ruft
Zu Ruh' und Freiheit in der stillen Gruft.

Zum Sinnbild der deutsch-polnischen Verbrüderung wurde das bei Neustadt an der Weinstraße gefeierte Hambacher Fest. Zwischen dem 27. und dem 30. Mai 1832 bekräftigten die Teilnehmer des Konstitutionalfestes ihre Forderung nach einem freiheitlich geordneten und geeinten Deutschland. Die polnische Sache stand in einer Reihe mit der deutschen, wie die beiden auf dem Schloss Hambach aufgesteckten Fahnen: die schwarz-rot-goldene und die polnische. Dennoch ist das Hambacher Fest nicht als Höhepunkt der deutschen Polenbegeisterung zu bezeichnen. Obwohl revolutionäre Ziele den Liberalen von den politischen Gegnern oft angehängt und von der radikalen Jugend wohl erhofft wurden, prägten nicht sie die polenfreundliche Bewegung. Bereits das selbstbewusste Auftreten der Polenfreunde verblüffte oft die staatliche Obrigkeit. Als bürgerliche Organisationen, die erfolgreich auf eigentlich für den Staat reservierten Gebieten tätig wurden, empfanden die konservativen Regierungen die Polenvereine, spätestens seit dem Hambacher Fest, als anmaßend und ihre Aktivitäten als prinzipiellen Angriff auf die Grundlagen des Staates.[27] Dementsprechend reagierten die Polenfreunde auf die staatlichen Einschränkungen im Juni 1832 mit den Worten:

---

27 In den Bundesbeschlüssen vom 5. Juli 1832 sprach sich der Bundestag daher eindeutig gegen die Polenvereine aus.

Je mehr die Namen und Abzeichen patriotischer Vereine vor den schaarenweise aufmarschierenden Verordnungen verschwinden, desto inniger schließt sich der große geistige Verein aller Wohlgesinnten in ganz Europa, gegenüber der gemeinsamen Gefahr, und je feindseliger die äußere Gewalt uns entgegen tritt, desto brüderlicher reichen wir uns die Hand zum gemeinsamen unermüdlichen Ringen nach Wahrheit und Menschenrecht.[28]

Es entwickelte sich „neue[s] Europagefühl",[29] um mit Dieter Langewiesche zu sprechen. In diesem Sinne bezeichnete Karl von Rotteck im März 1832 die „Polenfreunde" als den „vernünftigen, menschlich fühlenden, für Menschen- und Völker-Recht erwärmten Teil der europäischen Bevölkerung".[30]

Der Blick, den die konstitutionell gesinnten Deutschen mit Bangen, aber auch mit großer Erwartung 1830/1831 nach Osten richteten, profilierte ihre eigene politische Identität und rief auch eigene politische Tatkraft wach. In zahlreichen Polenvereinen erprobten vor allem die süddeutschen Liberalen ihre organisatorischen Fähigkeiten und leisteten in der Mobilisierung der eigenen Kräfte gleichsam Vorarbeit für die größere politische Bewährungsprobe im Jahre 1848.

Und dennoch markierte dasselbe Jahr das Ende der vormärzlichen Polenbegeisterung. In den Beschlüssen der deutschen Nationalversammlung 1848 sprach man sich gegen den nationalen Anspruch der Polen aus. Vor allem das Votum einer Mehrheit der Liberalen stellte für die Polen eine schmerzhafte Enttäuschung dar, die in den viel zitierten Worten des Abgeordneten Wilhelm Jordans aus Berlin lange nachhallte:

Ich sage, die Politik, die uns zuruft: gebt Polen frei, es koste, was es wolle! ist eine kurzsichtige, eine selbstvergessene Politik, eine Politik der Schwäche, eine Politik der Furcht, eine Politik der Feigheit. Es ist hohe Zeit für uns, endlich einmal zu erwachen, aus jener träumerischen Selbstvergessenheit, in der wir schwärmten für alle möglichen Nationalitäten, während wir selbst in schmachvoller Unfreiheit darniederlagen und von aller Welt mit Füßen getre-

---

28 Der Freisinnige, 26. Juni 1832.

29 Dieter Langewiesche: Humanitäre Massenbewegung und politisches Bekenntnis. Polenbegeisterung in Süddeutschland 1830–1832. In: Dietrich Beyrau (Hg.): Blick zurück ohne Zorn, Tübingen 1999, S. 11.

30 Der Freisinnige vom 26. Juni 1832.

ten wurden, zu erwachen zu einem gesunden Volksegoismus, um das Wort einmal gerade heraus zu sagen, welcher die Wohlfahrt und Ehre des Vaterlandes in allen Fragen oben anstellt.[31]

Es kam 1848 bekanntlich zu keiner freiheitlichen Koalition zwischen Polen und Deutschen, der „gesunde Volksegoismus" gewann in der Polendebatte in der Frankfurter Paulskirche die Oberhand. Er knüpfte starke und feste Bande, die in die Zukunft weisen sollten – so die Geschichtsschreibung, die ihren Blick auf Siege richtet und sie als Motor der Ereignisse immer wieder neu in ihren Erzählungen aufwertet. Und dennoch, das vermeintlich selbstvergessene Denken und Handeln der Polenfreunde zeigte sich am Ende des Tages doch viel weitsichtiger. Seine Kraft lag heute wie damals darin, „Mitgefühl wach und rege zu erhalten, wo es am wirksamsten seyn kann und seyn sollte",[32] denn die wahre nationale Souveränität keimt nur im freiheitlichen Boden und im Zeichen der Solidarität. Im Schatten der imperialen Träume wächst lediglich Extremismus.

---

31 Carl Friedrich Wilhelm Jordan (1819–1904) zitiert nach: Erich Chudzinski, Karl Baustaedt (Hg.): Vom Wiener Kongreß bis zum Jahre 1861. Berlin, München 1929, S. 4. Zu Königsberger Studienfreunden des aus Ostpreußen stammenden Jordans gehörte Ferdinand Gregorovius (1821–1891). Der später berühmt gewordene Geschichtsschreiber des mittelalterlichen Roms vertrat um 1848 eine genaue Gegenposition zu Jordan, was die oft als zwangsläufig eingeschätzte politische Entwicklung der deutschen Frühliberalen durchaus in Frage stellt. 1848 veröffentliche er die Schrift „Die Idee des Polenthums. Zwei Bücher polnischer Leidensgeschichte", gewidmet Joachim Lelewel, 1849 die „Polen- und Magyarenlieder". Vgl. die dreisprachige Neuaufgabe: Ferdinand Gregorovius: Wiosna Ludów w literaturze europejskiej: Pieśni polskie i węgierskie Ferdynanda Gregoroviusa = A „Népek tavasza" az európai irodalomban: Ferdinand Gregorovius Lengyel és magyar dalai = Der Völkerfrühling in der europäischen Literatur: Polen- und Magyarenlieder von Ferdinand Gregorovius. Olsztyn 2015; und Ferdynand Gregorovius: Idea polskości: dwie księgi martyrologii polskiej; przeł. Franciszek Jeziołowicz; oprac. i wstępem opatrzył Janusz Jasiński. Olsztyn: Wspólnota Kulturowa Borussia, 1991.

32 Heidelberger Wochenblätter, 3., 5. August 1831.

III

Walter Benjamin schrieb: „Streift denn nicht uns selber ein Hauch der Luft, die um die Früheren gewesen ist? ist nicht in Stimmen, denen wir unser Ohr schenken, ein Echo von nun verstummten? haben die Frauen, die wir umwerben, nicht Schwestern, die sie nicht mehr gekannt haben? Ist dem so, dann besteht eine geheime Verabredung zwischen den gewesenen Geschlechtern und unserem. Dann sind wir auf der Erde erwartet worden."[33]

Wenn wir ihm Glauben schenken wollen, wiederholt sich Geschichte nie und schreitet auch nicht voran. Sie hinterlässt jedoch Spuren und manchmal Worte, die wie ein Echo von gestern wieder im Ohr erklingen, nicht von ungefähr. Indem das Bild der Geschichte im Moment der Gefahr plötzlich aufblitzt und sich auf einmal erhellt, sollten wir es festhalten. Nicht der Geschichte, sondern der Gegenwart willen, in der Hoffnung auf jene „schwache messianische Kraft", die „uns wie jedem Geschlecht, das vor uns war mitgegeben, an welche die Vergangenheit Anspruch hat. Billig ist dieser Anspruch nicht abzufertigen",[34] gibt Benjamin uns gleich auf den Weg.

Die verstummten Polenlieder und die nicht mehr gut bekannten Freunde aus der Vergangenheit; sie haben zuvor ein Zeichen gesetzt, das immer wieder auf der Oberfläche der gegenwärtigen Geschehnisse sichtbar wird und an dem man gemessen werden kann – so in der Solidarność-Bewegung der 1980er Jahre wie vor kurzem bei den Protesten in Weißrussland und heute in den wenigen russischen Stimmen gegen den Überfall auf die Ukraine. Der Transfer der freiheitlichen Ideen verlief – und verläuft – in der europäischen Geschichte nicht immer nur in eine Richtung, vom zivilisierten Westen nach dem rauen Osten, sondern auch umgekehrt. Seite an Seite mit den vermeintlichen Opfern der imperialen Mächte, den Verlierern, *die ihren Widerstand dennoch nicht aufgeben*, muss im Westen, zu dem mittlerweile auch die ehemaligen sozialistischen Länder gehören, immer wieder ein lauter Weckruf ertönen. Ohne diesen scheinen diejenigen, denen besondere Verantwortung zukommt, in eine gefährliche Trägheit und unvorsichtige Bequemlichkeit zu verfallen. Der Weckruf aus dem Osten bringt den Westen voran, wenn er gehört wird.

---

33 Walter Benjamin: Über den Begriff der Geschichte. In: Walter Benjamin, Gesammelte Schriften, Erster Band (hg.) von Rolf Tiedemann und Hermann Schweppenhäuser. Frankfurt am Main 1991, S. 693f

34 Ebenda, S. 694.

Es ist kein Zufall, dass in der heutigen Rede über den Krieg und in den Sympathiekundgebungen für die Ukraine das längst verstummte Echo der Polenbegeisterung 1830er Jahre widerhallt. In dem neuen Krieg verteidigen die Ukrainer ihre staatliche Souveränität gegen die alten imperialen Ambitionen Russlands und kämpfen um ihre Zukunft. Nur um ihre? Entsprang nicht gerade aus der einstigen Solidarität mit den Freiheitskämpfern die große Hilfsbereitschaft in Polen im Frühjahr 2022? Man hörte keine Klagen über die Belastungsgrenzen in Warschau und nahm die ukrainischen Frauen und Kinder wie eigene auf, weil man ihr Anliegen kannte und anerkannte. Am 2. März 2022 sprach Jaroslaw Perzyński, Bürgermeister einer polnischen Kleinstadt, der am ersten Kriegswochenende zwei Lastwagen mit Hilfsgütern aus Mittelpolen an die ukrainische Grenze begleitete, am Ende des von BBC World Service gesendeten Interviews die Zuhörer direkt an: „Noch eine Botschaft an die kämpfenden Ukrainer: eure Familien, eure Kinder sind in Polen sicher. Slava Ukrainie! Slava gerojam!"[35]

Worte wie aus der Vergangenheit – nur mit anderen Protagonisten – erklingen noch einmal und stellen wiederum Ansprüche an die Gegenwart. In einer neuen Konstellation scheint ihre Botschaft die gleiche und doch eine neue zu sein. 2022 sind viele politische Bestrebungen, ja sogar die kühnsten Träume der Polenfreunde von 1830 und 1831 in Erfüllung gegangen. Polen existieren und das nicht bloß „kaum noch dem Namen" nach – woran sogar Heinrich Heine gezweifelt hatte – sie sind dem politischen Realismus zum Trotz nicht „ganz mit den Russen verschmolzen" und bilden keine „russische Avantgarde" sondern die des freien Europas.[36]

---

35 Jarosław Perzyński, Bürgermeister von Sierpc, veröffentlichte ebenfalls einen Kommentar zum Interview: „Dank BBC World Service Radio konnte ich vermitteln, was für wunderbare Menschen die Polen sind, auch die Menschen in Sierpc. Ich nutzte die große Reichweite des britischen Radiosenders, um den Ukrainern zu versichern, dass ihre Familien und ihre Kinder in Polen in Sicherheit seien. Ich hoffe, dass diese Informationen international Widerhall finden und auch die ukrainischen Soldaten, die an der Front kämpfen, erreichen, damit sie wissen, dass Polen und Sierpc ihnen und ihren Familien große Unterstützung gewähren und auch weiterhin gewähren werden. Wir drücken die Daumen, dass dieser schreckliche Krieg bald endet." https://www.facebook.com/jaroslawperzynskiburmistrzsierpca/videos/495953788586444/ (Zugang: 10.07.2022).

36 Heinrich Heine: Sämtliche Werke 11. Ludwig Börne. Eine Denkschrift und Kleinere politische Schriften bearbeitet von Helmut Koopmann. Historisch-kriti-

Es sind heute die europäischen Staaten und ihre Regierungen, die sich der Sache des Rechts und der Freiheit im Namen der demokratischen Werte und des Völkerrechts einheitlich stellen. Sie liefern Waffen für die ukrainische Armee – obwohl recht zögernd – und organisieren Hilfe für Frauen, Kinder und ältere Menschen, die vor dem Bomben- und Raketenterror fliehen. Überall wehen ukrainische Fahnen und kaum eine staatliche oder private Institution, Stiftung, kaum etablierte Vereine, die sich nicht tätig engagieren. Man tut es für die Ukraine. Aber tut man es auch für sich? 2022 entstehen in Deutschland kaum bürgerliche Hilfsvereine, mit Ausnahme von denen, die von ukrainischen Emigranten ins Leben gerufen worden sind.

Es scheint die Überzeugung zu herrschen, dass der Westen alle seine Prinzipienkriege längst gewonnen und allein als starker Helfer, gerechter Ordnungshüter und sicherer Richter aus der Position der moralischen Überlegenheit und des Wahrheitsbesitzes aufzutreten hat. Heute übernimmt er diese Rolle für „die Ukraine, die nichts anderes will, als ein normales Land zu sein."[37] Dafür hat diese *Normalität* einen enormen Preis. Ist es möglich, dass die heutigen Sieger der Geschichte ihren wahren Wert in der alltäglichen Normalität vergessen hatten? Weil sie den Preis der Freiheit, wie alle anderen Rechnungen, bequem, still und leise lediglich auf ein Konto überweisen? Deshalb sollten wir einen Blick auf die Geschichte und Gegenwart des 21. Jahrhunderts doch im Sinne Benjamins und mit dem Augen seines Angelus Novus werfen:

> Die Tradition der Unterdrückten belehrt uns darüber, daß der ‚Ausnahmezustand', in dem wir leben, die Regel ist. Wir müssen zu einem Begriff der Geschichte kommen, der dem entspricht. Dann wird uns als unsere Aufgabe die Herbeiführung des wirklichen Ausnahmezustands vor Augen stehen; und dadurch wird unsere Position im Kampf gegen den Faschismus sich verbessern. Dessen Chance besteht nicht zuletzt darin, daß die Gegner ihm im Namen des Fortschritts als einer historischen Norm begegnen. – Das Staunen darüber, daß die Dinge, die wir erleben, im zwanzigsten Jahrhundert ‚noch' möglich

---

sche Gesamtausgabe der Werke herausgegeben von Manfred Windfuhr. Hamburg 1978, S. 75. Vgl. Karol Sauerland: Ludwig Börnes und Heinrich Heines Reaktionen auf den Novemberaufstand 1830/31. In: Marion Brandt (Hg.): Solidarität mit Polen. Zur Geschichte und Gegenwart der deutschen Polenfreundschaft. Frankfurt am Main 2013, S. 65–80.

37 Karl Schlögel: Deutschland kommt eine besondere Verantwortung zu. In: Neue Zürcher Zeitung, 19. März 2022.

sind, ist kein philosophisches. Es steht nicht am Anfang einer Erkenntnis, es sei denn der, daß die Vorstellung von Geschichte, aus der es stammt, nicht zu halten ist.[38]

Der permanente Ausnahmezustand, für den Benjamin einstehen möchte, ruft zur permanenten Wachsamkeit auf. Normalität und Fortschrittsdenken haben uns in Butscha und Borodjanka einmal wieder verraten und uns eines Besseren belehrt, eines grausamen Besseren. Der Osten, der weniger mit der Geographie als mit der Menschenverachtung zu tun hat, ist längst nicht besiegt, weil es weder allein auf dem Schlachtfeld geschehen kann, noch mit Geld zu erkaufen ist. Der Prinzipienkrieg oder besser der Wertekrieg verlangt fortwährend nach dem „vernünftigen, menschlich fühlenden, für Menschen- und Völker-Recht erwärmten Teil der europäischen Bevölkerung".[39] Das haben die aufständischen Polen das freiheitlich gesinnte Europa im 19. Jahrhundert gelehrt. Uns heute lehren es die um ihre staatliche Souveränität kämpfenden Ukrainer. Der europäische Westen sollte deshalb den *Wertekrieg* nicht dem Mann in Kreml und seiner Rhetorik der „Blut-Urkunden grauer Zeit" mit Verlegenheit und Abscheu überlassen, sondern eine Antwort parat haben und sich den bei uns verstummten und von Russland umso williger vereinnahmten Wertediskurs zurückholen. Wir konnten es am 26. März 2022 in Warschau in der Rede des amerikanischen Präsidenten hören, wo er zur postsowjetischen Ordnung sagte:

Aber wir sind aus dem großen Kampf für die Freiheit neu erwachsen: dem Kampf zwischen Demokratie und Autokratie, zwischen Freiheit und Unterdrückung, zwischen einer regelbasierten Ordnung und einer Ordnung, die von roher Gewalt beherrscht wird.
In diesem Kampf muss uns Folgendes klar sein: Auch diese Schlacht wird nicht in Tagen oder Monaten gewonnen werden. Wir müssen uns für den langen Kampf, der vor uns liegt, wappnen.[40]

---

38 Walter Benjamin: Über den Begriff der Geschichte. In: Walter Benjamin, Gesammelte Schriften. Erster Band (hg.) von Rolf Tiedemann und Hermann Schweppenhäuser. Frankfurt am Main 1991, S. 697.

39 Der Freisinnige, 16. März 1832.

40 Rede des Präsidenten Biden am 26. März 2022 in Warschau – US-Botschaft und Konsulate in Deutschland (usembassy.gov) (Zugang: 12.04.2022).

In der Normalität der freiheitlichen Ordnung leben nämlich Werte, die der „historischen Norm" des Imperiums widersetzt werden können, nur, wenn sie als der permanent zu verteidigende Ausnahmezustand wahrgenommen werden. „Fürchtet euch nicht", erinnerte Joe Biden in Warschau: „Dies waren die ersten Worte bei der ersten öffentlichen Ansprache des ersten polnischen Papstes nach seiner Wahl im Oktober 1978. Es waren Worte, die für Papst Johannes Paul II. prägend werden sollten. Worte, die die Welt verändern sollten."[41] Das Echo dieser Worte hallt immer noch nach, heute erklingen sie aber auch neu: „Seht euch vor, wachet!"[42]

IV

Der ukrainische Dichter Serhij Zhadan, der den diesjährigen Friedenspreis des Deutschen Buchhandels erhält, schrieb im Juli 2022 eine Antwort auf den offenen Brief der deutschen Intellektuellen, die einen Waffenstillstand in der Ukraine fordern: „[…] Ich glaube nicht, dass es für dieses sanfte Drängen der Ukraine zur Kapitulation und den Appell an die europäischen Regierungen, die Augen vor diesem Genozid des 21. Jahrhunderts zu verschließen, eine ethische oder moralische Rechtfertigung gibt. Indem sie einem falsch verstandenen Pazifismus anhängen – der nach zynischer Gleichgültigkeit stinkt –, legitimieren die Verfasser des Briefs die Putinschen Propagandanarrative, die besagen, dass die Ukraine kein Recht auf Freiheit, kein Recht auf Existenz, kein Recht auf Zukunft, kein Recht auf eine eigene Stimme hat, weil ihre Stimme, ihre Position den großen und schrecklichen Putin womöglich reizen könnte. Dazu möchte ich den verehrten Experten auf dem Gebiet der unergründlichen russischen Seele folgendes sagen: Sie haben recht, Putin ist schrecklich, aber ganz und gar nicht groß. Und wenn weiterhin etliche deutsche Intellektuelle Angst vor ihm haben, müssen sie das mit ihrer Selbstachtung und ihrem Gewissen vereinbaren."[43]

---

41 Ebenda.

42 Markus 13,33

43 Serhij Zhadan: Wir werden vernichtet. Deutsche Intellektuelle fordern in einem offenen Brief einen Waffenstillstand in der Ukraine. Sie sprechen damit der Ukraine das Existenzrecht ab. Eine Antwort. https://www.zeit.de/2022/28/offener-brief-waffenstillstand-jetzt-ukraine-krieg (Zugang: 15.7.2022).

III

Pilgerfahrt in den sehr nahen Osten *(Wiesława Sajdek)*

Pilgerfahrt, so der Titel meiner Erinnerungen, die mir wichtig erscheinen, wichtig auch für mich persönlich. Es geht um eine Pilgerfahrt in die Ukraine, deren Teilnehmerin ich vor einundzwanzig Jahren war. Der unmittelbare Grund für die Fahrt nach Lviv waren die Pastoralreise Johann Pauls II. und seine Station in Lviv. Fragmente des Berichts über unsere Pilgerfahrt werden hier eingerückt wiedergegeben. Hin und wieder verlangen sie jedoch einen Kommentar.

Die Stelle beispielsweise, von der wir aufbrachen, die Stadt Stalowa Wola, erbaut 1938 vor dem Ausbruch des Zweiten Weltkriegs im Rahmen des Zentralen Industriegebiets Polens. In der Hütte Stalowa Wola wurden Waffen produziert, deren Bestimmung die Landesverteidigung war. Während der deutschen Besatzung wurde der zentrale Platz dieser Stadt in Adolf-Hitler-Platz umbenannt, nach dem Kriege hieß er der Juri-Gagarin-Platz, heute Józef-Piłsudski-Platz. Die Stelle, an der Stalowa Wola entstanden ist und wo die Stadt in den Nachkriegsjahren eine Blütezeit erlebte, ist unter vielerlei Aspekten beachtenswert, auch deswegen, weil gerade hier, in der Umgebung von Nisko, einer Nachbarstadt von Stalowa Wola, Adolf Eichmann ein Sonderland, oder besser gesagt ein Riesenlager für polnische Juden, zu errichten gedachte. Ein Alternativplan für die Internierung von Juden stellte Madagaskar dar.[1] Es braucht niemandem erklärt zu werden, dass ein anderer Naziplan realisiert wurde: die „Endlösung", das heißt der Holocaust. Er erfasste die absolute Mehrheit der Einwohner der Kleinstadt Rozwadów, die immerhin ein historisch bedeutender Ort ist, der heute in den Grenzen von Stalowa Wola liegt.

Es sei hinzugefügt, dass sich die Pilgerfahrt als sehr wichtig für beide katholische Kirchen, die in Polen und die in der Ukraine, die unierte, erwies.

---

1 Zum „Plan Nisko" vergleiche Hannah Arendt: Eichmann in Jerusalem. Reinbek bei Hamburg 1978, S. 105f.

Die Fahrt von Stalowa Wola bis Lviv dauert fast genauso lang wie nach Kraków. Wir starteten mit dem Bus vom Kloster OFM, d.h. Orden der Kleineren Brüder Kapuziner, kurz nach Mitternacht vom Sonntag auf Montag den 25. Juni 2001. Der Himmel war bewölkt und es war recht windig und kalt. Bis zur Grenze war eine gewisse Anspannung spürbar, die jüngere Mitfahrende wahrscheinlich nicht betraf. Weil sie „uns etwas anhaben konnten". Wem und aus welchem Anlass? Für die Älteren war es offensichtlich – alle und aus allen möglichen Gründen, obwohl in dieser Zeit, zu Beginn des dritten Jahrtausends, man selten belästigt wurde. Und außerdem waren unsere Intentionen klar und eindeutig. Der Bus war dermaßen plakatiert worden, dass man aus der Entfernung ohne weiteres erkennen konnte, dass er Wallfahrer am Bord hat. Fernsehinformationen konnte man entnehmen, dass Erleichterungen beim Grenzverkehr vorgesehen waren, zum Beispiel war es möglich, auch ohne Reisepass in die Ukraine einzureisen. Nichtdestotrotz konnte man vernehmen, dass eine Pilgerfahrt keine einfache Sache sei, und es war nicht ausgeschlossen, dass die Pilgerfahrt des Papstes sich als die problematischste erweisen könnte.

Da für Papst Johannes Paul II. diese Pilgerfahrt so erwünscht war, waren auch wir bereit, eventuelle Schwierigkeiten zu ertragen. Mit dieser Einstellung gelangten wir noch vor Tagesanbruch nach Medyka. Dort fertigte uns sowohl der polnische als auch der ukrainische Grenzschutz anstandslos ab, was uns angenehm überraschte. Auf der ukrainischen Seite erwartete uns ein dortiges Fernsehteam. Es filmte uns, und Bruder Ryszard, unser Seelsorger, gab für OFMCap. sogar ein Interview. Alles verlief sehr professionell. Danach fuhren wir, schon ohne Verzögerung, weiter.

Im Morgengrauen rieselte es. Ärmliche Häuschen zwischen noch nicht fertiggestellten Ziegelbauten erinnerten uns an unsere siebziger Jahre. Und es waren weite und leere grüne Flächen zu sehen, auf denen – wie es schien – seit langem nichts angebaut worden ist. Hin und wieder zeigte sich als bunter Akzent ein Reklameschild irgendeiner Westfirma, was allerdings keinen vorteilhaften Eindruck erweckte. Manchmal erhaschte man während der Fahrt blaue, weiße und goldene Farben der gerade entstehenden neuen orthodoxen Kirchen.

In Lviv regnete es. Ich habe, völlig unsinnig, einige Aufnahmen durch die vom Regenwasser beklatschten und dadurch undurchsichtigen Fensterscheiben des Busses gemacht, es war, als ob ich das zum ersten Mal im Leben erblickte und Lviv sich dem Gesichtsfeld für immer und ewig entziehen wollte.

Es hellte sich auf, glücklicherweise hatte es aufgehört zu regnen. Der Bus irrte etwas auf der Suche nach der polnischen Maria-Konopnicka-Schule umher. Dort war unser Quartier. Uns bot sich an verschiedenen Orten in der Stadt immer wieder dasselbe Bild: Männer, in Klamotten gehüllt und Frauen in schwer zu bestimmendem Alter, mit großen Besen aus Weidengeäst, mit denen sie sorgfältig die unebenen Gehwege und manchmal auch die durchlöcherten Straßen reinigten. Im historischen Teil der Stadt ist eine Generalüberholung fällig. Eine besondere Gruppe unter den Passanten, mit denen man in aller Frühe schon konfrontiert wurde, bildeten junge Leute mit roten Nasen, die von „Geburtstagspartys" zurückkehrten und deren „Andersartigkeit" niemanden sonderlich zu schockieren schien. Alkoholische Getränke waren im Verlauf unserer Pilgerfahrt die ganze Zeit ohne weiteres zu bekommen, etwa in kleinen Geschäften oder in den Bars, die durch exklusive Innenausstattung, deren Einsicht offengelassene Türen gewährten, geradezu zum Eintritt verlockten. Doch Schlangen waren dort nicht zu sehen, und drinnen war es leer.

Die polnische Maria-Konopnicka-Schule erfreute sich eines guten Rufs, so dass auch Russen hier ihre Kinder unterrichten ließen. Bei den Gesprächen an Ort und Stelle erfuhren wir eine Menge. Kinder können hier von der ersten Klasse an sowohl Polnisch als auch Ukrainisch lernen. Das Schulgebäude müsste renoviert werden, der Anfang ist gemacht. Während unseres kurzen Aufenthalts wurden von einem der Fenster im oberen Stockwerk vergammelte Bretter in das innere Gehöft runtergeworfen.

Einige von uns gönnten sich nach der durchwachten Nacht einige Stunden Schlaf, andere, die es nicht abwarten konnten, machten sich auf den Weg zu den historisch wichtigen Sehenswürdigkeiten, zu denen der Łyczakowski-Friedhof gehört. Um die Mittagszeit wurden wir zu einem Imbiss eingeladen: heiße Brühe, liebevoll belegte Brote, von Hausfrauen fertiggestellte Backwaren, Lipton-Tee und ein ordentlicher Espresso. Wieder alles höchst kultiviert, dazu eine sehr nette Bewirtung. Danach „Wachablösung" – die nächste Gruppe brach auf, um historische Orte zu besichtigen. Auf dem neuen Friedhof, wo die Orlęta Lwowskie (Lemberger Kleine Adler) ruhen, versammelten sich Skaut-Gruppen [Pfadfindergruppen, Anm. d. Hg.]. Wir dagegen kehrten zu unserer Schule zurück, um dort einer Messe beizuwohnen.

Beeindruckend sind die alten, unglaublich schönen Grabmäler auf dem Łyczakowski-Friedhof, nicht selten in unmittelbarer Nähe zu ganz neuen, im dunklen Ton gehaltenen, glänzenden Grabplatten in geometrischen Formen. Auf dem hügeligen Areal Gräber, die verschieden waren, was ihre Provenienz und ihr Äußeres betrifft, aus unterschiedlichen, wenngleich zeitlich nicht weit voneinander entfernten Epochen, sie wirken auf einen wie neu entdeckte Schichten, fast möchte man sagen geologische Ablagerungen, die infolge unverständlicher Kataklysmen aus der Tiefe der Geschichte ans Tageslicht gelangten. Das Grab Maria Konopnickas bedeckt mit frischen Blumen. Kreuze und Adler. Und trübselige kreuzlose Monumente, verbunden durch die gleichen Bande, welche Lebende und Tote vereinigen – Menschlichkeit Christi.

Nachmittags gingen wir in die Stadt, um Papst Johann Paul II. am Straßenrand zu begrüßen. Große Freude ergriff uns. Unterwegs begegneten wir Pilgern, die verschiedenen Gruppierungen angehörten. Wir sangen Psalme und Teile aus Evangelien. Einige tanzten. Es fiel leichter Regen, aber im großen und ganzen war uns das Wetter günstig. Viele Einwohner der Stadt blieben stehen und schauten uns mit Wohlwollen zu. Entlang der Route, die für die Durchfahrt des Papstes vorgesehen war, hat sich eine Menschenmenge aufgestellt. Wir nahmen Kontakte auf. Auf den Straßen schienen die Kontraste größer zu sein als bei uns. Nicht zu übersehen waren einerseits arme Leute, andererseits gut gekleidete und wohl gepflegte. Zu spüren war eine gewisse Distanz zwischen den Einwohnern Lvivs und den Pilgern. Es war eine beiderseitige Distanz, die verschwindet, sobald man aufeinander zugeht. Die Menschen erweisen sich dann als überraschend herzlich. Eigentlich gibt es gar keine Sprachbarrieren. Ich spreche Polnisch, bekomme Antworten auf Ukrainisch und im Endeffekt, bei einem guten Willen und wenn man aufmerksam genug ist, versteht man einander. Zugegeben, man berührt keine komplizierte Themen, sondern beschränkt sich auf Austausch einfacher Informationen. Sobald ich eine erwünschte Auskunft bekam, sagte ich: „Duże diakuju". Zwei junge Mädchen kommentierten zu meiner Genugtuung: „Rozumijut naszu mowu!" Während der Durchfahrt unseres Heiligen Vaters wuchs der Enthusiasmus. Ich beneidete ein kleines Mädchen, welches die Mutter hochhob. Und obwohl das nicht sehr seriös war, schwang ich wie besessen mein weiß-gelbes Fähnchen.

Am nächsten Tag fahren wir um drei Uhr in der Früh in Richtung Hippodrom, weil man dort zwischen zwei und sieben Uhr in die zugeteilten Sektoren eingelassen wurde. Unterwegs stiegen wir in die Ortsbusse um. Ohne besondere Aufforderung des Busfahrers und der Mitfahrenden hätten wir es nicht gewagt, uns aufzudrängen. Der Bus war nämlich überfüllt. Und doch kamen wir alle rein, und an den nächsten Haltestellen stiegen noch weitere Leute ein. Irgendwie kamen wir an und konnten aufatmen, weil der Weg sich als ziemlich lang erwies. Unterwegs schaffte es eine ältere Frau aus Grodno, mir ins Ohr zu sagen, wie beschwerlich es gewesen sei, eine lange Fahrt nach Lviv zu unternehmen, und wie man sich in Weißrussland bemüht, polnische Traditionen zu pflegen.

Durch die kalte Luft wachgerüttelt, wanderten wir auf der geräumigen und bequemen Chaussee auf unser Ziel zu. Zur linken war der Altar aufgestellt. Wir gingen an ihm vorbei. In diesem Moment, im Morgendämmern, wurde uns eine unglaubliche Erscheinung geboten: weiße Umrisse einer orthodoxen Kirche, die uns wie schwebend vorkam. Rechts, in Abständen von 150 bis 500 Metern, gewahrten wir unklare Silhouetten von Soldaten. Sie sahen ebenfalls unglaublich irreal aus. Aus unserer Entfernung betrachtet – schliefen sie im Stehen. Diejenigen, die nicht allzu weit von uns standen, machten einen dienstfertigen Eindruck. Als ich an einer Gruppe junger ukrainischer Polizisten vorbeiging, sagte ich ihnen zur Begrüßung: „Sława Isusu Christu!" Einer antwortete: „Na wiky sława!"

Einige aus unserer Pilgergruppe verbreiteten Defätismus. Sie wollten uns einreden, dass wir in unseren Sektoren im Schlamm stehen werden, weil das Gras dort erst vor zwei Wochen gesät worden war. Tatsächlich wateten wir im Schlamm, aber nicht in den Sektoren. Um am Haupteingang nicht ins Gedränge zu geraten, machten wir einen Umweg, indem wir von dem direkten Weg abwichen – und es rächte sich an uns. Irgend ein militärisches Agregat war zwecks Abwässerung dort installiert worden und war noch in Betrieb. Im Tümpel quakten Frösche. Die Pilger versuchten nicht ohne Mühe, den Sumpf zu umgehen und hüpfend auf die herumliegenden Bretter zu kommen. Nicht allen glückte das jedoch. Aber dann hellte es sich auf, das Wetter wurde besser, und während der Messe war der Himmel wolkenfrei.

Die Organisation war perfekt. Ich hatte nicht damit gerechnet, daß ich Papst Johannes Paul II. aus der nächsten Nähe sehen werde. Das ermöglichte jedoch unser Sektor. Darüber hinaus waren an beiden Seiten zwei große Bildschirme angebracht, so daß man alles, was sich um den Altar herum tat, sehr gut verfolgen konnte. Der Papst sprach während der Messe zwei Priester selig: Lvivs/Lembergs/Lwóws Erzbischof Józef Bilczewski, geboren 1860 in Wilamowice (gestorben 1923) sowie Zygmunt Gorazdowski, aus Sanok (1845–1920).[2] Beide lebten in Lviv beinahe in derselben Zeit, in der zweiten

---

[2] Beide wurden später kanonisiert durch den Papst Benedict XVI, am 23. Oktober 2005 in Rom.

Hälfte des 19. Jahrhunderts. Beide wurden für Schutzpatrone dieser Stadt erklärt. Erzbischof Józef Bilczewski war nicht nur ein ausgezeichnet gebildeter Wissenschaftler, der in hohen Funktionen an der Universität wirkte, (1900 wurde er Rektor der Jan-Kazimierz-Universität), sondern auch ein Mensch, dem soziale Gerechtigkeit besonders am Herzen lag. Unter zahlreichen Hilfswerken des Priesters Zygmunt Gorazdowski sollen vor allem die Anstalt für alleinerziehende Mütter und für abgewiesene Säuglinge, das Haus der freiwilligen Arbeit für Bettler und nicht zuletzt die Gründung des Ordens der „Józefitki" (der Congregatio Sororum a Sancto Joseph) erwähnt werden. Er unterstützte nach Kräften Mittellose, wollte sowohl dem materiellen als auch dem moralischen Elend abhelfen, wurde daher „Vater der Armen", „Priester der Bettler" und „Lvivs Apostel" genannt. Seine Devise lautete: „Für alle alles geben, um wenigstens einen einzigen zu erlösen."

Das Evangelium, das am 26. Juni 2001 auf dem Hippodrom verlesen wurde, erinnerte an das Wunder der Verwandlung des Wassers in Wein während der Hochzeit zu Kana in Galiläa nach den Worten Marias, der Beschützerin der Gläubigen: „Was er euch sagt, das tut!"

Diese Stelle verlangt einen Kommentar zu der damaligen Exkursion in den „sehr nahen Osten". Sie lässt sich nämlich mit der Geschichte meiner Familie verbinden. Meine Mutter seligen Angedenkens, Teresa, von Haus aus Sobolewska, stammte aus Wołyń, und ihr Geburtsort war die Kolonie Mirosławka, nicht weit entfernt von Perespa, bei Łuck. Wir wussten, dass unsere Großmutter und einige ihrer Kinder, darunter auch meine Mutter, vom Massaker in Wołyń gerettet wurden dank des Einsatzes eines ukrainischen Nachbarn. Meine Mutter erzählte sehr selten und ungern über die Kriegszeit, also auch ihre Kinderjahre. Ich erinnere mich nicht an irgendwelche Greuel, von denen sie berichtet hätte. Meine Eltern seligen Angedenkens haben mit großer Konsequenz und wahrscheinlich ohne Vorsatz uns, ihre vier Kinder, gelehrt, keine verfänglichen Fragen zu stellen, wenn jemand offensichtlich darüber nicht sprechen will. Als erwachsene Frau habe ich dann darüber nachgedacht, warum ich nie den Namen dieses Ukrainers erfahren habe. Juden zum Beispiel heben die Namen der Personen hervor, die unter dem Einsatz ihres Lebens bereit waren, die von den Nazis Bedrohten zu retten, dadurch, dass sie ihnen Gedenkbäumchen stiften, mit ihren Namen versehen und in Yad Vashem pflanzen. Ist es so, dass Polen ein solches, stilles Heldentum evident geringschätzen? Ich fand es eigenartig, solange mir polnisch-ukrainische, ukrainisch-ukrainische und polnisch-polnische Beziehungen nicht einsichtig wurden. Heute bin ich zu der Überzeugung gelangt, dass dieses Verschweigen sinnvoll war und keine Geringschätzung dieses Menschen bedeutete. Eher umgekehrt, genauso sollte man sich verhalten. Aus Sicherheitsgründen. Daher wurde die Benennung „Ukrainer" bei uns zu Hause niemals mit negativen Inhalten belastet. Unsere Mutter sang uns, als ich noch klein war, polnische, ukrainische und auch russische Lieder.

Mehr Informationen über die tragischen Ereignisse in Mirosławka findet man in dem Buch der Siemaszkos, dem ein sorgfältig überprüftes Quellenmaterial zugrundeliegt. Unter dem Losungswort „Kolonie Mirosławka" finden wir die Erklärung, dass es eine „polnisch-ukrainische-Kolonie" gewesen ist.

Außerdem: „1943 siedelte ein Teil der Bevölkerung nach Perespa (Gemeinde Rożyszcze) über, wo eine Selbstverteidigung organisiert wurde. Jedoch im Ort waren noch einige dutzend Menschen geblieben, die überzeugt waren, dass es hier, in unmittelbarer Nähe der Eisenbahnstation Perespa und des Brückenschutzes, die von Deutschen und Ungarn bedient wurden [...] es zu keinem Überfall kommen wird [...]. Mitte Juli überfielen in der Nacht zahlreiche Kampftruppen der UPA die Kolonie und ermordeten schlafende Polen. Nur sechzehn gelang es, dem Gemetzel zu entkommen. Die meisten jedoch erlitten schwere Verwundungen. Mehr als Dutzend Personen verbrannten lebend in ihren Häusern. Zehn Gehöfte wurden angebrannt und durchs Feuer vernichtet. Etwa vierunddreißig Personen kamen ums Leben. Während dieses Überfalls begannen Deutsche von der Eisenbahnstation und des Brückenschutzes am Meliorationskanal in Richtung Mirosławka zu schießen. Dadurch wurde der Zugang zu der Selbstverteidigung in Perespa gesperrt und eine Hilfsaktion ihrerseits war nicht mehr zu erwarten."[3]

Meine Großmutter floh laut Familienbericht mit den Kindern in den Wald. Mein Bruder erzählte, dass sie, so lange sie lebte, sich nicht verzeihen konnte, dass sie – gewarnt von dem zu erwartenden Überfall – andere nicht benachrichtigt hatte. Sie wollte so schnell wie möglich die Flucht ergreifen.

---

3 Władysław Siemaszko, Ewa Siemaszko: Ludobójstwo dokonane przez nacjonalistów ukraińskich na ludności polskiej Wołynia 1939–1945. Bd. I (Völkermord durch ukrainische Nationalisten an der polnischen Bevölkerung in Wolhynien 1939–1945). Warszawa 2008, S. 608–609.

Meine Mutter war nie bereit, in diese Gegend zurückzukehren, nicht einmal in Gedanken. Ich persönlich möchte sie einmal in Augenschein nehmen. Zumindest sah ich Lviv und die Umgebung in dieser besonderen Zeit der Pilgerfahrt unseres Papstes.

In seiner Predigt sprach Johannes Paul II. von der tief empfundenen „Notwendigkeit, die sich verschiedentlich manifestierende Untreue evangelischen Prinzipien gegenüber, der Christen sowohl polnischer als auch ukrainischer Abstammung, die diesen Fleck Erde bewohnten, zur Kenntnis zu nehmen". Nicht sogleich und nicht alle begriffen den Aufruf des Heiligen Vaters, die Einheit der Kirche anzustreben, wie es kirchliche Hierarchen während der Konsekrierung Józef Bilczewskis in Lviv getan haben, und zwar: der Kardinal Jan Puzyna, der Krakauer Bischof und Bischof von Przemyśl, Józef Pelczar, sowie der griechisch-katholische Erzbischoff Andrzej Szeptycki.
Sicherlich am stärksten wirkten in der Predigt die Worte: „Es ist Zeit von der schmerzlichen Vergangenheit abzukommen. Die Christen beider Nationen müssen zusammen gehen im Namen Christi, des Einzigen, zum Einzigen Vater, unter der Führung des gleichen Geistes, der die Quelle und das Prinzip der Einheit darstellt. Die Vergebung, die gewährt und empfangen wird, ergieße sich wie Balsam in jedes Herz. Es seien alle dank der Reinigung historischen Gedächtnisses bereit, das höher zu stellen, was einigt, als das, was trennt, bereit, zusammen die Zukunft zu errichten, die auf gegenseitiger Achtung beruht. Auf brüderlicher Gemeinschaft, brüderlicher Zusammenarbeit und authentischer Solidarität."

Fragmente der päpstlichen Predigt schrieb ich damals unmittelbar auf, sie stellen den integralen Teil meiner Erinnerungen dar. Genauso wie dieses Fragment, das heute, mehr als zwanzig Jahre nach dem damaligen Treffen, wie es scheint, immer mehr an Bedeutung gewinnt: „Heute rufen euch der Erzbischof Józef Bilczewski und seine Begleiter, Bischof Pelczer und Erzbischof Szeptycki auf: verharrt in Einheit."

Ukrainer in Allenstein / Olsztyn (A. J.)

Man kann nicht sagen, dass, als im Februar 2022 der Krieg ausbrach, die Flüchtlinge aus der Ukraine gern nach Warmia und Mazury (Ermland und Masuren) kamen. Es war zu nahe an der russischen Grenze und zu weit von zu Hause, noch dazu gehört die Region nicht zu den industriereichen. Noch vor dem russischen Angriff auf die Ukraine zogen ukrainische Arbeiter und Arbeiterinnen lieber in die polnischen Ballungsgebiete. In Warmia und Mazury fanden sie lediglich in der Touristik und in Dienstleistungen Arbeit. Die Löhne lagen weit unter dem Durchschnittseinkommen in den Großstädten. Im nordöstlichen Teil Polens lebt jedoch eine recht große ukrainische Minderheit, die sich für die ukrainischen Flüchtlinge einsetzte. In diese „wiedergewonnenen Gebiete", die bis zum Ende des Zweiten Weltkrieges den südlichen Teil Ostpreußens darstellten, wurden 1947 die Ukrainer aus dem Vorkarpatenland im Rahmen der sogenannten „Aktion Weichsel" zwangsumgesiedelt. Die meisten Ukrainer, über 55.000, wurden in die Woiwodschaft Allenstein (Olsztyn) deportiert und in vielen Gemeinden Ermlands und Masurens verteilt, so dass der Anteil der Ukrainer an der Gesamtbevölkerung in dieser Region gegen 11 Prozent betrug.[1] Viele Familien mussten sich von ihren Familienmitgliedern, die wiederum in die Sowjetunion deportiert wurden, trennen. Bis in die 1980er Jahre hatten sie kaum Kontakt untereinander, erst durch das Rote Kreuz fanden die Familien wieder zueinander.

Es verwundert daher nicht, dass nach dem Angriff Russlands auf die Ukraine die ukrainische Minderheit, auch wenn sprachlich und konfessionell meistens völlig assimiliert, den ukrainischen Flüchtlingen, mit denen man sich immer noch identifizierte, helfen oder sich in Hilfsaktionen engagieren wollte. Doch nicht nur Leute mit ukrainischem Hintergrund setzten sich massiv für meistens flüchtende Mütter und Kinder aus dem bedrohten Nachbarland ein, organisierten für sie die Unterkunft und Verpflegung sowie den Transport von der ukrainisch-polnischen Grenze.

---

1 https://ermland-masuren-journal.de/die-akcja-wisla-zwangsumsiedlung-der-ukrainer-1947/.

A. J.

In meiner Familie mütterlicherseits war die ukrainische Identität weitgehend verdrängt oder vergessen, trotzdem hielten wir immer noch Kontakt zu der in Tarnopil lebenden über siebzigjährigen Witwe, die mit dem Cousin meiner Großmutter verheiratet war. Die Westukrainer glaubten zu Beginn des Angriffs nicht, dass der Krieg auch sie betreffen wird. Tante Wanda sah keine Bedrohung und wollte daher meiner Einladung nach Olsztyn nicht Folge leisten. Doch schon Anfang März wuchs die Furcht dermaßen, dass wir innerhalb von drei Tagen die Unterkunft und Transport für zehn Personen – vier Frauen und sechs Kinder zwischen drei bis sechzehn Jahren – organisieren mussten. Tante Wanda wurde von ihrer in Riga lebenden Enkelin abgeholt und nach Lettland gebracht. Zu uns sollten ihre Schwiegertochter Maryna mit zwei Söhnen sowie ihre drei Freundinnen mit Kindern kommen. Die Schwiegertochter hatte ich während eines Besuchs in Tarnopil im Jahre 2005 getroffen, die anderen Frauen kannte ich nicht. Da wir nur sieben Personen aufnehmen konnten, bat ich meinen Onkel in Mrągowo, Maryna und ihre Söhne aufzunehmen. Um den Rest würden wir uns schon irgendwie kümmern. Die Situation war schwierig, denn wegen des kompletten Umbaus ihres alten Hauses wohnten mein Onkel und seine Frau zu dieser Zeit in einer kleinen Mietwohnung. Die Antwort kam aber nach zehn Minuten: sie ziehen für einige Wochen zu ihrer Tochter und ihrer Familie um, für Maryna stünde die Mietwohnung frei.

Am 4. März fuhr mein Mann mit einem von unserem Nachbarn geliehenen Minibus nach Warschau, um die Gruppe vom Westbahnhof abzuholen. Er hatte nur ein Foto von Maryna bei sich, kannte die Nummer des ukrainischen Busses und die Haltestelle. Auf dem Bahnhof sah er ein elendes Bild: hunderte von verwirrten, auf dem Boden sitzenden oder schlafenden Leuten, darunter meistens Frauen und Kinder. Im Auto gab es Plätze nur für acht Personen. Ein anderer Wagen für drei Personen war nötig. Er wurde von meinem Onkel besorgt. Als die Frauen am Bahnhof erfuhren, dass sie getrennt werden müssen, brachen sie in Tränen aus. Sie kannten die Männer nicht, die sie abholten, sie wussten auch nicht genau, wo sie mit ihren Kindern hinfahren würden. Das Bewusstsein, dass sie sich trennen und in zwei voneinander 70 Kilometer entfernte Orte begeben müssten, war für sie frustrierend. Da standen sie auf dem Bahnhof mit ihrem ärmlichen Gepäck, einigen Plastiktaschen und Rucksäcken, und wussten nicht, wie weiter. Mein Mann zeigte ihnen auf der Karte Olsztyn und Mrągowo, was sie wegen der Nähe der Orte zur russischen Grenze nur beunruhigte.

A. J.

Die ersten Tage bei uns waren chaotisch, aber auch sehr erbaulich. Die Frauen bezogen eine Zweizimmerwohnung mit Küche und Bad, die wir für unsere Gäste eingerichtet hatten. Die Nachbarn gaben ihnen eine Waschmaschine und eine Luftmatratze, der Betten waren zu wenig. Vor ihrer Einreise hatte ich die Schuldirektorin im Nachbarort angerufen und war erstaunt, wie schnell sie sich bereit erklärte, die Kinder in die Schule und den Kindergarten aufzunehmen. Der Bürgermeister versprach finanzielle Mittel für Flüchtlinge: unentgeltliches Essen in der Schule und die Bezahlung des Busses. Unser Haus liegt außerhalb der Stadt, zur Schule kommt man mit dem Bus, der aber nur zweimal am Tag durch das Dorf fährt. Die Nachbarn stellten den Frauen daher ein kleines Auto zur Verfügung, damit sie selbständig werden konnten. Auf Facebook des Dorfverbandes fragte ich an, ob es Arbeit, Kleidung und Spielzeuge für unsere Ukrainerinnen gäbe. Die Reaktion war überraschend: innerhalb von ein paar Tagen erhielten wir so viele Sachen, dass wir ein Großteil in der Sozialhilfestelle der Gemeinde abgeben mussten. Sehr schnell reagierten die Gemeindeverwaltung, Schul- und Kindergartendirektoren, Hilfsorganisationen, Kulturzentren und Kirchen. Bei der griechisch-katholischen Kirche in Olsztyn versammelten sich jeden Tag Hunderte von Ukrainern und Ukrainerinnen, die Unterkunft und Arbeit suchten. Dort organisierte man warmes Essen, sammelte und verteilte Wäsche und Kleidung. Die Schlange musste lange draußen stehen. Bekannte aus dem Ausland zeigten ihre Solidarität. Ein Freund aus Wien erfuhr, dass wir sieben Personen aus der Ukraine aufgenommen hatten und wollte uns Geld überweisen. Da wir aber über alles, was nötig war, verfügten, vermittelte ich die Kontonummer an einen Bekannten, den Direktor des Kulturzentrums in der Nachbargemeinde, welcher sich ebenfalls stark engagiert hatte. Der Wiener überwies ihm tausend Euro.

Die Frauen, die bei uns wohnten, wollten unbedingt arbeiten und nicht als Last gelten. Sie hatten keine besonderen beruflichen Erfahrungen, konnten auch nicht „auf Englisch" – wie sie die Lateinschrift nannten – unterschreiben. Eine arbeitete in Tarnopil in einem Schönheitssalon an der Rezeption, kannte sich aber in Schönheitspflege nicht aus. Die andere versuchte sich in Massagen, hatte aber keine Papiere und betätigte sich damit in der Ukraine eher als Hobby. Sie war kinderlos und unterstützte ihre jüngere Schwester mit zwei Kindern in der Ukraine. Die Schwester teilte uns so gut wie nichts über ihre Ausbildung mit, auch kaum etwas über ihren Mann, der zu seiner Mutter in die Nähe von Kiew umgezogen sein soll. Wegen der Kinder seien sie geflüchtet. Wenn die Schwester nicht mitgegangen wäre, wären sie in Tarnopil geblieben. Es kamen also Gelegenheitsarbeiten in Frage – Putzen und Gartenarbeit – und auf unsere Anzeige bei Facebook meldeten sich sofort Leute. Die Frauen wurden von ihren Arbeitgebern meistens abgeholt und nach der Arbeit nach Hause zurückgebracht. Im ersten Monat nach ihrer Einreise durften sie unentgeltlich an einem Polnischkurs teilnehmen, der an der Warmia-und-Mazury-Universität von zwei Dozenten veranstaltet wurde. Es war eine Privatinitiative dieser Universitätslehrer, die Uni stellte Räumlichkeiten zur Verfügung. Eine private Sprachschule im Nachbarort bot den ukrainischen Kindern Englischunterricht an. Dies lenkte von den Gedanken an den Krieg ab, abends aber erregten die schlechten Nachrichten aus der Ukraine die Gemüter.

Sofort nach der Ankunft der Ukrainerinnen meldete ich sie im Einwohnermeldeamt an, damit sie eine Identifikationsnummer (PESEL), die Voraussetzung für legale Erwerbstätigkeit und medizinische Leistungen ist, beantragen konnten. So dachte ich zumindest. Die Regierung hatte zu dieser Zeit noch keine Prozeduren und Verfahrensweisen eingeführt und die Mitarbeiter der Gemeinde waren völlig verwirrt, konnten auch nicht richtig mithelfen. Es gab kein Register der von privaten Leuten aufgenommenen Flüchtlinge. Mein Mann rief die Gemeinde schon am ersten Tage an, um die Ankunft von sieben Personen zu melden. Später sah ich, wie diese Anmeldung der Flüchtlinge in Wirklichkeit aussah: Eine Beamtin zog in meiner Anwesenheit einen handschriftlich angefertigten Zettel aus der Schublade, auf dem der Name meines Mannes, unsere Andresse und lapidare Notiz „sieben Personen" stand. Es wurde mir klar, dass diese wilde Organisiertheit viele pathologische Situationen hervorbringen konnte. Stellen wir uns vor: Erschrockene und verwirrte Frauen mit Kindern, die nirgendwo registriert sind, werden an der Grenze oder den Bahnhöfen von fremden Männern abgeholt und irgendwohin gebracht. Keiner fragt mehr nach den Verschollenen. Solche Situationen – auch wenn das nur meine bösen Phantasien sind – konnten doch auch vorgekommen sein.

Erst nach einigen Tagen wurden wir benachrichtigt, dass die bereits erhaltene PESEL-Nummer nicht gültig sei und sie die Ukrainer nicht zur Sozialhilfe berechtige, die ihnen versprochen worden war. Wegen der Menge der aus der Ukraine Angereisten mussten die Ämter, für die man endlich nötige Verfahrensweisen ausgearbeitet hatte, eine Warteliste erstellen. Im Durchschnitt wartete man drei, vier Wochen auf den Termin in der Gemeinde, so auch unsere Ukrainerinnen, die erst im April ihre neue persönliche Identifikationsnummer bekommen konnten. Das Kindergeld erhielten sie aber erst im Mai. Schneller, denn schon vor Ostern, wurden finanzielle Mittel jenen ausgezahlt, die Ukrainer bei sich beherbergten. 40 Złoty pro Person täglich – eine beachtliche Summe, zumal wir anfangs mit keiner staatlichen Hilfe gerechnet hatten. Für dieses Geld konnten wir einer Frau und ihren zwei Kindern die Flugtickets nach London kaufen und ihr über fünfhundert Pfund schenken. Den beiden Schwestern, die bei uns fünf Monate lang gewohnt haben, überwiesen wir, nach dem Abzug der Rechnungen für Strom und Wasser, das Geld auf ihr Konto.

Das Zusammenwohnen in einer kleinen Wohnung generierte Spannungen, was schon nach zwei Wochen zu bemerken war. Zu unterschiedlich waren ihre Charaktere, zu groß der Altersunterschied zwischen den Kindern, zu klein die Wohnfläche. Dazu kam die beunruhigende Nachricht aus der Ukraine, dass der Mann von Tatjana in die Armee eingezogen und an die Ostfront geschickt wird. Die Männer der Schwestern wurden verschont, was für Tatjana unbegreiflich war. Sie wollte zu ihrem Bruder nach Großbritannien, der sich aber in London illegal aufhält und ihr keine Einladung ausstellen konnte. Uns half die seit Jahren in London lebende Schwester meines Mannes, die innerhalb von wenigen Tagen eine Familie gefunden hatte, die sich bereit erklärte, Tatjana und ihre zwei Kinder zu sich aufzunehmen. Leichter gesagt als getan, denn während die Polen sehr spontan und beinahe unbedacht vorgegangen waren, um den flüchtenden Ukrainern nur zu helfen, agierten die Behörden in Großbritannien sehr träge, manchmal kurios. Zu erwähnen wäre zum Beispiel die Situation, als Tatjana gebeten wurde, dem Antrag für das Visum ein Familienbild mit dem Ehemann und ein anderes Bild mit demselben Mann in Armeeuniform und Gewehr anzuhängen, was beweisen sollte, dass der Vater sich im Krieg befinde. Sie sollte auch nachweisen, dass sie bis zum Kriegsausbruch in der Ukraine lebte. Sie legte dem Antrag die Scans ihrer Pässe mit dem Stempel der Grenzüberschreitung bei. Beinahe humoristisch und anekdotenhaft wirkte auf uns die Information, dass die Londoner Gastfamilie von Behörden aufgesucht wurde, um ihre Wohnverhältnisse als entsprechend zu beurteilen. Dies weckte meines Wissens unter engagierten Engländern Unbehagen und Ärger, sie organisierten sich in ihren kleinen Gemeinden und manifestierten in Sozialmedien ihre Verzweiflung. Sie waren bereit, den Ukrainern zu helfen, die Behörden richteten sich jedoch nach ihren nüchternen Prozeduren. Das Visum kam erst nach einem Monat, und Anfang Mai flogen Tatjana und ihre zwei Kinder nach London. Für sie begann ein neuer Abschnitt.

Vergleicht man die polnischen und englischen Behörden und ihre Vorgehensweisen in ukrainischer Sache, so wird man mit zwei ganz verschiedenen Welten konfrontiert: Spontaneität, Provisorium, ausgeprägter Hurra-Optimismus und partisanenhaftes Agieren (irgendwie schaffen wir das schon!) versus kalkulierte, seit Jahren funktionierende und gut bewährte Verfahren, an die man sich hält, egal wie die reale Situation aussieht. Ähnlich gestaltete es sich mit dem Visum nach Kanada, das von den Schwestern Mitte Juni beantragt wurde. Bis heute (Ende August) sind noch keine Visa eingetroffen. Beide Vorgehensweisen generieren Probleme. Eins steht fest: ohne Mithilfe von einfachen mitfühlenden Leuten wäre keine Hilfsaktion möglich gewesen. Ich erinnere mich nur an eine Situation: In der zweiten Märzwoche, also schon nach mehreren Kriegstagen und nachdem die Ukrainer massenweise nach Polen geflüchtet waren und die polnischen Volontäre an der Grenze und den Bahnhöfen mannigfache Hilfsaktionen organisiert hatten, begegnete mir im Gemeindeamt ein älterer Mann, der eine ukrainische Familie zu sich aufnehmen wollte. In der Gemeinde wollte er erfahren, wie er an eine Flüchtlingsfamilie kommen könne. Die Beamten waren aber völlig überfragt und sprachlos. Dann wurde mir klar, dass nach so vielen Tagen der Flüchtlingskrise keine von oben koordinierte Verschiebungsaktion, kein sinnhaftes Verteilungssystem erarbeitet worden ist, damit hilfsbereite Leute in anderen Regionen Polens als Warschau, Krakau und Danzig an Hilfsbedürftige kommen konnten. Ich habe dem Mann geraten, nach Warschau an den Ostbahnhof zu fahren. Dort fände er sicherlich eine Familie. Am nächsten Tag rief er mich an und berichtete, er sei nach Warschau gefahren und habe eine Mutter mit Kind und Großmutter zu sich nach Hause gebracht. Er danke mir für den guten Rat.

In Warmia und Mazury gibt es seit Anfang März einige Flüchtlingslager, in der Nähe von Olsztyn das Caritas-Zentrum der ermländischen Erzdiözese in Rybaki oder das Hilfszentrum in der ehemaligen Regierungsfreizeitanlage in Łańsk. In Olsztyn im ehemaligen Studentenheim „Bratniak" finden gegen fünfhundert Ukrainer Unterkunft. Laut offiziellen Angaben befinden sich in den Hilfszentren der Woiwodschaft Ermland-Masuren 3700 Flüchtlinge aus der Ukraine. Sie erhalten Unterstützung von den lokalen Behörden und der Verwaltung. Diejenigen, die an den von den Einrichtungen vorbereiteten Orten Zuflucht suchen, erhalten kostenlos Unterkunft und Verpflegung. Es werden aber keine Statistiken darüber geführt, wie viele Menschen aus der Ukraine Wohnungen mieten oder in ihr Heimatland zurückgekehrt sind.

Ukrainerinnen und Ukrainer in Stolp / Słupsk
(Angelika Szuran-Karpiej)

Sehr oft habe ich über das Schicksal der Menschen nachgedacht, die die Gräuel des Zweiten Weltkriegs miterleben mussten, ohne mir dabei vorstellen zu können, dass auch mich persönlich Kriegshandlungen, die in unseren Tagen entfacht wurden, unmittelbar berühren könnten. Meine Stadt Słupsk/Stolp gehört zu den Orten in Polen, die sehr viele Flüchtlinge aus der Ukraine, insbesondere Frauen und Kinder, aufgenommen haben. Die meisten von ihnen stammen aus der Ost- und Mittelukraine. In unserer Stadt werden sie vorläufig in Hotels, Hostels, Internaten als auch in privaten Häusern einquartiert.

Unter meiner Obhut befindet sich eine Familie aus Charkiv, die sich entschlossen hatte, ihren Wohnort zu verlassen, gleich nach dem Bombenangriff im Zentrum der Stadt, in ihrem Wohngebiet, wo ein Nachbarhaus getroffen wurde. Den Entschluss zur Flucht fasste die Großmutter der Familie und machte sich mit ihrer Tochter und deren Kindern sowie drei Katzen und einem Hund auf den Weg. Einzig ihr achtzehnjähriger Enkel, der wehrpflichtig ist, musste daheim bleiben. Natürlich tun wir hier alles Mögliche, um für ihn eine Einreise nach Polen zu erwirken. Er hat sich um einen Studienplatz an der Pommerschen Musikakademie beworben und steht gerade vor einer Aufnahmeprüfung. Sollte er diese Prüfung erfolgreich bestehen, könnte er nach Polen kommen und sich mit der Familie vereinigen.

Ein neues Leben hierzulande zu beginnen, fällt vielen Ukrainern und Ukrainerinnen schwer. Herausgerissen aus ihrem Milieu, ihrer Kultur, ohne rechte Kenntnis der polnischen Sprache, sehen sie sich nicht in der Lage, ihren Beruf auszuüben und versuchen sich, notgedrungen, in einfachen, zumeist physische Kraft erfordernden Tätigkeiten.

Das, was mich besonders positiv in der neu entstandenen Situation überrascht hat, ist die Sorge um die Tiere, die der Krieg so wie die Menschen in die Fremde verschlagen hat. Die mit mir befreundete Familie wurde gezwungen, sich von zwei ihrer Katzen, die sie von zu Hause mitgenommen hatte, zu trennen. Die hier geltenden Vorschriften haben es ihr nicht erlaubt, sie in den ihr zugeteilten Wohnräumen zu behalten. Immerhin wurden die Kätzchen gerettet und auf der Stelle von tierliebenden Stolper Familien adoptiert.

Während eines Besuchs in der Tierklinik wurde mir mitgeteilt, dass sowohl die Katzen als auch der Hund geschippt und gegen Tollwut geimpft worden sind. Nach dem Überfall der Russen auf die Ukraine besorgten so viele Tierbesitzer ihren Lieblingen Pässe, dass es Probleme mit deren Erhalt gab.

Noch immer herrscht unter den Ukrainern Unsicherheit und Furcht vor der Eskalation der Kriegswirren. Wie eigenartig dieser Krieg doch ist! Wir kümmern uns um die Tiere, besorgen ihnen einen sicheren Transport und gewähren ihnen günstige Lebensbedingungen, die sie als unsere Freunde brauchen und auch verdienen.

Meine Erfahrungen mit den Ukrainern sind natürlich unterschiedlich. Selbstredend habe ich nicht erwartet, dass alle die kämpfende Ukraine unterstützen werden. Eine Frau, Olena, die – wie sich herausgestellt hat – dreißig Jahre lang als Chemikerin im Kernkraftwerk Saporischschja beschäftigt war, ließ sich von mir als Köchin einstellen. Sie ist trotz ihrer äußerst schweren familiären Lage eine unglaublich heitere Person. Ihre Tochter ist in der Ukraine geblieben und kämpft dort für die Unabhängigkeit ihres Landes. Jedoch nicht alle – wie gesagt – deklarieren sich als Anhänger einer unabhängigen, freien Ukraine. Ich kenne eben auch solche, die noch vor dem Ausbruch des Krieges eine Arbeitsstelle in Słupsk gefunden hatten und nach wie vor Putin unterstützen. Sie haben seinerzeit in der russischen Armee gedient, haben in Afghanistan gekämpft und erachten heutzutage die ukrainischen Bestrebungen, Unabhängigkeit zu erlangen, für sinnlos.

Ich freue mich jedoch, dass ich den Ukrainern helfen kann, bin stolz auf die Polen, die es vermögen, sich absolut zu engagieren und schnell materielle wie finanzielle Hilfe zu leisten. Im Verlauf weniger Monate haben wir einige Millionen Flüchtlinge aufgenommen. In Słupsk besucht auch der Großteil der schulpflichtigen ukrainischen Kinder und Jugendlichen, die zur Zeit in Polen leben, seit dem 1. September polnische Schulen.

Was könnte ich tun? (J. F.)

Bis zu dem Tag, an dem Russland in die Ukraine einmarschierte, hielt ich den Ausbruch eines Krieges in dieser Region Europas im 21. Jahrhundert nicht für möglich. Ich hielt mich gerade in Norwegen zu einem Lehrauftrag auf. Weit genug entfernt, um persönlich von den Auswirkungen des Krieges oder des Flüchtlingszustroms nicht betroffen zu sein, aber nahe genug, um mich um die Menschen zu sorgen, die den Krieg erleben und um meine Angehörigen zu fürchten, die geografisch näher an Putins angekündigtem Einmarsch in ganz Mittel- und Osteuropa lagen.

Die neuesten Nachrichten erhielt ich von meinen Lieben per SMS oder WhatsApp. Mit Hilfe norwegischer Dozenten und Studenten verfolgte ich auch die norwegischen Medien, die scheinbar in aller Ruhe ihren Altruismus ausleben und nur bruchstückhafte, wenn auch wortgewaltige und emotionsgeladene Bilder von den Grenzübergängen in den verschiedenen an die Ukraine angrenzenden Ländern lieferten.

Die ersten Nachrichten vom Krieg ließen mich um meine Angehörigen in Polen bangen. Als mir klar wurde, dass sie zumindest bis zu meiner Rückkehr von meinem Lehrauftrag nicht von Putins kriegspolitischen Aktionen bedroht sein würden, begann ich darüber nachzudenken, wie ich dazu beitragen könnte, der Ukraine zu helfen und wie ich die Aktionen meiner engagierten und einfühlsamen Landsleute unterstützen könnte, die Hilfe an die Grenze brachten und Ukrainer unter ihrem Dach aufnahmen. Meine anfängliche Hilflosigkeit verschwand. Anstatt mich darauf zu konzentrieren, was ich nicht tun kann, habe ich mich auf das konzentriert, was ich selbst in Norwegen unternehmen kann.

Ich wollte die Norweger und Norwegerinnen auf das Schicksal von Frauen und Kindern, die vor dem Krieg fliehen, aufmerksam machen. Vor allem nahm ich Anteil am Schicksal meiner ukrainischen Studenten, die gerade ein neues Semester an der Pommerschen Akademie in Słupsk (Stolp) beginnen wollten, als der Krieg ihre Pläne vereitelte. Diejenigen von ihnen, die in den Semesterferien zu ihren Familien nach Hause gefahren waren, kamen nicht mehr wieder. Einige gaben das Studium auf, einige versuchten, am Unterricht aus den Luftschutzbunkern teilzunehmen. Mehrere von ihnen waren bereits vor Ausbruch des Krieges in Polen gewesen. Sie alle brauchten sehr viel emotionale Unterstützung von Seiten der Dozenten.

Ich wandte mich an die Direktorin des Fachbereiches für Fremdsprachen und Übersetzung der Universität von Agder, die beim Institutstreffen ihre Mitarbeiter für die Situation der ukrainischen Studenten an der Partnerhochschule Akademia Pomorska in Słupsk sensibilisierte. Wir traten mit dem Prorektor der Akademia Pomorska in Słupsk, der für internationale Zusammenarbeit zuständig ist, in Kontakt, er brachte die Probleme unserer ukrainischen Studenten und die Aktivitäten der Hochschule den norwegischen Kollegen nahe. Dank meiner Bemühungen, denen sich Prof. Barbara Gawronska-Petersson anschloss, konnte ich sechs Studienlaptops für unsere Studenten aus UiA-Beständen beschaffen.

In der Zwischenzeit wurden mir die Bedürfnisse unserer Studenten, die vom Ausbruch des Krieges in Polen überrascht worden waren, immer klarer. Über Nacht standen sie ohne finanzielle Mittel da. Der Zahlungsverkehr mit der Ukraine war blockiert. Sie erhielten von unseren Dozenten finanzielle Unterstützung für den laufenden Bedarf. In Norwegen sammelte ich Geld von Menschen guten Willens und übergab es den ukrainischen Studenten und Studentinnen, und nach kurzer Zeit konnte ich mit Hilfe meiner Stolper Freunde und Bekannten meinen ukrainischen Studenten mehrere Arbeitsangebote vermitteln, was ihnen half, für ihren Unterhalt selbst zu sorgen und ihr Selbstvertrauen wiederzuerlangen.

Daraufhin nahm ich Kontakt mit dem polnisch-norwegischen Verein „Razem-Samen" auf, der in Norwegen eine Hilfskampagne für die Ukraine organisiert und Spenden sammelt. Ich übermittelte dem Verein vor allem Informationen über die aktuellen Bedürfnisse der Ukrainer, die sich in Słupsk aufhalten. Dank dem Engagement und Mitgefühl der Vereinsmitglieder, die bereits mehrere Transporte an die ukrainische Grenze mit der humanitären Hilfe geschickt hatten, kehrte ich mit meinem kleinen Privatauto, versehen mit der Aufschrift „Humanitäre Hilfe für die Ukraine", nach Polen zurück, mit einer großen Spende in Form von Kleidung und Windeln für Kinder aus einem ukrainischen Waisenhaus, die in einem Erholungszentrum in Rowy untergebracht waren, sowie Futter und Zubehör für Tiere aus einem Tierheim in Słupsk, das gerettete Tiere aufgenommen hatte.

Ich stellte meinen ukrainischen Studenten die Hilfskampagne des Vereins „Razem-Samen" vor und animierte sie, Artikel in der Vereinszeitung ins Ukrainische zu übersetzen, damit sich die in Norwegen ankommenden ukrainischen Flüchtlinge in den ersten Wochen besser zurechtfinden können.

J. F.

Für meine Zweifel und Ängste und die Frage, die ich zu Beginn des Krieges hatte, wie kann ich persönlich helfen, war die einzig richtige Lösung, einfach zu handeln. Es waren keine großartigen Aktionen, die ich unternommen habe. Ich denke jedoch, dass die einfache Hilfsbereitschaft und das Einfühlungsvermögen eines einzelnen Menschen wichtig sind.

Ständige Unsicherheit, Unentschiedenheit und Heimweh – meine Erfahrung mit einer Familie aus der Ukraine
(Agnieszka Jezierska)

Die nicht enden wollenden Flüchtlingsströme nach dem russischen Angriff auf die Ukraine wirken surreal: so viele verängstigte Menschen, oft ohne Ziel, ohne blassen Schimmer, wie sie weiterleben sollen, wohin sie gehen könnten. Kein Wunder, dass Nachbarländer darauf mit Hilfsbereitschaft reagieren. In Polen weiß man: Es könnte genauso gut unserem Land oder einem der Baltischen Staaten passieren.

Wie kann man so viele Schutzsuchende in einer so kurzen Zeit unterbringen? Ein Feldbett samt einer Decke in einer Bahnhofs- oder Sporthalle ist keine echte Unterkunft. Später höre ich von Bekannten, die Übernachtungen in Wohnungen organisieren, dass das Erste, was die Geflüchteten brauchen, ist Schlaf, der überraschend lange dauert. Endlich in Sicherheit, ohne das Heulen von Warnsirenen, können Geflüchtete all die Kontrollmechanismen und Vorsichtsmaßnahmen beiseite lassen. Eine Halle ist dafür nicht geeignet, wenn schon, dann nur vorübergehend.

Spontan entscheiden wir uns beide, ich und mein Mann, zwei Gästezimmer, die nur gelegentlich von unseren Bekannten benutzt werden, zur Verfügung zu stellen. Auf meiner Straße sind wir nicht die einzigen: Im Nachbarhaus ist eine Etage zurzeit unbewohnt, eine Familie (oder eher der weibliche Teil der Familie) aus Kiew zieht ein: Großmutter, Mutter, Enkelin und ein Hund. Nachdem sie die ersten Explosionen gehört hatten, packten sie die notwendigen Sachen und Dokumente und fuhren mit dem Auto nach Polen. Es sind Bekannte von Bekannten meiner Nachbarn – es ist häufig in dieser Zeit, dass diejenigen Polen, die persönlich Ukrainer*innen kennen, ihre Freunde nach freien Wohnungen fragen. In ein anderes Haus, wo mehrere Arbeiter aus der Ukraine wohnen, kommen Verwandte: Ehefrauen und Schwestern mit ihren insgesamt 10 Kindern. Eine Zeit lang werden Polen auf meiner kleinen Straße zur Minderheit – so viele Flüchtlinge ziehen ein.

Wir haben keine direkten Kontakte zu Menschen aus der Ukraine, doch wir würden gerne auch Unbekannten eine Bleibe bieten. Zum Glück organisiert die Kleinstadt, in der ich wohne, einen Reisebus, der an einem der polnisch-ukrainischen Grenzübergängen diejenigen Menschen abholt, die keine Verwandten bzw. Bekannten in Polen haben und nach der Ausreise aus ihrem Heimatland nicht wissen, wohin sie weitergehen und an wen sie sich wenden sollen.

Ich bleibe in Kontakt mit derjenigen Frau, die die Geflüchteten an der Grenze persönlich abholt. Später wird sie Symptome von PTSD haben, insbesondere erschütterte sie das Weinen der Kleinkinder, die weder gestillt, noch mit normalem Essen (Schokoriegel, Butterbrote usw.) gefüttert werden konnten und auf der Flucht lange hungrig blieben. Nächstes Mal wird sie Milchflaschen für die Kleinen mitnehmen – das erspart ein paar Stunden Weinen im Bus.

Zu uns soll eine Mutter mit zwei kleinen Kindern bzw. Säuglingen kommen – wir sammeln das notwendige Zeug: Kinderbetten samt Bettwäsche, Kleidung, Milchflaschen, Windeln usw. Das war der vorläufige Plan, doch dann hörten wir, dass eine Mutter mit zwei etwas größeren Kindern zu uns fährt. Dann werden daraus drei Kinder – keines davon passt in ein Kinderbett. Zum Glück haben wir eine Gästematratze, wir suchen hektisch nach passender Bettwäsche. Später werden Freiwillige ein ordentliches Bett bringen.

Da wir ein größeres Zimmer mit einem Übergangszimmer zur Verfügung haben, entscheiden wir uns, in dem Übergangszimmer eine Küchenecke zu schaffen: mit einer Mikrowelle und einer elektrischen Herdplatte. Eine echte, separate Wohnung wird daraus nicht – zwar gibt es Toilette, doch keine Dusche oder Badewanne. Die Familie muss also manchmal in unsere Etage kommen. Wir hingegen haben die einzige Waschmaschine in ihrer Toilette, wo auch unser Kesselraum ist.

Unsere Gäste holen wir am 1. März 2022 spät am Abend ab: Marin, die Mutter mit drei Kindern im Alter von 4, 9 und 14 Jahren. Der Jüngste ist verunsichert, weint und will nach Hause, die älteren bemühen sich tapfer zu sein. Am nächsten Tag lade ich alle zu uns zum Frühstück ein, sie essen nur wenig, das wiederholt sich bei weiteren Mahlzeiten. Endlich begreife ich, dass ich das Essen ihnen in ihre Räume bringen soll, dann sehe ich, wie hungrig sie waren. Sie brauchen ein bisschen Privatheit, ich bin doch eine Fremde, mit der sie sich nur mit Mühe verständigen können. Meine Gäste stammen aus dem westlichen Teil des Landes, wo Ukrainisch gesprochen wird, die Mutter verfügt nur über passive Russischkenntnisse. Eigentlich ist im öffentlichen Verkehr in Warschau Ukrainisch kaum zu hören, die meisten Geflüchteten sind russischsprachig.

Wie sollen wir uns benehmen? Was dürfen wir tun, um nicht aufdringlich zu sein? Und zugleich nicht zu kalt zu wirken? Die Regeln müssen wir noch aushandeln und bis zum Ende werden sie unscharf bleiben.

Der erste Augenblick, in dem sich unsere Gäste freuen, kam, als wir ihnen das WiFi-Passwort gaben – sie können also schon am Tag der Ankunft in Polen mit ihren Nächsten Kontakt aufnehmen. Ihre Liebsten werden ihnen die ganze Zeit fehlen.

Im Laufe der nächsten Tage erfahren wir, dass Marin mit den Kindern zu einer Tante nach Kanada weiterreisen will. Doch diese Durchreise wird ziemlich lange dauern: Sie brauchen ein Visum. Und hier kommt die erste Schwierigkeit zum Vorschein: Marin hat einen internen Pass, die Kinder nur Geburtsurkunde, mit einem Stempel und Datum, wann sie die ukrainisch-polnische Grenze überquert haben. Keine ausreichenden Dokumente, um ein Visum zu beantragen. Im Konsularreferat der Ukrainischen Botschaft in Warschau muss Marin neue Ausweise für sich selbst und ihre Kinder besorgen. Die drei Söhne sind bei uns zu Hause, den ganzen Tag gucken auf ihre Handys, ein trauriger Anblick, aber was können sie sonst tun? Sie müssen die Zeit vergeuden, wissen nicht, wie ihr Leben in ein paar Wochen aussehen soll – je weniger sie nachdenken, umso besser. Ich bringe einfach Essen und schaue vorbei, ob alles in Ordnung ist. Manchmal gehen sie nur in den Garten und spielen Fußball. Nach mehreren Stunden ist Marin immer noch nicht da, ich telefoniere ein paarmal, damit sie weiß, dass es den Kindern gut (na ja – nicht ganz gut, sie sitzen vor den Handys) geht. Als sie am Nachmittag schließlich zurückkommt, ist sie todmüde. Sie hat die Zeit in der Schlange überstanden, nicht zuletzt dank den Freiwilligen, die neben dem Konsularreferat heißen Tee und Snacks verteilt haben. Anfang März ist das Wetter nicht besonders gut, es regnet und weht.

Um das polnische Kindergeld zu bekommen, ist die Personenidentifikationsnummer (polnische Personenkennzahl) notwendig. Die zuständige Behörde in meiner Gegend hat erst in drei Monaten einen freien Termin – die Beamten geben zwar Vorrang den Flüchtlingen, doch es gibt zu viele Meldungen. Daher entscheidet sich Marin zum Stadion Narodowy (Nationalstadion) zu fahren, wo jeder Flüchtling aus der Ukraine eine polnische Personenkennzahl bekommen kann. In den Medien wird berichtet, dass das Interesse enorm groß ist. Daher fährt mein Mann, Viertel nach vier, wenn es noch stockdunkel ist, mit Marin und dem ältesten Jungen zum Nationalstadion – leider müssen sich Kinder ab einem gewissen Alter persönlich melden. Schon um diese Uhrzeit gibt es mehrere Menschen, die Schlange stehen. Die zwei kleinen Buben bleiben bei mir zu Hause. Wiederum schaue ich vorbei, und der Anblick ist nach wie vor – Kinder vor dem Bildschirm. Wenn ich ihnen etwas anderes vorschlage – einen Spaziergang, ein gemeinsames Spiel usw., wollen sie nicht mitmachen. Sie sind unglaublich passiv – ich bin nicht befugt, das zu beurteilen, zwingen will ich sie nicht – sie haben doch genug Stress. Ich bringe einfach Essen.

Marin und der Älteste kehren am späten Abend zurück, sie waren 13 Stunden lang weg, sind jetzt erkältet, immerhin bekamen sie die Nummern. Nicht alle Anwärter hatten so viel Glück an diesem Tag. Sie beide haben es geschafft, weil sie zufällig Armbänder bekommen haben, die am Tag vorher verteilt wurden und den Vorrang sicherten.

Die Familie bleibt mehrere Tage in Kontakt mit der Tante aus Kanada, die bei einem Anwalt Rat holt, wie sie die Einreise organisieren kann. Es dauert ca. zwei-drei Wochen, bis Marin ihre Entscheidung ändert. In der Ukraine sind ihr Mann und der älteste, 17-jährige Sohn geblieben, der eine Polizeischule besucht. Eigentlich wäre es für ihn möglich auszureisen, da er noch nicht volljährig ist, aber anscheinend hat er sich entschieden zu bleiben. Marin zeigt mir eine Nachricht von ihm: einen kurzen Film, in dem er in Tarnuniform mit einem Gewehr auf der Schulter den Weg zwischen Belarus und Kiew spät in der Nacht patrouilliert. Es ist herzzerreißend, meine älteste Tochter ist fast sechzehn, immer noch ein Kind – der Junge musste in einer kurzen Zeit erwachsen werden und sein Leben aufs Spiel setzen.

Marin hat Angst, dass wenn sie nach Kanada fliegt, wird sie den Ältesten und ihren Ehemann erst nach vielen Jahren sehen, wenn überhaupt. Wären sie alle zusammen in Polen, würde sie keinen Augenblick zögern und weiter um die Ausreise kämpfen.

Diese Unsicherheit, Unentschiedenheit, ständige Änderung der Pläne werden sie den ganzen Aufenthalt in Polen begleiten: Polnisch lernen oder nicht? Sollen die Kinder die polnische Schule besuchen oder den ukrainischen Online-Unterricht wählen? Soll Marin anfangen, in einem Kindergarten zu arbeiten? Mir scheint der Kindergarten, der von unserem Zuhause fünf Gehminuten entfernt ist, die beste Option – Marin ist doch Kindergartenlehrerin von Beruf. Sie denkt aber anders: Falls sie sich für einen festen Arbeitsplatz entscheidet, muss sie für eine längere Zeit in Polen bleiben. Dabei ist sie sich nicht sicher, wie der nächste Tag aussehen wird. Unter diesen Umständen gibt es keine richtigen Entschlüsse.

Nach einer Weile gehen die zwei älteren Jungs doch in die polnische Schule. Die Direktorin ist sehr nett und hilfreich, mehrere Kinder aus der

Ukraine werden eingeschult, vor allem in denjenigen Klassen, in denen es schon Kinder aus der Ukraine gibt, die fließend polnisch sprechen. Das erleichtert die Kommunikation und Integration. Migrant*innen bekommen kostenlos Mittagessen in der Schule, viele Eltern der Mitschüler wollen unbedingt helfen, bringen z.B. einen Schreibtisch mit einem Sitz, damit die Jungs ihre Hausaufgaben machen können, ein bequemes Bett. Die Schule verteilt Rucksäcke, Federtaschen, Hefte. Leute aus dem Kulturzentrum in meiner Stadt organisieren Hilfe: Sie kaufen Kosmetika und Unterwäsche für die Mutter und Kinder. Im Rathaus können Ankömmlinge Essen und Kleidung kostenlos bekommen. Auch im Kindergarten meines Sohnes wollen alle etwas tun: Sie fragen nach dem Alter und der Größe der Kinder, danach, ob etwas extra notwendig ist. Die Familie ist zu uns mit einem mittelgroßen Koffer und drei kleinen Rucksäcken gekommen, sie haben nur wenig Kleidung.

Aber nicht nur Polen sind behilflich, auch die ansässigen Ukrainer*innen sind sehr hilfsbereit, nehmen zu ihren Wohnungen Freunde und Verwandte, übersetzen gerne, bei vielen Behörden sind wir nicht als Vermittler und Übersetzer notwendig – diejenigen Ukrainer*innen, die schon länger in Polen wohnen, fühlen sich für ihre Landsleute verantwortlich. Das Gefühl der Zugehörigkeit zu einer Gruppe, die ähnliche Erfahrungen teilt, ist den Geflüchteten sehr wichtig. Es stellt sich heraus, dass überall in Polen ukrainische Selbsthilfegruppen seit Jahren im Internet tätig sind – auch jetzt werden auf diesem Wege z.B. Arbeitsangebote vermittelt. Doch die Arbeitsangebote für Menschen ohne Polnischkenntnisse sind knapp. Marin arbeitet ab und zu, doch mit den drei Jungs ist es nicht leicht – wenn sie weg ist, sind die Kinder verunsichert und bleiben am liebsten in ihrem Teil des Hauses oder im Garten und natürlich schauen sie auf den Bildschirm.

Wir besprechen jeden Tag kurz die Neuigkeiten und Schwierigkeiten, ich sehe aber, dass Marin keine Kraft hat, mit uns gemütliche Abende zu verbringen. Sie will lieber mit den Kindern spielen, ihnen einen Hauch von Normalität und Geborgenheit vermitteln. Wir mischen uns nicht ein – die Kinder sind bis zum Ende misstrauisch, obwohl die Familie bei uns insgesamt zweieinhalb Monate verbringen wird.

Die wenigen gemeinsamen Augenblicke verbringen wir an den polnischen Osterfeiertagen mit unseren Eltern und Schwiegereltern. Marin bäckt den Osterkuchen nach ukrainischer Art. Die Stimmung ist feierlich, unsere Gäste hoffen, in Kürze nach Hause zurückzukehren. Sie wollen zu orthodoxen Ostern in der Ukraine sein. Leider wird es noch ein paar Wochen dauern, bis sie endlich eine sichere Transportmöglichkeit finden. So viele kehren in dieser Zeit zurück. Die Wartezeit ist für sie sehr schwierig, sie ignorieren das orthodoxe Ostern. Ohne die übrigen Familienmitglieder gibt es keinen Grund zum Feiern. Mit jedem kommenden Tag werden sie nur trauriger.

Endlich kommt der Tag der Abreise – verwundert sehe ich, dass sie zwanzig riesengroße Taschen vorbereitet haben: mit Spielzeug, Kleidung und Schreibzubehör für Kinder, mit Lebensmitteln, die in der Ukraine schwer zugänglich sind. Eine schlechte Genugtuung für die Zeit der Trennung von Zuhause und ihren Nächsten.

Bevor die Familie in ihr Dorf in der Nähe von Riwne zurückkehrt, können wir die Angst nicht unterdrücken: Von einem polnischen Diplomaten in Kiew haben wir gehört, der Weg mit dem Auto ist extrem gefährlich, Fahrer werden erpresst, müssen Schmiergeld zahlen, oft werden ganze Gruppen überfallen. Doch in Richtung Riwne gibt es keine gute Zugverbindung, der Minibus ist die einzige Option. Als wir am nächsten Tag erfuhren, dass die ukrainische Familie endlich zusammen zu Hause ist, sind wir erleichtert. Nur vorübergehend, denn das Ende des Krieges ist nicht in Sicht.

In unserer Straße sind nur diejenigen geblieben, die hier mit ihrer ganzen Familie wohnen. Andere haben sich entschieden, zu den Nächsten zurückzukehren – und haben vor, wie sie sagen: „Lernen mit dem Krieg zu leben".

Mutter und Sohn (G. Strzelecka)

Sie kamen nach Polen, als der Krieg in der Ukraine gerade mal drei Wochen alt war. Nun waren sie hier, in Warschau, erschöpft von der Reise, mit wenig Gepäck, ohne Ahnung, was sie später machen sollten. Meine Familie benachrichtigte uns und wir waren sofort bereit, eine Mutter mit Kind aufzunehmen. Da wir zu diesem Zeitpunkt unseren Sohn in Niederschlesien besuchten, mussten Olga und Gleb (ulkiger Name; das heißt übersetzt: „Brot") drei Tage warten, bis wir zurück waren. Sie waren bei einem ukrainischen Cousin in der Targowa-Straße untergekommen, die Wohnung sei aber klein und laut gewesen, so dass sie erst bei uns richtig ausschlafen konnten.

Wir ließen die beiden über das erste Wochenende in Ruhe. Sie bezogen in unserem Haus ein schönes großes Zimmer im oberen Stock, mit zwei bequemen Betten und kompletter Computer-Internet-Netz-Router-Verstärker-Infrastruktur, die meine beiden mittlerweile erwachsenen Söhne hinterlassen hatten. Nachdem die beiden ausgeschlafen hatten, gingen wir durch den Ort spazieren und zeigten ihnen die Schule, zwei Lebensmittelgeschäfte und unseren Wald. Wir fragten nach der Lage in der Ukraine, ihrem Zuhause und ihren Bedürfnissen. Die beiden schienen nett und wir betrachteten sie wie Familienmitglieder.

Unsere abendlichen Gespräche am Küchentisch mit Olga waren interessant: Wir diskutierten über die Ukraine, Polen, Europa, die Welt. Wir sprachen dabei unsere Sprachen und verstanden vielleicht 60 bis 70 Prozent. Wir mieden die Sprache des Aggressors – Russisch –, obwohl wir sie alle beherrschten. Einmal fragte Gleb, nachdem ich doch ein fehlendes Wort in Russisch einsetzte: Wy goworite pa russki? Njemnoschko, sagte ich, ein wenig, und er schien darüber erfreut. Das war eines der wenigen Male, wo er sich direkt an mich wandte, sonst sprach er mit uns nur über die Mutter und sie übersetzte für uns aus dem Ukrainischen ins Ukrainische.

Es folgten die ersten zwei Wochen unter unserem Dach. Ich und mein Mann gaben uns große Mühe, damit es den beiden gut ging. Wir versuchten uns mit dem Jungen anzufreunden, zumal wir zwei Jungs großgezogen hatten. Ich kochte wie verrückt, bereitete alle Mahlzeiten vor, mein Mann erledigte die Einkäufe und ließ Gleb in eine Grundschule einschreiben, da er

9 Jahre alt und schulpflichtig war. Außerdem sollte er Klassenkameraden bekommen und Polnisch lernen. Die nächstliegende Schule platzte bereits aus allen Nähten, so dass wir eine andere nehmen mussten, zwei Bushaltestellen von uns entfernt. Wir bekamen den vorletzten Platz und fuhren den Jungen hin, ausgestattet mit Rucksack, Heften, Stiften und sonstigem Schulbedarf. Auch ein weiß-roter Fußball war dabei, falls er Sportfreunde finden sollte, sowie eine Sandwich-Box, gefüllt mit gesundem Essen. Mein Mann besorgte ein Fahrrad zu seiner Größe, damit er Bewegung hat und ggf. mit dem Fahrrad zur Schule fährt, wie es unsere Söhne gemacht hatten. Kleidungssachen von meinen Jungs waren alle zu groß. Olga wollte ihm welche kaufen, und da er keine Schnürsenkel schnüren konnte, brauchte er Sportschuhe mit Klettverschluss. Wir fuhren also zu dritt in eine Einkaufsgaleria und besorgten das Nötigste: Zwei paar Schuhe und eine Jacke, alles Markenware. Olga bezahlte mit Kreditkarte, kein Problem. Etwas Spielzeug kam noch dazu.

Die ersten Schultage vergingen wie im Flug. Gleb hatte schon einen Freund, einen ukrainischen Jungen, der in Polen lebte und zweisprachig war – eine wunderbare Bekanntschaft für den Anfang. Außerdem bemerkte Gleb den Schulautomaten mit Süßigkeiten und Getränken. Nun wollte er die Sandwichbox nicht mehr. Er verschlang Süßes im äußerst schnellen Tempo, das wussten wir bereits von Zuhause, insbesondere vor und während der Mahlzeiten. Wir fanden es zwar unerhört, doch wollten uns nicht einmischen. Als dann aber die Suppe stehenblieb und das Schnitzel nur angebissen wurde, war ich schon etwas ärgerlich, zumal ich nun meine ganze Freizeit dem Kochen widmete. Zum Putzen kam meine ukrainische Raumpflegerin, so dass zumindest diese Sache erledigt war. Olga unterhielt sich mit ihr und da bemerkte ich, dass ich kaum etwas verstand, wenn es schnell ging. Ich schrieb mich in einen Online-Kurs ein, und bald darauf hatte ich große Fortschritte gemacht.

Während Gleb in der Schule war, arbeitete Olga oben im Zimmer. Sie verkaufte am Laptop online chemische Moleküle. Das WiFi funktionierte einwandfrei und ich brachte ihr Kaffee nach oben. Sie bekam auch meinen keramischen Wasserkessel, damit sie sich oben einen Tee machen konnte. Leider ließ sie Gleb nicht in den Hort gehen, sondern holte ihn immer um 12.00 von der Schule ab. Dann saß er oben mit ihr zusammen und spielte unaufhörlich auf seinem Tablet, und zwar ukrainische Spiele. Eigentlich müsste er schon ein paar Worte Polnisch sprechen, aber es kam nichts. Und: Hoffentlich sind die Moleküle nicht Bestandteile einer chemischen Waffe, dachten wir. Ob er zu Hause bleiben könne, wo es doch Freitag ist, fragte Gleb und die Mutter war sofort einverstanden. Er würde sie ja bei der Arbeit nicht stören, denn er hatte sein Tablet mit Spielen dabei. Und so spielte er 6 Stunden lang auf Ukrainisch, anstatt Polnisch zu lernen. Auch verpasste er das Mittagessen in der Schule, wie schade. Dort kochten nämlich zwei echte Köchinnen, und das Essen war lecker. Mein Mann hatte es für zwei Wochen im voraus bezahlt, da es noch keine diesbezügliche Verordnung seitens des Stadtpräsidenten gab. Später bekamen ukrainische Schüler das Essen gratis serviert, aber da war Gleb nicht mehr hier.

Wo denn hier eine Musikschule sei, fragte die Mutter, und wir dachten, sie wollte hier doch Wurzeln schlagen. Es war aber nur ein Impuls, der von ihrem Mann ausging, mit dem sie jeden Tag telefonierte. Gleb lernte Saxophon und Klavier, sagte er. So, da waren wir wieder auf Trab: Wir besorgten ein Jugendsaxophon von meinem Sohn und riefen diverse Musikschulen an. Doch Saxophonklassen gab es erst ab 12 Jahren, da sei die Lunge bereits besser entwickelt. Stimmt, auch unser Sohn lernte bis zu 12. Lebensjahr nur Klavier. Gleb schnappte sich aber das Instrument und versuchte uns zu zeigen, wie gut er das kann: Es kamen aber nur komische Geräusche auf. Die Musikschule (eine private, aber dies sei kein Problem, sagte Olga) zeigte sich bereit, Gleb in den Klavierunterricht einzuschreiben und wartete auf Antwort. Indessen begann Gleb zu Hause in die Tasten zu schlagen, doch auch dies ergab nur Lärm. Ob er denn die Tonleiter spielen könne, fragte ich und zeigte es ihm vor, aber es brachte nichts. Und als er mit den Ellenbogen auf die Tasten schlug (was ich eines Tages entdeckte), empfahl ich ihm das Schlagzeug, das oben stand. Immerhin kostet das Stimmen etwas Geld. Er war sofort begeistert und haute kräftig ein, doch nach zwei Stunden war das Interesse vorbei. Da gab ich ihm ein altes elektrisches Keyboard, das verschiedene Melodien von sich gab, und er hatte eine Freude damit. Somit war die Musikschule vergessen.

Da es viele ukrainische Bürger in unserer Ortschaft gab (wir wohnen am Stadtrand in ländlicher Gegend), wurde ein Treffen im hiesigen Lokal verkündet. Dort bekomme man alle nötigen Infos, jegliche Hilfe und man könne sich austauschen. Wir gingen hin, das Wetter spielte mit, Olga und ich holten uns einen Espresso und tranken ihn draußen, danach lauschte ich den Informationen. Gleb traf sofort auf Gleichaltrige, mit denen er auf dem Spielplatz spielte. Als es dann in der Versammlung (es waren etwa 40 Leute gekommen) weiter auf Ukrainisch ging, forderte ich Olga auf, mitzuhören und zog mich zurück. Ich schrieb sie in den Polnischkurs ein, der bald darauf starten sollte. Wie es sich erwies, traf sie auch ihre Landsleute aus Browary, ihrer Stadt in der Nähe von Kiew. Doch die Bekanntschaft dauerte etwa so lange, wie unser Rückweg, d.h. eine Viertelstunde.

Wenn man in die Küche komme und dort auf jemanden treffe, sagte mein Mann zum Gleb, dann sage man auf Polnisch Dzień dobry, Guten Tag. Der Junge wiederholte: Dzień dobry, und seine Aussprache war ausgezeichnet. Dann füllte er seine Hosen- und Jackentaschen mit Süßigkeiten, die Mama im Biedronka-Supermarkt besorgt hatte. Sie ging eines Tages einkaufen und brachte zwei volle Taschen mit, nachdem sie uns gefragt hatte: Ja, gibt es denn bei euch zu Hause nie etwas Süßes? Nein, eigentlich nicht, sagte ich und machte für das Mitgebrachte ein großes Fach im Küchenregal frei.

Leider könne sie nicht kochen und sie möge es auch nicht, sagte Olga. Es sei bewundernswert, wie ich es mache, lobte sie. Auch nicht den ukrainischen Borschtsch, fragte ich enttäuscht. Ich würde den mal kosten, so wie er dort gemacht wird. Und ich stellte ihr alle Zutaten zur Verfügung. Uff, nach drei Tagen war die Suppe fertig, und sie schmeckte genau wie bei uns. Ein guter Anfang, dachte ich und nahm mir den Mut zu sagen, dass ich mir die Hausarbeit gern mit ihr teilen würde, z.B. könnte ich weiterhin zwei Tage Küchendienst machen, dann würde sie zwei Tage übernehmen und an den anderen könnte man z.B. Pizza essen. Da waren die beiden sofort begeistert. Wo es denn hier eine Pizzeria gäbe, fragten sie und eilten sofort dorthin. Sie brachten die restlichen Stücke mit und legten sie auf das Küchenblatt. Da lagen sie, bis sie matschig wurden und ich danach fragte. Die kann der Hund haben, sagte Olga. Der ist aber kein Mülleimer, und die Pizzastücke seien zu scharf, sagte ich. Essen war also neben dem Schulbesuch ein Diskussionspunkt, aber ohne Ärger, nur einfach so. Übrigens kam bald darauf mein Namenstag, und ich machte Essen für meine Gäste, also war die Einteilung schnell vergessen.

Ich wollte, dass Olga (32) Gesellschaft hat, daher lud ich ein paar ehemalige StudentInnen von mir ein, die auch gern bereit waren, mit jemandem aus der Ukraine live ins Gespräch zu kommen. Aber Olga wollte nicht recht. Sie kam mit Gleb zu der Mahlzeit und verschwand.

Mit dem Schulbesuch klappte es auch nicht recht. Darf ich heute hierbleiben, fragte Gleb die Mutter, ich huste ja und mir geht es nicht gut. Und er blieb. Aber nicht im Bett, sondern er tanzte mit seinem ukrainischen Tablet durch das Haus, telefonierte mit Babusja (seiner Oma, die aber nie mit uns sprach) und langweilte sich. Die Mutter saß ja oben am Laptop. Und das Schulessen wartete in der Schule, während Gleb die Biedronka-Waffeln verschlang. Nach drei Wochen gab ich es auf, Olga zu fragen, wann er wieder die Schule besuchen würde, denn gerade an dem einen Freitag, an dem er es tat, holte er tatsächlich ein Virus ins Haus. Wir haben hier einen ärztlichen Nachtdienst in der Siedlung, Freitags ab 18.00 Uhr, durchgehend bis Montag um 7.00 Uhr, sagte ich, wollen wir hinfahren? Nein, sie wollte es nicht, es werde ja übers Wochenende vergehen. Und der hustende Junge kreiste mit seinem Tablet durch die Gegend. Na ja, du siehst ja, er ist kränklich, er muss zu Hause bleiben, meinte sie dann am Montag.

Ein sonniges Wochenende verbrachten die beiden bei meiner Familie im Warschauer Stadtteil Żoliborz. Das ist aber schön dort, meinte Olga. So eine schöne Stadt ist Warschau. Wollt ihr hier bleiben? Wir würden euch helfen, euch hier einzurichten. Es muss ja nicht für immer sein. Sie wusste es nicht, sie müsste sich mit ihrem Mann beraten (das heißt auf Ukrainisch: mit dem Tschelovjek, dem Menschen, wir fanden das lustig).

Unsere Abendgespräche mit Vorschlägen zu den Möglichkeiten, nach Frankreich, Italien, Deutschland (wo wir über Freunde auch weiterhelfen würden) oder gar nach Kanada auszuwandern, liefen ins Leere. Aber unsere Familie sei super, sie hatten Gleb eine Playstation versprochen, auf der er spielen könnte. Super, dachte ich, das hat uns gerade noch gefehlt.

Dann aber fuhr Luba, die ukrainische Reinigungskraft, in ihre Heimat (ja, es gab auch Ukrainer, die aus Polen in die Ukraine fuhren). Wir müssen jetzt das Putzen gemeinsam packen, sagte ich zu Olga, und hätte die gemeinsame Action auch durchgezogen, aber ... da schnappte ich mir das Virus von Gleb. Dummerweise hatte ich ihm angeboten, mit mir zusammen ein Tiramisu zu machen, was immerhin hausgemachtes Süßes ist. Er war begeistert und half ganz wunderbar. Doch nun bekam ich hohes Fieber, Husten, Schnupfen und Halsschmerzen, suchte sofort den Arzt auf und musste im Bett bleiben. So, jetzt kochte keiner, die Köchin war krank. Ich holte mir den Keramikkessel von Olga, um mir im Schlafzimmer einen Tee machen zu können. Die beiden gingen Pizza essen und einmal kochte Olga Spaghetti für Gleb, mit Fertigsoße aus Biedronka, auch mein Mann war eingeladen.

Als sie bemerkten, dass ich ernsthaft erkrankt bin, nahmen sie endlich ärztliche Hilfe in Anspruch, von Medicover, einem privaten Dienst. Gleb hatte nichts, es geht ja bei Kindern schnell vorbei. Olga hatte eine Entzündung am rechten Ohr (ja, denn sie saß am Laptop, während sie rechts immer das Dachfenster offen ließ), aber kein Virus. Das Virus hatte ich.

Da nun das ganze Haus krank sei, sagte plötzlich mein Mann, keiner Ordnung mache und es nichts anständiges zu essen gebe, würde er vielleicht zu unserem Sohn ziehen, bis die schwere Zeit vorbei sei. Schließlich wolle er sich nicht auch anstecken.

Da nahm ich mir den Mut und sagte: Vier Wochen sind sie nun hier, ich kann mich jetzt nicht richtig um sie kümmern. Könnte vielleicht der Cousin von der Targowa-Straße sie für ein paar Tage wieder aufnehmen? Und später würden wir uns zusammen nach einer besseren Bleibe umschauen. Ja, kein Problem, sagte Olga, hatte nur ein paar Fragen: Schule? Musikschule? Sprachkurs Polnisch? Alles kein Problem, da nichts besucht wurde. Ok, sagte er, aber ab morgen. Da fiel mir ein Stein vom Herzen.

Am nächsten Morgen, genau nach einem Monat Aufenthalt, zogen die beiden aus. Sie ließen alle Geschenke liegen, den Rucksack, den weiß-roten Ball, der nie aufgepumpt wurde. Sie fuhren aber nicht zum Cousin, sondern in ein ukrainisches Warschauer Hotel. Später angeblich in die Schweiz, wie ich vom Hörensagen weiß. Hoffentlich geht es ihnen gut, sie haben ja nie mehr etwas von sich hören lassen. Wir helfen der Ukraine weiter, soweit wir können. Der Mann von Luba, unserer Reinigungskraft, die wieder hier ist, ist an der Front. Wir packen alle paar Wochen ein Paket für ihn, gefüllt mit Sachen, die er wirklich braucht. Ein Volontärwagen nimmt es mit. Und wir haben auch schon ein wunderbares Dankeschön bekommen: ukrainische Süßigkeiten mit einem Gruß von der Front. Obwohl wir eigentlich nichts Süßes essen, haben die uns wunderbar geschmeckt.

Zwei Ärztinnen (Donata Daniluk)

Anfang Februar 2022 waren die Mieter aus unserer kleinen Zweitwohnung ausgezogen. Eines Tages überraschte mich mein Mann mit der Frage, ob wir, falls die Ukraine überfallen wird, die Flüchtlinge in die zur Zeit leerstehenden Wohnung einquartieren würden. Ich fand die Frage absurd. Ein Krieg schien mir unmöglich. Doch kurze Zeit darauf war es soweit. Es war zu dem frontalen Angriff auf das ukrainische Territorium durch russische Truppen gekommen. Nun mussten wir handeln. Wir beschlossen, flüchtende Menschen aus der Ukraine aufzunehmen und überlegten, wie es am besten wär, die Wohnung den Bedürftigen anzubieten, und wem genau wir unsere Wohnung anvertrauen wollen. Tausende in der Folge des Ausbruchs des Krieges obdachlos gewordene Menschen kamen in diesen Tagen nach Warschau und brauchten dringend eine ihnen Sicherheit gewährende Bleibe. Im Internet fanden wir eine Mitteilung der Regionalen Ärztekammer, dass sie Quartiere für ukrainische Ärzte und deren Familien suche. Weil wir selber Ärzte sind und aus diesem Grunde mit der Selbstverwaltung der Ärzte in Verbindung stehen, fanden wir es selbstverständlich, unseren Kollegen aus der Ukraine im Rahmen unserer Möglichkeiten zu helfen. Wir machten daher der Ärztekammer ein Angebot der Einquartierung für die von ihr betreuten Flüchtlinge. Ein paar Tage später wurden wir telefonisch angefragt, ob wir bereit wären, fünf Personen, zwei Frauen und drei Kinder, zu beherbergen. Wir erklärten uns, ohne viel zu überlegen, einverstanden.

Auf die Ankunft unserer Gäste brauchten wir nicht lange zu warten. Von der beschwerlichen Reise waren sie völlig erschöpft. Vierundachtzig Stunden waren sie unterwegs unter unzumutbaren Bedingungen. Sie erzählten, dass sie nach dem Kommuniqué von der bevorstehenden Belagerung Mariupols, der Stadt in der sie wohnten, nur zwanzig Minuten Zeit hatten, um ihre Habseligkeiten einzupacken. Sie nahmen lediglich zwei Koffer mit dem Allernotwendigsten mit. Ein Wagen fuhr vor und er brachte sie mit ihrem kargen Gepäck geradewegs zum Bahnhof. Der Zug war überfüllt. In ein Abteil wurden jeweils mehr als zehn Personen eingepfercht. Vorrangig Frauen mit Kindern. Die erste Strecke bewältigten sie in mehr als zehn Stunden in sehr langsamem Tempo mit aus Sicherheitsgründen gelöschter Beleuchtung.

In einer bewaldeten Gegend wurde die Fahrt unterbrochen und man ließ die Fahrgäste auf eine Umsteigemöglichkeit ziemlich lange warten. Mit der Zeit wurde Essen und Trinken knapp. Die Kinder weinten. Erst nach vierstündiger Weiterfahrt hielt ihr Zug in einer Stadt, wo sie endlich etwas kaufen konnten. Es war eine sehr ermüdende, nervenaufreibende Reise, aber nach der Überschreitung der Grenze konnten sie endlich aufatmen, denn sie befanden sich in Sicherheit.

In den ersten Tagen suchten sich unsere Gäste einzurichten. Es gab viele Formalitäten zu erledigen. Für die Handys und den Internet mussten Verträge geschlossen werden. Die Ukrainerinnen erwiesen sich als sehr geschickt und benötigten keine Hilfe. Problemlos fanden sie heraus, was und wo zu erledigen war. Wenn wir ihnen eine Nachricht zukommen ließen, wo es kostenlose Unterhaltungsmöglichkeiten für die Kinder gab, nahmen sie sie anstandslos gern in Anspruch.

Wir wollten unsere Gäste näher kennenlernen und luden sie daher zu uns nach Hause ein. Wir sind eine Familie mit drei Kindern die – wie sich herausstellte – gleichaltrig mit den ihren sind. Von den fünf Personen, die wir aufgenommen hatten, bekamen wir leider bei diesem ersten Besuch nur eine Frau mit zwei Kindern zu Gesicht. Die andere Ukrainerin hatte sich nicht getraut, zu kommen, weil sie keine Fremdsprachen beherrscht und wir des Ukrainischen nicht mächtig sind. Daher blieb sie mit ihrem kleinen Kind diesem Treffen fern. Die Sprachbarrieren existierten für die Kinder nicht. Sie begannen sofort miteinander zu spielen. Ein jedes sprach seine Muttersprache und wir, die Erwachsenen, unterhielten uns auf Englisch.

Während unserer nächsten, später erfolgten Begegnungen war das Thema der Gespräche meist beruflicher Natur. Wir verglichen Systeme der Ausbildung als auch der praktischen Ausübung des Berufs hierzulande und bei ihnen in der Ukraine. Mit der Zeit scheuten wir uns nicht mehr vor der Berührung schwieriger Themen, des Krieges, der Angst um die Nächsten, mit denen keine Verbindung zustandekommt, der Unruhe. Unsere Kontakte gestalteten sich langsam sehr zufriedenstellend. Wir verhalten uns kollegial zueinander, und die unlängst geschlossene Bekanntschaft mit den Ukrainern erachten wir für einen echten Gewinn.

Zur Zeit des orthodoxen Osterfestes bekamen wir von unseren Gästen, die uns besuchten, einen von ihnen selbstgebackenen Kuchen, einer Pascha. In der Ukraine ist es üblich, mit der Pascha die Nächsten und die Bekannten aufzusuchen.

Unsere Gäste sind bei uns bereits seit sieben Monaten. Zur Zeit haben sie nichts, zu dem sie zurückkehren könnten. Daher versuchen sie, sich in Polen einzurichten. Unsere ukrainische Kollegin begann Polnisch zu lernen. In kurzer Zeit hat sie große Fortschritte gemacht, so dass wir uns jetzt schon auf Polnisch unterhalten können. Sie hat eine Arbeitsstelle als Assistenzärztin im Institut für Rheumatologie bekommen, und sie hat sich vorgenommen, in Polen den erlernten Beruf auszuüben. Ihr Diplom wird gerade nostrifiziert. Eine Zeitlang hat sie online mit Medizinstudenten in Saporischschja arbeiten können. In dem neuen akademischen Jahr jedoch werden Personen, die die Ukraine verlassen haben, zu den Lehrveranstaltungen in dieser Lehranstalt nicht zugelassen. Inzwischen durfte sie freilich an einem Pulmonologischen Kongress in Barcelona teilnehmen und dort wissenschaftliche Errungenschaften ihres Instituts aus der Vorkriegszeit präsentieren. Es hatte sich so ergeben, dass sie als einzige Frau, die an diesem Projekt beteiligt war, ihr Team auf dem Kongress vertreten durfte. Andere wissenschaftliche Mitarbeiter, darunter ein Professor, hatten von offizieller Seite keine Ausreisegenehmigung nach Italien bekommen.

Die Kinder der bei uns wohnenden Frauen bekommen Online-Unterricht von ihren ukrainischen Schulen. Zusätzlich besuchen sie verschiedene Veranstaltungen, die in Polen für Kinder organisiert werden, um Kontakte zu polnischen Kindern zu knüpfen. Jeden Tag führen sie Videogespräche mit ihren Vätern, die an den Kämpfen in der Ukraine teilnehmen. Zu Beginn des neuen Schuljahrs haben sie ihre Kinder mit Lehrbüchern versorgt. Die Kinder wünschten sich Bücher nur für das erste Semester. Sie hoffen auf die Fortsetzung der Lehre bereits in ihrer befreiten Heimat. Wir wünschen uns allen ein baldiges Ende des Krieges.

Olga und ihre Familie (Winfried Trebitz)

Ich möchte hier keine Chronologie der erschütternden Ereignisse abliefern, die sich mitten in Europa zutragen, sondern nur Erlebnisse schildern, die sich bei uns, aber bestimmt auch so oder so ähnlich anderswo, zugetragen haben.

Der plötzliche russische Angriffskrieg war in unserer Wahrnehmung zunächst nur ein Geschehen, welches die täglichen Nachrichten bestimmte. Und ganz plötzlich, es war Anfang März, kam der Krieg mit seinen Auswirkungen auch in unser Leben. Eine Nachbarin bat uns, das, was wir entbehren könnten, als Erstausstattung für eine geflüchtete Familie aus der Ukraine zu geben. Innerhalb kürzester Zeit waren die Geflüchteten mit dem Notwendigsten versorgt. Unterkunft hatten diese bei Bekannten gefunden.

Die Zahl der Menschen, die unseren Wohnort erreichten, stieg innerhalb kürzester Zeit ganz beträchtlich. Und es begann eine Welle der Solidarisierung mit den Geflüchteten. Alles auf privater, freiwilliger Basis. Unter der Moderation eines pensionierten evangelischen Pfarrers und der somit vorhandenen Kommunikationsstruktur wurden die vielfältigen Hilfsbemühungen koordiniert. Mit Hilfe einer WhatsApp Gruppe hatte man zuerst die freiwilligen Helfer und deren Hilfsmöglichkeiten erfasst. So war das auch bei meiner Frau der Fall. Sie war bis zu ihren Ruhestand Leiterin der Bürgerbüros in unserer Stadt und deshalb in der Lage, die bürokratischen Strukturen einer deutschen Verwaltung zu durchschauen und deren verschlungenen Pfade, wenigstes ab und an, zu glätten. Die Geflüchteten, die nicht sofort bei Freunden oder Bekanntenten unterkamen, wurden nach der Registrierung in einer Erstaufnahme-Einrichtung auf die Kommunen verteilt. Auf diesem Wege kam eine sechsköpfige Familie zu uns und sollte durch drei Helfer, darunter meine Frau, betreut werden. Olga, Vadim und 4 Kinder. Ein Zwillingspärchen (10), ein Mädchen (9) und das Nesthäkchen, ein kleiner Junge (6). Sie kamen aus Charkiv und waren mehr als 6 Wochen unterwegs gewesen und nach der Registrierung erstmal im Krankenhaus. Alle Covid positiv. Das waren die Informationen, die wir erhielten. Am darauffolgenden Wochenende fand ein Treffen aller Beteiligten statt. Mit den Geflüchteten, den Helfern und den in der Verwaltung involvierten Personen. Unsere kleine Helfer-Crew knüpfte erste Kontakte mit Olga und Familie. Die Kommunikation war nicht einfach. Die gängigen Übersetzungs-Apps arbeiteten nicht fehlerfrei und so kam es anfangs schon zu kleineren Missverständnissen. Das erste stellte sich nach kurzer Zeit heraus, denn unsere Familie sprach untereinander Russisch. Das war auch logisch, da Charkiv im mehrheitlich russischsprachigen Teil der Ukraine liegt.

Hinzu kam für alle, die sich als Helfer engagierten, nach kurzer Zeit die Erkenntnis, dass Menschen angekommen waren, die das gesamte soziale und kulturelle Spektrum einer Gesellschaft abbildeten. Da waren Menschen, die möglichst schnell auf eigenen Beinen stehen wollten, sprich unabhängig von Hilfen, gleichgültig ob staatlich oder privat sein wollten. Und andere, die an die Hand genommen werden mussten. Und das war nicht abhängig von der Bildung oder Ausbildung.

Wie die junge Frau, die sofort Arbeit in einem Blumengeschäft fand. Sie war sich erst unsicher, da sie nicht Deutsch sprechen konnte, aber mit paar Brocken Englisch und mit freundlicher Gestik klappte das prima. Oder die alleinerziehende Mutter, die in ihrer Heimat als Bankberaterin im Privatkundenbereich tätig war. Sie arbeitet heute bei einer Frankfurter Großbank. Wohnt in einem Appartement und konnte für ihr Kind zwischen drei Kitas wählen. Aber das sind die Ausnahmen. Die Mehrheit ist auf helfende Hände der Freiwilligen angewiesen, zumal die staatlichen Institutionen nicht in der Lage sind, unbürokratisch und flexibel zu handeln. Irgendeine Bestimmung, Ausführungsverordnung oder die Unfähigkeit der handelnden Personen steht dem immer entgegen. Der Staat verlässt sich zu gern darauf, dass freiwillige Helfer oder gemeinnützige Organisationen den Löwenanteil der anstehenden Aufgaben bewältigen.

„Unsere" Familie war in einer Flüchtlingsunterkunft untergebracht, und jetzt begann die eigentliche Betreuung durch die drei Paten, die da waren: eine junge Mutter mit 5 Monate altem Baby, eine Frau mit größeren Kindern und meine Frau. Die Unterkunft lag am Rande des Industriegebiets in moderater Entfernung zum Bus, zur S-Bahn, aber auch zu den Einkaufsmöglichkeiten. Folglich musste zunächst die Mobilität sichergestellt werden. Es galt, Fahrräder für alle zu besorgen. Ein befreundeter Mechaniker machte sie verkehrssicher. Der jüngste bekam einen Roller, mit dem er blitzschnell unterwegs war. Überhaupt fiel auf, dass die ukrainischen Kinder körperlich viel fitter waren als gleichaltrige deutsche Kids. Beispielsweise ein Mädchen, etwa 10, entwischte im Flic-Flac mühelos dem etwa gleichaltrigen Jungen der Gastfamilie.

Die nervenaufreibende Arbeit für die Betreuerinnen begann jetzt erst. Die Registrierung bei der Ausländerbehörde, dem Sozialamt, immer nur nach telefonischer Terminvereinbarung und den Zeiten in der Warteschleife. Überrascht wurden die Helfer immer wieder von wechselnden Zuständigkeiten der Ämter. Gerne wurden diese mal hin und her geschoben. In den ersten Tagen waren die Paten mit dem deutschen, analogen Formularwesen gut ausgelastet, sowie dem Besorgen von Einkaufsgutscheinen und der Hilfe beim Eröffnen eines eigenen Bankkontos.

Die vordringlichste Aufgabe für uns war aber, sich um die Kinder zu kümmern. Sie fanden sich ja in einer vollkommen neuen, unbekannten Umgebung wieder. Hinzu kommt, dass sie sich, aus einer Großstadt kommend, in einer beschaulichen, ländlichen Gegend wiederfanden. Erstaunlich war dann schon, wie sie sich innerhalb kurzer Zeit in ihrer neuen Umgebung zurechtfanden und sogar schon Kontakte auf dem Spielplatz knüpften. Über alle Sprachgrenzen hinweg.

Die drei älteren Kinder unserer Familie wurden von einer örtlichen Grundschule in vorhandene Klassen aufgenommen. Angefangen vom Hausmeister (der Russisch spricht), der Schulsekretärin und der Klassenlehrerin kümmerten sich alle liebevoll und fürsorglich um die neuen Schüler. Die Kommunikation fand anfangs hauptsächlich über die zwei verbliebenen Paten statt, der jungen Mutter und meiner Frau. Die Untersuchungen durch den Schularzt wurden nachgeholt. Ergebnis: Drei Tage Läusefrei. Die Kinder waren stinksauer, als sie isoliert wurden. Die junge Mutter managte noch einen ganz kurzfristigen Termin bei ihrem Kinderarzt. Und Olga als erfahrene Mutter besorgte das Kämmen. Dann durften sie wieder voller Freude zur Schule.

Im Frühjahr und auch noch bis in den Sommer hinein war die Sorge für und um die Geflüchteten immer wieder Gesprächsthema auch im eigenen sozialen Umfeld. Was auf mich aber befremdlich wirkte, war das Abspielen der ukrainischen Nationalhymne zu Beginn von kulturellen Veranstaltungen aller Art. Das artete meiner Meinung nach immer mehr zu einem inhaltslosen Ritual aus. Persönlich hätte ich Valentyn Silvestrov's „Gebet für die Ukraine" aus dem Jahr 2014 als angemessener empfunden. Irgendwann erzählte Olga beiläufig, dass sie sich seit da nicht mehr sicher gefühlt hätten.

In der katholischen Kirche wurde ein Gottesdienst für die Geflüchteten in ukrainischer Sprache nach orthodoxer Liturgie angeboten. Olga hatte das Bedürfnis nach geistlicher Begleitung, zumal sie gefordert war, außer für die vier Kinder zu sorgen, auch ihrem Mann, der psychische Probleme hatte, beizustehen. Dabei stellte sich heraus, dass sie als Baptisten keine Beziehung zur Orthodoxie aufbauen konnten. Sie fanden schließlich Zugang zur Baptistengemeinde in Frankfurt am Main.

In Laufe der Zeit wurde die Begleitung der Familie immer einfacher, da sie sich mit den neuen Gegebenheiten arrangiert hatte und mit der ukrainischen Community gut war. Ab und zu musste noch helfend eingegriffen werden. Es musste mal ein Krankenschein für den notwendigen Arztbesuch digital besorgt werden. Oder, wenn ein Kind am Mittwochnachmittag plötzlich krank wurde und es keine Sprechstunde mehr gab, mal schnell in die Ambulanz gefahren. Oder wenn an einem Freitagnachmittag in ihrem Wohnhaus der Strom ausfiel, hat man schnell einen Elektriker ausfindig gemacht, der den Schaden beheben konnte. Das waren aber Kleinigkeiten im Verhältnis zu dem, was die Menschen im Laufe der letzten Monate durchgemacht hatten. Andere Paten hatten schwierigere Aufgaben. An einem Freitagabend ein Hilferuf in der WhatsApp Gruppe:. Eine Großmutter mit etwa 14 Jahre alter Enkeltochter und einer kranken Katze seien gerade eben eingetroffen. Tierärztliche Versorgung sei dringend notwendig. Die Katze sei der einzige kleine Trost für das Mädchen. Die gesamte Familie, Großvater, Eltern und Geschwister seien im Krieg umgekommen.

Der Schulbesuch machte den Kindern Freude. Wir erhielten immer nur positive Rückmeldungen durch die Lehrer. Nur an einem Montag änderte sich das. Meine Frau erhielt einen aufgeregten Anruf von der Schulsekretärin: die Kinder seien nicht erschienen, sie seien in Sorge. Des Rätsels Lösung war ganz einfach. Die Familie war in Berlin und würde noch drei Tage bleiben. Ein Verwandter musste zu geschäftlichen Gesprächen dorthin und wollte sie treffen. Glücklicherweise haben wir neu zugezogene Nachbarn, die Frau gebürtige Ukrainerin. Sie klärte uns auf, dass die Familie immer Vorrang vor der Schule hätte. Es sei in ihrer Heimat normal, dass bei wichtigen Anlässen die Kinder paar Tage der Schule fernblieben.

Die Sommerferien rückten näher. Es gelang alle Kinder im „Kinderplanet", unterzubringen. Auch etwas Urlaub für die Eltern. Die Kinder werden morgens durch Zubringerbusse eingesammelt und den ganzen Tag über betreut, verpflegt und nachmittags wieder nach Hause gebracht. Das Programm in diesem Jahr: Hoghwarts – wie alles begann.

> Wir schreiben das Jahr 900. Magier und Nicht-Magier stehen sich in einem ausweglosen Kampf gegenüber. Unzählige Hexen und Zauberer sind gezwungen ihre Fähigkeiten zu verheimlichen. Magie wird versteckt und gefürchtet.

Doch vier außergewöhnliche Hexen und Zauberer schließen sich zusammen, um einen Zufluchtsort zu schaffen: Hoghwarts – die Schule für Hexerei und Zauberei. Ein Zuhause für alle magischen Kinder, um Fähigkeiten und Zauber friedlich entfalten zu können.

Verteilt auf Häuser mit unterschiedlichen Schwerpunkten lernen die jungen Karbener Zauberschüler und -schülerinnen hier magische Disziplinen, die sie in Wettkämpfen trainieren können. Und natürlich gibt es in einer magischen Welt auch Geheimnisse zu lüften und Abenteuer zu bestehen.

Das war ein richtiger Spaß für alle. Ein Dolmetscher war für die ukrainischen Kinder vorhanden, wurde aber relativ selten benötigt. Sie waren voller Freude dabei, trotz mancher Sprachdefizite. Sie konnten zwar noch nicht viel in Worten ausdrücken, aber das Verstehen der neuen Sprache war da.

Eine lustige Rückmeldung erhielt meine Frau von einer Bekannten. Sie hätte heute „ihre" Familie gesehen. Eltern und die vier Kinder hintereinander auf dem Radweg unterwegs, wie eine Entenfamilie. Das fand ich, war ein sehr schönes Bild.

Die Sommerferien gingen zu Ende. Für die Familie standen große Veränderungen an. Die Zwillinge wurden auf das Gymnasium umgeschult.

Und der kleine Bruder, das Nesthäkchen, durfte endlich zur Schule gehen.

Die Einschulung ist bei uns anscheidend ein Ereignis von größerer Bedeutung, als in der Ukraine. Listen mit der notwendigen Erstausstattung wurden verschickt. Und die Erinnerung, für die Schultüte zu sorgen. Meine Frau fragte mehrmals nach und Olga meinte, dass alles OK sei. Am Sonntagabend stellte sich heraus, dass es doch ein interkulturelles Missverständnis gab. Olga meinte, die Schultüte sei der Turnbeutel. Am Montag ergatterte meine Frau im Supermarkt die letzte Schultüte aus dem Lager. In anderen Geschäften hatte sie schon Dinge zum Füllen besorgt. Zuhause angekommen wurde die Schultüte gepackt, nicht nur mit Süßigkeiten, auch praktische und pädagogisch wertvolle Dinge kamen hinein und wurden mit dem Auto zum kleinen Empfänger gebracht, denn die Schultüte war fast so groß wie er. Seine Geschwister waren ganz schön sauer, dass sie so etwas nicht bekommen hatten. Sie seien doch auch in die Schule gekommen. Sie wurden dann aufgeklärt, dass das nur bei der ersten Einschulung üblich sei. Von dem Moment an waren sie ganz lieb zu ihrem Bruder, in der Hoffnung, dass er den Inhalt mit ihnen teilen würde. – Die Bilder der Einschulung. Herrlich. Ein kleiner Junge, schick angezogen, mit seiner Schultüte, schaute neugierig und ganz gespannt in eine für ihn ungewisse Zukunft.

Pani Hania (K. S.)

Nach gut zwanzig Jahren Sorge um meine große Dachwohnung meldete sich die Tischlerfamilie ab. Sie konnten nicht mehr die Treppen in den vierten Stock steigen. Nun war ich auf mich angewiesen, was insofern von Übel war, als ich gerade vor einer Wirbelsäulenoperation stand. Da fand sich Pani Hania, eine fröhlich eingestellte, sehr gläubige Ukrainerin, die seit Jahren in der Nähe von Warschau zusammen mit ihrem Mann, einem Gärtner, lebt und bei mehreren Familien sauber macht. Auch ihr fünfundzwanzigjähriger Sohn hatte in Warschau eine Arbeit gefunden. Es war Ende Januar, als sie mir weinend sagte, ihr Sohn hätte ihr vor einigen Stunden erklärt: Mama, wenn es zum Krieg kommt, gehe ich zurück. Ist er ausgebildet, fragte ich. Ja, er habe sich nach dem Abitur zum Militär gemeldet und wollte dann an die Front im Donbass; es gelang mir, fuhr sie fort, ihn davon abzuhalten. Zwei seiner Schulkollegen verloren dort einige Monate später ihr Leben. Er war zum Begräbnis gefahren und habe die weinenden Mütter und Tanten erlebt. Dankbar sei er ihr gewesen, dass sie ihn von dem Fronteinsatz abgehalten habe. Aber jetzt werde er gehen. Zwei Tage vor Kriegsbeginn räumte sie bei mir auf. Wir sprachen wenig miteinander, harrten dessen, was kommen werde.

Zu Kriegsbeginn meldete sie sich nicht. Beunruhigt fragte ich sie per SMS, ob ich ihr irgendwie beistehen könne. Sie schrieb einen Dank zurück, ohne sich sonst zu äußern. Als sie nach einer guten Woche wieder erschien, erzählte sie mir, wie sie geweint und geschrien habe. Aber dann fasste sie sich und organisierte Hilfsaktionen. Ihr Sohn habe sich in die Ukraine begeben, kämpfe aber nicht. Ihr Mann sei nur verzweifelt. Jemand müsse Ruhe bewahren. Natürlich die Frau, erklärte sie selbstbewusst.

Kurz darauf kam ihre älteste, im fünften Monat schwangere Tochter mit Töchterlein zu ihr aus Tschortkiv. Deren Mann hatte die beiden mit dem Wagen bis achtzehn Kilometer vor der Grenze gebracht. Dann ging es nicht mehr weiter. Der Stau war zu groß. Nun wanderten sie zu zweit durch die Kälte an den polnischen Grenzort. Zwischendurch konnte sie einen warmen Tee trinken.

Als bei Lviv/Lemberg eine Kaserne mit russischen Raketen beschossen wurde und ich Pani Hania sagte, jetzt kommen sie Polen näher, kommentierte sie: ja, in dieser Kaserne hatte mein Sohn gedient, und fügte sichtlich erfreut hinzu, drei Raketen sind abgefangen worden.

Mit ihrer schwangeren Tochter spreche sie wenig, schon gar nicht über den Krieg. Deren Mann versuchte, sie telefonisch zu überzeugen, in Polen zu bleiben, aber sie will in der Ukraine das Kind auf die Welt bringen. Sie glaubt nicht, dass dieser Putin der wirkliche ist. Solche puppenartige Typen könne man austauschen. Der Krieg werde noch lange dauern. Immer wieder kamen Vergleiche mit der deutschen Besatzung und natürlich mit Hitler, ob Putin nicht schlimmer sei.

Mittlerweile spende ich jedes Mal, wenn sie kommt, eine gewisse Summe, die sie dem Geistlichen ihrer Kirche übergibt. Das Geld geht an Verwundete. Einmal sammelten sie auch für eine Waffe, ich weiß aber nicht welche. Die Messe fand ursprünglich in den unteren Räumen einer katholischen Kirche statt. Seit zwei oder drei Wochen verfügen sie, die Orthodoxen, über ein eigenes Gebäude. Früher, sagte sie, wäre sie zur katholischen Messe gegangen. Es gäbe ja nur einen Gott. Auch der jüdische? fragte ich, Ja, auch, nur könne sie als Frau da nicht hingehen, um zu beten und Fürbitte zu leisten. Im übrigen nehme die Gemeinde mich jedes Mal mit in ihr Gebet.

Pani Hania fuhr schließlich im Mai mit ihrer hochschwangeren Tochter zurück nach Tschortkiv. Das Kind, ein Bub, sollte dort auf die Welt kommen. Sie waren mit dem Bus gefahren, achtzehn Stunden dauerte es. Immer wieder musste der Fahrer an einer Tankstelle stoppen, damit die Kinder auf die Toilette gehen konnten. Der Sohn und Schwiegersohn begrüßten sie natürlich freudig und brachten sie aufs Land, wo sie ein Haus haben. Anfang Juni erblickte das Baby die Welt. Vier Wochen später fand die Taufe statt. Wiederum begab sich Pani Hania nach Tschortkiv. Mehrmals meldeten Sirenen Bombenalarm, nebenan sei eine Rakete eingeschlagen. Die Unruhe um das Schicksal der Kinder und Enkelkinder spürt man an den dauernden Anrufen. Als am 10. Oktober die sechsundachtzig Raketen auf die Ukraine abgeschossen wurden, hielt sie es nicht aus, schrie wieder, wie sie mir gestand. Ihr Sohn in der ukrainischen Ferne warf ihr Panikmache vor. Wir hier vor Ort nehmen das mit Ruhe hin, und ihr da in Polen, bekam sie zu hören.

Vor kurzem erhielt ich eine kleine, beiderseitig bemalte Ikone mit Jesus und Maria. Sie werde mich beschützen.

Personenregister

❏

Abel, Helmut 229
Abusch, Alexander 187
Achmatowa, Anna 240
Aholainen, Saara 101
Aittokoski, Heikki 93, 94
Alenius, Kariu 87
Alexander I. 148, 156
Alexander II. 113, 138, 148, 207, 212
Alexander III. 152, 156, 208
Alexandrova-Zorina, Liza 176
Alexijewitsch (Alexievich), Swetlana (Svetlana) 220, 221, 232, 176
Alt, Franz 13
Alwart, Jenny 210, 219
Amalrik, Andrej 195
Amos, A. Ben 209
Andronikashvili, Zaal 237
Andruchowytsch, Jurij (Juri) 219, 238
Applebaum, Anne 213
Arendt, Hannah 40, 46, 47, 269
Astafjew, Wiktor 162
Aunesluoma, Juhana 97

❏

Babitzkij, Iwan 141
Bahr, Egon 180, 189
Balachonowa, S. Julija 42
Balashov, Jevgeni 104
Banaszkiewicz, Mikołaj 136
Bandera, Stepan 122
Barbashin, Anton 142
Baturina, Elena 49

Becker, Jurek 220
Belyj, Anatolij 33, 34, 37
Benckendorff, Alexander von 242
Benedict XVI. 273
Benjamin, Walter 258, 260, 261
Berlin, Jessica 18
Beyrau, Dietrich 250, 256
Biden, Joe 9, 89, 109, 261, 262
Bilczewski, Józef 269, 270, 272
Billington, James H. 203
Biloj, Sashka 59
Blumentritt, Gerhard 229
Böhme, Helmut 229
Bondarenko, Oksana 106
Borkowicz, Jacek 26
Börne, Ludwig 243, 244, 259
Bortko, Wladimir 114
Brandt, Marion 186, 260
Brandt, Willy 180, 189–192, 200
Braungart, Wolfgang 208
Bravo, Benedetto 225
Breschnew (Brežněv), Leonid 148, 152, 158, 160, 181, 214, 215
Broch, Hermann 222
Brodsky, Joseph 12, 159, 160, 172, 173, 236–241
Brunnsberg, Magnus 102
Bryc, Agnieszka 171, 172
Brzezinski, Zbigniew 145
Bukowski, Wladimir 195
Bulat, Sajin (Bekbulatowitsch, Simeon) 154
Bulhakow (Bulgakow), Michail 172
Bunin, Iwan 157, 160
Burdin, Ioann 164
Burgonski, Piotr 149

Personenregister

C

Cajander, A. K. 77, 82
Ceausescu, Nikolae 57, 197
Chamberlain, Neville 9, 21, 22
Chancellor, Richard 69
Chodorkowskij, Michail 56
Choroschkevitsch, Anna L. 140
Chotinenko, Wladimir 114
Chruschtschow (Chruščev), Nikita S. 82, 148, 193, 214
Churchill, Winston 9, 21
Clark, Christopher 94
Coetzee, John Maxwell 176
Collini, Francesco 96
Coudenhove-Kalergi, Barbara 182
Custine, Astolphe de 144, 155, 178
Cypko, Aleksandr 150

D

Daladier, Édouard 90
Danilewski, Nikolai 142, 169
Dante Alighieri 208
Deszczyna, Andrej 28
Diebitsch-Sabalkauski, Iwan 254
Dobroljubov, Nikolai Alexandrowitsch 207
Dostojewskij, Fjodor (Fedor) 133, 155, 157, 162, 172, 207
Dovič, Marijan 208, 212
Dovschenko (Dovzenko), Oleksandr 234, 235
Dschingis Chan 66
Duda, Andrzej 24
Dugin, Alexander G. 143, 161, 171
Dzjuba, Ivan 211

E

Ehmke, Horst 191
Eichmann, Adolf 265
Eisenberg, Jakow E. 54
Eisenstein, Sergej 113, 135
Ekström, Rasmus 99
El'cin, Boris siehe unter Jelzin, Boris
Engels, Friedrich 183
Erusalimskij, Konstantin 141
Evdokimova, Svetlana 241

F

Fanajlowa, Elena 34
Faulkner, William 240
Filipenko, Sascha 176
Filipp von Moskau (Metropolit) 73
Firtasch, Dmytro 56
Fuchs, Thorsten 86

G

Ganieva, Alisa 176
Gannibal, Abram Petrovič 203
Gannibal, Ivan Abramovič 202
Garin, Igor 162
Gasparov, Boris 207
Gazmanov, Oleg 142
Genis, Alexander 176
Geremek, Bronisław 192
Giedroyc, Jerzy 195
Gien, Irina 163, 164
Glemp, Józef 189
Glukhovsky, Dmitry 176
Gogol, Nikolaij 155, 157, 172, 173, 205, 206
Gorazdowski, Zygmunt 269, 270
Gorbatschow, Michail 52, 147, 148, 198, 220, 224–226, 228
Gorinow, Alexej 37
Gosman, Leonid 39, 40

Grabowicz, George 211
Grass, Günter 180, 187
Gregorovius, Ferdinand 257
Greven, Jochen 183
Grigorjev (Grigor'ev), Apollon 206
Grosser, Alfred 199
Grudzinska-Gross, Irena 240
Gudkow, Lew 34, 40, 41, 146
Gumilew, Lew 143
Gunkel, Christoph 103, 104
Gurtschenko, Ljudmila 147
Gustafsson, Mia 30

❑

Hager, Kurt 186
Häikiö, Martti 83, 85, 88
Hakala, Pekka 93 103
Halonen, Antti 94, 95
Hausmann, Guido 215
Heidegger, Martin 159
Helgason, Karl 208, 212
Hentilä, Seppo 76, 78–80, 87, 109
Herbert, Zbigniew 240
Hermanis, Alvis 34
Hermlin, Stefan 186
Hilzinger, Sonja 228
Hitler, Adolf 21–23, 90, 99, 126, 128, 129, 138, 139, 167, 171, 193, 244, 305
Honecker, Erich 183, 184
Hryniewiecki, Zdzisław 148
Hugo, Victor 209, 210
Husarska, Anna 240
Hüth, Peter 196

❑

Ilichevsky, Alexander 176
Iljin, Iwan 133, 142, 143, 161, 171

Iwan (Ivan) IV. (der Schreckliche) 10, 130, 131, 148, 149, 154
Iwan III. 149
Iwanow, Alexander 155

❑

Janion, Maria 181, 182
Janukowytsch (Janukovič), Viktor 56, 57, 217
Jaroslaw der Weise 131
Jaruzelska, Barbara 190
Jaruzelski, Wojciech 182, 183, 185, 186, 190, 225
Järvenkylä, Nina 96
Jasinski, Zbigniew 28, 257
Javier, Sebastián 221
Jegorow, Boris 150
Jelinek, Elfriede 176
Jelzin (El'cin), Boris 10, 49, 112, 115, 129, 145–148, 161, 216
Jentoft, Morten 95
Jerofejew, Viktor 153
Jerofejew, Wenedikt 153
Johannes Paul II. 262, 266, 269, 272
Jokisipilä, Markku 80
Jordan, Carl Friedrich Wilhelm 256, 257
Joyce, James 240
Juschtschenko, Viktor 56, 122
Jussila, Osmo 76, 78–80, 87, 109
Juutilainen, Antti 77, 79

❑

Kadyrow, Ramzan 17, 44
Käihkö, Ilmari 107, 108
Kallas, Kaja 100, 101
Kappeler, Andreas 68, 83, 84, 89, 212

Käppner, Joachim 91, 92, 96, 99
Karew, Andrej 37
Katharina II. 135, 148, 203, 240
Kauppinen, Ina 108
Keil, Rolf-Dietrich 203
Kilin, Juri 80, 111
Kirill I. 113, 115, 123, 161, 164
Kister, Michael 97
Kleist, Heinrich von 183
Kohler, Berthold 88
Kollontai, Alexandra 88
Koropeckyj, Roman 208
Koschmal, Walter 210
Kosljakow, Wjatscheslaw 141
Krawtschuk, Leonid 49
Kringiel, Danny 92
Krone-Schmalz, Gabriele 16, 17
Kubajewa, Alena 149
Kucharzewski, Jan 156
Kuittinen, Eero 95
Kundera, Milan 239
Kunin, Viktor V.
Kurbskij, Andrej 207
Kutschma, Leonid 52, 53, 55, 56
Kutusow, Michail Illarionowitsch 148
Kuusinen, Otto Ville 79, 80

❑

Lachmann, Renate 205
Lafayette, Marquis de 241
Lamarque, Jean Maximilien 241
Landsbergis, Vytautas 99, 100
Langewiesche, Dieter 250, 256
Lazari, Andrzej de 133
Lebedev, Sergeij 176
Lecke, Mirja 206
Lehtinen, Lasse 85

Lenin, Wladimir I. 148, 213, 214, 219
Leskinen, Jari 77
Lewada, Jurij 145, 146, 165
Lipski, Jan Józef 128, 129
Lobin, Aleksey 140
Löffler, Katrin 186
Lohs, Karlheinz 229
Lomonossow, Michail 134
Lotman, Jurij Michajłowitsch 204
Luschkow, Jurij 49
Lützeler, Paul 220
Lvova-Belova, Maria 17

❑

Macron, Emmanuel 22, 154, 155
Majakowskij, Wladimir 157
Malek, Martin 31, 59
Mandel, Ernest 199
Mandelstam, Ossip 240
Mann, Jurij 205
Mannerheim, Carl Gustaf Emil 87, 103, 104, 106, 107
Manninen, Ohto 83, 88, 89
Manskij, Witalij 34
Martinovich, Viktar 176
Marttinen, Mikko 106, 107
Marx, Karl 196, 197, 214
Maschkow, Wladimir 174
Matuška, Waldemar 165
Mauguin, Francois 241
Mazeppa (Masepa), Iwan 136, 241
Mazowiecki, Tadeusz 189, 198
Medinskij, Wladimir R. 43, 118, 138–141, 169
Medwedew, Dmitri 103, 104, 120, 138, 148, 154
Medwedew, Sergej 17, 33, 40, 42, 147–149, 159, 165, 166, 169, 178

Melnyk, Andrij 236
Meschkow, Jurij 52
Michalik, Gabriel 160, 161
Mickiewicz, Adam 144, 208
Mieroszewski, Juliusz 195
Mijnssen, Ivo 85
Miller, A.I. 212
Miłosz, Czesław 197, 238, 240
Mittal, Lakshimi 58
Moissejew, Boris 147
Molotow, Wjatscheslaw 43, 82–84, 88, 95, 135
Montesquieu 17
Morosow, Pawel (Pawlik) 163
Müller, Herta 176
Muschg, Adolf 199
Mussolini, Benito 67, 244
Mykkänen, Pekka 99, 100

❑

Nabutov, Kirill 105
Nalbantoglu, Minna 101
Napoleon I. 116, 242, 249
Napoleon III. 209
Narinskaja, Anna 42
Naryschkin, Sergej E. 116, 136
Nathans, Benjamin 133
Nawalnyj, Alexei 151
Neef, Christian 99
Neitzel, Sönke 92, 93
Nekrassow, Viktor 195
Nesterenko, Wassili B. 220, 221
Nevakivi, Jukka 76, 78, 79, 80, 84, 87, 89, 90, 109
Nevskij, Aleksandr siehe Newski, Alexander
Newski, Alexander 65, 66, 75, 113, 131

Niecikowski, Jerzy 224
Nikolaus I. 144, 148, 150, 156, 158, 163, 211, 241
Nikolaus II. 148, 150, 152
Nikonow, Wjatscheslaw 43
Noack, Christian 212
Nolte, Hans-Harald 199
Nora, Pierre 209
Nousiainen, Anu 97
Nurmi, Lauri 103

❑

Obama, Barack 57, 58, 194
Octavian Augustus 131
Okun, Andrej 35
Onischtschenko, Gennadij 49
Onyszkiewicz, Janusz 133, 181
Opekušin, A. M. 207
Ortega y Gasset, José 153
Orzechowski, Marian 190
Osipov (Ossipow), Maxim 176
Ovalov, Lev 163

❑

Paananen, Arja 103, 104
Palaiologa, Sofia 149
Pastuchow, Wladimir 152, 158, 170, 171, 178
Pauls, John P. 241
Pawlina, Sebastian 25
Pelewin, Wiktor 144, 166, 167
Penskoi, Vitaly 140
Perzyński, Jarosław 259
Peskow, Dmitri 127
Peter der I. (der Große) 74, 89, 93, 130, 131, 148, 241
Petlura, Semen 29
Petrarca, Francesco 208

Petter, Jan 97
Pfaffenzeller, Martin 97
Piłsudski, Józef 29, 139
Pimen (Patriarch) 160
Pisarev, Dmitrij I. 207
Platt, Jonathan Brooks 214
Ponomarenko, Ilja 108
Poroschenko, Petro 59
Potemkin, Grigorij 203
Prilepin, Sachar 155
Prodi, Romano 200
Prokopenko, Denys 107, 108
Proust, Marcel 240
Pullinen, Jussi 102
Puschkin (Puškin), Alexander 11, 12, 52, 113, 136, 155, 157, 172, 176, 201–208, 210, 211, 213–215, 219, 236, 237, 241, 242, 248–250, 253
Putin, Wladimir W. (passim)

❑

Quintus Horatius Flaccus (Horaz) 205

❑

Radew, Rumen 24
Radziejowska, Anna 25, 26
Rakowski, Mieczyslaw 183, 189, 190, 191
Reagan, Ronald 179, 184
Ribbentrop, Joachim 78, 97, 126, 139
Rjabtschuk, Mykola 200
Rogosin, Georgij 161
Romanow (Zarenfamilie) 114, 123, 148–150
Roosevelt, Franklin D. 78, 84, 89, 90
Rotteck, Karl von (Karl Wenzeslaus Rocecker von Rotteck) 246, 256

Rousseau, Jean Jacques 208, 209
Rubinstein, Lev 176
Ryklin, Michail 237

❑

Sabuschko, Oksana 12, 220, 231–235, 237, 238, 241
Sadkowski, Wacław 225
Sadornow, Michail 11, 116
Samjatin, Jewgenij 152
Santor, Irena 25
Sapper, Manfred 201
Sasse, Gwendolyn 201, 202
Schaefer, Louisa 94
Schaller, Christian 202
Schdanow, Andrej 135
Schenderowitsch (Shenderovich), Wiktor (Victor) 45, 165
Schewtschenko, Taras 11, 157, 201, 210–213, 218, 219, 237, 238,
Schigalkin, Jurij 39
Schiller, Friedrich 183, 208
Schischkin, Michail 30, 32, 34
Schiwkow, Todor 197
Schlögel, Karl 243–245, 260
Schmidt, Helmut 183–186, 192–194
Schmidt-Häuer, Christian 96
Schnurow, Sergej 173, 174
Schröder, Gerhard 194
Schtscherbakow, Salawat 124
Seepel, Horst Joachim 251
Seibt, Constantin 11, 111
Selbmann, Eugen 189
Selenskyj, Wolodymyr 15, 24, 25, 59, 86, 87, 101, 102, 106, 110, 236, 241
Seppinen, Ilkka 110

Ševčenko, Taras siehe
    Schewtschenko, Taras
Shakespeare, William 208
Shishkin, Mikhail 176
Shkandrij, Miroslav 206
Siemaszko, Ewa 275
Siemaszko, Władysław 271
Sienkiewicz, Henryk 29
Silvennoinen, Oula 99
Sinowjew, Alexander A. 145
Siren, Vesa 101
Sklokina, Iryna 215
Snyder, Timothy 122, 142
Soikkanen, Timo 77, 78, 86, 89
Solschenizyn, Alexander 147, 171, 172, 197
Sorokin, Vladimir 176, 179
Stalin, Josef W. 41–43, 80, 81, 89, 90, 92, 97–100, 103, 113, 126, 130, 135, 148, 150, 153, 169, 213, 214, 244
Starzyński, Stefan 24
Stauffer, Paul 190
Steinberg, Nikolaj S. 53
Steinmann, Friedrich Arnold 253, 254
Stepanova, Maria 176
Stephan, Alexander 227, 228
Stolypin, Pjotr A. 113
Strauß-Wohl, Jeanette 243
Streller, Siegfried 183
Stryjkowski, Maciej 135
Stubb, Alexander 96
Stürmer, Michael 199
Subow, Andrej 151
Supereka, Oleh 106, 107
Surkow, Wladislaw 143
Suvorov, Alexander 203, 204, 242
Szaruga, Leszek 173

Szymborska, Wysława 240

❏

Tabakow, Oleg 174
Tanner, Väinö 109
Tarkowski, Andrei T. 235
Tervo, Jari 100
Titow, Boris 174
Tjutschew, Fiodor 174
Tokarczuk, Olga 176
Tolokonnikowa, Nadeschda 178
Tolstoj, Lew 162, 168, 171
Tosza, Elżbieta 240
Toveri, Pekka 95
Tremlett, Giles 97
Trenkamp, Oliver 98
Trier, Lars von 232, 234
Trumpf, Steffen 98
Tschaadajew, Pjotr Jakowlewitsch 159
Tschechow, Anton P. 34
Tscherkassow, Alexander 44
Tumakowa, Irina 33, 37, 39
Tuohinen, Petteri 106
Turtola, Martti 90
Turtschinow, Olexandr 59
Tusk, Donald 130
Tuunainen, Pasi 87
Twain, Mark 77

❏

Ujejski, Kornel 28
Ulitskaya, Lyudmila 176
Urech, Fabian 86
Usitschenko, Iwan 221

❏

Vainio, Sara 107

Valujev, Petr 212
Verheugen, Günter 200
Vihavainen, Timo 82–84
Virolainen, Antti 95
Vogel, Siegfried 229
Vollmer, Antje 199
Voltaire, Francois-Marie 208,209

❏

Wałęsa, Lech 188, 189, 191
Wasiuta, Olga 124
Wasiuta, Seriusz 124
Watschagajew, Majrbek 44
Wehner, Herbert 188
Weichsel, Volker 84, 201
Welzer, Harald 13
Weyandt, Hans-Jost 231–233

White, Andrew Dickson 156
Wiasemskij, Pjotr 176
Wittfogel, Karl-August 196
Wodecka, K. 135, 143
Wolf, Christa 12, 220, 226–231
Wolf, Konrad 186
Wolodin, Wjatscheslaw W. 137, 149
Wyssozki, Wladimir 162

❏

Zabużko, Oksana siehe Sabuschko, Oksana
Zelenskij, Wolodymyr siehe Selenskyj, Wolodymyr
Zhadan, Serhij 12, 13, 28, 262
Zimmerer, Ludwig 181
Žukov (Shukow), Georgi K. 218

Biogramme

WERNER BENECKE (Frankfurt/Oder) – geb. 1964, studierte Slavistik, Osteuropäische sowie Mittlere und Neuere Geschichte an der Universität Göttingen. 1999 promovierte er mit einer Studie über die Ostgebiete der Zweiten Polnischen Republik 1918–1939, im Jahre 2004 wurde er aufgrund einer Arbeit über die Sozialgeschichte der Allgemeinen Wehrpflicht im Russischen Reich zwischen 1874 und 1914 habilitiert. Er lehrt an der Europa-Universität Viadrina in Frankfurt (Oder) zu Kultur und Geschichte Mittel- und Osteuropas mit Schwerpunkten in der polnischen und russischen Geschichte. Im Sommersemester 2022 erfreute sich seine Vorlesung zur Geschichte der Ukraine großen fakultätsübergreifenden Zuspruchs.

GABRIELA BRUDZYŃSKA-NĚMEC studierte 1992–1997 Germanistik an der Universität Toruń in Polen. Nach Forschungs- und Studienaufenthalten an den Universitäten Heidelberg und Freiburg i. Br. promovierte sie 2005 über die „Polenvereine in Baden. Hilfeleistung süddeutscher Liberaler für die polnischen Freiheitskämpfer 1831–1832" (erschienen im Universitätsverlag Winter Heidelberg). Weitere Publikationen zu deutsch-polnischer und -tschechischer Geschichte und Kultur im 19. Jahrhundert sowie zur Ästhetik und Kunstliteratur um 1800. Sie lebt und arbeitet in der Tschechischen Republik und Deutschland.

DONATA DANILUK (Warschau), Ärztin

J. F. (Słupsk / Stolp), Germanistin

HIERONIM GRALA (Warschau), geb. 1957, Professor an der Warschauer Universität, Historiker (mittelalterliche Geschichte der Rus, moderne Geschichte Russlands), und Literaturwissenschaftler. 2000–2009 im diplomatischen Dienst (Direktor des Polnischen Instituts in St. Petersburg bis 2005 und darauf in Moskau bis 2009), zahlreiche russische Auszeichnungen und Ehrenmitgliedschaften, die er kurz nach der öffentlichen, den Überfall auf die Ukraine rechtfertigenden Stellungnahme der Russländischen Rektorenkonferenz im

März zurückgab (siehe: „Moje „non possumus". Nie mogę być dłużej związany z nauką Federacji Rosyjskiej" / „Mein ‚non passumus' Ich kann nicht länger mit der Wissenschaft der Russischen Föderation verbunden sein", erschienen in „Więź", 14.03.2022).

Agnieszka Jezierska-Wiśniewska (Warschau), Germanistin

A. J. (Olsztyn / Allenstein), Germanistin

Oleg Kaz (Kyiv / Kiew), geb. 1946 in Lviv, wohnt in Kyiv. Ingenieur und Konstrukteur, arbeitete 37 Jahre in der sowjetischen und postsowjetischen ukrainischen Atomindustrie, schloss 1969 ein Studium am Kiewer Institut für Lebensmittelindustrie (Fakultät für Wärmeenergietechnik und Automatisierung) mit der Qualifikation „Elektroingenieur für Automatisierung" ab, nahm an der Bewältigung der Folgen der Reaktorkatastrophe im Atomkraftwerk Tschernobyl (1986) teil, zuletzt am Wissenschaftlich-Technischen Zentrum der ukrainischen Nationalen Atomenergiebehörde „Energoatom" tätig, stellvertretender Leiter der Abteilung für neue Technologien. Seit einigen Jahren auch Journalist und Publizist, veröffentlichte in verschiedenen Online-Ressourcen.

Wolfgang Stephan Kissel ist seit 2001 Professor für Kulturgeschichte Ost- und Ostmitteleuropas an der Universität Bremen sowie Gründer (2017) und gegenwärtig Direktor des Instituts für Europastudien. Gastprofessuren führten ihn an die École des hautes études en sciences sociales in Paris (2006) und nach Paris VIII (2007) sowie an die Higher School of Economics in Moskau (2017/2018). Für seine Studien zur historischen Semantik des russischen Zivilisationsbegriffs erhielt er das Opus-magnum-Stipendium der VW-Stiftung (2011/12). Er leitete ein DFG-Projekt zur Kultur- und Zivilisationstheorie (2001–2004) und wirkte als Ko-Leiter eines VW-Projekts zur Reiseliteratur (2003–2006). Seine weiteren Forschungsschwerpunkte umfassen russische, polnische und serbische Literatur und Kultur des 18.–20.Jahrhunderts, Autobiographik und Memoirenliteratur, Lagerliteratur, Exilliteratur, Orientalismus, komparatistische Themen mit Schwerpunkt Russland, Frankreich, England sowie europäische Erinnerungskulturen im Vergleich.

Tadeusz Klimowicz (Wrocław / Breslau) – geb. 1950, Literatur- und Kulturhistoriker, Essayist, em. Professor für Slawistik an der Universität Breslau; zahlreiche Veröffentlichungen in Polen und Russland, publizierte zuletzt: Тайны великих (Moskau 2015); Pożegnanie z Rosją (Kielce 2022).

Kazimierz Orłoś (Warschau) – geb. 1935, Schriftsteller, Drehbuchautor, Publizist. Verfasser mehrerer Bücher, u. a. „Cudowna melina" (1973, auf Polnisch im Exilverlag Instytut Literacki bei Jerzy Giedroyc erschienen). 2015/19 publizierte er zwei Bände Erinnerungen „Dzieje dwóch rodzin. Mackiewiczów z Litwy i Orłosiów z Ukrainy und Dzieje człowieka piszącego".

Kai Hendrik Patri (Kassel) – Studium der Mittleren und Neueren Geschichte, Finnisch-Ugrischen Philologie und Deutschen Philologie an der Universität Göttingen; längere Studien- und Forschungsaufenthalte in Oulu und Helsinki. Publikationen zur finnischen Innenpolitik zwischen den Weltkriegen. 2005–2010 DAAD-Lektor an der Universität Toruń in Polen. Lehrtätigkeit an den Universitäten Göttingen und Kassel, seit 2022 Leiter des Studienkollegs der Universität Kassel.

Wiesława Sajdek (Częstochowa / Tschenstochau) – Professorin für Philosophie und Pädagogik an der Jan-Długosz-Universität, Autorin der Monographie „August Cieszkowski (1814–1894) – filozof wielu języków" [„August Cieszkowski (1814–1894) – Philosoph vieler Sprachen"], 2017.

Karol Sauerland (Warschau) – studierte Philosophie an der Humboldt-Universität, Mathematik (mg. 1963) und Germanistik an der Warschauer Universität, promovierte 1970 über Diltheys Erlebnisbegriff, Habilitation 1975 (über Adornos Ästhetik), bis 2006 tätig als Professor an der Warschauer und Thorner Universität, zahlreiche Gastprofessuren u.a. in Mainz, Zürich, Berlin (FU), Amiens, Frankfurt am Main (Fritz-Bauer-Institut), Hamburg, Kassel (Rosenzweig-Professur), 1994 Wissenschaftskolleg Berlin; Alexander-Humboldt-Preis (1995), Petöfi-Preis (2015); Mitglied der Jury für den Europäischen Buchpreis (1993–2003), Mitglied des Beirats des Hannah-Arendt-Preises für politisches Denken in Bremen (1994–2003 und 2007–2016); Autor u.a. von „Denunziation in Gegenwart und Geschichte" (2000 und 2013), „Polen und Juden zwischen 1939 und 1968" (2004), „Tagebuch eines engagierten Beobachters" (2021 – über die Zeit von 1980–1992), publizierte auch in der NZZ, FAZ und SZ.

Anna Schor-Tschudnowskaja (Wien) – geb. 1974 in Kyiv. Studium der Psychologie, Soziologie und Politikwissenschaft an der Justus-Liebig-Universität Gießen. 2003 bis 2007 Mitarbeit an der Hessischen Stiftung für Friedens- und Konfliktforschung Frankfurt am Main, Promotion 2010. Seit 2011 wissenschaftliche Mitarbeiterin, seit 2019 Assistenz-Professorin an der Fakultät für Psychologie der Sigmund-Freud-Privatuniversität Wien. Projektleiterin von verschiedenen Forschungsprojekten zu politischer Kultur in Russland. Veröffentlichungen u.a.: „Gesellschaftliches Selbstbewusstsein und politische Kultur im postsowjetischen Russland" (2011); Hg.: „Der Zerfall der Sowjetunion" (2013, mit M. Malek); „Post-Wahrheit. Über Herkunft und Bedeutung eines modisch gewordenen Begriffs" (2021, mit G. Benetka).

Piotr Semka (Warschau) – geb. 1965, Historiker, Publizist, Fernsehjournalist, Autor von Monographien u.a. „Lech Kaczyńki. Opowieść arcypolska" [„Lech Kaczyńki. Eine sehr polnische Geschichte"], 2010; „Za, a nawet przeciw. Zagadka Lecha Wałęsy" [„Bin dafür, und sogar dagegen. Das Rätsel von Lech Wałęsa"], 2013; „My, reakcja. Historia emocji antykomunistów w latach 1944–1956" [„Wir, die Reaktion. Geschichte der Gefühle der Antikommunisten zwischen 1944 und 1956"], 2015; „Semka. Się gotuje" [„Semka ... es wird gekocht"], 2016.

Grażyna Strzelecka (Warschau), Germanistin.

Angelika Szuran-Karpej (Słupsk / Stolp), Soziotherapeutin, Direktorin eines Selbsthilfeheims.

Winfried Trebitz, geb. im September 1945 im Kurort Jonsdorf (Sachsen), wo seine Mutter auf der Flucht aus Oberschlesien gestrandet war. Eigene Fluchterfahrung 1951 aus der DDR nach Frankfurt am Main, wo er aufwuchs und zur Schule ging. Der Wunsch Theaterwissenschaft zu studieren, wurde von den Eltern nicht unterstützt. Nach kaufmännischer Ausbildung über 30 Jahre in der Druckindustrie tätig, danach bis 2016 als freischaffender Layouter und Publisher tätig.

Europäische Kultur und Zeitgeschichte im Programm des Neisse Verlages

Marek Zybura: **Facetten des Literatur-und Kulturdialogs**
Aus der Geschichte der deutsch-polnischen Nachbarschaft
2022 / ISBN 978-3-86276-339-9 / 540 S. / EUR 38,00

Karol Sauerland: **Tagebuch eines engagierten Beobachters**
2021 / ISBN 978-3-86276-319-1 / 588 S. / EUR 28,00

Frank-Lothar Kroll, Antonia Sophia Podhraski (Hg.): **Weltwende 1917**
Russland, Europa und die bolschewistische Revolution
Akademie Herrnhut 2021 / ISBN 978-3-86276-321-4 / 268 S. / EUR 24,00

Bronislaw Hubermann: **Vaterland Europa**
Nach der Originalausgabe 1932 hg. v. Marek Zybura
2020 / ISBN 978-3-86276-305-4 / 76 S. / EUR 12,00

Hugo Steinhaus: **Erinnerungen und Aufzeichnungen**
Band I: Erinnerungen bis 1944 / Band II: Aufzeichnungen 1944–1968
2020 / ISBN 978-3-86276-060-2; 978-3-86276-061-9 / 480; 520 S. / je EUR 21,00

Anton Sterbling: **Nationalstaaten und Europa**
Problemfacetten komplizierter Wechselbeziehungen
Akademie Herrnhut 2018 / ISBN 978-3-86276-263-7 / 174 S. / EUR 16,00

Marek Zybura: **Ein Patagonier in Berlin**
Texte der deutschen Gombrowicz-Forschung
2018 / ISBN 978-3-86276-233-0 / 656 S. / EUR 28,00

Krzysztof Okoński: **Auf der Suche nach der verlorenen Freiheit**
Nachkriegsdeutschland und seine Literatur in der Publizistik
der polnischen Exilzeitschrift „Kultura"
2017 / ISBN 978-3-86276-250-7 / 448 S. / EUR 32,00

Inhaltsverzeichnisse, weitere Informationen, Verlagsprogramm:
www.neisseverlag.de

FSC
www.fsc.org
MIX
Papier | Fördert
gute Waldnutzung
FSC® C083411